Brigitte Hamann
Lebensmuster

Brigitte Hamann

Lebensmuster

ELTERNBILDER IM HOROSKOP

Edition Astrodata

Originalausgabe

Lektorat: Gerda Klantschitsch
Satz: Noriam Publishing Service, CH-Weggis
Herstellung: Armando Bertozzi
Druck: Freiburger Graphische Betriebe, D-Freiburg i. Br.
Umschlagbild: Bildagentur Baumann

ISBN 3-907029-41-0

JEDER MENSCH
IST EINE EINZIGARTIGE ERZÄHLUNG,
DIE SICH UNAUFHÖRLICH, UNBEWUSST … DURCH SEINE
WAHRNEHMUNGEN, SEINE GEFÜHLE,
SEINE GEDANKEN UND SEINE HANDLUNGEN
WEITERENTWICKELT …

DER MENSCH BRAUCHT EINE SOLCHE ERZÄHLUNG …,
UM SEINE IDENTITÄT, SEIN SELBST ZU BEWAHREN.
WENN WIR EINEN MENSCHEN ALSO WIRKLICH
KENNENLERNEN WOLLEN,
SO FRAGEN WIR NACH SEINER GESCHICHTE.

Oliver Sacks

Inhalt

TEIL 1

1

Eltern, Psychologie und Karma
oder Wer ist schuld?

ES GIBT NUR EINEN MENSCHEN AUF DER WELT, DER DICH WIRKLICH
GLÜCKLICH MACHEN KANN. ES GIBT NUR EINEN MENSCHEN AUF
DER WELT, DER DICH WIRKLICH UNGLÜCKLICH MACHEN KANN.
WIE WÄRE ES, WENN DU DIESEN MENSCHEN ETWAS
BESSER KENNENLERNEN WÜRDEST?
ALS ANFANG: STELL DICH MAL VOR DEN SPIEGEL,
LÄCHLE UND SAGE HALLO!
Ken Keyes, *Rezepte zum Glück*

Über die Frage, welche Bedeutung die Eltern im Leben eines Kindes haben, in welchem Masse sie prägend wirken, herrscht Uneinigkeit, vielleicht, weil sie im Grunde die Frage nach dem Ursprung des menschlichen Schicksals ist. In der Geschichte der Psychologie finden sich dazu die unterschiedlichsten Standpunkte: Der Bogen spannt sich von der Idee, dass der Mensch als völlig ungeprägtes Etwas auf die Welt kommt, dem diese dann ihren Stempel aufdrückt, bis zu der Überzeugung, alles sei genetisch festgelegt und Umwelteinflüsse könnten nur noch wenig ausrichten.

Esoterisches Gedankengut dagegen lehrt, dass alles in unserem Leben eine Folge unseres Karmas ist, also dessen, was wir in früheren Leben erwirkt haben. Somit sind auch unsere Eltern das Ergebnis unserer früheren guten oder bösen Taten, oder sie stellen sogar die Reinkarnation von Menschen dar, denen wir oder die uns noch etwas schulden.

Welcher Theorie man auch immer anhängen mag, weder die Wissenschaft noch die Medizin noch die Psychologie sind bisher in der Lage, das Mass einzugrenzen, in dem wir von Erbfaktoren bestimmt werden, und ebensowenig ist es möglich, einen Prozentsatz zu nennen, zu dem wir prägenden Einflüssen aus der Umgebung unterliegen. Einig ist man sich nur hinsichtlich der Tatsache, dass die ersten Lebensjahre (und hier vor allem die ersten drei) besonders bestimmend für den weiteren Verlauf des Lebens sind. Dies bedeutet, dass nach heutigem Erkenntnisstand von einer Wechselwirkung zwischen Erbanlage und Umwelteinflüssen ausgegangen wird, deren graduelle Gewichtung nicht festlegbar ist.

Wen die Frage nach den bestimmenden Faktoren des menschlichen Lebens nicht nur aus der rein wissenschaftlichen Perspektive interessiert, sondern auch aus der, die nach einem möglichen, diesem Leben zugrunde liegenden Sinn sucht, wird nicht umhin können, sich auch die Überzeugungen esoterischer und östlicher

11

Lehren anzusehen. Das Karma oder die Frage, warum wir in diesem Leben mit bestimmten Aufgaben und Problemen konfrontiert werden, ist keineswegs einheitlich definiert. Auch hier reicht die Palette vom Glauben an eine unerbittliche Maschinerie, die nach dem Grundsatz «Auge um Auge und Zahn um Zahn» arbeitet – was bedeutet, dass wir ernten, was wir in früheren Leben gesät haben –, bis hin zu der Vorstellung, dass dieses jetzige Leben uns genau die Erfahrungen bietet, die wir für unser inneres Wachstum brauchen. Übereinstimmend betrachten diese Lehren unser gegenwärtiges Leben als folgerichtiges Ergebnis einer langen Reihe von Existenzen, bei dem der Mensch sich nun freiwillig oder gezwungenermassen bestimmten Erfahrungen unterzieht, die seiner persönlichen Weiterentwicklung dienen sollen. Der Sinn des individuellen Lebens liegt hier also nicht in der Erhaltung der Art (Fortpflanzung), sondern darin, dass jeder einzelne eine bestimmte Aufgabe zu erfüllen hat. Diese Aufgabe umfasst bestimmte Lebensziele, für die es jedoch mehrere Lösungswege gibt, unter denen der Betreffende auswählen kann, und die den Stand seiner Entwicklung widerspiegeln. Darüber hinaus verbindet ihn sein Lebensthema mit seiner Familie sowie mit den Generationen davor.

Interessant ist, dass sich beim Vergleich von Familienhoroskopen durchgängig bestimmte Themen finden, die charakteristisch für einen bestimmten Familienverband sind. Auch dem kritischen Betrachter der psychologischen Dynamik innerhalb von Familien drängt sich der Eindruck auf, dass bestimmte Probleme (zum Beispiel mit der Sexualität, mit Status, die Sorge um die Existenzsicherung, das latente Empfinden einer Bedrohung, der Umgang mit persönlicher Freiheit usw.) über Generationen weitergegeben werden, bis ein Familienmitglied eine geeignete Lösung findet, die dann für die nachfolgende Generation richtungsweisend ist. Wie im Kapitel «Über das Lernen» näher ausgeführt wird, bezieht sich also die Vererbung von Themen nicht nur auf das körperliche Erbmaterial, sondern auch auf seelische Inhalte. Es werden auch Erfahrungen vererbt. Die elementare Angst zu verhungern kann sicherlich dadurch entstehen, dass ein Kind seine Mutter beim Überlebenskampf mit all ihren Sorgen und Ängsten beobachtet, sie wird jedoch auch dann vorhanden sein, wenn diese Mutter schon zu früh stirbt, als dass das Kind Zeit gehabt hätte, ihre Angst tatsächlich zu erleben. Sie ist bereits in diesem Kind enthalten, kraft Geburt.

Letztlich wird es nicht möglich sein, die verschiedenen Hypothesen über Sinn und Zweck des menschlichen Daseins zufriedenstellend im wissenschaftlichen, das heisst beweisbaren Sinn zu klären, denn wir bewegen uns hier im Bereich des Glaubens. Wer jedoch das Leben nicht als einen unpersönlichen Zufall, sozusagen als eine Laune der Natur interpretieren will, wird nicht umhin können, sich ein Mindestmass dieses Glaubens zu eigen zu machen: Die Überzeugung nämlich, dass das Leben einem tieferen, möglicherweise nicht voll erkennbaren Sinn unterliegt, der alles Geschehen lenkt.

Bei dem Versuch, die verschiedenen Theorien in Übereinstimmung zu bringen, ergeben sich, vereinfacht ausgedrückt, drei Faktoren, die das individuelle Leben formen: der kosmische Auftrag des Menschen als Grundlage seines Daseins (seine Lebensaufgabe), seine Erbanlage und die Prägungen durch die Umwelt, zu denen die Eltern in einem wesentlichen Umfang beitragen. Erbanlage und Umwelteinflüsse werden dann jedoch letztlich durch den kosmischen Auftrag des Menschen vorgegeben. Sie stellen ihm auf der konkreten Ebene die Aufgaben, die seinem Lebensthema entsprechen.

Diese Anschauung hat nichts mit einem ausschliesslichen Determinismus zu tun. Menschen sind immer in einem gewissen Umfang determiniert, auf der materiellen Ebene durch ihr Geschlecht, ihren Körper, ihre vitale Energie, durch die Gebundenheit an Nahrungsaufnahme, ein Mindestmass an Wärme usw. Auch auf der geistigen Ebene gibt es definierte Grenzen: Selbst wenn wir die Schranken des Normalbewusstseins erweitert oder gar durchbrochen haben, so bleibt immer noch übrig, dass alles, was wir wahrnehmen, durch unsere menschlichen Sinneskanäle läuft. Deshalb wird jede Form von «Erleuchtung» ein Vorgang sein, der den Bedingungen des Menschseins unterliegt und von dem wir nicht wissen, welche anderen Formen er unter anderen Bedingungen annehmen könnte.

Wenn wir die Ansicht vertreten, dass unser Leben einen Sinn hat, dass wir es durch unseren freien Willen in gewissem Umfang steuern können, dass es nicht nur eine Folge sich reproduzierender Gene ist, dann wird deutlich, dass es bei dem Versuch, die Auswirkungen unserer Eltern oder vergleichbarer Bezugspersonen auf unser Leben zu untersuchen, in letzter Instanz nicht um Schuldzuweisungen gehen kann. Ob man nun der Ansicht ist, dass wir uns unsere Eltern auf einer spirituellen Ebene selbst im Sinne einer Aufgabe aussuchen oder ob man an eine Art Zwangszuteilung glaubt – immer stehen die Eltern in Zusammenhang mit unseren ureigensten Themen, und nicht selten finden wir die an ihnen ungeliebten Eigenschaften in uns selbst.[1] In dem Augenblick jedoch, in dem wir uns auf die Suche nach uns selbst begeben, wird es wichtig sein, eine gewisse Reihenfolge einzuhalten, und diese Reihenfolge mag durchaus mit Schuldzuweisungen beginnen.

Um verstehen zu können, welche Eindrücke und Erlebnisse aus der Kindheit unser späteres Leben mitgestalten, müssen wir die Wirkung dieser Ereignisse auf unser Fühlen und auf unseren Körper wiedererleben. Dazu mag ohnmächtige Wut auf eine verständnislose oder überfürsorgliche Mutter gehören, Angst vor dem Verlust der Liebe des Vaters, wenn seine in uns gesetzten Erwartungen nicht erfüllt werden und ähnlich «negative» Gefühle den Eltern gegenüber, deren Ausdruck uns Angst macht. Wiedererleben heisst, unsere instinktiven und emotionalen Reaktionen ohne Bewertung, also ohne den Filter zuzulassen, der uns sofort eine entschuldigende Erklärung für das Verhalten eines Elternteils finden lässt und der diese ursprünglichen Empfindungen unterdrückt oder denaturiert.

Auf dieser ersten Ebene des Erlebens können also durchaus Gefühle wie: «Das hast du mir angetan, und so ist es mir damit gegangen», eine Rolle spielen. Worum es hier eigentlich geht, ist, alle Empfindungen zuzulassen und anzusehen, die mit einer bestimmten Erfahrung in Zusammenhang stehen, ohne die korrigierende Hand des Gewissens und erlernter Spielregeln.

Die nächste Ebene sollte uns zeigen, wie wir selbst auf diese Situation reagiert haben – unsere persönliche Art und Weise. Unsere Reaktion ist eine Wahl, die zumeist unbewusst getroffen wird, eine individuelle Entscheidung, wie wir reagieren wollen. Diese Wahl ist abhängig von unserer Veranlagung, von unserer Durchsetzungskraft, unserem Urvertrauen, aber auch von erlernten Verhaltensmustern. Sie beschreibt die Strategie, die schon das Kleinkind für die geeignetste hält, um dem Leben zu begegnen, und mit der es vielleicht auch schon einmal erfolgreich war. Hier stellt sich die Frage, welche anderen Reaktionsmöglichkeiten es vielleicht gegeben hätte. Musste die Frau resignieren, der man bereits im Kindesalter ein ganzes Esszimmer, Tisch und Stühle, in ihr Zimmer gestellt hatte? Welche Neigung in ihr entschied, dass sie von nun an nicht mehr spielen könne? Viele andere Kinder versuchen hartnäckig, ihre geplagten Eltern dazu zu bringen, ihnen die guten Möbel zum Bau einer Höhle oder eines Hauses zu überlassen. Wie kommt es zu diesem Unterschied? Sicher ist, dass eine einmal in einer solchen Situation getroffene Entscheidung als die bestmögliche Lösung für dieses Problem angesehen wird, was sich grundlegend auf weitere Entscheidungen, Erwartungen und auf das Selbstbild auswirkt. Jede weitere vergleichbare Situation, in der keine neue Lösung gefunden wird, sei es durch Anregung von aussen oder durch eine eigene innere Umorientierung, wirkt bestätigend und verstärkend für den einmal gefundenen Lösungsweg.

Erst wenn wir in der Lage waren, alle wesentlichen Empfindungen ungehindert zuzulassen, können wir uns als eigenständiges Wesen erleben, das sich in einer Situation für eine bestimmte Reaktionsweise entschieden hat, obwohl es vielleicht noch andere Möglichkeiten gegeben hätte. Grundlegende Entscheidungen dieser Art finden schon sehr früh statt und bilden ein Muster, das sich wie ein roter Faden durch das Leben des Betreffenden zieht.

Erst nach dieser Stufe, auf der wir uns als eine Person erkennen, die auf Ereignisse antwortet und die auch selbst Ereignisse provoziert, ist es sinnvoll, auch das Leben der Eltern oder anderer Personen miteinzubeziehen und damit die Frage nach der Schuld auf eine eher philosophische Ebene zu heben, auf der wir verstehen, warum andere handeln, wie sie handeln, und auf der wir einen wie auch immer gearteten Eigenanteil im spirituellen Sinn akzeptieren. Erst dann können wir versuchen zu erfassen, was es bedeutet, dass uns nichts geschehen kann, was nicht Teil unseres ureigensten Lebens ist.

Die Astrologie legt Skorpion, Pluto und das 8. Haus in den dritten Quadranten des Horoskops, in dem es um unsere Begegnungen, um unsere Beziehungen zur Umwelt geht. Der Skorpion repräsentiert das Prinzip der Arterhaltung, das 8. Haus beschreibt unsere genetische Anlage, also das, was nach dem Kenntnisstand der Wissenschaft einen wesentlichen Teil dessen ausmacht, was wir sind. Obwohl Pluto eigentlich ein überpersönlicher Planet ist, der übergeordnete Zusammenhänge bestimmt – schicksalhafte –, ist er nicht Teil des vierten Quadranten, der im Horoskop für diese Themen zuständig ist. Damit wird deutlich darauf hingewiesen, dass wir dem begegnen, was zu uns gehört, was wir selbst sind. Wir begegnen draussen dem, was als Erbanlage in uns ruht, aber auch dem, was unseren mitgebrachten Denkmustern entspricht (7. Haus). Unsere Gene konstituieren in uns ein Urmuster, das auf seine Aktivierung und Erfüllung von aussen wartet.

Noch ist nicht geklärt, in welchem Umfang wir von unserer Erbinformation abhängen und in welchem Umfang wir Wahlfreiheit haben. Wenn man von einer Wechselwirkung zwischen Körper und Seele ausgeht, wäre es denkbar, dass ein veränderter geistig-seelischer Zustand auch einen sich verändernden genetischen Zustand nach sich zieht und sei es nur in der Erbinformation für die nachfolgenden Generationen.

Sowohl unsere Gesellschaft als auch eine falsch verstandene esoterische Einstellung legen uns nahe, den dritten Schritt – den des Erklärens und Verstehens – vor dem ersten zu tun. Da heisst es: «Du sollst Vater und Mutter ehren», und die Gesellschaft macht daraus einen Unberührbarkeitsanspruch der Eltern und anderer Autoritätspersonen. Und andererseits wird in manchen esoterischen Kreisen die Auffassung vertreten, schuld sei man immer selbst. Wenn dies aus spiritueller Sicht auch richtig sein mag, so bleibt doch die Tatsache, dass diese Betrachtungsweise für die praktische Bewältigung des Lebens und des Alltages wenig Hilfe bietet. Den letzten Schritt vor dem ersten zu machen, ist häufig nichts anderes als eine Flucht vor der konkreten Konfrontation mit Erinnerungen, mit Gefühlen des Verletztseins, der Trauer und der Angst, vor Scham und Schuld, vor Hass und Wut, die wir so lange unterdrückt haben.

Eine wesentliche Absicht hinter der Auffassung, wir seien immer und unausweichlich selbst schuld, ist die, den Menschen dazu zu erziehen, Verantwortung für sich selbst zu übernehmen. Entwicklung wird kaum möglich sein, wenn wir die Schuld immer «dort draussen», bei Eltern, Partnern, unserem Chef oder dem Leben selbst suchen. Ebenso einseitig ist jedoch die Überzeugung, wir hätten immer selbst «verbockt», was geschieht, und müssten nun die Suppe auslöffeln. Eine derartige Einstellung zieht, auf die Spitze getrieben, eine selbstquälerische Haltung nach sich, bei der jeder andere unser Mitgefühl verdient hat, nur nicht wir selbst. Wir sind dann unentwegt damit beschäftigt, eine wie auch immer geartete Schuld abzutragen. Für ein Kleinkind ist es wenig hilfreich, wenn man ihm sagt, es sei selbst schuld daran, wenn die Mutter keine Lust hat, mit ihm zu spielen, oder wenn der betrunkene Vater die gesamte Familie verprügelt, wenn er abends nach Hause kommt. Und es ist fraglich, ob ein Erwachsener den erlebten Schmerz besser verarbeiten kann, wenn er weiss, er habe dies alles «verdient».

Um unser Leben angemessen überblicken zu können, brauchen wir beide Pole: die Schuldzuweisung, diesen ersten Schritt, der es uns ermöglicht, auch die kulturell als negativ bewerteten Gefühle wie Zorn und Hass zuzulassen. Trauern und damit verzeihen können wir erst, wenn wir uns erlaubt haben, durch das ganze Spektrum der vorhandenen Gefühle zu gehen, ohne sie schönzulügen. Und wir brauchen das, was die Psychologie als «Rücknahme von Projektionen» bezeichnet: die Erkenntnis, dass wir aussen das sehen, was in uns selbst angelegt ist. Dieses Bewusstsein von uns und von unseren verborgenen Anlagen kann dann auf die Frage erweitert werden, in welchem Zusammenhang Erlebnisse und Karma stehen.

Letzlich hängt die Frage der Schuld – wenn wir von hochphilosophischen Erwägungen wie der Schuld des Menschen seit seiner Vertreibung aus dem Paradies absehen – wie alles andere im Leben vom Betrachtungswinkel ab. Sehen wir das kleine, hilflose Kind, so tragen die Eltern zweifellos Schuld. Sie sind erwachsen und, wie wir annehmen wollen, bei Verstand, haben Lebenserfahrung und mehr Wahlfreiheit als das Kind. Schon hier beisst sich die Katze in den Schwanz: Eltern können durchaus in einer psychischen Verfassung sein, die sie zu etwas degradiert, was schlimmer ist als die Wehrlosigkeit des Kindes, das jedoch noch ein gesundes Empfinden besitzt. Darüber hinaus können sie ihr Kind nicht besser behandeln und erziehen, als es ihr eigener Bewusstseinszustand zu einem gegebenen Zeitpunkt zulässt.

Nehmen wir den Standpunkt ein, unsere Eltern hatten schliesslich auch Eltern und diese hatten wiederum Eltern und so fort. Alle sind also mehr oder weniger Opfer der Problematik vorausgegangener Generationen. Schliesslich landen wir bei Adam und Eva, und wer ist dann schuld? Vielleicht der liebe Gott, weil er die beiden erschaffen hat?

Sind wir der Überzeugung, alles, was wir heute erleben – im Guten wie im Schlechten –, sei die Rechnung, die uns unser Karma stellt, so erhebt sich auch hier die Frage, dass doch irgendwann alles einmal angefangen haben muss. Zu irgendeinem Zeitpunkt muss der erste Stein ins Wasser unserer Existenzen gefallen sein, um dann die kreisförmigen Wellen auszulösen, die die Konsequenzen unseres Karmas sind.

Wie man es auch dreht und wendet, so recht will sich keine eindeutige und damit einfache (und bequeme) Lösung des Problems finden. Bei der Frage nach den Ursprüngen kommen wir wiederum in den Bereich des Glaubens, des nicht Beweisbaren oder zumindest noch nicht Bewiesenen, und ähnlich wie in der modernen Astrophysik wird die Frage, ob eine Theorie zu akzeptieren sei oder nicht, zu einem nicht unwesentlichen Anteil durch die Schönheit und Eleganz entschieden, die diese Theorie besitzt. Sie wird zu einer Frage des persönlichen Geschmacks.[2]

Übrig bleibt, dass es sinnvoll ist, das Leben als eine Herausforderung und Aufgabe zu sehen, an der wir wachsen können und die uns ein Gefühl von Fülle schenken kann. Die Frage der Schuld ist im Grunde eine metaphysische und bleibt, wenn wir von normalen Alltagssituationen absehen, ungeklärt.

---

[1] Vergl.: Nancy Friday, *Wie meine Mutter* (englischer Titel: *My Mother Myself).*
[2] Vergl.: James Trefil, *Fünf Gründe, warum es die Welt nicht geben kann.*

2

Wie sinnvoll ist die Erinnerung an Eltern und Kindheit?

ERZÄHLE MIR DIE VERGANGENHEIT, UND ICH WERDE
DIE ZUKUNFT ERKENNEN.
Sprüche des Konfuzius

Erfahrungen, die wir mit den Menschen gemacht haben, die am Beginn unseres Lebens standen, prägen zutiefst unsere Gefühls- und Verhaltensmuster. Sie vermitteln uns darüber hinaus ein Wertesystem, von dem wir über viele Jahre abhängig bleiben – entweder dadurch, dass wir ihre Wertvorstellungen übernehmen oder indem wir gegen sie rebellieren. Selbst im Idealfall einer freiheitlichen Erziehung bleiben Prägungen dieser Art nicht aus. Sie sind das Kernstück dessen, was wir «Erziehung» nennen, und beschreiben den Vorgang der Sozialisation: Vom Kleinkindalter an versuchen unsere Eltern und andere Personen uns in die Welt und ihre Gegebenheiten einzuführen. Dies geschieht unter dem Blickwinkel ihrer eigenen Weltsicht.

Somit vollzieht sich die Entwicklung unserer Emotionalität und unserer Handlungsfähigkeit sowie unserer Erwartungen darüber, was das Leben für uns bereit hält, unter dem Einfluss unserer ersten Bezugspersonen (vergl. Kapitel 6: «Der Lebensplan»). Je früher diese Einflüsse stattfanden – sie gehen zurück bis zu Erfahrungen im Mutterleib –, desto weniger unterliegen sie unserem bewussten Zugriff und desto schwieriger kann es sein, sie als steuernde und kontrollierende Faktoren unseres Lebens zu erkennen. Dies bedeutet, dass hier entstandene Probleme uns auf die eine oder andere Weise ein ganzes Leben lang begleiten. Verletzungen hinterlassen auch nach dem Abheilen Narben, das gilt ebenso für körperliche wie für seelische Erfahrungen. Wer die Welt nicht als einen mechanistischen Ort ohne Sinn und Zweck sehen mag, der kann das, was uns geschieht, als eine Lebensaufgabe betrachten.

Wichtig ist zu sehen, dass unsere Psyche alte Erfahrungen im Verlauf unseres Lebens in neue «Gewänder» kleidet: Emotionale Probleme aus der Kindheit und Jugend bestimmen in hohem Masse unsere Partnerwahl. Es ist, als würden wir durch die Auswahl eines bestimmten Menschen (die meist als Zufall erlebt wird), durch die Wahl eines Berufes, eines Umfeldes unbewusst versuchen, einem Thema nahezubleiben, das uns schon aus früherer Zeit bekannt ist und das im Zuge einer Persönlichkeitsentwicklung noch aufgearbeitet werden muss. Dies gilt gleichermassen für die positiven Erfahrungen unserer Kindheit: Was uns damals glücklich gemacht hat, übt auch heute noch grosse Faszination auf uns aus.

17

Einige neuere psychologische Richtungen lehnen die Betrachtung der Vergangenheit als Ursache für gegenwärtige Verhaltensmuster ab. Zeit wird nicht mehr linear gesehen – was bedeutet, dass wir uns von einer Ursache auf eine Wirkung zubewegen (Kausaldenken), sondern als ein Kreis, in dem Vergangenheit, Gegenwart und Zukunft ständig aufeinander ein- und rückwirken.

Das Bild eines Kreises veranschaulicht zweifellos genauer, wie Zeit funktioniert: Nicht nur die Gegenwart und Zukunft ereignen sich in einer gewissen Abhängigkeit von der Vergangenheit, die Zukunft kann auch die Gegenwart bestimmen, etwa wenn ein Junge vorhat, Arzt zu werden und er sich deshalb entschliesst, den Zweig des Gymnasiums zu wählen, der ihm das grosse Latinum ermöglicht, oder wenn wir heute einkaufen gehen, weil wir am Sonntag Gäste erwarten. Erlebnisse der Gegenwart wiederum können unser subjektives Erleben und Bewerten dessen, was sich früher ereignete, beeinflussen.

Aus diesem Grund haben sich einige therapeutische Verfahren davon abgewandt, die Vergangenheit und hier besonders die Kindheit aufzurollen. Therapie erfolgt ausschliesslich im Hier und Jetzt, ein Ausdruck, der mittlerweile geradezu ein Modewort geworden ist. Anders als die klassische Psychoanalyse und die Entwicklungspsychologie sehen zum Beispiel Kommunikationsforscher wie Gregory Bateson und Paul Watzlawick den Menschen ausschliesslich als Teil eines Systems, in dem er in der Gegenwart agiert. Sie richten ihr Augenmerk auf die Wechselwirkungen und Prozesse, die zwischen Paaren, in Familien und Gruppen ablaufen, ohne sich auf erklärende Faktoren aus der Vergangenheit zu beziehen. Auch Therapieformen wie das NLP[1] untersuchen nahezu ausschliesslich das, was gerade jetzt vor sich geht, und intervenieren direkt auf dieser Ebene, zum Teil mit ausgezeichneten Erfolgen.

Doch beide Ansätze sind wahr: Es ist möglich, bestimmte Verhaltensweisen an und für sich zu erforschen und sie zu verändern, ohne sie in einen anderen Zusammenhang zu stellen als in den gegenwärtigen. Wenn wir jedoch nichts tun als dies, werden wir zu einem Menschen ohne Geschichte, zu jemandem, der nicht weiss, woher er kommt. Wie können wir dann sinnvoll erkennen, wohin wir gehen (wollen)? Wir können vielleicht mit Hilfe dieser Therapieformen immer geeignetere Kommunikations- und Verhaltensmuster entwickeln, dafür sind sie hervorragend geeignet. Beschränken wir uns jedoch darauf, bleiben wir an der Oberfläche, denn alles, was wir lernen und entwickeln, sollte auch in einem grösseren, begreifbaren Zusammenhang stehen, der uns nicht nur auf der psychologischen, sondern auch auf einer philosophischen oder religiösen Ebene Antwort auf die Tatsache unserer Existenz geben kann.

Kommen wir nochmals auf die Zeit als einen kreisförmigen Ablauf zurück. Die Vorstellung des Kreises entspricht dem modernen Bild der Kybernetik, der Lehre von den Regelkreisen, bei denen alles auf alles ein- und zurückwirkt. Der Mensch lebt in der Zeit und er ist ein sich selbstregulierendes System, bei dem die Wirkung auf ihre eigene Ursache zurückwirkt: Ein Kind mag eine heisse Herdplatte berühren, weil sie so schön rot ist und dies seine Neugier erregt; der darauffolgende Schmerz verändert die Ursache beziehungsweise den Grund für diese Handlung. Die ursprüngliche Neugier wird durch zusätzliche Informationen verändert und kann zu einer neuen Ursache (= Motivation) des Handelns führen (Hände weg). Erfahrung erzeugt eine veränderte Ursache für ein neuartiges Vorgehen – hier schliesst sich der Kreis.[2]

Eine Frau kann sich über Jahre ihres Lebens immer wieder von verheirateten Männern oder solchen, die in grosser Entfernung leben, angezogen fühlen. Diese Faszination mag durch ein bestimmtes Vaterbild geprägt sein. Der Umgang mit dem Vater ist also in gewisser Weise die Ursache (beziehungsweise eine der Ursachen) für ihre Wahl. Frustrierende Erfahrungen mit diesen Männern (Wirkung) können diese Frau auf sich selbst zurückwerfen und einen kreativen Prozess in ihr auslösen, der sie befähigt, ihr Verhältnis zu ihrem Vater zu erforschen und neu zu definieren (Rückwirkung auf die Ursache).

Auf die Eltern-Kind-Beziehung übertragen heisst das, dass von einem ständigen Wechsel dessen ausgegangen werden muss, was jeweils die Ursache und was die Wirkung für die Vorgänge zwischen ihnen darstellt, und zwar ohne dass im Einzelfall erkennbar wäre, wer wann und wo den Anfang gemacht hat. Es ist also ebenso die Bereitschaft des Kindes miteinzubeziehen, ein bestimmtes elterliches Verhalten auf eine bestimmte, ihm möglicherweise angeborene oder ererbte Weise zu erleben (zum Beispiel als Mangel an Liebe und Aufmerksamkeit), wie auch die Tatsache, dass der betreffende Elternteil ein für ein derartiges Erleben geeignetes Verhalten an den Tag legt. Dies ist auch dann wesentlich, wenn die Motive dieses Elternteils für ein bestimmtes Verhalten völlig andere sind als die vom Kind wahrgenommenen.

Ein in diesem Zusammenhang anzustrebendes Ziel wäre, dass sich sowohl der Vater als auch die Mutter bewusst machen, wie ihr Kind ihr Verhalten wohl erlebt – unabhängig von ihren tatsächlich dahinter stehenden Gründen. Im Idealfall wären Eltern dazu in der Lage, das, was sie persönlich veranlasst, sich auf eine bestimmte Weise zu verhalten, von dem zu trennen, was bei ihrem Kind ankommt. Dies verlangt jedoch ein hohes Mass an Bewusstheit und Kenntnis der eigenen Person, was nicht selbstverständlich als gegeben vorausgesetzt werden kann. Im allgemeinen geben Eltern einfach das weiter, was sie selbst erlebt haben, entweder, indem sie genau den gleichen Regeln und Erfahrungen folgen, denen sie unterworfen waren, oder indem sie sich bemühen, «alles ganz anders zu machen».

Charakteristisches Beispiel ist die Untersuchung des Schwiegermuttersyndroms in taiwanesischen Familien: Obwohl fast alle Schwiegertöchter extrem unter dem Regiment ihrer Schwiegermütter litten, in deren Haushalt sie traditionell zu leben hatten, stellte sich heraus, dass sie sich, selbst Schwiegermutter geworden, in der Mehrzahl der Fälle ebenso dominant und uneinsichtig verhielten wie die verhasste eigene Schwiegermutter.

Verletzungen und Einschränkungen hinzunehmen, ohne sie weiterzugeben, aber auch ohne in ein krampfhaftes «alles, nur nicht das» zu verfallen, ist schwierig und bedarf eines eindeutigen Reifeprozesses. Andererseits müsste der Vorgang der Distanzierung von der eigenen subjektiven Wahrnehmung auch beim Kind stattfinden, was bereits ein Ungleichgewicht der Möglichkeiten aufzeigt. Je kleiner ein Kind ist, desto weniger kann es seinen Intellekt einsetzen, um den möglichen wahren Inhalt des elterlichen Verhaltens zu erforschen.

Darüber hinaus ist ein Kind auf Wärme, Zuneigung, Bestätigung und Unterstützung angewiesen, um sich gesund entwickeln zu können. Viele dieser für das Kind unerlässlichen Zuwendungen haben sehr wenig mit Sprache, Intellekt oder der Notwendigkeit, sich in andere hineinzuversetzen, zu tun: Sie sind aus unmittelbaren Bedürfnissen physischer oder psychischer Art entstanden. Ein Kind wird folglich instinktiv auf ihm zur Verfügung stehende Bewältigungsstrategien zurückgreifen und gleichzeitig etwas darüber lernen, was die Welt «da draussen» für es bedeutet und wie damit umzugehen ist. Es entsteht das, was die Transaktionsanalyse[3] als «Lebensplan» bezeichnet. Diese frühen Strategien und Überzeugungen entwickeln im Laufe des Heranwachsens eine Eigendynamik nach dem Motto «Was einmal funktioniert hat, wird wieder funktionieren». Nicht in Betracht gezogen wird dabei die Tatsache, dass wir mittlerweile Erwachsene sind, die über wesentlich autonomere und geeignetere Möglichkeiten verfügen, um mit Situationen umzugehen.

Als Folge ergibt sich eine Art «Zeitverschiebung» in unserem Empfinden und in unserer Wahrnehmung dessen, was geschieht: Ereignisse unseres aktuellen Lebens stimulieren gleichzeitig unbewusst frühere Ereignisse mit. Schlüsselreize lösen alte Programmierungen aus, in Form von Worten, einem Tonfall, einer Mimik, einer Verhaltensweise. Welcher Situation wir auch immer heute begegnen, irgendwo in unserem Leben gibt es – zumindest in unserem subjektiven Erleben – einen Präzedenzfall, an dem wir uns in Sekundenbruchteilen und ohne den direkten Zusammenhang zu erkennen, orientieren. Obwohl jeder Augenblick einzigartig ist und sich nichts wirklich in der völlig gleichen Form wiederholt, lebt das menschliche Bewusstsein von Verknüpfungen. Es sucht nach Ähnlichkeiten, um bereits gefundene Lösungswege im Verhalten und Reagieren zu nutzen. Das ist ein genetisches Programm in uns, das der Vereinfachung des Lebens und damit der Überlebens- und Anpassungsfähigkeit auf einer konkret praktischen Ebene dient, nicht immer aber der Psyche.

Um einen Menschen in seiner Gesamtheit so gut wie möglich zu erfassen, ist es unumgänglich, seine individuelle Form der Verknüpfung von Gegebenheiten herauszuarbeiten. Dazu gehört nicht nur, Schlüsselreize benennen zu können – also zum Beispiel zu wissen, dass bei einem Ehepaar der Mann immer dann einen Wutanfall bekommt, wenn seine Frau auf eine gewisse Art überfürsorglich ist –, sondern auch herauszufinden, was ihn so an diesem Verhalten enerviert und warum er hier die Kontrolle verliert, also was er letztlich damit auf einer tieferen Ebene verbindet. So gut wie immer finden sich Verbindungen und Assoziationen zu vergangenen Erlebnissen, denen der Betreffende eine bestimmte Bedeutung beimisst.

Paul Watzlawick beschreibt in *Münchhausens Zopf* einen Mann, der zwei Schachspieler beobachtet, ohne ihre Sprache zu verstehen. Nach einer gewissen Zeit (und einer gewissen Reihe an Schachpartien) wird diesem Beobachter «die Ableitung der Spielregeln ohne die Notwendigkeit irgendeiner Einsicht in die Motive, Absichten, Gefühle oder Persönlichkeiten der Spieler» gelingen. Die Spielregeln, nach denen ein Mensch sein Leben oder eine Beziehung spielt, lassen sich zweifellos auch ohne die Erinnerung an die Vergangenheit feststellen (im obigen Beispiel entsprechen die Motive, Absichten, etc. der Vergangenheit). Darüber hinaus verändern sich diese Spielregeln in gewissem Umfang je nachdem, mit welchem Menschen wir in Wechselwirkung treten. Es ist jedoch kaum möglich, die tieferen Gründe, die diesen Handlungsabläufen zugrunde liegen, durch reine Beobachtung zu erkennen. Man kann ein Problem, das zwischen Menschen auftritt, einfach beseitigen, indem man sie zu einem neuen Verhalten motiviert. Dies gelingt, solange es sich bei dem Verhalten einer Person nicht um ein tiefsitzendes, seit Jahren bestehendes Problem handelt – denn dann kann eine neue Handlungsanweisung nur vorübergehenden Erfolg bringen.

Bezogen auf den Fall eines kleinen Mädchens, das jedes Mal, wenn die Mutter es im Kindergarten abgeben wollte, so schrecklich weinte, dass die Mutter nicht weggehen konnte, dies aber kein Problem mehr war, als, eigentlich durch einen Zufall, der Vater es dorthin brachte, bedeutet das: Wenn das Weinen des Kindes in Anwesenheit der Mutter nur eine zeitgebundene Stimmungslage war, die keine grundlegendere Problematik zwischen Mutter und Tochter ausdrückt, so ist die Situation durch das Eingreifen des Vaters gelöst. Zeigt sich hier jedoch zum Beispiel das Empfinden des Kindes, von der Mutter vernachlässigt zu werden – unabhängig davon, wie objektiv richtig von aussen betrachtet dieses Gefühl sein mag, dann wird dieses Problem an anderer Stelle wieder auftauchen.[4]

Jede psychologische Sichtweise, die nur einen möglichen Ansatz zur Verbesserung einer Situation gelten lässt, ist zwangsläufig einseitig. Nicht alles, was in unserem jetzigen Leben nicht funktioniert, hat mit der mangelnden Zuwendung unserer Eltern oder ähnlichem zu tun. Eine derartige Ansicht führt zu dramatischer Selbstwichtigkeit und einer Opferrolle, wie sie oft in Selbsterfahrungsgruppen zu beoachten ist. Ebenso führt es in eine Sackgasse, wenn wir mögliche biographische oder auch rein organische Ursachen für seelische Probleme ausser acht lassen.

Das Horoskop bietet einen klar definierten Weg zum Verständnis derartiger Zusammenhänge und Hintergründe. Es kann Hinweise darauf geben, wo anzusetzen ist, um eine Verbesserung zu erzielen. Dies kann in manchen Fällen ein rein medizinischer (zum Beispiel endogene Depression), ein verhaltenstherapeutischer oder eben auch der Weg über die Kindheit sein. Jedoch konzediert auch die Medizin, dass ein Krankheitsbild (zum Beispiel Krebs) in seinen Symptomen verständlicher wird, wenn man seine Pathogenese (Krankheitsgeschichte) kennt.

[1] NLP: Neurolinguistisches Programmieren, eine von Richard Bandler und John Grinder entwickelte Therapieform.

[2] Michael Roscher: *Praxis der Horoskopdeutung.*

[3] Transaktionsanalyse, auch einfach «TA» genannt: Von Eric Berne gegründete psychologisch-analytische Richtung, die sowohl im persönlichen als auch im Managementbereich angewendet wird.

[4] Paul Watzlawick: *Münchhausens Zopf.*

3

Handeln durch Einsicht oder
Einsicht durch Handeln?

WENN DU ETWAS ERREICHEN WILLST, MUSST DU NACHDENKEN ...
DU MUSST WISSEN, WAS DU DA TUST – DAS IST WAHRE MACHT.
Aynrand

Ein spannendes Thema ist die Frage, wie wir denn nun zu einer geeigneten Veränderung unserer Gefühls- und Verhaltensmuster kommen. Im vorhergehenden Kapitel sollte gezeigt werden, dass wir durch Einsichtnahme in die Prägungen und Wechselwirkungen unseres vergangenen Lebens zu einer Gesamtschau gelangen können. «Theoretisches Wissen braucht jedoch keineswegs ‹Handlungswissen› zu sein», wie Dietrich Dörner in seinem Buch *Die Logik des Misslingens* schreibt. Anders ausgedrückt bedeutet die Tatsache, dass wir etwas wissen oder einsehen, noch nicht zwangsläufig, dass wir zu einer konkreten Veränderung fähig sind. Entsprechend teilen sich die Meinungen in zwei Lager: In das derjenigen, die die Überzeugung vertreten, dass erst ein verändertes Handeln wirkliche Einsicht nach sich zieht, man also erst etwas praktisch *tun* muss, um zu erkennen, und in das Lager derer, die glauben, man müsse zuerst Einsicht in die Dinge gewinnen, um daraufhin anders handeln zu können.

Eigentümlich ist, dass das menschliche Bedürfnis nach einfachen Lösungen offenbar so gross ist, dass es uns nicht gelingt, uns mit einer Sowohl-als-auch-Theorie anzufreunden. Gerade der Gedanke, den Menschen als ein Regelkreissystem aufzufassen, in dem alles auf alles einwirkt, legt nahe, dass Einsicht nicht nur ein intellektueller Vorgang a priori sein kann, beziehungsweise dass sie nicht ausschliesslich durch ein dem Handeln grundsätzlich vorausgehendes Denken und Analysieren ensteht.

Zweifellos ist die klassische Definition der Einsicht richtig, nämlich dass Einsicht auf Erkenntnis folgen kann und dann zu einem veränderten Verhalten führt. Dieses veränderte Verhalten wirkt jedoch wiederum auf die Weltsicht des Betreffenden zurück – er macht nun nämlich neue Erfahrungen.

In einem Regelsystem kann der Impuls von jedem beliebigen Punkt ausgehen, was bedeutet, dass umgekehrt Einsicht auch die Folge veränderten Handelns sein kann. In anderen Worten kann das einfache Ausprobieren neuer Verhaltensweisen zu grundlegenden neuen Erkenntnissen führen, denn es öffnet den Blick für Alternativen. Wenn Einsicht allein für eine Verhaltensänderung genügte, würde mit ziemlicher Sicherheit niemand mehr rauchen, über die Massen Alkohol konsumieren oder seine Frau schlagen. Wir alle würden täglich eine Stunde Sport treiben und uns gesund ernähren, ohne verbohrt zu sein. Wann immer es uns nicht besonders gut ginge, bräuchten wir nur darüber nachzudenken und schon wäre das Problem gelöst.

Bedauerlicherweise sehen die Dinge in der Praxis etwas anders aus. Wirkliche Veränderung bedeutet eine Persönlichkeitsentwicklung, die über verschiedene Wege dahin führt, dass wir Wissen auch in Handeln umsetzen können. Die Welt ist voll von Menschen, die unglaublich viel wissen, nur im praktischen Leben klappt es leider nicht. Bewusstsein und Entwicklung führen über den Weg von Versuch und Irrtum. Wir führen ein Verhandlungsgespräch auf eine bestimmte Weise und erkennen am Ergebnis, ob diese Handlungsweise angemessen war. Und wir versuchen im vorhinein zu erfassen, welche Strategie zum Beispiel bei einer Diskussion geeignet sein könnte, indem wir alte Erfahrungen durchforsten und uns einen Gesamtüberblick über sie verschaffen. Entscheidend ist, dass sich ein sinnvoller «roter Faden», der sich zweifelsohne durch unser Leben zieht, nur dann finden lassen wird, wenn wir ein Fazit dessen ziehen, was wir bis zum heutigen Tag ausprobiert und gelernt haben.

Die Frage, welcher Einstieg wann zu wählen ist, um eine Verbesserung der Lebensqualität zu erzielen, ist mit Sicherheit situationsabhängig zu beantworten und wird häufig spontan entschieden. Eine vorausgehende einseitige Festlegung im Sinne «nur das ist richtig» kann der Komplexität der menschlichen Psyche niemals gerecht werden. Wenn wir zurück in den Bereich der Selbsterforschung gehen, so ist anzunehmen, dass ein seelisch verhältnismässig gesundes Individuum aus sich selbst heraus beide Möglichkeiten anwenden wird: Lernen durch praktische Erfahrung und Erkennen und dann handeln.

Nehmen wir die Psychotherapie zu Hilfe, was in manchen Situationen des Lebens sehr angeraten sein kann, ohne dass man sich deswegen als krank im klinischen Sinn definieren müsste, so ist dem pragmatischen Ansatz in der Betrachtung menschlicher Verhaltensweisen – sie werden einfach durch Beobachtung dessen, was zwischen Menschen vorgeht, erforscht – sicherlich grosse Beachtung zu schenken. Es geht hier um eine praktische, lebensnahe Therapie, die den Klienten nicht in einer jahrelangen Analyse halten will, die ständige Ursachenforschung betreibt, die für alles Erklärungen findet, aber kaum reale Veränderungen im Leben des Betreffenden erzeugt ausser der, dass er nun alles bestens erklären kann, wie es nicht selten bei der klassischen Psychoanalyse vorkommt. Diese Therapieformen erzielen eine bessere Lebensqualität, indem konkrete Verhaltensweisen erprobt und an Stelle alter, ungeeigneter eingeübt werden. Einsicht findet hier im wesentlichen durch Handeln statt.

Wenn wir jedoch den tieferen Sinn unseres Daseins erfassen und damit auch tiefgreifende und langanhaltende Veränderungen möglich machen wollen, so ist es nötig, sich zu irgendeinem Zeitpunkt des Lebens auch mit der Vergangenheit und ihren Verbindungen zur Gegenwart zu befassen. Der Ansatz, über die Elternbilder zu unserer Gegenwart zu gelangen, ist in gewisser Weise nur ein anderer, gleichwertiger, der jedoch den Vorteil bietet, auch Familien- und Sippenthemen zu erkennen und aufzuzeigen. Er sieht den Menschen als Individuum, das an und für sich Eigenschaften hat, die unabhängig von anderen Menschen existieren und die durch Beziehungen zur Umwelt aktiviert und beeinflusst werden. Auf diese Weise ist der Mensch nicht nur ein Produkt seiner gegenwärtigen Wechselwirkungen (Konstruktivismus und Kommunikationstheorie) und auch nicht ein Mensch ohne Biographie (Therapieverfahren wie das NLP), sondern er lebt aus einem grösseren Zusammenhang heraus, bei dem auch die Frage des Glaubens und die Suche nach der Sinnhaftigkeit des Lebens eine Rolle spielen.

In der praktischen Beratungsarbeit zeigt sich häufig, dass es leichter ist, ein umfassendes Verständnis für die eigenen Gefühls- und Verhaltensmuster zu wecken, wenn dies über den Umweg der Elternerfahrungen versucht wird. Das gilt besonders, wenn es sich um Muster handelt, die wir eigentlich an uns ablehnen. Wir erkennen unsere Mutter, unseren Vater, eine wichtige Bezugsperson in uns selbst, ihre Eigenschaften und Probleme, versetzt in eine neue Zeit mit teilweise veränderten Rahmenbedingungen zwar, aber prinzipiell vergleichbar.

Wir können frühere Erfahrungen wie ein Bild betrachten und die Gefühle und Überzeugungen erleben, die dieses Bild in uns auslöst. Auf diese Weise helfen die Bilder unserer Eltern, obwohl sie vergangen (aber nicht vergessen) sind, «problemerzeugende und problemerhaltende Interaktionsmuster im Jetzt und Hier»[1] zu erfassen.

Gleichgültig welche Anschauung wir zu einem bestimmten Zeitpunkt unseres Lebens vertreten, wir werden genügend Argumente und Beweise für die Richtigkeit unserer Theorie finden. Wer nachweisen möchte, dass es Gott gibt, wird dafür ebenso viele stichhaltige Argumente finden wie jemand, der vom Gegenteil überzeugt ist. Die Wahrheit ist immer eine Funktion des Standortes, den der Beobachter einnimmt. Die erklärende Logik eines Denkmodells ergibt sich durch den Blickwinkel, den derjenige einnimmt, der dieses Modell geschaffen hat. Auch in der Quantenphysik hat sich gezeigt: Die Anordnung eines Experiments bestimmt, was letztlich beobachtet wird. Anders ausgedrückt, findet auch die Wissenschaft vor allem das bestätigt, was sie zu finden erwartet. Besteht Licht nun aus Wellen oder aus Teilchen? Sind es Teilchen, so müssen diese einen festen Standort im Raum haben; sind es jedoch Wellen, so werden sie sich über den ganzen Raum ausbreiten. Je nach Aufbau des Versuchs findet man das eine oder das andere.

Das Gleiche gilt für die Psychologie. Wer die Meinung vertritt, nur das Heute sei von Bedeutung, weil wir ja nun mal heute leben, hat auf seine Weise ebenso recht, wie derjenige, der das menschliche Leben wie einen sich aufrollenden Faden betrachtet. Letztlich kann die Wahrheit immer nur in der Mitte liegen, in der Erkenntnis nämlich, dass zu einem bestimmten Problem und zu einem bestimmten Zeitpunkt eine bestimmte Form des Herangehens und Intervenierens gehört, zu einem anderen eine andere Form. Der einzige wirkliche Fehler, den wir begehen können, ist der eines Mangels an Flexibilität und Offenheit. Wenn wir das Verhältnis zwischen uns und unseren Eltern kennen, erfahren wir viel über unsere

Motive der Gegenwart. Wissen bedeutet nicht zwangsläufig auch die Fähigkeit, das Gewusste umzusetzen. Dazu gehört die Entwicklung des Bewusstseins und die Übernahme persönlicher Verantwortung. Die eigentliche Veränderungsarbeit findet jedoch immer *jetzt* statt.

Das Ziel: «Mensch, erkenne dich selbst», verlangt, dass wir zu gewissen Zeiten unseres Lebens in die Vergangenheit zurückgehen, jedoch nicht, um dort in einer jahrelangen Retrospektive zu verweilen, sondern um mit neuen Einsichten und mehr Überblick versehen die Gegenwart auf andere Weise betrachten zu können.

[1] Paul Watzlawick: *Münchhausens Zopf,* Einleitung S. 8.

4

Wirklichkeit – was ist das?

DIE WELT UND UNSERE GEDANKEN ÜBER SIE SIND ZWEI VERSCHIEDENE
PAAR SCHUHE, AUCH WENN WIR DAS MANCHMAL NICHT WAHRHABEN
WOLLEN.

James Trefil, *Fünf Gründe, warum es die Welt nicht geben kann*

Um uns dem Begriff der Wirklichkeit anzunähern, müssen wir eine Unterscheidung treffen: Zwischen den Vorstellungen darüber, was «Wirklichkeit» ist – Vorstellungen, die allen Menschen in gewissem Umfang gemeinsam sind (und die zum Beispiel nicht der Wirklichkeit eines Tieres oder einer Pflanze entsprechen) –, und der individuellen Wirklichkeit, die die zahlreichen Facetten menschlichen Erlebens und seine Erinnerung umfasst.

Unsere gemeinsame Wirklichkeit ist durch die grundsätzliche Wahrnehmung von Zeit und Raum gekennzeichnet. Die Fähigkeit zum Denken ermöglicht dem Menschen, den Dingen des Lebens und seinen Erfahrungen einen Namen zu geben, sie sprachlich auszudrücken und zu bewerten, sie in zeitliche Abschnitte zu trennen, ein Gestern, Heute, Morgen zu erleben. Dies verleiht unserem Dasein etwas scheinbar Stabiles, Kontrollierbares. Tatsächlich ist jedoch nicht geklärt, ob es «Zeit und Raum», so wie wir sie verstehen, überhaupt gibt, und wenn ja, ob und inwieweit sie dem entsprechen, was die spezifisch menschliche Art, Informationen zu verarbeiten, uns glauben lässt. Sicher ist nur: wir erleben sie in einer Weise, die durch das Menschsein charakterisiert wird.

Darüber hinaus unterscheidet sich die Wahrnehmung von Zeit und Raum – obwohl sie zwangsläufig in dem Rahmen verbleibt, den die menschlichen Sinneskanäle zu Verfügung stellen – bereits innerhalb der verschiedenen Kulturen, was sich unter anderem besonders in der Sprache ausdrückt. Die Chinesen zum Beispiel schreiben von rechts nach links und von unten nach oben, was völlig andere Vorstellungen über Beginn und Ende ausdrückt. Ihre Sprache kennt nur jeweils eine Vergangenheits- und Zukunftsform, die mittels Umschreibung erreicht werden. Das dahinter stehende Zeitgefühl unterscheidet sich wesentlich von demjenigen, das in Sprachen besteht, die auf indogermanischer beziehungsweise lateinischer Wurzel basieren, mit ihren umfangreichen Vergangenheits- und Zukunftsformen sowie dem Konjunktiv in den verschiedenen Zeiten. Das gilt, auch wenn sich im modernen Französisch, Spanisch oder Englisch der Gebrauch dieser Zeitformen zugunsten einer Vereinfachung verringert hat. Kollektive Wirklichkeit beinhaltet jedoch nicht nur das Empfinden unserer Gebundenheit an den Raum und an den Ablauf der Zeit, der uns die Endlichkeit aller Materie vor Augen führt. Sie besteht auch zu einem wesentlichen Anteil aus Vorstellungen und Massstäben, die durch die Kultur, die Epoche und die Gesellschaftsschicht geprägt werden, in die wir hineingeboren wurden. Diese Massstäbe werden häufig als «richtig» im objektiven Sinne und damit als verbindlich erlebt, obwohl sie lediglich auf zwischenmenschlichen Übereinkünften beruhen: Der Wert eines Markstücks leitet sich zum Beispiel keineswegs von seinem Materialwert ab, zumindest nicht mehr in unserer Zeit, sondern aus der allgemeinen Vereinbarung, ihm einen bestimmten Wert zuzuschreiben. Unausgesprochen verändert sich dieser Wert ständig, indem seine Kaufkraft schwankt.

Wir lernen also im Laufe unseres Lebens, bestimmte Dinge als gegeben anzusehen: Materie ist fest (obwohl zwischen den Atomen, aus denen sie besteht, grosse Entfernungen liegen, so dass es einen Wissenschaftler gegeben haben soll, der sich riesige Schuhe anzog, aus Angst, er könne durch den Boden fallen), Zeit ist linear (auf die Vergangenheit folgen Gegenwart und Zukunft) usw.

Auf diesen Zusammenhang geht Carlos Castaneda in seinen Büchern über die *Lehren des Don Juan* ein.[1] Don Juan, ein alter Yaqui-Indianer, lehrt ihn, dass wir schon sehr früh lernen, die Welt zu interpretieren. Damit ist gemeint, dass wir sie nicht erleben, wie sie an und für sich ist, sondern durch den Wahrnehmungsfilter, den uns unsere Kultur und unsere Gesellschaft überstülpen:

«Jeder, der mit einem Kind in Kontakt komme, erklärte er (Don Juan), sei ein Lehrer, der unaufhörlich die Welt erkläre, bis zu dem Augenblick, wo das Kind die Welt so wahrnehmen könne, wie sie ihm erklärt wird. Nach Don Juan haben wir keine Erinnerung an diesen folgenschweren Augenblick, einfach weil wir keinen Bezugsrahmen hatten, in dem wir ihn mit etwas anderem hätten vergleichen können. Doch von diesem Augenblick an ist das Kind ein Mitglied. Es kennt die Beschreibung der Welt; und es erreicht, glaube ich, die volle Mitgliedschaft, wenn es in der Lage ist, alle seine Wahrnehmungen so zu deuten, dass sie mit dieser Beschreibung übereinstimmen.» Und weiter heisst es: «Die Welt, die wir wahrnehmen, ist eine Illusion. Sie ist entstanden durch eine Beschreibung, die man uns seit dem Augenblick unserer Geburt erzählt hat.»

Was Don Juan vermitteln möchte, ist, dass «die Welt» mehr ist, als das, was wir gelernt haben, in ihr zu sehen. Er beschreibt die Existenz einer letzten, allumfassenden Realität, zu der uns unser Alltagsbewusstsein den Zutritt verweigert, indem es uns mit einer Vielzahl an Begrenzungen konfrontiert, mit den vielen «Man-tut-dies-und-jenes-Nicht», mit Vorstellungen darüber, was möglich ist und was nicht, mit der Erwartungshaltung, dass wir zu einer Persönlichkeit heranwachsen mögen, was bedeutet, dass wir eine sehr eindeutige Wahl darüber treffen, was wir als «ich» und «nicht ich» betrachten. Eine Persönlichkeit entwickeln heisst, dass wir in unserem Verhalten konturierter, im Ausdruck unserer Gefühle eindeutiger und in unseren Ansichten berechenbarer werden, ein Umstand, der zweifellos der Anpassung an die normalen Lebensgebenheiten zuträglich ist, dem Menschen aber auch einen Teil seiner Freiheit, Phantasie und Flexibilität raubt.

Trotz der scheinbaren Freizügigkeit unserer westlichen Welt, in der jeder «die Freiheit hat, zu tun und zu lassen, was er möchte», gibt es einen kulturellen Druck, der aus der Organisation unserer Gesellschaft entspringt: den Druck der richtigen Kleidung, des richtigen Verhaltens, des Mitmachensollens, dessen, was man für höflich hält, was als richtig und was als falsch angesehen wird usw. Häufig entspringt dieser Druck den Wertvorstellungen einer spezifischen Gruppe, der wir uns zugehörig fühlen: Alle Ärzte tragen Weiss, ein echter Hippie muss lange Haare haben, in einer Firma ist ein Anzug für den Angestellten selbstverständlich, zumindest wenn er Erfolg haben will, man sagt «Guten Tag», wenn man einen Raum betritt, ein Teenie muss unbedingt eine echte «Levis» haben, um «in» zu sein.

Über diese einfachen Gebundenheiten des menschlichen Daseins hinaus bezieht sich Don Juan jedoch auch auf unsere Vorstellungen von Raum und Zeit, von Materie und Tod. Ein kleines Kind kennt im Normalfall noch nicht diese Erfahrung des Getrenntseins. Es lebt in einer holistischen Welt, in der alle Dinge sich gegenseitig durchdringen und in der die Frage, ob man beim Essen rülpsen darf, gegenstandslos ist.

Erwachsenwerden bedeutet jedoch tatsächlich die Notwendigkeit, mehr Grenzen anzuerkennen als sie in der magischen Welt des Kindes vorkommen, aber auch die Chance, neue Freiheiten und Möglichkeiten zu erproben, sofern wir uns dies nur gestatten. Erwachsenwerden bedeutet auch, dass wir eine Lebensgeschichte schreiben, die das Abbild dessen ist, was wir als unsere individuelle Wirklichkeit bezeichnen können.

Jedes Leben ist einzigartig. Auch wenn wir durch kollektive Faktoren beeinflusst und geprägt werden, so bringt doch jeder von uns andere Voraussetzungen an Temperament, Körperlichkeit und seelischer Grundtendenz mit. Jeder von uns macht andere Erfahrungen und entscheidet sich anders, wie er auf diese Erfahrungen reagieren möchte. Unsere persönliche Wirklichkeit, die Welt, in der wir leben, ist das Ergebnis dessen, was unsere biologische Anlage, die Einflüsse unserer Umwelt und unser kreativer Geist in einer stetigen Wechselwirkung daraus machen.

Individuelle Wirklichkeit entsteht bereits im Mutterleib. Untersuchungen haben gezeigt, dass das ungeborene Kind durch die Erfahrungen, Stimmungslagen und durch die Einstellung, die die Mutter ihm gegenüber hat, in wesentlichem Umfang geprägt wird. Tragisches Beispiel ist der Fall eines Babys, dessen Mutter während der Schwangerschaft extremen Anfechtungen von Seiten des Vaters und seiner Familie ausgesetzt war. Auch ihre eigenen Eltern warfen ihr die uneheliche Schwangerschaft vor. Die junge Mutter verbrachte neun Monate in Verzweiflung und Depression. Das Baby starb wenige Tage nach der Geburt an Magenblutungen: Es hatte bereits bei der Geburt Magengeschwüre. Auch erfreulichere Beispiele sind bekannt, zum Beispiel das des «spielenden Fötus». Mütter, die ihr Baby im Bauch stimulierten, indem sie wechselweise eine Bauchseite»anstupsten», konnten feststellen, dass das Ungeborene immer zu der Seite «schwamm», wo der Stimulus stattfand, um dort durch Bewegungen zu antworten.

Auch der Vorgang der Geburt selbst ist prägend für die späteren Annahmen über das Leben. Auftretende Komplikationen wie zum Beispiel Sauerstoffmangel oder Steisslage wecken Urängste, die lebensbegleitend sind und die nicht selten die Unruhe der Mutter während der Schwangerschaft widerspiegeln.

Schon im Mutterleib hat das Baby in einem gewissen Umfang gelernt, «was für ein Ort die Welt ist», ob sie es nährt und ihm freundlich gegenübertritt oder ob Geborensein bedeutet, kämpfen und auf der Hut sein zu müssen. Diese Erfahrungen sind elementar, aber nicht bewusst. Sie werden verstärkt oder verändert durch weitere Erfahrungen und Eindrücke, die das kleine Kind macht und über die es lernt, sich selbst zu definieren. Die ersten Bezugspersonen unseres Lebens, allen voran die Mutter oder die Mutterfigur, nehmen entscheidenden Einfluss auf die weitere Entwicklung des Kindes.

Sehr früh schon entsteht ein Lebensplan, ein Modell von der Welt, der wie ein Theaterstück das Leben des Betreffenden inszeniert. In ihm sind Erfahrungen und Erinnerungen, Gefühle, Gedanken, Gelerntes, Überzeugungen und Annahmen, Hoffnungen und Erwartungen eines Menschen enthalten. Sie konstruieren seine persönliche Wirklichkeit, sein privates Universum, von dem er erst spät, wenn überhaupt, lernt, das es nicht das einzige mögliche ist. Wie oft sprechen wir so selbstverständlich darüber, dass jeder anders denkt, dass Menschen eben verschieden sind. Wie sehr aber haben wir dieses Wissen auch verinnerlicht? Wie sehr erscheint uns letztlich doch unsere Sicht der Dinge richtig, logisch, einwandfrei?

Im dritten Teil von Milan Kunderas Roman *Die unerträgliche Leichtigkeit des Seins*[2] finden wir eine wunderschöne Beschreibung verschiedener Wirklichkeiten aufgrund unterschiedlicher Lebensgeschichten in dem «Kleinen Verzeichnis unverstandener Wörter»: Sabina, eine Tschechin, die während des Prager Frühlings in die Schweiz geflohen ist, ist mit dem Schweizer Franz liiert. Die beiden sind jedoch kaum in der Lage, sich so miteinander zu verständigen, dass jeder von ihnen weiss, was der andere wirklich mit seinen Aussagen meint, da sie den gleichen Worten unterschiedliche Bedeutungen zumessen, die aus ihrer persönlichen Erfahrung entstanden sind. Das Wort «Umzug» zum Beispiel hat für Sabina den bitteren Geschmack des Zwanges, des Mitmarschierenmüssens, der linientreuen Lieder, der gegenseitigen Denunziation. Für Franz sind Umzüge willkommene Gelegenheiten zur Demonstration, bei denen es so «schön war, etwas zu feiern oder zu fordern, gegen etwas zu protestieren, nicht allein zu sein, sondern unter freiem Himmel und mit anderen zusammen.»

«Stärke» bedeutet für Franz, dass er kräftige Muskeln hat, mit denen er problemlos einen Arm über den Kopf ausstrecken kann, während er einen schweren Eichenstuhl stemmt. Stärke erscheint ihm überflüssig, denn in Genf hatte er noch nie Gelegenheit, mit jemandem zu raufen. Sabina kommt es grotesk vor, wie er so mit dem hocherhobenen Stuhl durch das Zimmer schreitet: Franz ist zwar stark, aber seine Stärke ist nur äusserlich, den Menschen gegenüber, mit denen er lebt, ist er schwach, denn er ist gütig, er würde ihr nie etwas vorschreiben. Und obwohl sie gegen einen Mann nur rebellieren könnte, der ihr Befehle erteilt, verliert Franz durch seine Nachgiebigkeit an erotischer Faszination für sie. Franz hingegen glaubt, Liebe bedeute, auf Stärke zu verzichten.

Weitere Beispiele veranschaulichen, wie unterschiedlich Menschen Dinge wahrnehmen und interpretieren: Der Friedhof, der für den einen ein schöner Garten des Friedens ist, auch im Krieg, auch während aller Okkupationen, und für den anderen ein hässlicher Schuttplatz für Knochen und Steine; ihre jeweilige Einstellung zu Musik, zur Heimat Sabinas, zur Bedeutung des Satzes: «In Wahrheit leben.» Beim Lesen dieses Vokabulars scheint die Entfernung zwischen beiden unüberwindlich. Es tun sich völlig unterschiedliche Welten auf, die nicht nur durch die politischen und kulturellen Umstände geprägt sind, sondern auch durch die andersartigen Temperamente und Bedürfnisse. Eine Brücke zu schlagen würde bedeuten, mit unendlicher Geduld, Offenheit und ohne vorgefasste Meinungen sich in die Welt des anderen hineinzuleben – eine Situation, die den normalen zwischenmenschlichen Alltag mit all seinen Komplikationen spiegelt.

In der Welt zu leben, heisst für uns, sie durch die Brille unserer Lebensgeschichte zu interpretieren. Wir lassen eine Landkarte entstehen, auf der alle unsere Erfahrungen und die daraus entstandenen Überzeugungen, Erwartungen und Annahmen sowie erprobte Verhaltensmuster eingetragen sind. Sie stellt den Leitfaden für unsere Orientierung im Leben dar, und unser Bewusstsein versucht, alle neuen Eindrücke in diese Karte einzugliedern. Man nennt diesen Vorgang in der Psychologie «Habituation», also vertraut machen, sich daran gewöhnen. Gelingt dieser Prozess – und dies gilt auch für das Wiedererkennen schmerzhafter Erfahrungen –, so verspüren wir eine gelegentlich seltsame Form der Sicherheit. Auch das Schlechte, Abgelehnte bietet die Möglichkeit, dass wir «schon immer gewusst haben», dass das Leben so ist oder die Männer oder die Leute so sind und dass wir seine Spielregeln kennen.

Wir tun dies unbewusst. Der Vorgang des Vergleichens, das Einordnen und Analysieren von Erlebnissen und Eindrücken auf der Grundlage früherer Erfahrungen läuft praktisch ununterbrochen in uns ab, ohne dass wir uns dessen gewahr wären. Sind wir einer Situation ausgesetzt, die keinerlei bekannte Elemente enthält, erzeugt das Angst und Abwehr. Nur Menschen mit einem starken Urvertrauen nehmen solche Ereignisse als anspornende Herausforderung gelassen hin.

Sinn dieses Prozesses, Neues mit Altem zu vergleichen, ist vor allem eine schnellere Adaptions- und Reaktionsfähigkeit. Das genetische Programm, das eigentlich der Arterhaltung und dem Überleben dienen sollte, indem es dafür sorgt, dass der Mensch effektiv lernt, wie er am besten mit den Gegebenheiten zurechtkommt, sorgt auch dafür, dass wir ein Bild von der Welt konstruieren, das uns dann vertraut ist und in das wir alle weiteren Erfahrungen einordnen. Wir klammern uns an unsere Vorstellungen über die Welt, und seien sie auch noch so wenig erstrebenswert, einfach, weil sie einen bekannten, berechenbaren Rahmen bieten, der uns vor weiterem Lernen, vor der Notwendigkeit der Veränderung und damit vor dem Risiko, Unbekanntes zu erproben, schützt.

Wenn Frauen, die sich vor ihren gewalttätigen Ehemännern ins Frauenhaus geflüchtet haben, wieder zu diesen Männern zurückkehren, so entspricht das genau diesem Prinzip: Sie haben den Gedanken daran aufgegeben oder nie entwickelt, dass die Welt auch anders sein kann, dass es in ihrer Hand liegt, etwas zu verändern. Sie sind psychisch zu schwach und haben nicht genügend Vertrauen und Selbstbewusstsein, um sich aus ihrer Lage zu befreien. Ihr Verstand liefert tausend Gründe, warum es immer noch besser ist, zurückzugehen, als sich den neuen Herausforderungen zu stellen. In praktisch allen Fällen ist die Wirklichkeit dieser Frauen schon durch bestimmte Kindheitserfahrungen vorgeprägt.

Persönliche Wirklichkeit befähigt uns also, im Guten wie im Schlechten, den Ereignissen und Eindrücken unseres Lebens die Qualität des Bekannten zuzuordnen. Wir wissen dann schon, wie wir in einer bestimmten Situation reagieren werden, weil es dafür ein Muster, ein fertiges Programm in uns gibt, das wir irgendwann einmal gelernt haben. Auf solche Programme zurückzugreifen spart Energie, macht uns schneller handlungsfähig, nimmt Unsicherheit und Angst. Wir können nicht jedesmal, wenn wir ein Butterbrot streichen, den zweiten Gang unseres Autos einlegen oder eine Telefonnummer wählen, einen kreativen Akt vollbringen. Automatismen im Verhalten und in der Reaktion eines Menschen schmälern jedoch auch seine Möglichkeiten und verengen sein Gesichtsfeld.

Virginia Satir nennt in ihrem Buch *Mein Weg zu dir* als erste der fünf Freiheiten, die «Freiheit, das zu sehen und zu hören, was im Moment wirklich da ist, anstatt was sein sollte, gewesen ist oder erst sein wird». Sie spricht damit jene Offenheit des Geistes und der Gefühle an, die uns neue Erfahrungen machen lässt, einfach indem wir jeden Augenblick und jede Erfahrung als etwas Neues, noch nicht Dagewesenes erleben. Jeder Augenblick ist einzigartig, unser Alltagsbewusstsein zwängt ihn jedoch in den Rahmen unserer gewohnten Betrachtungsweisen.

Wenn wir unsere Atmung genau beobachten, stellen wir fest, dass keine zwei Atemzüge völlig gleich sind, ebenso wie keine Stimmung einer anderen, vorausgegangen völlig gleicht. Und so sehr unsere Erinnerung durch bestimmte heutige Ereignisse und Menschen stimuliert werden mag, keines dieser Ereignisse, keiner dieser Menschen ist wirklich genauso, wie unsere emotionale Erfahrung uns dies erleben lässt. Was immer wir wahrnehmen, sehen wir durch den verzerrenden Spiegel unseres Ichs. Kontinuität, Gleichheit und die Fähigkeit zum Wiederkennen sind Funktionen unseres Denkens.

Der Zen-Meister Dainin Katagiri schreibt in seinem Buch *Rückkehr zur Stille* zum Thema «Buddha-Natur und Vergänglichkeit» (S. 30 ff):

«... Vergänglichkeit wirkt im Dasein als eine Kraft, die stete Veränderung bewirkt, Tag für Tag, in jedem Augenblick. Alles, was existiert, unterliegt – je nach Zeit und Umständen – einem beständigen Wandel. Dass alle Dinge sich verändern, mögt ihr bereits erkannt haben, jedoch haltet ihr an euerer vorgefassten Meinung fest, dass Zeit kontinuierlich vorwärtsgehe. So mögt ihr glauben, dass eine bestimmte Sache sich in eine andere verwandle, dass aus Gestern Heute wird und aus Heute Morgen. Einem derartigen Verstehen wohnt die Vorstellung inne, es gäbe irgendetwas, was in dieser Bewegung vom Gestern zum Morgen konstant bliebe: irgendeine Wesenheit bliebe erhalten im Wechsel. ... Bewusst oder unbewusst haltet ihr an der Idee fest, dass ihr kontinuierlich fortbesteht.

Nach buddhistischer Auffassung verhält es sich mit diesem Wechsel ein wenig anders. Um ihn angemessen begreifen zu können, müssen wir verstehen, welche Bedeutung dem Augenblick zukommt. Der gegenwärtige Augenblick ist jeglichem Vorher und Nachher vollständig entrückt, er liegt gänzlich ausserhalb des vorhergehenden und des nachfolgenden Moments. *Der jetzige Augenblick ist der jetzige Augenblick. Der entschwundene Moment ist nichts weiter als der entschwundene Moment. Der gegenwärtige Augenblick ist ganz allein der gegenwärtige Augenblick und wird mit dem Auftauchen des folgenden entschwunden sein.* ... Der jetzige Moment ist die Ursache dafür, dass wir uns einsam fühlen, da er von allen anderen Momenten völlig getrennt ist. Das aber ist durch unsere Sichtweise bedingt, die uns den Augenblick als Teil des Zeitprozesses auffassen lässt. Wir sollten unser ganzes Augenmerk auf den Augenblick in seiner reinen Erscheinung richten. *Was ist ein Moment? Er ist eine Wesenheit, die unablässig im Entstehen ist, ein blosses Auftauchen.*»

Was Dainin Katagiri beschreibt, ist die Fähigkeit, ohne Bewertung, ohne Vorannahmen, ohne die Begrenzungen des Alltagsbewusstseins einfach wahrzunehmen, was von Sekunde zu Sekunde geschieht. Das bedeutet einen meditativen Geisteszustand, dem es nicht darauf ankommt, übergeordnete Zusammenhänge zu begreifen, sondern das Leben an und für sich wahrzunehmen.

Der Gedanke des «Fliessens», des «Mit-dem-Fluss-Gehens» ist heute besonders in esoterischen Kreisen sehr beliebt. Er hat etwas Faszinierendes und beschreibt den Zustand, den wir als «Erleuchtung» bezeichnen. Was häufig übersehen wird, ist, dass wir alle Augenblicke dieses Zustandes kennen. Alte Menschen sitzen gelegentlich auf einer Parkbank und bieten dieses Bild des Insichruhens ohne Reflektion. Wirklichkeit wird dann für einen Moment als etwas Übergreifendes, Schrankenloses erlebt. Diese Erfahrung entzieht sich jedoch einem bewussten Willensakt. Wir können nicht einfach beschliessen, von nun ab, «im Fluss zu sein», und das auch noch dauerhaft. Die Öffnung des Bewusstseins für die allumfassende Realität, das tiefgehende Erkennen der Relativität aller Wirklichkeiten ist in allen Einweihungswegen ein langer Prozess des Übens und der Selbstdisziplinierung. Buddha hat sieben Jahre lang unter dem Bodhi-Baum meditiert, wie könnten wir dann glauben, wir würden «all enlightenment in one day» erreichen?

Es bleibt uns für den Anfang der Versuch, die Tatsache der Relativität aller Dinge und damit aller persönlicher Wirklichkeiten nicht nur zu wissen, sondern sie auch zu verinnerlichen. Gegenseitiger Erfahrungsaustausch und Kommunikation auf allen Ebenen bauen die Brücke zu anderen Lebewesen, nicht Vorurteile, feste Meinungen und starres Festhalten an Gelerntem, aber auch nicht die Scheinneutralität, in die sich diejenigen flüchten, die das Prinzip des Wertfreien zwar intellektuell begriffen, aber nicht in sich verwirklicht haben.

[1] Carlos Castaneda, *Reise nach Ixtlan.*

[2] Milan Kundera, *Die unerträgliche Leichtigkeit des Seins,* S. 96 ff.

5

Über das Lernen

KREATIVES DENKEN KANN EINFACH IN DER ERKENNTNIS
BESTEHEN, DASS ES KEINE BESONDERE KUNST IST, DINGE
SO ZU TUN, WIE SIE SCHON IMMER GETAN WURDEN.
Roger van Oech

Der Prozess des Lernens ist, zumindest beim Menschen, ein ausserordentlich vielschichtiger und hochkomplexer Vorgang. Obwohl sich die Lernpsychologie im Laufe dieses Jahrhunderts zu einem der wichtigsten Teilbereiche der Psychologie entwickelt hat, gibt es bisher keine übergreifende, alle Faktoren berücksichtigende Lerntheorie.

Grundsätzlich kann Lernen als die Erweiterung des angeborenen und genetisch vererbten Verhaltensrepertoires bezeichnet werden. Von Geburt an verfügt der Mensch ebenso wie das Tier über bestimmte angeborene Reaktionsmuster, die das Überleben durch entsprechende instinktive Verhaltensweisen sicherstellen: Dazu gehört zum Beispiel der Saugreflex des Babys, der allen Säugetieren gemeinsam ist, bestimmte Bewegungsweisen wie die Fähigkeit zu lächeln, zu strampeln, zu schreien, sich festzuhalten, nach etwas zu greifen, über die der Säugling von Geburt an verfügt, ohne dass man sie ihm beigebracht hätte. Auch Veranlagungen des Menschen (und entwickelter Tierarten, zum Beispiel der Affen) wie das Bedürfnis, sich hervorzutun und einen besonderen Rang einzunehmen, und die Aggression (zum Beispiel Drohgebärden) zählen dazu und finden sich ebenso in der Tierwelt. Die biologische Verhaltensforschung geht hier von einer stammesgeschichtlichen Anpassung an Lebensbedingungen aus, die als Erbinformation in den Genen enthalten ist. Generation um Generation werden die Informationen weitergegeben, die die Basis für ein den Umweltbedingungen angemessenes Verhalten und Reagieren schaffen. Gleichzeitig degenerieren all jene körperlichen und auch geistigen Fähigkeiten, die in einer veränderten Umwelt nicht mehr gebraucht oder ungenügend angewendet werden – man denke hier nur daran, dass in der jetzigen Zeit praktisch jedes Kind eine Zahnregulierung erhält. Wenn dies auch häufig aus kosmetischen Gründen geschieht, so ist es genauso zutreffend, dass die meisten Kinder konkrete Kieferprobleme haben, zum Beispiel Zahnengstand oder vorgewölbte Zähne wegen eines zu kleinen Kiefers. Dies ist nicht mit einem genetischen Defekt zu verwechseln, dessen Auswirkungen ebenfalls über Generationen hinweg spürbar sein können, sondern gemeint ist die Rückbildung eines körperlichen Merkmales – des Kiefers –, weil unsere Nahrung

35

das Gebiss zu wenig beansprucht. Für die gesunde Ausbildung der unteren Gesichtsknochen ist es unerlässlich, fest zu beissen und zu kauen, ein Grund, der den Apfel als gesundes Nahrungsmittel unter anderem so bekannt gemacht hat.

Der Tiefenpsychologe C. G. Jung schreibt dazu: «Der Mensch ist nämlich ‹im Besitze› vieler Dinge, die er sich nie erworben, sondern die er von seinen Ahnen ererbt hat. Er wird ja nicht als tabula rasa, sondern bloss unbewusst geboren. Er bringt aber spezifisch menschlich organisierte, funktionsbereite Systeme mit, die er den Millionen Jahren menschlicher Entwicklung verdankt. Wie der Wandertrieb und der Nestbauinstinkt des Vogels niemals individuell erlernt oder erworben werden, so bringt auch der Mensch bei seiner Geburt die Grundzeichnung seines Wesens, und zwar nicht nur seiner individuellen, sondern auch seiner kollektiven Natur mit.» *(Gesammelte Werke,* Band 4, § 728 f.)

Und die Frage, auf welche Weise diese artspezifischen Reaktionsmuster vererbt werden, beantwortet der Biologe und Verhaltensphysiologe Dr. Irenäus Eibl-Eiblsfeldt in seinem spannenden Buch *Liebe und Hass* (S. 21.) folgendermassen: «Genaugenommen wird freilich nicht das Bewegungsmuster vererbt, sondern das Rezept, auf Grund dessen sich jene nervösen Strukturen und Schaltungen entwickeln, die dem Verhalten zugrunde liegen. Erbkoordinationen müssen nicht immer bereits zum Zeitpunkt der Geburt oder des Schlüpfens voll ausgereift sein. Manche Verhaltensweisen reifen erst nach und nach heran, wie man experimentell nachgewiesen hat.»

Zweifellos ist es schwierig, Verhaltensweisen genau danach zu trennen, ob und inwieweit sie nun angeboren oder erlernt sind. Dies ist nur bei sehr elementaren Abläufen möglich, da jedes Baby vom Augenblick der Geburt an (aber im Grunde schon vorher) Einflüssen und Erfahrungen ausgesetzt ist. Versuche, ein Kind ganz ohne äussere Einflüsse aufzuziehen, indem sie ohne Körperkontakt, ohne Geräusche usw. aufwuchsen (Deprivation), hat gezeigt, dass sich hier seelische Störungen und Fehlreaktionen entwickeln. Lernen bedeutet auch Vergleichen, Einordnen, Anpassen. Fällt dies weg, verbleibt auch angeborenes Wissen in einem rudimentärem Stadium.

Das früheste Stadium des Lernens ist nach jetzigem Wissensstand die sogenannte Konditionierung, für deren Erforschung der Physiologe Iwan Petrowitsch Pawlow wegbereitend war. Konditionierung bedeutet, vereinfacht ausgedrückt, dass sich Reaktionsmuster und Verhaltensweisen festigen, wenn sie durch Erfahrung auf irgendeine Weise verstärkt werden. Diese Verstärkung kann in einem Lob, einer Belohnung, einem Erfolgserlebnis bestehen, jedoch wirken auch Erlebnisse, die für uns unerfreulich oder gar traumatisch waren, ebenso verhaltensverstärkend. Bei Tieren wird dieser Vorgang für die Dressur verwendet: Das gewünschte Verhalten wird mit Futter und Lob belohnt. Das Sprichwort «mit Zuckerbrot und Peitsche» weist auf eine vergleichbare, wenn auch wenig erstrebenswerte Form der «Dressur» bei Mensch (oder Tier) hin; besonders bei einem Kleinkind finden massive Prägungen statt, wenn bestimmte Verhaltensweisen (wie zum Beispiel artig und lieb lächeln) immer positiv unterstützt werden, während jedes Abweichen vom erwünschten Verhalten eine sofortige Bestrafung nach sich zieht.

Das Rebirthing, eine Atemtherapie, macht sich diese Erkenntnisse zunutze. Durch Hyperventilation (übermässiges Anreichern des Blutes mit Sauerstoff durch heftiges Atmen) werden körperliche Blockaden spürbar. Ein Erwachsener, dem man als Kind immer auf die Finger geklopft hat, wenn er nach etwas Verbotenem greifen wollte, wird mit an Sicherheit grenzender Wahrscheinlichkeit während eines Rebirthings deutliche Verkrampfungen in den Fingermuskeln spüren, die so weit gehen können, dass die Finger sich krümmen. Der konditionierte Reflex heisst: «Ich will das – ich darf nicht.» Eine andere Methode, diese muskulären Verspannungen aufzuspüren und zu lösen, ist das Rolfing, eine Massagetherapie.

Auf einer erweiterten Ebene arbeitet die Verhaltenstherapie mit Konditionierung: Ein neues, erwünschtes Verhalten wird solange geübt und belohnt, bis es das alte ersetzt, das im gleichen Zeitraum mit einem negativen Feedback versehen wird. Obwohl man der Verhaltenstherapie nachsagt, sie sei zu mechanistisch und reduziere den Menschen auf das Niveau eines Tieres, ist sie doch in vielen Fällen erfolgreich: Menschen sind, wie man so schön sagt, Gewohnheitstiere, und Übung macht den Meister. Verhaltenstherapie kann und wird, ohne dass wir uns dessen so recht bewusst wären, ohnehin ständig im Alltag angewendet: Wir erziehen unsere Kinder nach ihren Gesetzen, wir behandeln in gewissem Umfang uns und unsere Umwelt auf diese Weise. Einfache Beispiele dazu: Kinder bekommen ein Geschenk für gute Noten, sind sie krank, werden sie häufig besonders liebevoll umsorgt (ein nicht immer günstiger Lerneffekt), wir erfüllen uns einen Wunsch, wenn uns etwas geglückt ist.

Reihenuntersuchungen haben ergeben, dass erfolgreiche Menschen die Kunst, sich selbst zu motivieren, besonders gut beherrschen. Sie tun dies etwa, indem sie sich für einen erfolgreichen Tag mit einem schönen Abendessen und einer Flasche Sekt belohnen. Wer gerne Vokabeln gelernt hat und diese vielleicht gerade auch noch erfolgreich anwenden konnte, belohnt sich – unwissentlich – selbst durch eine vermehrte Ausschüttung von Endorphinen in seinem Gehirn, die sein Wohlbefinden weiter steigern, was wiederum zu einer erhöhten Motivation für die nächste Lernrunde führt. Der Mann wiederum, der soeben einen Auftrag nicht bekommen hat und sich selbst einen Versager heisst («es hat *schon wieder* nicht geklappt»), verstärkt sein negatives Selbstbild und seine Angst vor neuen Herausforderungen, die Frau, die sich von einem Mann, der sie schlecht behandelt, nicht lösen kann, bestätigt ihre Überzeugung, dass sie nicht liebenswert sei.

Diese Beispiele gehen jedoch über das Thema der klassischen Konditionierung weit hinaus, die sich vor allem mit den sogenannten Reiz-Reaktionsmustern befasst. Erweitert man die ihr zugrunde liegende Idee der Verstärkung, so ergibt sich für menschliches Verhalten eine Form des Lernens, die bewirkt, dass wir Verhaltensweisen wiederholen, die einmal «funktioniert» haben. Dies gilt ebenso für Reaktionen, die für uns erfreuliche Ergebnisse nach sich zogen, wie für solche, die sich nicht günstig auswirkten: Zu irgendeinem, wahrscheinlich früheren Zeitpunkt war dieses Verhalten eben doch das nach unserem Empfinden bestmögliche und funktionierte auch in diesem Sinn. Anders ausgedrückt, wird es für uns schwierig sein, mutig in einer schwierigen Situation den «Stier bei den Hörnern zu packen», wenn wir als Kind gelernt haben, dass die beste Reaktion auf die Tobsuchtsanfälle des Vaters ist, sich ganz still in die Ecke zu verziehen und zu tun, als gäbe es uns nicht.

Konditionierung bedeutet, dass die an einen Aussenreiz gekoppelten Reaktionsweisen spontan, das heisst instinktiv und unbewusst erfolgen. Alles, was wir wahrnehmen, kann eine solche vorgefertigte Reaktion auslösen, der Klang einer Stimme, ein Geruch, ein bestimmtes Wort, ein Gefühl, das entsteht, wenn wir etwas berühren. Diese Sinneseindrücke rufen Erinnerungen wach und mit ihnen die damit verbundenen guten oder schlechten Erfahrungen. Sie stellen Schlüsselreize dar. Während dieser Vorgang uns die Möglichkeit gibt, schnell zu reagieren und Erfahrungen mit einem Minimum an Energieaufwand zu nutzen, bewirkt er auch, dass wir in alten Verhaltensmustern gefangen bleiben und das Neue in jeder Situation übersehen und damit auch die andersartigen Anforderungen, die diese Situation an uns stellt.

Zum Thema Konditionierung gibt es unterschiedliche Theorien, die sich im wesentlichen hinsichtlich des Ausmasses unterscheiden, in dem man sie für ausschlaggebend hält. Sie reichen von der Vorstellung, diese Art des Lernens sei alles, was es gibt, wie sie vom Behaviourismus vertreten wird, bis zu der Annahme, dass ein bestimmtes Verhalten auf einen bestimmten Anlass mit einer gewissen Wahrscheinlichkeit erfolgen wird, was dem Menschen eine grössere Freiheit und Selbstbestimmtheit einräumt. Während Tiere sich im Normalfall innerhalb des eingeübten Verhaltens bewegen, ist der Mensch in der Lage, Prägungen zu erkennen und bis zu einem gewissen Grad zu verändern, also neue Lösungswege zu finden, die besser geeignet sind, seine Interessen wahrzunehmen als die alten.

Eine weitere wesentliche Form des Lernens ist das sogenannte Lernen am Modell. Während unseres ganzen Lebens lernen wir durch Vorbilder. Besonders im Kindesalter übt das Kind durch Nachahmung. Es lernt auf diese Weise zu sprechen, sich auf eine bestimmte Art zu bewegen, zu essen, sich zu räuspern, ebenso streng zu schauen wie die Mutter, wenn der Lieblingsbär «etwas ausgefressen» hat, ebenso festen Schrittes durch die Wohnung zu gehen, wie es der Vater zu tun pflegt. Die Verhaltensweisen unserer Eltern, Geschwister und anderer Verwandter, sowie die von Kindergärtnern, Lehrern, anderer Autoritätspersonen, aber auch die Tapferkeit des Helden in unserem Lieblingsmärchen, die abstossende Gemeinheit eines bösen Strolches in einem Film, die Ruhe und Gelassenheit des weisen Mannes in einer Geschichte, dies alles prägt sich als nachzuahmende oder abzulehnende Vorbilder in uns ein.

Kinder spielen Vater und Mutter, Arzt und Polizist, Krankenschwester und Friseuse und erlernen über diese Rollenspiele die Verhaltensweisen, die sie hier als angebracht erleben. Das, was sie ablehnen, wird meist nach aussen projiziert: eine Puppe, ein Stofftier, eine Kasperlefigur übernehmen die Rolle des Bösen.

Vorbilder geben Anstoss zum Lernen und Üben, denn kleine Kinder haben, wenn sie gesund sind, eine bewunderswerte Beobachtungsgabe.

Über die reine Nachahmung hinaus lernen wir jedoch auch, wenn wir den Menschen unserer Umgebung zuhören: Wir erfahren ihre Meinung über die «Zeiten, in denen wir leben», über die Nachbarin, über unsere Schwester, über die Stadt, in der wir zuhause sind, und nicht zuletzt über uns selbst. Wenn ein von uns bewunderter Onkel sagt, dass wir ein kleiner Sonnenschein seien, wird das unser Selbstbild und unser Bemühen in der entsprechenden Richtung wesentlich beeinflussen. In diesem Fall werden dann nicht konkrete Verhaltensmuster übernommen, sondern die Ansichten und Vorstellungen unserer Umwelt. Was wir jedoch letztlich übernehmen und was nicht hat mit unserer sehr persönlichen Wahl zu tun und mit dem, was im folgenden Kapitel unter dem Thema «Lebensplan» beschrieben wird.

Lernen geschieht auch ganz einfach durch Tun. Ein chinesisches Sprichwort sagt: «Ich höre, ich vergesse. Ich sehe, ich erinnere mich. Ich tue, ich verstehe.»

Und ein deutsches Sprichwort bringt diese Aussage schlicht auf den Punkt, indem es konstatiert: «Probieren geht über Studieren.» Gleichgültig, ob wir uns an Dinge wagen, die wir zum ersten Mal tun und für die wir keine einschlägigen Erfahrungen besitzen, oder ob wir etwas tun, das wir schon einmal versucht haben – immer setzen wir bereits erlernte Verhaltensweisen ein, um ein Problem zu lösen, eine Aufgabe zu bewältigen, eine Situation zu meistern. Durch Übung wird eine grössere Fertigkeit erzielt, eine grössere Sicherheit durch Versuch und Irrtum, ein Ausdruck, der auf den Psychologen Thorndike zurückgeht. Er formulierte dazu sein «Gesetz des Effekts»: «Eine Handlung wird umso sicherer wiederholt, je befriedigender der sie begleitende Gesamtzustand ist – oder einfacher: Erfolg wiederholt man gern.» Wesentlich erscheint hier zu bedenken, dass dieser «Erfolg» sich auch durchaus auf ungünstige Erfolgssituationen beziehen kann, zum Beispiel wenn ein kleines Mädchen lernt, so lange zu weinen und zu toben, bis die Mutter nachgibt, oder solange hilflos zu tun, bis man ihm bei den Hausaufgaben hilft.

Parallel zum Wert der Übung bietet uns das Tun die Möglichkeit, Gelerntes neu zu ordnen und so kreativ mit unseren Ressourcen umzugehen. Durch ein Ziel, das wir uns setzen, werden neue Lösungswege, also ein neuartiger Einsatz des alten Verhaltensmaterials möglich. Deutlich zeigt sich jedoch, dass im Normalfall auch die neuen Strategien bestimmten typischen Lösungsrichtungen unterliegen: Jeder Mensch besitzt eine für ihn charakteristische Art, die Dinge zu gestalten.

Die letzte Form des Lernens, die hier erwähnt sein soll, ist das Lernen durch Einsicht. Es entspricht dem sogenannten Aha-Erlebnis (Karl Bühler, *Aha, so ist es*). Einsicht kann sowohl bedeuten, dass wir das Lösungsprinzip einer Aufgabe erfassen, wobei sich die Stadien des Erkennens nicht im einzelnen nachvollziehen lassen, wie auch das umfassende Begreifen eines Zusammenhangs, einer Situation, einer Erfahrung. Sie kann sich ebenso blitzartig einstellen wie auch langsam reifen und uns zu geeigneteren Verhaltensformen führen. Einsicht ist im Gegensatz zu den vorher beschriebenen Lernformen ein psychischer Prozess, der über das reine Denken und Analysieren hinausgeht. Einsicht verlangt, dass wir uns gewissermassen selbst überschreiten, unsere Begrenzungen überwinden und neue Ideen, Vorstellungen und Möglichkeiten integrieren.

Astrologisch entspricht der Planet Jupiter der Einsicht. Er symbolisiert aber auch Weite, Wachstum, Grosszügigkeit, Toleranz und die Fähigkeit, einen übergeordneten, den Gesamtzusammenhang erfassenden Standpunkt einzunehmen, alles Eigenschaften, die für eine wirkliche Einsicht nötig sind.

Über welchen Kanal wir auch gerade lernen, ob wir uns an Vorbildern orientieren, ob wir einen vorgegebenen Rahmen übernehmen, um uns an ihm auszurichten, oder ob wir selbst versuchen, geeignete Wege zu entwickeln, immer geschieht dies auf der Grundlage unserer mitgebrachten Veranlagung, die durch unsere Gene bestimmt wird.

Die Biologie sieht unsere Gene vor allem als das Reservoir der gesamten Erbanlagen unserer Art (also des Menschen an und für sich und in engerem Sinn seiner Rasse) sowie unserer Vorväter und -mütter. Hieraus wird eine Auswahl getroffen, die dann bestimmt, ob wir blonde oder braune Haare, einen hellen oder dunklen Teint, einen harten Zahnschmelz oder einen weichen, eine robuste Konstitution oder eine eher schwache usw. haben. Auch Charaktereigenschaften wie Reizbarkeit, Nervosität, starker Bewegungsdrang, Tendenz zu Melancholie und Depression usw. sind vererbbar, wobei bisher nicht geklärt ist, in welchem Ausmass hier die Vererbung und in welchem spätere Einflüsse eine Rolle spielen. Für Eigenschaften dieser Art ist unsere Körperchemie in hohem Masse verantwortlich.

Über die Vererbbarkeit physischer und psychischer Charakteristika hinaus zeigt die Beschäftigung mit Astrologie und Psychologie jedoch, dass auch Erfahrungen vererbt werden können, und zwar auf der seelischen oder auf der körperlichen Ebene. Ein Beispiel ist ein 1980 geborener Junge, der von frühester Kindheit an eine dramatische Angst empfand, wenn Sirenenalarm war: Seine Mutter und seine Grossmutter hatten sich während des Krieges in den Luftschutzkeller flüchten müssen. Ein anderes Beispiel sind die Enkelkinder eines ehemaligen KZ-Insassen, der mittlerweile nach Amerika ausgewandert war: Sie bekamen panikartige Angstzustände, sobald sie in ein Feriencamp kamen, dessen Unterkünfte den Charakter von Zellen hatten. Da gibt es den Fall eines Mannes, der vom Huf eines Pferdes an der Schulter getroffen wurde, wovon ihm eine hufeisenförmige Narbe zurückblieb. Bei der Geburt seines Sohnes wies dieser die gleiche Narbe an der gleichen Stelle auf, ohne je die Möglichkeit gehabt zu haben, mit einem Pferd in Berührung zu kommen. Meiner Katze wurde, als sie rollig war, von einem Kater das rechte Ohr aufgeschlitzt, was ziemlich lang zum Heilen brauchte und eine Narbe hinterliess. Eines ihrer vier Jungen hatte die gleiche Narbe und hat sie noch heute, sie hat sich nicht verwachsen.

Darüber hinaus finden sich bei der Untersuchung von Familienhoroskopen über Generationen hinweg immer wieder bestimmte Themen, zum Beispiel die

Angst vor dem freien Umgang mit dem Körper und der Sexualität, das im Einzelfall real mehr oder weniger begründbare Empfinden materieller Unsicherheit (Lebensangst), der Auftrag, ein ordentliches und geachtetes Mitglied der Gesellschaft zu werden, der Auftrag, die Bedeutung des Familienclans fortzuführen und sicherzustellen, die Angst vor seelischer oder körperlicher Nähe, den Drang, auszubrechen, das Bedürfnis nach Kultiviertheit, bestimmte Zwänge und vieles mehr. Die entsprechende Thematik besitzt dann eine über das normale Mass hinausgehende Brisanz und kann nicht mit Argumenten wie «jeder hat einen Freiheitsdrang» abgetan werden.

Bei dem Versuch einer Antwort auf die Frage, warum wir Erfahrungen erben, die wir dann als eine Grundvoraussetzung in unser Leben mitbringen, erreichen wir wieder den Bereich des Glaubens und der philosophen Überzeugungen. Wer streng naturwissenschaftlich denken möchte, kann sicher eine rein «mechanische» Erklärung finden und diese auch entsprechend begründen. Ebenso begründbar – und ebensowenig widerlegbar – ist jedoch die Hypothese, dass alles, was wir in dieses Leben mitbringen, uns eine Aufgabe stellt, sei es nun im Sinne der Karmatheorie, die besagt, dass wir einen individuellen Lebensauftrag zu erfüllen haben, oder im Sinne der Vorstellung, dass wir als individueller Faktor der Menschheit an einem Gesamtauftrag mitarbeiten, ohne dass wir deswegen zwangsläufig konkret wiedergeboren werden müssten.

Der Gedanke der Vererbung von Erfahrungen schliesst ein, dass ein und dasselbe Charakteristikum – ein Muttermal, das wir an der gleichen Stelle haben wie unser Vater, eine Narbe, ein Sehfehler, die Form und Beweglichkeit unserer Finger, wenn unsere Mutter Pianistin war, und dergleichen mehr – Inhalte auf verschiedenen Ebenen ausdrückt: zum einen auf der rein körperlichen und damit sichtbaren, zum anderen auch auf der seelischen in Form eines psychischen Zustandes und auch auf der Ereignisebene.

Ich möchte dies an einem astrologischen Beispiel erläutern: Das 4. Haus im Horoskop entspricht unserem Mutterbild, gleichzeitig schildert es unsere grundlegende Gefühlssituation, unsere Fähigkeit, Empfindungen zuzulassen und zu gebären, im weiteren Sinn auch kreativ zu sein. Mit dem Planeten Saturn im 4. Haus mag die Mutter uns im günstigen Fall ihre Fähigkeit zu Selbstdisziplin, Ordnung und ihr Pflichtbewusstsein vererbt haben, dazu ein Gerechtigkeitsempfinden und die Bereitschaft, uns dort, wo nötig, einzugliedern, statt eine «Extrawurst zu braten». Im ungünstigen Fall fühlen wir uns ebenso einsam, ungeliebt und ungerecht behandelt wie sie und glauben, dass wir uns ständig zusammennehmen müssten. Nähe, Wärme, Geborgenheit sind dann Dinge, nach denen wir uns sehnen, von denen wir aber tief im Innern glauben, sie stünden uns nicht zu oder das Schicksal liesse uns leer ausgehen. Statt dessen zählt, «was die Leute sagen», sich nichts zuschulden kommen zu lassen und ein ordentliches Mitglied der menschlichen Gesellschaft zu sein.

Wie auch immer dieses Erbe aussieht, es ruht als Charakteranlage in uns, die auch eine körperliche Entsprechung haben kann (hier für den ungünstigen Fall eines Saturn im 4. Haus): eine zu kleine Gebärmutter. Das Prinzip des Nährenden, Wachstumsfördernden, Mütterlichen ist unterentwickelt und insofern problembehaftet.

Eine Mutter, die selbst die oben beschriebenen Eigenschaften und Probleme hat, wird kaum in der Lage sein, ihr Kind anders zu erziehen als es ihr persönlicher Rahmen an Wissen, Freiheit und Überzeugungen zulässt. Das bedeutet, dass wir auch auf der Ereignisebene eine Mutter bekommen, deren Verhalten geeignet ist, dieses Bild konkret an ihr festzumachen. Wir erwarten gewissermassen eine strenge Mutter, oder eine, die viel Wert auf Korrektheit legt, und wir bekommen sie auch, was dazu führt, dass in uns ruhende Neigungen und Veranlagungen zum Leben erweckt werden, wenn auch auf unsere ganz persönliche, ganz spezifische Weise, so doch prinzipiell mit dem vergleichbar, was die Mutter für uns symbolisiert.

«Charakter ist Schicksal», heisst ein Sprichwort und bringt zum Ausdruck, dass eine Veranlagung eine bestimmte Weltsicht und damit auch bestimmte Ereignisse nach sich zieht. Haben wir unsere Mutter eher gefühlskalt erlebt oder abhängig von der Meinung der Leute, so werden wir, so sehr wir auch versichern mögen, es sei anders, es nicht leicht haben, in unseren eigenen zwischenmenschlichen Beziehungen Wärme, Vertrauen und Offenheit zuzulassen oder uns wirklich von der Meinung von Leuten unabhängig zu machen, die wir für wichtig erachten.

Zweifellos sind derartige Zusammenhänge eine Herausforderung für die klassische Biologie und Medizin. Astrologie lehrt uns jedoch in Analogien zu denken und herauszufinden, was bestimmte Dinge, Merkmale und Ereignisse miteinander gemeinsam haben. Analoges Denken (und Lernen) fusst auf dem Gedanken, das hinter den Dingen stehende Prinzip zu erkennen und es als einen Schlüssel zum Verständnis anzuwenden.

Die modernen Wissenschaften und hier besonders die Chaostheorie bewegen sich in eine Richtung, die auf allerdings mystische, verschlüsselte Weise bereits in den alten Lehren enthalten war: In die der Einheit allen Seins, in der alles auf ständigen Wechselwirkungen beruht und in der Zusammenhänge sich häufig der rationalen Begrifflichkeit entziehen.

6

Der Lebensplan

ERFAHRUNG IST NICHT ETWAS, DAS UNS BEGEGNET; SIE IST,
WAS WIR MIT DEM, WAS UNS BEGEGNET, MACHEN.
Aldous Huxley

Eine wertvolle Hilfe zum Verständnis des menschlichen Daseins ist der Gedanke des Lebensplanes, der bereits im Kindesalter entsteht und der durch weitere Erfahrungen angereichert und modifiziert wird. Die verschiedenen therapeutischen Schulen haben dafür unterschiedliche Bezeichnungen gefunden: die Transaktionsanalyse nennt ihn «Skript» (das Geschriebene), das NLP (Neurolinguistisches Programmieren) spricht von unserem «Modell von der Welt», die Hakomi-Therapie vom «Kernmaterial» usw. Obwohl die Definitionen der einzelnen psychologischen Richtungen hinsichtlich der Frage, woraus dieser Lebensplan denn nun genau besteht, voneinander abweichen, beziehen sich alle diese Konzepte auf die Vorstellung, dass wir schon frühzeitig Überzeugungen, Annahmen und Erwartungen darüber, was das Leben für uns bereit hält, entwickeln. Erfahrungen mit den ersten Bezugspersonen und besonders mit der Mutter oder der Person oder Institution, die unsere Mutter für uns verkörpert, tragen wesentlich zur Bildung dieser seelischen Grundhaltung bei. Aus ihr heraus entsteht unser persönlicher Verhaltensstil, unsere Art, etwas zu tun, und die Bedeutung, die wir den Dingen beimessen.

Eine Vielzahl von Einflüssen arbeitet an der Bildung unseres persönlichen Lebensplanes mit: Unsere angeborenen Bedürfnisse und Antriebe, die sich über elementare Ähnlichkeiten hinaus von Mensch zu Mensch unterscheiden (das Bedürfnis nach Zuwendung, Aufmerksamkeit, Hautkontakt, unsere Durchsetzungskraft und sexuelle Antriebe), Erfahrungen, die wir im Mutterleib und mit den ersten Bezugspersonen unseres Lebens machen, Erwartungen, die an uns gerichtet werden, Äusserungen darüber, wer wir sind (Peter ist ein braves Kind, Lisa nimmt nie etwas übel, Werner ist ein Kotzbrocken), verbale und nonverbale Botschaften unserer Eltern an uns.

Der Lebensplan enthält zwei grundlegende Leitlinien: eine Art «Zielplan», also das, was der Mensch in seinem Leben erreichen möchte, und einen «Vermeidungsplan», das, was unter keinen Umständen eintreten soll. Beide sind im Normalfall weder deutlich bewusst noch eindeutig definiert; sie enthalten vielmehr mehr oder weniger diffuse Vorstellungen darüber, was zu tun und was zu lassen ist. Ein wesentlicher Teil der Bewusstseinsentwicklung besteht darin, dass wir uns über unsere Lebensmaximen und darüber, wodurch und warum wir zu ihnen gelangt sind, klar werden, und auch darüber, ob sie noch zu unserem gegenwärtigen Leben und unseren wahren Bedürfnissen passen. Da sich in unserem Selbstkonzept eigene Antriebe mit Aufträgen der Familie oder eines Elternteils mischen, kommen wir nicht umhin, zu irgendeinem Zeitpunkt unseres Lebens das eine vom anderen trennen zu lernen und neue Lebensentscheidungen zu treffen, wenn wir uns selbst näherkommen wollen.

Sowohl unsere Zielsetzungen als auch unsere Aversions- oder Angstthemen erstrecken sich auf alle wesentlichen Gebiete des menschlichen Daseins: auf den zu führenden Lebensstil, auf Leistungen, Berufswahl und Erfolg, auf die Suche nach einem geeigneten Partner und unser Verhältnis zur Sexualität, auf die Themen Ehe und Elternschaft, auf religiöse Anschauungen und die Entscheidung darüber, wofür wir uns verantwortlich fühlen wollen oder zu müssen glauben.

Die essentiellen Themen dieses Skripts bilden sich schon sehr früh heraus. Sie bestimmen in wesentlichem Umfang, wie wir uns und die Welt erleben und ziehen sich wie ein roter Faden durch unser Leben. Geschichten und Märchen, die wir hören, Filme, die wir sehen, die Beobachtung anderer Kinder und der Erwachsenen bewirken, dass unser Lebensdrehbuch immer umfangreicher und detaillierter wird, ohne jedoch die einmal entstandene grosse Linie zu verlieren. Wenn Erwachsene berichten, welches ihr Lieblingsmärchen und wer ihr Lieblingsheld oder ihre Lieblingsheldin war, so lassen sich daran unschwer Themen ablesen, die sich durch das Leben des Betreffenden ziehen. Wir finden den Wunsch nach dem Märchenprinzen in Dornröschen, das Gefühl, zurückgesetzt und benachteiligt zu sein in Cinderella oder Aschenputtel, das Bedürfnis nach Anerkennung im Froschkönig.

Eric Berne nennt das Skript in seinem Buch *Was sagen Sie, nachdem Sie «Guten Tag» gesagt haben* eine «psychologische Kraft, die den Menschen seinem Schicksal zutreibt – mag er es nun bekämpfen oder mag er behaupten, es handle sich um seinen eigenen freien Willen» (S. 42). Und weiter führt er aus, dass er nicht die Absicht habe, alle menschlichen Verhaltenweisen und alles menschliche Leben auf eine Formel (das Skript) zu reduzieren, dass jedoch ein Grossteil der Menschen einer Formel zu folgen scheint. Einen ähnlichen Gedanken formuliert Gurdjieff, wenn er vom «Kampf gegen den Schlaf» spricht: Menschen bewegen sich wie Roboter, in die man ein Programm installiert hat. Seine ganze Lehre hat das «Erwachen» zum Ziel, das auch für Berne den wirklichen Menschen vom nicht wirklichen unterscheidet. Die elementare Grundhaltung unseres Drehbuches wird durch die Frage bestimmt, ob wir uns als Gewinner oder als Verlierer erleben, das heisst, ob wir in unserer Vorstellung einen Platz an der Sonnen- oder an der Schattenseite des Lebens reserviert haben. Spricht man mit chronisch erfolglosen Menschen, so zeigt sich schnell, dass bereits in der frühen Kindheitsatmosphäre bei den Eltern eine defätistische Haltung vorherrschte, dass man glaubte, im Leben gehe es immer nur abwärts und alles werde immer nur schlimmer, oder dass dem Kind nichts zugetraut wurde.

Diese Ausführungen sollen jedoch in keinster Weise den Eindruck erwecken, wir seien hilflose Opfer unserer Erbanlagen und unserer Umwelt. Abgesehen von dem Gedanken eines möglichen karmischen Zusammenhanges, der unser Leben gestaltet, bleibt die Tatsache, dass letztlich zählt, was wir mit unseren Erfahrungen machen. Der wesentlichste Unterschied zwischen Menschen besteht in der Bedeutung, die sie ihren Eindrücken und Erfahrungen geben. Unaufhörlich schreiben wir Erfahrungen, Gefühlen, Gedanken und Wahrnehmungen eine bestimmte Bedeutung zu, die sie erst zu dem macht, als die wir sie erleben. Fragt man einen Kreis von Personen nach einer Fernsehdiskussion, was jeder einzelne gehört und darunter verstanden hat, so finden sich zwar Übereinstimmungen, jedoch auch viele Unterschiede. Die Art und Weise, in der wir Informationen aufnehmen, ist zu einem erheblichen Anteil durch den in uns wirkenden Lebensplan gefärbt. Alle Signale, auf die wir reagieren, wecken Erinnerungen an vergleichbare Eindrücke sowie an die dazugehörigen Bedingungen und Konsequenzen. Ein bestimmter Ausdruck im Gesicht eines Diskussionsteilnehmers mag uns an einen ungeliebten Lehrer erinnern, und wir finden ihn spontan unsympathisch, die Tonlage eines anderen wiederum stimuliert vielleicht angenehme Gefühle, weil sie klingt wie die des Vaters. Wir *messen den Dingen eine bestimmte, höchst individuelle Bedeutung zu,* das heisst, wir verarbeiten alle Informationen auf eine Weise, die nur für uns charakteristisch ist und die in letzter Konsequenz von keinem anderen Menschen nachvollzogen werden kann. Die Art und Weise, wie wir das tun, hat viel mit unserer persönlichen, meist unbewusst getroffenen *Entscheidung* zu tun, wie wir etwas sehen wollen.

Wer sich einmal entschieden hat, kann sich neu entscheiden. Die Idee des Lebensplanes darf nicht zu absolut gesehen werden, denn der Mensch ist kein statisches Gebilde, das sich einmal zusammenfügt, um dann unentwegt nach einem bestimmten Schema zu funktionieren. Die Entscheidung darüber, ob wir «schlafen» oder «wach sein» wollen, liegt bei uns. Sie fordert zweifellos Bemühung um Erkenntnis, Konfrontation mit unliebsamen Erinnerungen und mit Eigenschaften, die wir an uns ablehnen. Doch selbst in Zeiten, in denen wir uns unserer selbst noch wenig bewusst sind, bleiben wir nicht unaufhörlich dieselben. Die Welt draussen ändert sich und zwingt uns zumindest zu kleineren Veränderungen, die wir integrieren müssen, wenn wir seelisch gesund bleiben wollen. «Panta rhei» (alles ist im Fluss), sagte Heraklit und drückte damit aus, dass Leben ein fortwährender Gestaltungsprozess ist, in dem die Kräfte des Beharrens mit denen der Veränderung ringen. Menschsein bedeutet, dass wir ständig in Bewegung sind, dass wir gar nicht anders können, als in Bewegung zu sein, da sich alles um uns herum unaufhörlich bewegt. Dies gibt uns die Chance, uns in eine neue, angemessenere Form hineinzuentwickeln. Die Vorstellungen, die wir über uns und die Welt haben, die Bedeutung, die wir den Dingen und Ereignissen geben, die Furcht vor Veränderung und dem Unbekannten, sie setzen diesem Prozess des ständigen neuen Gestaltannehmens eine Starrheit und Unlebendigkeit entgegen, die unser Leben unwirklich erscheinen lässt. Während wir uns unablässig verändern, neue Erfahrungen machen, reifen, altern, bleibt die Art, wie wir uns gedanklich definieren, gleich – das ist es, was wir gewohnt sind, als «Persönlichkeit» zu bezeichnen.

Bedeutung beimessen heisst im Grunde nichts anderes als bewerten – nach unserem subjektiven Massstab. Das menschliche Bewusstsein ist ständig damit beschäftigt, die Umwelt und sich selbst wahrzunehmen und diese Wahrnehmungen auf die ihm eigene Weise auszuwerten. Meist tun wir das nicht bewusst, dieses Bewerten, doch es ist ein ständiger, essentieller Vorgang in uns, durch den wir versuchen zu verstehen, was geschieht, Sinn darin zu finden und zu entscheiden, welche Bedeutung etwas in unserem Leben hat. Dies gilt bereits für kleinste Informationen. Emotionalere Menschen sind dabei stärker von ihrer augenblicklichen Gefühlsverfassung beeinflusst – wenn sie sich traurig und bedrückt fühlen, sehen sie alles in einem düsteren Licht. Sie kennen auch euphorische Phasen, in denen ihnen alles möglich erscheint. Dabei lässt es sich nicht genau bestimmen, inwieweit ein Gefühlstief oder -hoch von Reizworten und Reizsituationen ausgelöst wird, die im Lebensplan gespeicherte Erinnerungen aktivieren, und inwieweit die momentane physische oder psychische Verfassung die Gefühle steuert. Jeder von uns hat in gewissem Umfang die Erfahrung gemacht, dass an einem Tag, an dem wir uns ohnehin gereizt fühlen, die Umwelt ziemlich aggressiv auf uns wirkt, oder dass ein bestimmter Geruch plötzlich Gefühle, Bilder und Erinnerungen stimuliert, die längst vergangen sind.

«Sich ein Bild von etwas machen», zum Beispiel von einem Menschen, ist ein sprachlicher Ausdruck, der darauf hinweist, dass wir versuchen, uns etwas unter diesem Menschen vorzustellen, wir geben ihm eine bestimmte Bedeutung. Dieser Vorgang geschieht nicht nur in der Gegenwart, sondern auch in der Zukunft und in der Erinnerung. Denken wir an vergangene Ereignisse zurück, so gibt es zwei Möglichkeiten: Entweder wir neigen dazu, einmal gemachte Erfahrungen wie ein Foto abzuspeichern, so dass sie für uns unveränderlich immer die gleiche Bedeutung haben, oder wir gehören zu jenen Menschen, für die Erinnerungen wandelbar sind und sich den jeweiligen Gefühlssituationen und neuen Erfahrungen unterwerfen. Gleichgültig zu welchem Typ wir zählen, Erinnerung hat damit eine subjektive Bedeutung, die uns trügen kann. Je mehr wir jedoch Vergangenes festschreiben, je unflexibler wir darin sind, Erinnerungen eine neue Bedeutung zu geben, wenn wir neue Informationen darüber erhalten, desto stärker sind wir an unseren Lebensplan gebunden. Bewusstseinsentwicklung zu einer grösseren persönlichen Freiheit und Autonomie hin verlangt, dass wir offen sind für neues Wissen und dass wir in der Lage sind, dieses Wissen auch rückwirkend in unser Leben zu integrieren.

7

Die Eltern – Spiegel unserer Seele

… SO SPIEGELT DIE PSYCHE DES KINDES DIE TIEFE DARUNTER,
UND DAS BESTE, WAS DIE ELTERN IHREM SPRÖSSLING GEBEN
KÖNNEN, IST DIE KOSTBARE WOHLTAT DER NICHTEINMISCHUNG.
H. G. Baynes

Wenn wir das Horoskop eines Menschen betrachten, so finden wir darin immer nur ihn selbst, das heisst jedes astrologische Haus, jeder Aspekt, jede Konstellation beschreibt Qualitäten seines Charakters und seiner Körperlichkeit, Themen seines Lebens, seine Denkweise, seine Neigungen und seinen Schicksalsbezug. Es findet sich niemand anders darin, denn es ist weder das Horoskop seiner Mutter noch seines Vaters, noch seines Partners, noch anderer Menschen oder gar von Ereignissen, denen er begegnet.

Trotzdem können wir an Hand eines Geburtsbildes Aussagen über all diese Menschen und auch über mögliche Ereignisse und Schicksalswendungen machen. Wie ist das möglich?

Um diese Frage zu beantworten, muss zuerst geklärt werden, was ein Horoskop aus psychologischer und auch aus philosophischer Sicht eigentlich ist: Es ist ein Bild unserer *inneren* und unserer *äusseren* Welt zugleich. Dieser Gedanke findet sich bereits im Corpus Hermeticum, das – verkürzt zitiert – folgende Aussage über alles, was existiert, enthält: «Wie innen, so aussen – wie oben, so unten.» Gemeint ist damit, dass die innere Welt, die wir in uns tragen, sich in der äusseren Welt in Form von Menschen und Ereignissen widerspiegelt oder auch: Wir können immer nur uns selbst begegnen, unseren bewussten und unbewussten Persönlichkeitsanteilen, die sich auf die eine oder andere Weise im Aussen manifestieren. Der zweite Teil des Satzes bezieht sich auf die Vorstellung, dass der Himmel, also die Gestirnstände, die Qualität des Lebens auf der Erde abbildet, ein Grundsatz, auf dem die Astrologie fusst.

Das Horoskop bietet uns zwölf «Häuser», denen wir die verschiedenen Lebensbereiche zuordnen können. Auf diese Weise können wir den Partnerschaftsbereich eines Menschen untersuchen, aber auch seine Sexualität, sein Verhältnis zu Geld und zur Materie ganz allgemein, seine Gefühlslage und seine Einstellungen zum Leben, seine Begabungen und seine Krankheitsanlagen. Jeder dieser zwölf Bereiche umfasst jedoch mehrere Ebenen, je nachdem, ob wir die jeweilige Wirkung im Aussen untersuchen oder ob wir die innerseelischen oder innerphysischen Entsprechungen erfassen möchten.

Nehmen wir zum Beispiel das 4. Haus und den ihm zugeordneten Mond, um genauer zu erläutern, was damit gemeint ist. Beide beschreiben sowohl unsere seelische Grundstimmung, unser Lebensgrundgefühl, also die Art und Weise, wie wir uns in der Welt fühlen und erleben, wie auch die frühe Atmosphäre unserer Kindheit, die Person unser Mutter, so wie wir sie erlebt haben, unsere Fähigkeit, kreativ zu sein und «schwanger zu gehen», unsere Art, unser Zuhause zu gestalten, und auch die Beschaffenheit der Organe, die eine Analogie zum Mütterlichen beziehungsweise zum Emotionalen haben (zum Beispiel die Gebärmutter und der Magen). Es ist mittlerweile Allgemeingut, dass seelische Probleme Magenverstimmungen bis hin zu Geschwüren nach sich ziehen können. Darüber hinaus finden sich im 4. Haus die Ereignisse, die sich dadurch ergeben, dass wir auf eine bestimmte persönliche, emotionale Weise mit der Welt umgehen, sowie diejenigen, die wir erleben, weil wir eine bestimmte Mutter haben, denn die Verhaltensweisen unserer Mutter drücken sich für uns in Ereignissen aus.

Auf den ersten Blick erscheint diese Vielzahl von Entsprechungen verwirrend und vielleicht sogar wenig zusammenhängend. Wer genauer hinsieht, wird den inneren Zusammenhang, die sogenannte Analogie zwischen den genannten Themen finden: Sie alle beziehen sich auf die eine oder andere Weise auf den Gefühlsbereich des Menschen, auf seine Fähigkeit, im Leben Wärme und Geborgenheit zu finden, und auf seinen Zugang zu sich selbst. Astrologie spricht die Sprache der Prinzipien, was bedeutet, dass all die Themen und Dinge, die zum Bereich des Mütterlichen und damit des Emotionalen gehören, sich unter dem «Dach» des Mondprinzips vereinen. Diese Zuordnung hat nichts mit den üblichen Kategorisierungen zu tun, die wir gewohnt sind und die wir in der Schule und auf der Universität erlernen: Hier trennen wir nach Wissensbereichen (die Biologie, die Medizin, die Astronomie, die Geographie), nach Pflanzen-, Tier- und Menschenwelt, die wiederum in Rubriken aufgeteilt sind (Vögel sind Raubvögel oder Singvögel, usw.). Man achtet auf eine grundsätzliche Gleichheit der Art und gliedert dann ihre verschiedenen individuellen Ausprägungen.

Astrologisches Denken ist analoges Denken, das versucht, einen inneren Zusammenhang hinter scheinbar völlig unterschiedlichen Dingen zu finden. Was haben eine Rose, ein Messer, eine Nadel, ein Raubtier, eine Brennessel, Knoblauch und unser Immunsystem gemeinsam? Das vereinende Prinzip ist das des Aggressiven, Verletzenden, des Scharfen und somit der Fähigkeit, sich zu wehren und sich zu behaupten. Wer diese Form des Denkens übt, lernt die Welt auf eine neue Weise zu sehen. Er wird in der Lage sein, Geschehnissen eine tiefere Bedeutung beizumessen, als nur die des Zufälligen.

Carl Gustav Jung hat den Begriff der «Synchronizität» geprägt, mit dem ausgedrückt wird, dass wir zu gewissen Augenblicken in der Lage sind zu erfassen, dass es nichts Zufälliges gibt, sondern dass die Dinge einem inneren, meist nicht direkt erkennbaren Zusammenhang, einem «Sinn» unterliegen. In diesen Momenten erhalten Ereignisse eine neue Bedeutung, wir sehen sie in einem «anderen Licht». Sie sind Augenblicke potentiellen Wachstums, in denen der Schleier unserer Unkenntnis aufreisst und einen Blick auf eine neue Dimension freigibt. William Blake hat diesen Gedanken folgendermassen formuliert: «Wenn die Fenster der Wahrnehmung rein wären, erschiene den Menschen alles, wie es ist: unendlich.»

Kommen wir zurück zum Horoskop als Spiegel unserer inneren und äusseren Welt. Wenn nun alles, was in unserem Horoskop zu finden ist, immer nur uns selbst beschreibt und wir trotzdem Aussagen über andere Menschen und Lebensereignisse machen können, so ergibt sich deutlich, dass diese Aussagen immer nur die subjektive Welt des Betreffenden widerspiegeln können, seine ganz persönliche Art, seine Mutter, seinen Vater, einen Partner oder die Welt ganz allgemein zu erleben. *Die* Welt an sich, als objektives, messbares, erklär- und erfassbares Etwas, gibt es nicht, wie schon im Kapitel: «Wirklichkeit – Was ist das?» erläutert wurde. Es ist ein besonderes Verdienst des Konstruktivismus, dass er als erste psychologische Richtung völlig eindeutig darauf hingewiesen hat, dass die Wirklichkeit, in der jeder einzelne lebt, nur ein Konstrukt ist, also das, was er sich aufgrund eines Zusammenspiels verschiedener Faktoren selbst gebastelt hat.

Dementsprechend werden wir in unserem Horoskop niemals ein vollständiges Bild unserer Mutter oder anderer Menschen finden. Auch ein Ereignis wird hier so dargestellt, dass die persönliche Qualität, die dieses Ereignis für den Betreffenden hat, stärker hervortritt als die rein sachliche Beschreibung des Vorgangs. Unser 4. Haus ist nicht mit unserer Mutter identisch, unser 5. *nicht* mit unserem Vater. Trotzdem zeichnen diese Häuser ein genaues Bild dessen, wie wir sie erlebt haben, wie ihre Verhaltensweisen auf uns wirkten und, ganz besonders, wie wir sie interpretierten. Sie spiegeln genau jenen Teil an Eigenschaften unserer Eltern wider, der für uns bedeutsam und auffällig war und uns mit ihnen verbindet, was bedeutet, dass prinzipiell vergleichbare Anlagen in uns selbst ruhen. Wie auch immer wir die Welt erfahren, wir sind ebenso bestimmt durch innere, unbewusste Prädispositionen, die uns sowohl thematisch mit unserer Familie als auch mit unserer Kultur verbinden und auf die die Umwelt formend einwirkt, wie auch durch die konkreten Erfahrungen unseres Lebens, und hier besonders der ersten Lebensjahre.

Die Entwicklung des Selbst beziehungsweise dessen, was wir als die Persönlichkeit eines Menschen bezeichnen, verläuft in einem stetigen Differenzierungsprozess, bei dem entschieden wird, in welchem Umfang körperliche und seelische Bedürfnisse und Antriebe in der physikalischen und in der sozialen Umwelt verwirklicht werden können. Das Kind erfährt sowohl die Grenzen der materiellen Welt als auch die Grenzen, die ihm seine Bezugspersonen auferlegen oder auch nicht. Dabei kann die Bedeutung, die hier diesen ersten Bezugspersonen – also den Eltern – zukommt, nicht hoch genug eingeschätzt werden, denn das Kind braucht die besondere positive und bestärkende Zuwendung eines Gegenüber, und hier besonders der Mutterfigur. Nur ein Mensch, der in ausreichendem Mass akzeptiert wurde und Wärme und Zuneigung erfahren hat, wird in der Lage sein, eine autonome Form seelischer Geborgenheit zu entwickeln. Entscheidend ist auch der elterliche Respekt dem Kind als einem eigenständigen Wesen gegenüber, an das man keinerlei Besitzansprüche stellen sollte, also eine grundlegende Achtung vor den Rechten und damit der Meinung eines Kindes innerhalb der Grenzen, die es altersmässig auszufüllen in der Lage ist. Gemeint ist damit, dass ein Kind einen Handlungs- und Entscheidungsspielraum haben sollte, den es selbst bestimmt und der von den Erwachsenen respektiert wird, der aber seinem Reifestand gemäss ist.

Manche Eltern, die in dieser Richtung sehr motiviert sind, überfordern ihr Kind dadurch, dass sie es in praktisch alle Entscheidungen einzubeziehen versuchen. Obwohl einem solchen Kind sicher das wertvolle Gefühl der eigenen Bedeutung gegeben wird, wird es gleichzeitig indirekt dazu gezwungen, Vorgänge zu überblicken und eine Verantwortung zu übernehmen, die seinem Reifestand nicht angemessen sind, wobei der Zwang darin liegt, dass ein solchermassen wertgeschätztes Kind seine Eltern nicht enttäuschen möchte.

Ein völliger Mangel an vorgegebener Struktur und an Leitlinien wiederum bedeutet nicht, dass ein Kind die Möglichkeit hat, «völlig frei und ungehindert aufzuwachsen», wie dies manchmal dargestellt wird. Kinder, die ohne Vorbilder und Grenzen aufwachsen, an denen sie eigene Vorstellungen erproben können, sind durchaus nicht immer in einer besseren Position, da dies Orientierungslosigkeit und damit Unsicherheit nach sich ziehen kann. Begrenzungen und Hindernisse richtig einschätzen zu können ist ein wesentlicher Teil der Persönlichkeitsentwicklung, bei dem es auch wichtig sein kann, dass man seine Kräfte misst.

Wie auch immer ein Mensch seine Eltern, ihre Erwartungen, Botschaften und Verhaltensweisen erlebt hat, das Horoskop bietet die Möglichkeit, diesen Erfahrungen und ihren späteren Auswirkungen nachzugehen. Im Grunde aber ist das Geburtsbild zuallererst ein Spiegel unserer eigenen Persönlichkeit, der Hemmschwellen und Potentiale, die wir in uns tragen. Als Folge ergibt sich, dass wir zwar mit Hilfe der astrologischen Elternbilder ein sehr klares Bild davon entwickeln können, welchen frühen und prägenden Einflüssen wir unterlegen sind und welche Lebensentscheidungen wir daraus getroffen haben, letztlich aber sind sie nur Hilfsmittel, die uns einen gangbaren Weg bieten, um unsere besondere seelische Situation und ihre Konsequenzen für den Verlauf unseres Lebens zu erschliessen.

8

Mutter ist die Welt für uns

… DIE EIGENSCHAFTEN DES MUTTERARCHETYPUS SIND DAS «MÜTTER-
LICHE» SCHLECHTHIN: DIE MAGISCHE AUTORITÄT DES WEIBLICHEN; DIE
WEISHEIT UND DIE GEISTIGE HÖHE JENSEITS DES VERSTANDES, DAS
GÜTIGE, HEGENDE, TRAGENDE, WACHSTUMS-, FRUCHTBARKEITS- UND
NAHRUNGSSPENDENDE; DIE STÄTTE DER MAGISCHEN VERWANDLUNG,
DER WIEDERGEBURT; DER HILFREICHE INSTINKT ODER IMPULS; DAS
GEHEIME, VERBORGENE, DAS FINSTERE, DER ABGRUND, DIE TOTEN-
WELT, DAS VERSCHLINGENDE, DAS ANGSTERREGENDE,
DAS UNENTRINNBARE.
C. G. JUNG

Durch unsere Mutter treten wir ins Leben. Während unserer gesamten physischen Existenz werden wir nicht nochmals auf die gleiche, intensive und allumfassende Weise mit einem anderen Menschen verbunden sein, wie wir es mit
unserer Mutter im Verlauf der Schwangerschaft waren.

Die grösste vergleichbare Form körperlicher Nähe hat der Geschlechtsakt,
weshalb hier nicht nur Sexualität oder der Wunsch nach Kindern ausgelebt werden, sondern auch die unbewusste Sehnsucht nach der totalen Vereinigung oder
einer Rückkehr in den Mutterleib. Doch die Nähe, die auf diese Weise zu unserem Partner hergestellt werden kann, ist, so tiefgehend sie auch sein mag, immer
eine andere als die, die wir im Körper unserer Mutter erleben.

Der Zeitraum der Schwangerschaft ist für das Ungeborene eine Urerfahrung, in der eine Vielzahl von Eindrücken und Einflüssen auf es einwirken: Die
körperliche und seelische Verfassung der Mutter, ihre Einstellung zur Schwangerschaft, ihre Ängste und Probleme, die Situation, in der sie lebt, die sich dem Fötus
sowohl über die Geräuschkulisse von Stimmen und Tönen von aussen mitteilt, als
auch über ihre Gefühle und ihr Verhalten. Das Kind lebt auf gewisse Weise das
Leben der Mutter mit, jedes Ereignis, jede Freude, jeden Schreck, jedoch ohne die
Möglichkeit, all diese Erfahrungen differenzieren und einordnen zu können. Seine Empfindungen bestehen im allgemeinen in vagen Lust- und Unlustgefühlen,
die sich jedoch im Einzelfall zu intensiver Bedrückung bis hin zur Panik steigern
können. Obwohl das Kind noch keine Erinnerung in unserem Sinn besitzt, entsteht eine wenn auch sehr archaische Form von Erfahrung und damit ein vages,
doch intensives Urgefühl darüber, ob die Welt da draussen es willkommen heissen
wird oder nicht, ob sie ein Ort der Angst und Bedrohung oder der Freude ist.

Mit Hilfe eines EEGs kann man ab der achten Woche das psychische Erleben des Ungeborenen messen. Es reagiert auf die Signale der Mutter, und zwar bereits durch körperliche Reaktionen: zum Beispiel durch Daumenlutschen oder durch eine bestimmte Mimik, durch Strampeln und Sich-Drehen und -wenden. Auf diese Weise kann das Baby in gewissem Umfang Ängste oder Mangelzustände ausgleichen, es beruhigt sich selbst und verfügt damit über ein frühes, rudimentäres Stadium von Autonomie. Eine ganze Reihe von Einflüssen überfordern jedoch diese Adaptationsfähigkeit: Sauerstoff- oder Ernährungsmangel, die Zufuhr schädigender Substanzen wie Nikotin und Alkohol und vor allem die seelische Ablehnung der Mutter bis hin zum Abtreibungswunsch.

Auf diese Weise beginnt unser Leben schon, bevor wir geboren sind. Und obwohl das Erbgut des sich entwickelnden Fötus unzählige Informationen enthält, die das ganze Spektrum dessen umfassen, was die menschliche Rasse an und für sich zu vererben hat, sowie dessen, was die spezifischen Anlagen seiner Sippe sind, ist doch der Körper der Mutter der erste Ort, an dem sich diese Anlagen entwickeln und verwirklichen können. Der Einfluss des Vaters auf einer konkreten Ebene setzt erst viel später ein, frühestens ab der Geburt, und hängt in starkem Masse davon ab, wieviel Körperkontakt der Vater zu dem Neugeborenen sucht.

Die Erfahrung der Mutter steht also am Ursprung unseres Lebens und stellt die Quelle dar, aus der heraus unser gesamtes emotionales Welterleben fliesst. Die von ihr ererbten Eigenschaften, die Themen, die uns seelisch mit ihr verbinden, die subjektive Wirklichkeit, in der sie sich bewegt und die sich uns in jedem Augenblick mitteilt und uns formt, all das stellt einen wichtigen, vielleicht den wichtigsten Eckpfeiler dessen dar, was sich als unsere eigene Sicht der Wirklichkeit in Form eines Lebensplanes herauskristallisieren wird.

Auch die biologische Entwicklung weist auf die elementare Bedeutung des Weiblichen in der Natur hin. Bis etwa zur sechsten Woche ist der Fötus geschlechtslos und wird, wenn die Mutter nicht ab dieser Zeit in erhöhtem Masse Testosteron ausschüttet, ein Mädchen werden. Insofern kann man sagen, dass der Urmensch – und dies sollte keinesfalls mit irgendwelchen feministischen Gedankengängen verwechselt werden – weiblich ist, obwohl er das Männliche als Potential schon in sich trägt.

Betrachten wir nochmals die Entwicklung des Kindes in den ersten zwei bis drei Lebensjahren, die prinzipiell für alle Kinder gilt, da sie die normale Ausformung der Eigenschaften darstellt, die die menschliche Rasse kennzeichnen: Im ersten Lebensjahr entwickeln sich die wesentlichen Grundfunktionen des menschlichen Körpers. Mit fünf bis sechs Monaten hat der Säugling die Fähigkeit zur Koordination von Sehen und Greifen erworben, was bedeutet, dass er Gegenstände, die er sieht, auch greifen kann. Diese Gegenstände sind jedoch für ihn nicht *permanent,* das heisst, sie existieren für ihn nur so lange, wie er sie sehen kann. Verdeckt man ein Stofftier, nach dem das Baby soeben gegriffen hat mit einem Tuch, wird es nicht danach suchen und kommt auch nicht auf den Gedanken, das Tuch wegzunehmen. War es ein Gegenstand, der ihm sehr wichtig war, zum Beispiel seine Flasche, so wird es zornig. Jean Piaget schreibt dazu: «Es sieht ganz so aus, als hätte sich der Gegenstand, sobald er nicht mehr im Blickfeld ist, aufgelöst, als wäre er inexistent geworden ...»[1] Erst mit etwa 18 Monaten hat das Kind ein Empfinden für den Raum als Ganzes und seine Bestandteile sowie für die Zeit als einer zeitlichen Abfolge von Ereignissen. Entsprechend ist auch seine Wahrnehmung von Menschen eine andere, «nicht permanente», die, was die Mutter oder die Mutterfigur angeht, sich in elementaren Gefühlen des Geborgenseins oder der Befriedigung von Grundbedürfnissen ausdrückt. Ein bewussteres Wahrnehmen der Mutter als permanentes Wesen und als eigenständige, vom Kind getrennte Person entwickelt sich erst nach einigen Monaten, die des Vaters und anderer Personen beginnt mit der Phase, in der das Kind anfängt, von sich in der dritten Person zu sprechen («Peter hat Hunger», «Gabi ist böse»). Im Krabbelalter ergibt sich eine wachsende Entfernung von den Bezugspersonen, aber erst wenn das Kind das Wort «ich» entdeckt, und das geschieht etwa im dritten Lebensjahr, entsteht ein wirkliches Ichbewusstsein, in dem das Kind lernt, sich auch aus sich selbst heraus zu definieren und nicht nur über seinen Umweltbezug.

Das Erleben einer permanenten, also beständigen Welt, in der Dinge nicht wie durch einen Zauber bestehen oder verschwinden, zählt zu den grundlegenden Prägungen, die es dem Kind und späteren Erwachsenen ermöglichen, sich zurechtzufinden und einen Überblick zu gewinnen. Doch Permanenz bezieht sich eben nicht nur auf die Gegenstände und die umgebende Welt, sie hat auch noch eine andere, seelische Komponente. Beständigkeit wird von dem Augenblick für eine gesunde emotionale Entwicklung und damit für die Kontaktfähigkeit eines Menschen wichtig, von dem an er in der Lage ist, *Lebewesen,* allen voran die Mutterfigur, als etwas beständig Vorhandenes wahrzunehmen.

Das bedeutet, dass Kinder, die von ständig wechselnden «Müttern» erzogen werden, von Personal, Gouvernanten, Erzieherinnen, in einem Heim oder von immer neuen Partnerinnen des Vaters, und die dadurch einem unablässig sich verändernden Milieu ausgesetzt sind, nur schwer oder unzureichend Vertrauen in die Beständigkeit und Verlässlichkeit der Welt – und in alles Emotionale – entwickeln können. Jedoch ist auch hier auf den Eigenanteil des Kindes hinzuweisen: Aufgrund der persönlichen Veranlagung wird jedes Kind unterschiedliche Strategien und Überzeugungen entwickeln, wie es dem Leben begegnen wird und kann. Die problematische Seite solcher Strategien besteht darin, dass sie zu Gefühls- und Verhaltensmustern werden, die unser Leben auch dann noch steuern, wenn unsere Möglichkeiten und damit unsere Autonomie gewachsen sind. Immer dort, wo Lösungswege der Bewältigung einer als schwierig empfundenen Kindheitssituation dienten, müssen sie sich zwangsläufig im Leben des Erwachsenen als ungeeignet erweisen, obwohl ein meist sehr versteckter Teil in uns zutiefst davon überzeugt ist, dass «das Leben immer so und so ist und sein wird, und man ihm immer nur so und so gegenübertreten kann».

Ein weiterer wesentlicher Bestandteil der kindlichen Entwicklung besteht darin, dass Reife nicht nur dadurch einsetzt, dass das Kind passive Erfahrungen mit den Menschen und Gegenständen seiner Umwelt macht, sondern dass es auch *selbst auf sie einwirkt.* Hier tritt bereits die individuelle Anlage, also das Mitgebrachte, stark in Erscheinung: Sowohl die Art und Weise, wie das Kind Erfahrungen *erlebt,* als auch seine persönliche Art, Erfahrungen *hervorzubringen,* sind in einem nicht zu unterschätzenden Masse genetisch angelegt und treten in eine Wechselwirkung mit der Welt, in die es hineingeboren wird. Dieses Umfeld wiederum ist Vorbild und Grenze zugleich und agiert fördernd oder hemmend.

Die Komplexität der Entwicklungsvorgänge in den ersten Lebensmonaten und -jahren kann hier nur sehr verkürzt dargestellt werden, es sollte jedoch deutlich werden, dass die Art und Weise, in der erzieherisch auf das Kind eingewirkt wird, trotz der ererbten Vorprägung grossen Einfluss auf die Entwicklungsmöglichkeiten nimmt, sowie darauf, in welche Richtung sich vorhandene Anlagen entfalten und inwieweit sie zur Entfaltung gelangen. Nur wenn wir diese allererste Beziehung zu unserer Mutter als ausreichend befriedigend und beruhigend erlebt haben, wird ein Urvertrauen entstehen, das aus sich selbst heraus existiert und das nicht im Verlaufe des späteren Lebens durch psychische Arbeit aufgebaut werden muss.

Das Mütterliche stellt, wie C. G. Jung im obigen Zitat beschreibt, die allumfassende Grundlage unseres Gefühls dar. Alles, was wir als weiblich in seiner Grunddefinition betrachten, ist Teil des Mütterlichen. Anders ausgedrückt, wird der Teil im Menschen, der passiv-fühlend ist, der sich als In-der-Welt-Seiend erlebt, durch das Erlebnis des Mütterlichen in seinem Leben geformt. Dieses Erlebnis kann warm und annehmend, fordernd und verschlingend, ängstigend und bedrohlich sein, wie auch immer, es ruht in der Tiefe unserer Seele und beherrscht unser aktives Leben in weit grösserem Masse, als uns dies bewusst ist und als wir es im Normalfall als Erwachsener akzeptieren möchten. Die mütterliche Urerfahrung prägt unsere grundlegende Hingabefähigkeit an das Leben, unsere Offenheit für andere Menschen, unsere Fähigkeit, uns fallen zu lassen und uns geborgen zu fühlen.

Zweifellos macht es einen wesentlichen Unterschied, ob wir das Mutterbild einer Tochter oder eines Sohnes untersuchen, und eine weitere Facette stellt der Vater dar, der an die Stelle der Mutter tritt, der also das Bild des Mütterlichen repräsentiert. Übernehmen beide Elternteile die mütterliche Verantwortung für das Kind, nähren, wickeln und liebkosen sie es also beide gleichermassen, so kann im günstigen Fall in dem Kind ein über die konventionelle Rollendefinition hinausgehendes Empfinden für die männlichen und weiblichen Anteile in beiden Geschlechtern entstehen. Im ungünstigen Fall ergeben sich Verzerrungen innerhalb der Geschlechtsrolle, die sich auf die Sexualität und Partnerwahl gravierend auswirken können (siehe Kapitel «Rollentausch der Eltern»).

Für eine Tochter stellt die Mutter nicht nur den möglichen Hort des Geborgenseins dar, sondern auch das erste, prägende Vorbild des Weiblichen schlechthin. Welche Einstellungen die Mutter auch immer über das Leben, die Rolle der Frau, den zu wählenden oder abzulehnenden Partner, Kinder, Sexualiät oder die

Religion hat, sie werden in einer Tochter zuerst die Frage nach ihrer eigenen Weiblichkeit und deren Entfaltungsmöglichkeiten stimulieren. Das Bild der Mutter steckt für sie den Rahmen ab, in dem sich ihre Fähigkeit zur Selbstverwirklichung und zur Lebensfreude, aber auch Selbstlosigkeit und Verantwortungsgefühl entwickeln. Die Gleichgeschlechtlichkeit wirft auch die Frage nach einer Ähnlichkeit in der Art auf, das Leben als Frau zu gestalten – oder auch gerade ganz anders. Dieses «ganz anders» jedoch orientiert sich wiederum am Vorbild der Mutter und später an anderen weiblichen Vorbildern.

Für einen Sohn hat die Beziehung zu seiner Mutter eine völlig andere Qualität. Sie ist die erste Frau in seinem Leben überhaupt und stellt durch ihre Andersgeschlechtlichkeit gleichzeitig das dar, was das Weibliche an und für sich für ihn bedeuten wird. Sein Verhältnis zu ihr prägt in ihm unauslöschlich ein, was auf ihn zukommen wird, wenn er dem Weiblichen begegnet, das immer nur von aussen auf ihn zukommen kann.

Sowohl ein Sohn als auch eine Tochter lernen von beiden Eltern, wie und ob Gefühle zugelassen werden können, ob Nähe bedrohlich ist, ob Zuneigung einen Preis verlangt, ob Offenheit bestraft oder belohnt wird. Der Anteil der Mutter daran entsteht jedoch früher und ruht in einem archaischen, dem Bewusstsein kaum zugänglichen Bereich der menschlichen Seele. Für den Mann bedeutet dies, dass das Weibliche eine ungeheure Macht über ihn hat, es kann ihn ebenso gebären wie vernichten, und da es nun einmal nicht sein eigenes Geschlecht ist, gründet sich ein bedeutsamer Teil dieser Macht auf dem Fremden, Andersartigen, Nichtverstehbaren. Während eine Tochter sich durch ihre Gleichheit ihrer Mutter instinktiv gewachsen erleben kann, wird ein Mann lebenslang einem Wesen gegenüberstehen, dessen Empfinden und Handeln er nur begrenzt nachzuvollziehen imstande ist.

Zusammenfassend lässt sich sagen, dass das Bild unserer Mutter oder der mütterlichen Person in unserem Leben, so wie es das Horoskop abbildet, beschreibt, wie wir die Welt erleben, wie wir uns mit uns und in uns selbst fühlen, welche Form von Vertrauen wir haben und welchen grundlegenden Eindrücken wir Zutritt zu uns gestatten, oder, anders ausgedrückt, was wir emotional von draussen mit uns machen lassen. Die Psychologie drückt diesen Gedanken aus, indem sie von einem «Sitz der Kontrolle» spricht. Dieser kann innerhalb oder ausserhalb von uns selbst liegen, was darüber entscheidet, ob wir uns als selbst- oder als fremdbestimmt erleben. Sowohl eine rigide als auch eine zu wenig unterstützende Erziehung können ein Gefühl von Fremdbestimmtheit erzeugen und die Weise, in der unsere Mutter in dieser Hinsicht fühlt, die Botschaften, die sie uns vermittelt, wenn es um innere Unabhängigkeit, Autonomie und Respekt vor sich selbst geht, bestimmten den Massstab, an dem sich ein Kind zu orientieren versucht.

Ohne Zweifel sind an der Bestimmung des «Sitzes der Kontrolle» (locus of control) letzlich drei Menschen beteiligt: Die Mutter, der Vater und das Kind selbst. Die Art und Weise jedoch, wie wir unsere Mutter beziehungsweise das

Mütterliche schlechthin erfahren, formt und spiegelt die Tiefe unserer Seele, unser emotionales Empfinden mit all seinen unbewussten, teils irrationalen und von uns selbst unverstandenen Anteilen. Zusammen mit den instinktiven Antrieben unserer Natur (Nahrung, Bedürfnis nach Ruhe oder Bewegung, Sexualtrieb, Selbstbehauptungswille und Durchsetzungsfähigkeit usw.) bildet sie die Grundlage unseres Seins und Handelns und damit der Kräfte, die unser Leben in hohem Masse steuern, da aus ihnen unser Verhalten hervorgeht. Wir verhalten uns so, wie wir fühlen und empfinden, und dies gilt auch dann, wenn wir gelernt haben, den Intellekt, gesellschaftliche Massstäbe, das Streben nach Erfolg oder moralische Prinzipien über das zu setzen, was unserer eigentlichen Trieb- und Gefühlsnatur entspricht. Hier beeinflussen übergeordnete Themen die Veranlagung des Menschen, die durch Erziehung, Vorbild und Vererbung mitgeteilt werden und das einzige Bewertungskriterium, das man in diesem Fall ansetzen kann, ist die Frage, wie gut es dem Betreffenden wirklich damit geht, oder anders ausgedrückt, wie weit er sich von seiner ursprünglichen Natur entfernt hat.

[1] Jean Piaget, *Probleme der Entwicklungspsychologie,* S. 17.

9

Der Vater – Vorbild für Durchsetzung, Handeln und Selbstbestimmung

WENN DER SCHUH PASST,
VERGISST MAN DEN FUSS,
WENN DER GÜRTEL PASST,
VERGISST MAN DEN BAUCH,
WENN DAS HERZ STIMMT,
VERGISST MAN FÜR UND WIDER.
Chuangtse

Betrachtet man das Bild der Mutter in der Mythologie, in Märchen und Sagen, so trägt es jene umfassenden und gegensätzlichen Züge, wie sie in dem Zitat C. G. Jungs am Anfang des vorigen Kapitels zum Ausdruck kommen. Die Mutter der Mythen ist instinktiv und rhythmisch sich wandelnd, schöpferisch und zerstörerisch zugleich, in vieler Hinsicht irrational und chaotisch, aber auch pragmatisch und erdhaft. Durch sie drückt sich das gesamte Spektrum der menschlichen Gefühle aus, und sie ist die Personifikation der Naturgesetze, denen wir unterliegen.

Der Held der Erzählungen dagegen muss häufig seinen Weg durch die Verstrickungen des Weiblichen finden, indem er versucht, durch Klugheit und Mut ein bestimmtes Ziel zu erreichen, das nicht nur eine Belohnung verspricht, sondern auch Ordnung und Organisation wiederherzustellen hilft. Dem Männlichen wird in der Mythologie meist das Prinzip des Handelns, der Tatkraft, des Rationalen oder des Weisen zugeschrieben. Wir finden als archetypische männliche Figuren den Magier, den Helden, den König oder Prinzen. Diese Figuren repräsentieren eher eine geistige als eine emotionale Dynamik. Da Märchen und Mythen die Urthemen des menschlichen Lebens widerspiegeln, finden sich jedoch auch Vermischungen dieser Qualitäten: da gibt es das mutige Mädchen und die kämpferische Amazone, die Kluge und die alte weise Frau, aber auch den passiven, handlungsschwachen Mann.

Jeder Mensch trägt bei Geburt ein Bild des Mütterlich-Weiblichen und des Väterlich-Männlichen in sich, eine Art Blaupause oder Urmuster, dessen vage Konturen bereits vorgeprägt sind – genetisch in uns enthalten –, dessen Facetten und Nuancen sich jedoch erst im Laufe des Lebens konkretisieren. Der Archetypus des Vaters entspricht astrologisch dem Sonnenprinzip, während die Mutter durch das Mondprinzip symbolisiert wird. Bereits der Anblick beider Gestirne vermittelt ein Gefühl für ihre Gegensätzlichkeit, aber auch für ihren Ergänzungscharakter.

Psychologisch gesehen bildet das Gefühl die Grundlage unseres Handelns, wie schon im vorherigen Kapitel beschrieben: wir handeln so, wie unser Empfinden es für richtig erachtet. Als Folge repräsentiert der Vater in seiner Urform diejenige Kraft, die Empfinden zum Ausdruck bringt, Fühlen in Aktivität umsetzt, Sehnsüchte zu realisieren vermag. Immer dort, wo es um Aussichherausgehen und ein Verausgaben der Kräfte geht, wird das Vaterbild wirksam, dort, wo es um Verinnerlichung, Beisichsein, um Hereinlassen und Aufnehmen geht, das der Mutter. *Anders ausgedrückt, symbolisiert die Mutter den Teil unserer Psyche, in dem wir passiv-ruhend sein können, in dem wir uns aufgehoben und geborgen fühlen, ohne selbst etwas tun zu müssen. In diesem Sinn bestimmt sie unser Urvertrauen und unsere grundlegende Fähigkeit zu Hingabe, Offenheit und Loslassen. Der Vater dagegen steht für einen Persönlichkeitsanteil, der sich im Laufe der Zeit im Kind entwickelt und der es in die Lage versetzt, aktiv zu werden und sich selbst zu organisieren, und zwar auch dann, wenn niemand anderer als es selbst für sein Gefühl von Sicherheit, Geborgenheit und die Fähigkeit steht, sich im Leben zurechtzufinden und diesem eine Richtung zu geben.*

Wesentlich ist, dass es sich bei diesen Definitionen der Eltern um archetypische Bilder handelt, die im realen Leben in einer Vielfalt von Spielarten, die auch von kulturellen Einflüssen abhängen, verwirklicht werden. Das Geburtsbild spiegelt unsere spezielle und individuelle Weise, in der wir diese beiden Kräfte erleben – wie wir unsere Mutter und unseren Vater sehen –, und gleichzeitig unsere persönliche Art zu fühlen und uns zu verwirklichen. Darin enthalten sind die Botschaften und Aufträge unserer Eltern, ihre Ängste und Sehnsüchte sowie die Form, in der wir damit umgehen. Als Folge ergibt sich, dass die Bilder unserer Eltern einen wichtigen Schlüssel zu unserer Persönlichkeit liefern, und zwar zu unserer Persönlichkeit, so wie sie sich hier und jetzt in jedem Augenblick darstellt.

Geht man vom klassischen Familienbild aus, das die vergangenen Jahrhunderte bis in die heutige Zeit hinein geprägt hat, so ist der Vater derjenige, der die weltlich-konkrete Verantwortung für die Familie übernimmt. Er geht einem Beruf nach, dessen Qualität, Umstände und Status den äusseren Rahmen im wesentlichen bestimmen. Er repräsentiert das Vorbild dafür, wie man sich Ziele in der Gesellschaft oder noch allgemeiner in der Welt setzt, die über den familiären Rahmen hinausgehen und die mit öffentlich anerkannter Leistung, Erfolg und organisiertem Handeln zu tun haben. Er ordnet die grössere Welt, während die Mutter die kleinere, jedoch ebenso wichtige elementare Welt des Heims unter sich hat.

Diese Beschreibung der Familie sollte weder im Sinne einer reaktionären Einstellung aufgefasst werden noch als einseitige, heutzutage nicht mehr zutreffende Sicht der Dinge. Hier geht es um ein Rollenspiel, das über lange Zeiträume hinweg das menschliche Zusammenleben in unserem Kulturraum geprägt hat, Rollen, die sich jedoch ebenso in anderen Kulturen wie China, Asien und selbst in der Tierwelt finden lassen. Sie sind Teil des geistigen Erbgutes, und der Versuch, diese Rollen neu zu ordnen und aufzuteilen, so wie er gegenwärtig stattfindet, bringt ebensoviel mehr an Wahlfreiheit für den einzelnen und damit eine Erweiterung seiner Ausdrucksmöglichkeiten wie auch Verwirrung mit sich. Begriffe wie «männlich» (was ist heutzutage männlich oder auch nicht?) und «weiblich» verwischen sich, und die entstehende Vielfalt bedeutet auch ein Mehr an Selbstverantwortung dafür, wie wir uns das Leben einrichten. Bereits Friedrich Nietzsche drückte in einem Gedicht sein Bedauern und auch sein Leid darüber aus, dass er nicht an Gott glauben konnte, denn wieviel einfacher erschien es ihm doch, einer religiös vorgefertigten Weltformel anhängen zu können, als in der Notwendigkeit zu sein, selbst eine zu finden.

Doch es war auch Nietzsche, der mit folgenden Worten die ganz andere Seite des Männlichen und damit auch des Vaters beschrieb: «Im echten Manne ist ein Kind versteckt; das will spielen. Auf, ihr Frauen, so entdeckt mir doch das Kind im Manne!»[1] Betrachtet man das Bild der Eltern unter dem Aspekt, dass die Mutter unsere Fähigkeit symbolisiert, authentisch zu *fühlen,* so symbolisiert der Vater unsere Fähigkeit, authentisch zu *handeln.* Die eigentliche Bedeutung ist hier in dem Wort «authentisch» zu finden, also echt, wahrhaft, so wie es unserem ureigensten Wesen gemäss ist, während wir doch durchaus von zahlreichen Einflüssen, Erwartungshaltungen und Scheinzielen bestimmt sind.

Das Kind ist das Symbol für den spontanen, unverfälschten Lebensausdruck, für die Gabe, zweckfrei, nur von seinen wahren, momentanen Stimmungen, Wünschen und Bedürfnissen motiviert, den Augenblick zu leben. Es repräsentiert jene Fähigkeit, «im Fluss» zu sein, die der Ungar Mihaly Csikszentmihaly in seinem Buch *FLOW – Das Geheimnis des Glücks* untersucht: «Flow – das ist der Prozess des völligen Aufgehens im Leben, des Einswerdens mit einer Tätigkeit, neben der alle anderen bedeutungslos sind.»[2]

Astrologisch finden wir im 5. Haus den Vater, die Art, auf die wir unsere Gefühle ausdrücken und in Handeln umsetzen, unsere Vitalität und Lebensfreude, unsere aktive Sexualität, Kreativität und unsere Kraft, etwas zu zeugen oder zu gebären, und zwar im konkret-materiellen Sinn in Form von Nachkommen oder Werken oder im immateriellen Sinn in Form einer Idee. Das zugrunde liegende Prinzip ist das der aktiven Entäusserung und Freisetzung von Energie, während das 4. Haus und damit das Mutterbild das passive, innerliche, nicht sichtbare Entstehen dieser Energie beschreibt. Damit ist das 4. Haus und entsprechend dazu unser subjektives Muttererleben die Quelle und der Ursprung für den Ausdruck unserer Persönlichkeit, der im 5. Haus durch das Vorbild des Vaters seine Form findet.

Anders ausgedrückt, zeigt das Bild unserer Mutter im Horoskop zwar unsere wesentliche Gefühlsorientierung und Gefühlslage an, ob wir jedoch uns selbst treu sein können, ob wir den Mut, die Stärke und die Energie aufbringen, um das, was wir fühlen, so umzusetzen, dass es unserer wahren, inneren Identität entspricht, wird durch die Handlungsstärke oder -schwäche unseres Vaterbildes definiert. Das Handlungsvorbild unseres Vaters wiederum kann uns nur soviel freien Selbstausdruck ermöglichen, wie es die Quelle, also die Mutter, mit ihren Botschaften, Ängsten, Gefühlen und Erwartungen vorgibt. Das eine ist vom anderen unabdingbar abhängig und unterliegt einer ständigen wechselseitigen Einflussnahme, im realen Leben in der Familie wie im psychischen Erleben des einzelnen.

Der Versuch, authentisch zu sein, sich selbst zu finden, bedeutet in diesem Sinn das Mass, in dem wir dem freien Kind in uns und damit in unserem Verhalten Raum geben können. Alle Tätigkeiten, auch jene, die die Qualität der Pflicht haben, können dadurch ein wahrer Ausdruck unseres Wesens werden, wenn wir «mit ihnen einswerden», wenn es uns gelingt, Flow zu erzeugen. Dies ist nur dann möglich, wenn wir auf dem Weg der Selbsterkenntnis soweit vorangeschritten sind, dass wir erkennen, in welchen Bereichen unseres Lebens wir nicht durch Freude und wirkliche innere Motivation, sondern durch Aufträge und Zielsetzungen von aussen bestimmt sind. Leben bedeutet, dass wir in einem gewissen Umfang Kompromisse eingehen, da wir essen, trinken, uns kleiden und wärmen müssen, da wir Wesen sind, die Kontakt brauchen und anderes mehr. Trotzdem besteht ein gravierender Unterschied darin, ob man sich lebenslang Zielen verpflichtet, von denen man nicht sicher sein kann, ob sie jetzt und heute noch die unseren sind und ob sie es jemals in der gewählten Form wirklich waren oder ob wir den Mut und die Handlungsbereitschaft aufbringen, unser Leben immer wieder zu hinterfragen, eine Bestandesaufnahme zu machen, Bilanz zu ziehen, um uns selbst die Möglichkeit einzuräumen, einer neuen Lebenswirklichkeit gerecht zu werden.

[1] Friedrich Nietzsche, *Also sprach Zarathustra.*
[2] Buchbesprechung im *Frankfurter Allgemeine Magazin.*

10

Rollentausch der Eltern: Welche Konsequenzen hat das für uns?

WAS DU ERERBT VON DEINEN VÄTERN HAST,

ERWIRB ES, UM ES ZU BESITZEN.

Goethe, *Faust*

Bei der Thematik eines Rollentausches der Eltern – der Vater spielt die Mutter, die Mutter verhält sich, als sei sie der Vater – geht es nicht nur um jene gesellschaftlich bedingten Veränderungen, die durch die in unserer Zeit weit verbreitete Berufstätigkeit der Frau und ihr Verlangen nach Selbstentfaltung entstehen. Arbeiten beide Eltern, kann es sein, dass jeder von ihnen alle Aufgaben dem Kind gegenüber wahrnimmt oder sogar, dass man so gut wie alles gemeinsam macht. Ausserdem gibt es heute den Begriff des «Hausmannes», der die Rolle der Frau im Haushalt und in der Kindererziehung übernimmt.

Diese Form von Rollentausch oder Rollengleichheit kann, wenn sie aufrichtig und bewusst durchgeführt wird, bei einem Kind ein Empfinden dafür erzeugen, dass alle Männer auch weibliche und Frauen männliche Wesensmerkmale besitzen, die sie auf irgendeine Weise ausleben sollten, um ihre Natur in ihrer Ganzheit auszudrücken.

Die frühere und noch heute existierende Form der Erziehung war jedoch die einer möglichst eindeutigen Geschlechtsrollenzuordnung, die von Vorstellungen darüber, auf welche Art Mädchen und Jungen üblicherweise Gefühle auszudrücken haben, bis hin zu Unterschieden im Spielzeug für Mädchen und Jungen reicht.

Jungen weinen nicht, spielen nicht mit Puppen, interessieren sich wenig für Kleidung, Mädchen befassen sich nicht mit technischen Experimentier- oder Bastelkästen, haben selten Freude an Eisenbahnen, raufen nicht und klettern nicht auf Bäume. Diese und ähnliche Klischees spukten lange Zeit in den Köpfen wohlmeinender Erwachsener herum, und sie versuchten, das Kind mit mehr oder weniger harten Massnahmen in die «richtige» Richtung zu lenken. Gleichzeitig waren sie bemüht, ihren Kindern die entsprechende Rolle vorzuleben und aus dem kleinen Mädchen eine Dame, aus dem Jungen einen richtigen Mann zu machen.

So platt all diese Aufzählungen klingen mögen, so sehr wurzeln sie doch im Bewusstsein von Eltern und werden durch gesellschaftliche Konvention gefestigt. Das vielzitierte Wassermannzeitalter brachte eine Vermischung und Androgynisierung der Jugend: Jungens tragen lange Haare, die Kleidung hat sich vereinheitlicht, Werbung um einen Partner geht häufig von den Mädchen aus. All dies sind jedoch gesellschaftliche Faktoren, die mit der rein psychologischen Seite, auf die sich dieses Kapitel beziehen möchte, nur bedingt zu tun haben. Rollentausch der Eltern heisst in diesem Zusammenhang vielmehr, dass die Mutter archetypisch männliche Qualitäten ausdrückt und zum Beispiel hart, aber gerecht, durchsetzungskräftig, aktiv und handlungsstark ist, während ihre emotionale Seite weniger zum Vorschein kommt. Sie organisiert das Leben der Familie, manchmal auch gezwungenermassen, wenn der Vater gestorben ist oder von der Familie getrennt lebt. Finden sich jedoch im Geburtsbild des Kindes über das 4. Haus die angesprochenen Eigenschaften, so bedeutet das in jedem Fall, dass die Mutter einen stark männlichen Charakter hat und vermutlich einen hohen Testosteronspiegel (männliche Geschlechtshormone).

Väter wiederum können weich, gefühlsbetont, annehmend und Geborgenheit gebend sein, Eigenschaften, die der archetypischen Mutter zugeordnet sind. Sie sind passiv, können am besten handeln, wenn es um Gefühlsdinge geht und neigen weniger dazu, sich dem Leben draussen zu stellen.

Auf den ersten Blick könnte man sagen, wenn dieser Rollentausch auf beiden Seiten stattfindet, dann sei doch alles in bester Ordnung. Problematisch ist, dass der Mann auf Grund seiner Physis das Prinzip der Penetration, der Eroberung, der Durchsetzung und Selbstbehauptung darstellt, während die Frau durch ihren Körper das In-sich-Aufnehmen, eine gewisse Passivität und die Fähigkeit symbolisiert, Gefühle zuzulassen, die nur wirklich gefühlt werden können, wenn man ruhig in sich hineinlauscht.

Mischen sich also Physis und Charakterausdruck von gegensätzlicher Qualität, kann es zu einer Geschlechtsrollenirritation kommen, bei der das Kind nicht eindeutig erfahren kann, welchem Geschlecht es denn nun angehört. Es können sowohl sexuelle Probleme entstehen als auch solche, die sich im täglichen Leben äussern. Ein Mädchen, das von seiner Mutter nicht gelernt hat, wie man zulässt und annimmt, sondern vor allem zu bestimmen, mag Schwierigkeiten in ihrer Sexualität entwickeln, die es erschweren, sich einem Mann hinzugeben. Hingabe, Sich-Öffnen wird dann als Übergriff empfunden, der die eigene Selbstbestimmtheit einschränkt. Die Alternative liegt darin, sich «unmännliche» Männer zu suchen, die genommen werden wollen, da deren Problematik dem Gegenpol entspricht.

Die Erfahrung hat gezeigt, dass die meisten Frauen, die diesen Weg gehen, mit «männlichen» Männern nicht zurechtkommen, die «unmännlichen» jedoch verachten oder zumindest ablehnen. Umgekehrt sehnen sich sanfte, «weibliche» Männer meist danach, einem wie auch immer gearteten Bild von Männlichkeit nahezukommen, und obwohl sie sich dominante Frauen suchen, leiden sie gleichzeitig darunter.

Kommen zusätzliche Faktoren dazu oder ist der Rollentausch im Horoskop sehr ausgeprägt angezeigt, kann es zu Homosexualität beziehungsweise Bisexualität beider Geschlechter kommen. Ein «unmännlicher» Mann wird zum Mann, wenn er mit einem anderen Mann zusammen ist, und er kann eventuell auch beide sexuellen Rollen ausüben. Wenn man von der angeborenen Homosexualität absieht, von der man zur Zeit annimmt, sie sei auf eine bestimmte im X-Chromosom des Mannes enthaltene Information zurückzuführen, ist das Zusammensein mit einem Menschen gleichen Geschlechts oft einfach nur eine Suche nach sich selbst. Dies gilt für Männer wie für Frauen. Nur wenn traumatische Erlebnisse wie Vergewaltigung und Missbrauch dazu führen, dass man das andere Geschlecht nicht mehr ertragen kann und es nicht mehr an sich heranlassen möchte, ergeben sich andere Zusammenhänge.

Da Attraktivität sehr stark vom Zeitgeschmack abhängig ist, werden heute Menschen, die einen grösseren Anteil an Merkmalen des anderen Geschlechts besitzen, häufig als besonders anziehend empfunden. Mädchen mit breiten Schultern und schmalen Hüften, sportlich aktiv, beruflich ehrgeizig orientiert, Männer mit einer sanften, emotionalen Ausstrahlung. Wie sehr der Zeitgeschmack das Schönheitsideal in physischer Hinsicht, aber auch was die persönliche Ausstrahlung angeht, bestimmt, sieht man nicht nur über die oft heftigen und eher kurzfristigen Schwankungen in der Mode, sondern vor allem auch, wenn man sich zum Beispiel den Körper der Frauen betrachtet, die Rubens gemalt hat.

Androgynität und eine körperlich oder auch nur seelisch erotische Anziehung zum anderen Geschlecht sind in unserer Zeitphase und mit Sicherheit in wachsendem Masse in Zukunft wesentliche Kriterien sexuellen und erotischen Kontaktes. Damit wird jedoch eine zunehmende Aufhebung der Eindeutigkeit zugunsten einer Vielschichtigkeit erzeugt, die von aussen betrachtet eher unter dem Signum einer Vereinheitlichung steht. Die Vielschichtigkeit ergibt sich zwingend aus der Notwendigkeit jedes einzelnen, seine Geschlechtsrolle in all ihren Facetten neu zu definieren, wobei hier alte Vorbilder kraft Erziehung und kulturellen Einflüssen noch wirksam sind, aber in vielfacher Hinsicht dem Anspruch einer komplexeren Sichtweise im Beziehungsverhalten nicht mehr gerecht werden.

Dies ist nicht als eine Aufforderung an jedermann zu verstehen, seine mehr oder weniger vorhandenen homosexuellen Neigungen aufzuspüren, sondern es gilt ebenso für die heterosexuelle Verbindung, in der die klassische Rollenverteilung neu definiert wird.

Insgesamt erlangen die menschlichen Ausdrucksformen des Handelns und der Sexualität dadurch eine grössere Bandbreite, die als Chance für den Weg zu einer ganzheitlicheren Persönlichkeit gesehen werden kann. Problematisch daran ist, dass es für diese neuen Identitäten kaum Leitlinien oder Vorbilder gibt. Popstars wie David Bowie, Michael Jackson und Prince auf der einen Seite oder auch Arnold Schwarzenegger auf der anderen Seite prägen das Bild einer möglichen neuen Männlichkeit, ohne dass jedoch ihre Form, die gleichzeitig ja auch einen Teil ihres Image darstellt, sich wirklich dauerhaft als Orientierung eignet.

So ist jeder junge Mensch aufgefordert, sich, wenn er sich nicht an relativ klassischen Elternbildern orientieren und entwickeln kann, eine noch intensivere Suche nach sich selbst zu beginnen, als das ansonsten der Fall wäre. Er muss nicht nur seine Lebensidentität (wer bin ich, was will ich in diesem Leben, was brauche ich) erkennen, sondern darüber hinaus noch die Frage klären, wo er aktiv handelnd und wo er passiv erlebend sein möchte und wie sich die gefundene Antwort auf seine Partnerschaften auswirken wird.

*

Astrologisch zeigen sich Verwirrungen bei der Definition der eigenen Geschlechtsrolle über Sonne/Mond- beziehungsweise Venus/Mars-Verbindungen. Entscheidend sind hier besonders die Hauspositionen, vor allem der entsprechende Planet exakt auf einer Hausspitze, Quadrate zu den jeweiligen Hausspitzen, Positionen auf Kritischem Grad (0° Löwe, 15° Widder / Waage, 0° Stier), und schliesslich Aspekte, unter denen die Konjunktion die wichtigste Stellung einnimmt. Im Deutungskapitel «Sonne/Mond» finden Sie eine vertiefte Erläuterung zum Konflikt zwischen Fühlen und Handeln sowie zu Projektionen von Rollen auf Partner und das Leben begleitende Menschen.

Folgende Verbindungen gelten als Sonne/Mond-Verbindung beziehungsweise Venus/Mars-Verbindung im Horoskop, wobei die oben genannten Kritischen Grade miteinzubeziehen sind:

- Sonne / Mond: Sonne in Haus 4, Mond in Haus 5, Herrscher von Haus 5 in Haus 4, Herrscher von Haus 4 in Haus 5, Sonne Konjunktion / Spiegelpunkt / Quadrat / zur Hausspitze 4, Mond Konjunktion / Spiegelpunkt / Quadrat zur Hausspitze 5; Sonne im Aspekt zum Mond: hier ist die eindeutig schwierigste Konstellation der sogenannte Neumond, also Sonne/Mond-Konjunktion, gefolgt von einem exakten Spiegelpunkt (Orbis max. +/- 1°) und dem Quadrat. Die Opposition ist eher als positiv zu bewerten, da sie die grösstmögliche Bewusstheit für den Unterschied zwischen Fühlen und Handeln ermöglicht; der Mond im Löwen sowie Trigone und Sextile sind wesentlich schwächer zu bewerten.
- Venus / Mars: Venus in Haus 1, Mars in Haus 2 oder 7, Herrscher von Haus 1 in Haus 2 oder 7, Herrscher von Haus 1 in Haus 7, Herrscher von Haus 7 in Haus 1; Venus in Konjunktion / Spiegelpunkt / Quadrat zum Aszendenten (Haus 1), Mars in Konjunktion / Spiegelpunkt / Quadrat zur Hausspitze 2 oder 7 (Deszendent); Venus im Aspekt zum Mars (Konjunktion, Spiegelpunkt, Quadrat, Opposition; Trigone und Sextile sind wesentlich schwächer zu bewerten).

11

Elternbilder und ihr Einfluss auf Partnerschaften

LIEBEN HEISST, IN DEM ANDEREN SICH SELBST EROBERN.
Hebbel

Vater und Mutter oder die Personen, die ihre Rollen übernehmen, stehen am Anfang unseres Lebens. Sie prägen uns und wir lernen an ihrem Modell, was wir in der Welt zu erwarten haben. Selbst Kinder, bei denen ein Elternteil früh gestorben ist oder die Familie verlassen hat, ohne sich jemals wieder nennenswert um das Kind zu kümmern, besitzen ein angeborenes, genetisch ererbtes und schicksalhaft erworbenes archetypisches Bild von ihrem Vater oder ihrer Mutter, das mit ihren eigenen Anlagen im Handeln beziehungsweise Fühlen korrespondiert.

Wird der entsprechende Elternteil tatsächlich erlebt, festigen sich diese Urmuster zu einem zwar individuellen, jedoch trotzdem durch Erfahrung stark beeinflussten Wesensmerkmal. Im anderen Fall übernehmen Ersatzpersonen die Rolle der Mutter, so wie sie das Kind erwartet zu bekommen, oder auch die des Vaters. Damit soll ausgesagt werden, dass wir, weil wir nicht als unbeschriebenes Blatt auf die Welt kommen, sondern von zahlreichen genetischen und – wenn man sich mit dem Gedanken an Karma anfreunden kann – auch karmischen Faktoren bestimmt sind, uns in jedem Fall eine Welt «abholen», in der wir das Prinzip des Mütterlichen auf eine Weise erleben, die unserem angelegten Seelengrund und damit unseren unbewussten Erwartungen entspricht, und das gleiche gilt auch für den Vater.

Zweifellos spielt es eine wesentliche Rolle, ob der jeweilige Elternteil die Eigenheiten, die für sein Verhältnis zu einem bestimmten Kind charakteristisch sind, auf bewusste, verantwortliche und wohlwollende Weise auslebt (auch wenn er dann trotzdem zum Beispiel noch eine gewisse Strenge an den Tag legt), oder ob das Schicksalspotential des Kindes, eine dramatische Beziehung zu seinen ersten Bezugspersonen zu entwickeln, von dem Erwachsenen unreflektiert und oft grausam aktiviert wird.

Beziehungen zu anderen Menschen, aber auch zur Welt im allgemeinen, zum «Draussen», werden in hohem Masse dadurch bestimmt, wie wir unsere frühe Lebenssituation bis hin zu der Zeit im Mutterleib erlebt haben. Wir können immer nur so offen, hingabefähig und vertrauensvoll sein, wie diese Qualitäten sich in der frühesten Zeit unseres Lebens entwickelt haben, und nur so stark, selbstbestimmt und lebenstüchtig, wie es unsere Startbedingungen zuliessen. Obwohl zweifellos jeder Mensch aus vergleichbaren Erlebnissen etwas anderes macht, und darin liegt ja auch die kreative Entscheidung des Menschen, wie er leben, wachsen und sich entfalten will (oder auch nicht), sitzen Prägungen und Wunden umso tiefer, je weiter sie zurückgehen und je mehr wir sie im Zustand der Wehrlosigkeit erlebt haben.

Entwicklung bedeutet, wie im Kapitel «Neuentscheidung» beschrieben, dass wir über alte Muster hinauswachsen, die zwar einmal funktioniert haben, jedoch gemessen daran, dass wir erwachsen sind, nicht mehr taugen. Partnerschaften sind die Bühne, auf der sich die meisten unserer alten Verletzungen, Traumata, Beschränkungen, aber auch Inspiration, Förderung, Unterstützung wiederholen. Unsere Partner, aber auch Freunde drücken Qualitäten aus, die wir selbst besitzen, ohne wirklich über sie verfügen zu können und helfen uns, sie zu aktivieren, zum Teil finden wir in ihnen eine Ergänzung. Sie haben auch Eigenschaften, die wir hassen, an denen wir uns ebenso reiben, wie wir das als Kinder getan haben. So bieten Beziehungen für die Mehrzahl der Menschen die ideale Szenerie zur Selbstfindung und Ganzwerdung. Jeder Mensch, der in unserem Leben eine wie auch immer geartete Bedeutung erlangt und nicht nur kurz durch unser Bewusstsein huscht, ist in irgendeiner Form Spiegel unseres Selbst oder auch eine Aufforderung des Lebens, sich weiterzuentwickeln, sich nicht mehr unterdrücken und erniedrigen zu lassen, zu lernen, daran zu glauben, dass man liebenswert ist, alte Wunden heilen zu lassen und auch zu erkennen, dass wir einen Grossteil unseres Lebens damit verbringen, die Welt und andere Menschen so zu interpretieren, wie wir es als Kinder gelernt haben.

Der Mann, der zwar, was die Versorgung der Familie angeht, verlässlich zur Verfügung steht, sich aber gleichzeitig in einen Arbeitsstress flüchtet, der jede tiefergehende emotionale Verbindung immer wieder unterbricht oder von vornherein unmöglich macht, mag vielleicht immer noch seiner Urangst vor der verschlingenden Mutter folgen, die ihn, das Beste wollend, eisern dirigierte. Die Frau, die das hilflose Weibchen spielt, dem jeder Mann sofort einsatzbereit zur Seite stehen muss, hat möglicherweise früh gelernt, diese Hilflosigkeit als Mittel einzusetzen, um Aufmerksamkeit und Wertschätzung zu erlangen, nämlich wenn sie dafür gelobt wurde, dass sie dem Bild des «süssen Püppchens» oder dem «Sonnenschein» entsprach, aber nie, wenn sie zeigte, dass sie noch mehr zu bieten hatte.

Immer wieder findet sich im Leben jedes einzelnen ein roter Faden, der von Beziehung zu Beziehung führt, oder der von vornherein verhinderte, dass Beziehung stattfand. Verfolgt man ihn bis an sein in diesem Leben erkennbares Ende, spiegeln sich unweigerlich frühe Lebenseinflüsse wider, die wir im Guten wie im Schlechten solange reproduzieren, bis etwas uns zwingt, Veränderung zuzulassen.

Obwohl sich astrologisch gesehen, Spiegelungen von Eltern im Partner besonders dann ergeben, wenn es eine Querverbindung zwischen den Elternhäusern 4 und 5 und den Häusern des 3. Quadranten (= Begegnung, hier besonders Haus 7 und 8), gibt, gilt die oben gemachte Aussage auch in etwas schwächerer Form in allen anderen Fällen. Wir sind ganz konkret so und erleben die Welt so, wie es unsere Elternhäuser beschreiben und das bedeutet, dass unsere Interpretation von

Eindrücken und unsere Art zu handeln in jedem Fall an dieses Bild gekoppelt sind und sich in Beziehungen auswirken werden. Hier ist es wichtig, sich nochmals in Erinnerung zu rufen, dass die Elternhäuser nur das widerspiegeln, was wir als typisch an ihnen erleben und was gleichzeitig auf ein in uns anlagebedingt ruhendes Muster trifft. Obwohl Vater und Mutter immer gute «Aufhänger» für unsere Bilder bieten – das heisst, sie zeigen sich uns auch tatsächlich so, wie wir es erwarten, verfügen wir niemals über ein vollständiges Bild ihres Wesens, ebensowenig wie über das irgendeines anderen Menschen. Was wir sehen ist immer durch die «Brille» beschränkt, die uns das aufsetzt, was wir bereits latent als Erwartungshaltung in uns tragen. So mag es ebenso vorkommen, dass eine Mutter wirklich so grausam mit ihrem Kind verfährt, wie es das Geburtsbild andeutet, wie es geschehen kann, dass sie versucht, verantwortungsvoll mit ihren eigenen Erfahrungen und dunklen Wesensanteilen, die sich im Horoskop des Kindes abbilden, umzugehen, und das Kind, nachdem sie es neunmal geschafft hat, korrekt und liebevoll zu handeln, beim zehnten Mal, bei dem es ihr nicht gelingt, zu sich selbst sagt: «Ich wusste es doch, sie ist eine Hexe.»

Das Gleiche gilt für Partnerschaften, in denen wir immer wieder versuchen müssen zu unterscheiden, wo wir den anderen Menschen in seiner Wahrheit sehen, wo wir Elternthemen projizieren und wo wir einfach den anderen dahin interpretieren, wo wir ihn haben wollen. Wir tun dies durch Idealisierung, wenn wir uns einen vollkommenen Partner wünschen, und das solange, bis sich die Illusion nicht mehr aufrechterhalten lässt, und wir tun es durch Abwertung und Zuschreibung von Eigenschaften, die wir «schon immer erlebt haben».

Ziel einer Beziehung muss also immer sein, den anderen Menschen so unverfälscht sehen zu lernen, wie wir es nur irgendwie können. Dazu gehört auch die Überwindung der zahlreichen Formen symbiotischer Beziehungen, in der man den anderen als Krücke für etwas braucht, von dem man glaubt, es selbst nicht zu können und wofür man ihn verwendet, meist ohne sich dessen bewusst zu sein.

12

Die Bedeutung der eigenen Entscheidung: Welche Lösungsstrategien entwickelt das Kind, um mit seinem Leben zurechtzukommen?

NIEMAND KANN DIR DAS GEFÜHL GEBEN,
DU SEIST MINDERWERTIG,
WENN DU ES NICHT WILLST.
Eleanor Roosevelt

Die vorhergehenden Kapitel hatten bereits das Ziel zu untersuchen, inwieweit wir fremdbestimmt sind, einem unabdingbaren Schicksal ausgeliefert, ob wir als unbeschriebenes Blatt auf die Welt kommen, auf dem die Umwelt und das Leben erst ihre Abdrücke hinterlassen.

Letzteres lässt sich sehr schnell und eindeutig verneinen. Sowohl die Medizin als auch die Psychologie oder auch einfach nur die Erfahrungen, die wir durch Beobachtung machen, vermitteln ein Bewusstsein dafür, dass Menschen nicht nur mit sehr unterschiedlichen Anlagen und Temperamenten auf die Welt kommen, sondern dass sie auch eine sehr unterschiedliche und lediglich manchmal ähnliche Art haben, auf Situationen und Menschen zu reagieren. Dies gilt schon für das Neugeborene. Sobald ein Mensch imstande ist, Reaktionen in Form von Mimik, Gestik, später auch Sprache und Verhalten zu zeigen, wird die Verschiedenartigkeit deutlich.

Als Goethe von der «geprägten Form, die lebend sich entwickelt»[1] sprach, bezog er sich genau auf diese Mischung aus genetischen Anlagen, die wir über unser Erbgut mitbringen und den Einflüssen, denen wir im Laufe unseres Lebens unterliegen. Der Satz: «... die lebend sich entwickelt», weist aber darüber hinaus auch darauf hin, dass jeder von uns seine völlig eigene Art hat, mit diesen Gegebenheiten umzugehen: was genau daraus wird, hat zu einem nicht unwesentlichen Anteil auch damit zu tun, wofür wir uns mehr oder weniger (meist weniger) bewusst entscheiden. Wir bestimmen selbst, wie wir eine Erfahrung einschätzen und bewerten wollen, auf welche Weise sie Eingang in unser emotionales und intellektuelles Gedächtnis findet.

Auch hier bringt jeder einzelne bereits für ihn typische Neigungen und Bewältigungsstrategien für sein Leben mit, die später genauer besprochen werden sollen. Diese Tendenzen entsprechen charakterlichen Veranlagungen, die jedoch als latentes Potential im Menschen ruhen und die durch die Umwelt und besonders durch die Eltern und ihren Umgang mit uns aktiviert werden.

Betrachtet man Überlebensstrategien im Sinne einer Typologie, findet sich eine bestimmte Anzahl vergleichbarer Grundstrukturen, so wie sie auch in den

Deutungskapiteln zu Mond und Sonne im zweiten Teil des Buches beschrieben sind. Je nach Blickwinkel kann man die Kategorien auf der Basis von astrologischen Kriterien aufbauen oder innerhalb der vier klassischen psychologischen (zwanghaft, hysterisch, schizoid, neurotisch) oder man kann Typologien verwenden wie das Enneagramm oder die Zuordnung zu den Jungschen Archetypen usw.

Welche Einteilung man auch immer anwendet, bestimmte Grundzüge ziehen sich durch alle Formen hindurch, da sie das Fundament des menschlichen Daseins bilden. Der Vorteil von Typologien ist, dass wir komplexe Zusammenhänge vereinfachend und überschaubar darstellen können, ihr Nachteil, dass sie die Vielfalt an Querverbindungen, Unterschieden und Besonderheiten, die ein individuelles Leben über diese Grundrichtung hinaus ausmachen, nicht erfassen können, selbst dann nicht, wenn wir eine Enzyklopädie darüber schreiben würden.

Quintessenz des Gesagten ist, dass über alle mitgebrachten Anlagen und alle durchlebten Erfahrungen hinaus etwas im Menschen wirkt, das sein ureigenster Anteil an seinem Geschick ist. Es ist das, was er beschliesst, mit sich und seinem Leben zu machen, ob er unaufhörlich traumatische Muster wiederholen oder ob er sie verändern will, ob er sich bereit erklärt, sich selbst anzunehmen, sich zu verzeihen oder auch Ereignisse aus einer völlig neuen Perspektive zu sehen.

Tatsächlich können wir viele Dinge einfach nicht ändern: wir können nicht ändern, dass Deutschland ein Land ist, in dem es sehr kalt werden kann, auch wenn wir die Kälte noch so sehr hassen. Wir können nur sehr selten ändern, wie Menschen sind und sollten es vielleicht auch gar nicht versuchen. Was wir tun können ist, den Ort zu wechseln, an dem wir leben, oder wir können unsere innere Einstellung zu dem Rahmen verändern, in dem wir nun einmal leben.

Diese beiden Möglichkeiten – gehen, wenn wir uns nicht wohlfühlen und wir auch keine Chance dafür sehen, dass es uns besser gehen wird, und unsere Einstellung, unsere Bewertung dessen zu ändern, was ist – sind mit Sicherheit die wirkungsvollsten und sinnvollsten Methoden, um dahin zu gelangen, dass es uns besser geht und wir weniger leiden. Dazu gehört ein beträchtliches Mass an Entschlusskraft oder auch an Selbstliebe und Respekt vor sich selbst, was Menschen, die in schwierigen Lebensumständen aufgewachsen sind, oft nicht im geeigneten Umfang haben.

Sich selbst zu ändern, unsere Meinung, die Art, wie wir in Bezug auf etwas fühlen, wie es uns damit geht, ist schwierig, und deshalb wählen wir meist die scheinbar einfachere und «richtigere» Form. Wir versuchen die Umwelt zu verändern und hier besonders die Menschen, mit denen wir zu tun haben. Da so gut wie jeder das zumindest gelegentlich in seinem Leben tut, entstehen versteckte Machtkämpfe darum, wer sich nun zu verändern hat und wessen Meinung bestätigt wird.

Wenn wir jedoch wirklich lernen und unsere blinden Flecken erkennen wollen, müssen wir uns mit dem Anteil in uns selbst konfrontieren, der sich bestimmte Situationen immer wieder schafft, obwohl wir sie erklärtermassen hassen, und der sich immer wieder bestimmte Menschen aussucht, obwohl sie Dinge mit uns

69

tun, die wir auf der bewussten Ebene nicht mit uns tun lassen wollen. Je nach Art unseres Lebensplanes haben wir aber einmal entschieden, was wir mit uns machen lassen und was nicht, was in unserem Leben «normal» ist und vor allem, was wir überhaupt darüber denken, was das Leben und die Welt an sich sind. Führen diese Entscheidungen weniger zu Erfolgserlebnsissen als zu einem Leidensdruck, wachen viele Menschen auf und möchten etwas grundlegend ändern, doch es fällt ihnen schwer, umzudenken und überhaupt herauszufinden, was sie ändern müssten und wie dies vonstatten gehen könnte.

Eine Art Leitmotiv für die Bereitschaft, Neues auszuprobieren und Veränderungen zuzulassen, könnten Judith M. Knowltons Worte sein: «Ich fand heraus, dass ich immer die Wahl habe – auch wenn sie manchmal nur darin besteht, die Dinge anders zu sehen.»[2]

Veränderungen machen Angst, manchen Menschen weniger, wenn sie im Grunde ihres Wesens unruhig und abenteurlustig sind und sich schnell eingeengt fühlen. In diesem Fall kann es sein, dass Beruhigung und Sicherheit in der permanenten Veränderung gefunden wird. Für die Mehrzahl von uns gilt jedoch, dass wir Sicherheit eher mit dem Vertrauten verbinden, mit dem, was wir kennen, weil es schon immer so war, und sei es noch so negativ. In gewisser Weise lässt sich diese Haltung mit dem Mann vergleichen, der sein halbes Leben im Gefängnis verbracht hat und während dieser ganzen Zeit der Freilassung entgegenfieberte. Je näher jedoch die Entlassung rückte, desto mehr Ängste kamen in ihm auf: Was er kannte, war das Leben und seine Spielregeln im Gefängnis, wie es aber draussen sein würde, entsprach einer Phantasie, die gleichzeitig schön, erstrebenswert und furchteinflössend war.

Untersucht man die Vielzahl der Strategien, die ein Kind entwickeln kann, um in schwierigen Lebenssituationen zurechtzukommen, ergeben sich einige Grundmuster: Gehorsam und Disziplin bis zur Selbstverleugnung (Saturn), Aufmerksamkeit und Zuwendung durch rebellisches Verhalten erzwingen (negative Zuwendung ist leichter zu ertragen als gar keine) (Uranus und/oder Mars), Aufmerksamkeit durch Krankheit, Schulprobleme oder psychische Fehlreaktionen (Uranus oder Neptun), die Rolle des Vermittlers zwischen den Fronten zu übernehmen (Uranus), Zwang zur Perfektion und Liebe durch perfekte Leistung (Pluto), nicht fühlen und nicht hinschauen (Neptun), der kleine «Sonnenschein», der alle mit seinem Optimismus aus ihrer Problematik erlöst (Jupiter und / oder Sonne), der Einzelkämpfer, der sich auf niemanden verlässt als auf sich selbst (Mars), Scheinharmonie und «so tun als ob» (Venus), seelischen Schmerzen den Stachel nehmen, indem man den Intellekt vorschaltet und entschuldigende Gründe für alles findet (Merkur).

Die genannten Reaktionsmuster lassen sich folgendermassen zusammenfassen: denken statt fühlen (Merkur), Probleme unter den Teppich kehren (Venus), sich aggressiv und/oder motorisch nervös verhalten (Mars), Autoaggression / Tendenz, sich selbst zu quälen (Mars und Pluto), übertreiben und masslos sein in zwei Richtungen: sich selbst überschätzen oder sich klein machen (Jupiter), bürgerliche

Moralvorstellungen und gesellschaftliche Spielregeln einhalten, Angst vor der Meinung von anderen Menschenn oder von Autoritäten haben («ich mache immer alles richtig» – Saturn), Konflikte vermeiden und keine Angriffsfläche bieten (Uranus), extreme, nicht einzuhaltende Leistungsansprüche an sich stellen (Pluto), sich ohnmächtig fühlen / Kontrolle erzwingen wollen (Pluto), vergessen, übersehen, sich seelisch betäuben (Neptun).

Wichtig ist hier die Überlegung, dass es sich um Methoden handelt, mit denen das Kind Lebensumständen begegnet, die ihm gemessen an seinem Temperament und seinen altersbedingten Möglichkeiten nicht anders lösbar zu sein scheinen. Es sind also kompensatorische Verhaltensweisen, die die Tendenz haben, zu typischen Verhaltensmustern zu werden und sich für ein ganzes Leben zu stabilisieren. Wie aber schon aus der Art hervorgeht, in der sie formuliert wurden, sind sie nicht unbedingt auch noch für den Erwachsenen sinnvoll. Sie waren geeignet, weil ein Kind nicht über die gleichen Wahlmöglichkeiten und Freiheiten verfügt wie ein Erwachsener. Etwas in uns aber glaubt, dass das, was einmal funktioniert hat, immer funktionieren muss, und so machen wir auf die gleiche oder sehr ähnliche Art weiter.

Darüber hinaus suchen wir uns immer wieder Situationen, die denen vergleichbar sind, die wir schon erlebt haben und auf die wir in dieser Weise zu antworten gelernt haben. Je unbewusster uns diese Zusammenhänge sind und je stärker wir darin verfangen sind, desto mehr gleicht das Ganze einem Teufelskreis an Wiederholungen. Frauen suchen sich einen Mann, der wie ihr Vater oder auch ihre Mutter ihnen jegliche Würde raubt, Männer suchen sich Frauen, die sie über Schuldgefühle manipulieren, sie in Leistung und Erfolg hineintreiben oder die ständig an ihnen herumkritisieren.

All diese Entsprechungen sind Negativbeispiele, die sich im Positiven ebenso umsetzen liessen. Anders ausgedrückt, suchen wir uns auch die guten und bewunderten Seiten unseres Vaters oder unserer Mutter wieder, und haben wir sie als wirklich wohltuend erlebt, werden wir uns lebenslang danach sehnen und sie selbst oder über einen Partner zu verwirklichen trachten.

Die Tatsache, dass wir uns erneut holen, was wir schon kennen, hat einerseits eine gewisse Automatik, in jedem Fall, solange uns der rote Faden nicht bekannt ist, der sich durch die Jahre unseres Lebens zieht. Zum anderen gibt es aber auch unseren Eigenanteil, der besagt, dass – von schicksalhaften und oft kollektiven Ereignissen wie etwa Krieg abgesehen – uns nichts geschehen kann, was wir nicht auf irgendeiner Ebene unseres Seins auch zulassen oder sogar herbeiführen. Wenn wir uns über unsere tiefsten innersten Entscheidungen, Überzeugungen und Erwartungen klar werden, wenn sich also unser Lebensplan vor uns aufzurollen beginnt, erhalten wir die Chance zur *Neuentscheidung*. Diese ist, obwohl uns das kaum glaubhaft erscheinen mag, *zu jedem Augenblick möglich*. Nur unsere seelische oder geistige Fixierung bewirkt, dass wir glauben, alles, was geschieht, und damit auch wir als Person, habe eine unabänderliche Kontinuität. Eine Neuentscheidung kann auch spontan, ohne das rückblickende Begreifen der eigenen

Lebensgeschichte geschehen. Dann ist sie jedoch immer ein Akt der plötzlich eintretenden Erleuchtung, auf den man nicht als etwas Selbstverständliches spekulieren sollte. Wenn uns dies gelingt, sind wir begünstigt, und es wird sich wohl nie genau analysieren lassen, welcher spezielle und kreative Prozess im Menschen es möglich gemacht hat. Das eine zu wollen, ohne das andere versucht zu haben, entspricht einer gewissen Hybris, dem Glauben nämlich, man habe es nicht nötig, durch das zu gehen, was andere Menschen im Normalfall auch durchleben müssen.

[1] Goethe, *Faust, Orphische Urworte.*
[2] Zitat aus Anne Wilson Schaef, *Nimm dir Zeit für dich selbst,* 1992.

13

Die Möglichkeit der Neuentscheidung –
Wachstum und persönliche Entwicklung

IST ES NICHT AUFREGEND ZU WISSEN,
DASS WIR DEN BOTSCHAFTEN, DIE UNS
IN DER KINDHEIT MITGEGEBEN WURDEN,
NICHT UNBEDINGT NACHLEBEN MÜSSEN?
ALS ERWACHSENE HABEN WIR DIE WAHL.
Anne Wilson Schaef

Sich neu zu entscheiden bedeutet, sein Lebensdrehbuch neu zu inszenieren. So wie wir einmal vor Jahren unbewusst ein Theaterstück geschrieben haben, unseren Lebensplan, dem wir im Laufe der Zeit zusätzliche Rollen und Abwandlungen des immer gleichen Grundthemas hinzugefügt haben, so sind wir auch in der Lage, ein neues Drehbuch zu schreiben – wenn wir uns nur die Erlaubnis dazu geben und unseren Vorstellungsrahmen von dem, was möglich ist, erweitern.

Voraussetzung ist eine möglichst genaue Bestandsaufnahme der Lebenssituation, in der wir gerade stehen, wie wir dahin gekommen sind und welches unser Lebensgrundgefühl ist.

Für diese Revision gibt es verschiedene Methoden, die nur zum Teil hier erwähnt werden können. Eine Möglichkeit ist natürlich immer, einen guten, auch körperorientiert arbeitenden Therapeuten aufzusuchen, der begleitend und unterstützend wirkt.

Andere Vorgehensweisen lassen sich von psychologischen Konzepten ableiten, wie zum Beispiel der Transaktionsanalyse (TA), die mit einfachen Grundstrukturen arbeitet. Allein die Beantwortung der Frage, auf welche der vier verschiedenen Empfindungsschienen wir uns bewegen, ist sehr aufschlussreich. Sie lauten: «Ich bin o.k., du bist o.k.», «Ich bin nicht o.k., du bist o.k.», «Ich bin o.k., du bist nicht o.k.», «Ich bin nicht o.k., du bist nicht o.k.» Jede dieser Positionen drückt eine andere Form von Selbstwertgefühl aus, eine gesunde, optmistische und offene Einstellung dem Leben gegenüber (1. Annahme), ein starkes Minderwertigkeits- und Unterlegenheitsgefühl (2. Annahme), Selbstüberschätzung und Machtrieb (3. Annahme) und ein völlig negatives, von Hilflosigkeit und oft auch Hass geprägtes Lebensgefühl (4. Annahme).

Haben wir uns über diese Frage Klarheit verschafft, können wir einen Schritt weitergehen und uns mit dem sogenannten «Dramadreieck» des Transaktionsanalytikers Taibi Kahler befassen. Hier geht es um drei Grundrollen, die wir einnehmen: die des Opfers, die des Retters und die des Verfolgers. Das Opfer zieht

Macht und Selbstwertgefühl aus seiner Unterlegenheitsrolle und entledigt sich auch so häufig bestimmter ungeliebter Verantwortlichkeiten. Selbstquälerische beziehungsweise masochistische Neigungen finden hier ihren Ausdruck, wobei meist ein versteckter Lustgewinn enthalten ist, mit dem man sich konfrontieren sollte, wenn man dieses Rollenverhalten an sich entdeckt.

Der Retter zieht Selbstbewusstsein daraus, dass er immer gebraucht wird, er kann sich stark fühlen und den Ton angeben. Retter sind oft Menschen, die ihre eigenen Probleme nicht lösen können und diese an anderen «therapieren», weshalb diese Rolle eine der Fallen aller beratenden Berufe ist. Opfer und Retter können die Rollen auch tauschen, da die eine die andere bedingt.

Der sogenannte Verfolger ist der Handlungstyp dieser Struktur. Er weiss immer, was zu tun ist, kann immer aktiv werden ganz im Gegensatz zum Opfer, das unter einer Handlungsschwäche leidet, sobald es um direkte anstatt um manipulative, indirekte Aktionen geht, er ist selbstgerecht und beurteilend. Seine Handlungsstärke vermittelt ihm das Gefühl, immer recht zu haben und die Dinge besser beurteilen zu können, seine Schwäche liegt jedoch auf der emotionalen Seite des Lebens. Vor lauter Tun vergisst er das Fühlen und weiss oft nicht so recht, wie es ihm wirklich geht und was er sich wünschen würde, sobald diese Frage sein vorgegebens Aktivitätskonzept überschreitet.

Dietmar Friedmann hat in seinem ausgezeichneten, leicht verständlichen Buch *Der andere* ein Konzept entwickelt, bei dem er Menschen folgendermassen einteilt: in den Beziehungstyp 1 und 2, den Sachtyp und den Handlungstyp. Auch hier finden sich viele Hinweise auf Charakterstrukturen und Entwicklungsmöglichkeiten. Kurz gefasst, müssen der Beziehungs- und der Sachtyp das Handeln lernen, jeder auf seine Weise, der Handlungstyp aber das Erkennen und Zulassen von Gefühlen. Jeder der drei beziehungsweise vier Typen hat eine starke Seite, auf die er sich verlässt, um mit dem Leben umzugehen. Solange er aber nicht die fehlenden Funktionen entwickelt hat, kann er sein Potential nicht voll ausschöpfen, und es können sich selbst die Eigenschaften, die sein angeborenes Talent ausmachen, gegen ihn richten.

Obwohl man nicht einfach verschiedene Typologien zur Deckung bringen kann, da jede von einer anderen Perspektive aus auf den Menschen blickt, kann man den Versuch einer astrologischen Zuordnung folgendermassen machen: Opfer und Retter haben eine Neptunbetonung, Beziehungstypen sind vorrangig durch Venusthemen beziehungsweise Venus/Marsthemen gekennzeichnet, aber auch die anderen persönlichen Planeten, Mond, Sonne, Merkur, eventuell Jupiter weisen darauf hin, Pluto und Saturn, auch Mars finden sich besonders bei Handlungstypen. Da ein korrektes Geburtsbild (mit Zeitangabe berechnet) jedoch sehr komplex ist, muss diese Zuschreibung zwangsläufig hinter der real existierenden Vielfalt zurückbleiben und kann nur am Horoskop selbst diagnostiziert werden.

Betrachten wir diese Methoden ausserastrologisch, geben sie uns sehr viel Auskunft, wenn wir nur bereit sind, uns wirklich damit zu befassen, einfach über Nachdenken, Erinnern, Klären, Bewusstmachen, verbunden mit dem festen Willen, eine Verbesserung der Lebensqualität herbeizuführen. Der Faktor Erinnerung spielt ohnehin eine wesentliche Rolle in unserer Entwicklung und dafür, wie wir die Welt zum gegenwärtigen Zeitpunkt erleben. Denken wir an Vergangenes zurück, sehen wir die Ereignisse, Situationen und Menschen so, wie wir sie damals wahrgenommen und eingeordnet haben, und übersehen häufig, dass wir heute über eine grössere Vielfalt an Eindrücken und damit an Bewertungsmassstäben verfügen. Ein einfaches Beispiel ist ein Buch, das wir als junger Mensch gelesen haben und das uns völlig begeisterte. Lesen wir es zum jetzigen Zeitpunkt nochmals, mag es uns uninteressant oder banal erscheinen. Das Gleiche gilt für Orte, zu denen wir gereist sind, Filme, die wir gesehen haben, Menschen, die uns faszinierten. Mit einigem Glück stellen wir auch jetzt noch fest, dass wir unser früheres Empfinden nachvollziehen können, meist aber stellt sich das Gefühl ein, darüber hinausgewachsen zu sein.

Erinnern wir uns an traumatische Situationen, behalten sie auch in der Retrospektive für viele Menschen ihren belastenden Inhalt – und das, obwohl wir sie durchaus auch anders sehen könnten. Zum einen haben wir eventuell mehr Wissen darüber, warum etwas geschah und welche tieferen Zusammenhänge dahinterstanden, und zum anderen können wir ein vergleichbares Ereignis in die jetzige Zeit verlegen, um zu sehen, ob wir wirklich noch ebenso machtlos sind wie einst. Damit besteht ein wichtiger Lösungsansatz für alte Verletzungen und Ängste in ihrer Neuinterpretation und Überprüfung, ob wir sie heute noch in der gleichen Form zulassen müssten – wenn wir uns definitiv dafür entschieden haben, es uns besser gehen zu lassen.

Im folgenden finden Sie einige Listen, nach denen Sie sich selbst erschliessen können, welche Persönlichkeitsanteile und Botschaften heute noch in Ihnen wirken. Darüber hinaus lassen sich auch Merkmale ableiten, die Sie selbst als Eltern ihren eigenen Kindern gegenüber zeigen.

WELCHE EINFLÜSSE WIRKEN AUF EIN KIND EIN?

1. Die Einstellung der Eltern zum Kind.
2. Die Einstellung der Eltern zum Leben.
3. Erwartungen und Befürchtungen der Eltern.
4. Erziehung und erzieherische Anweisungen.
5. Gute Wünsche und Verwünschungen.
6. Schuldgefühl-Erzeuger.
7. Provokationen, die das Kind klein machen.
8. Ansichten, die über das Kind geäussert werden.
9. «Patentrezepte» der Eltern, ihre Lösungswege bei Problemen.

Eine gute Übung, um frühen Einflüssen und ihren Überbleibseln in uns auf die Spur zu kommen, besteht darin nachzudenken, was unsere Eltern über das Leben an sich, über Arbeit, Leistung, Erfolg, Geld, Sauberkeit, Intelligenz, Dummheit, Begabung, Körper und physischen Genuss, Lebensfreude, Pflicht, Ehe, die Gesellschaft und die Religion dachten.

Wie denken Sie selbst darüber? Finden sich Ähnlichkeiten, zumindest wenn Sie ganz ehrlich mit sich sind?

ENTSCHEIDUNGSFREIHEIT IM HIER UND JETZT

Wenn Sie vor einem Problem stehen oder eine Entscheidung zu treffen haben, kann es sinnvoll zu sein, etwas Zeit damit zu verbringen, darüber nachzudenken, wie Ihre Mutter oder Ihr Vater auf dieses Problem reagiert hätten, welche Einstellungen und Ansichten sie zu den betreffenden Fragen hatten und inwieweit Sie heute noch mehr oder weniger freiwillig davon geprägt sind.

WEITERE FRAGEN ZUR KLÄRUNG FRÜHER EINFLÜSSE

1. Waren Sie als Kind erwünscht oder unerwünscht?
2. Betrachteten Ihre Eltern Sie als eine Last, eine Freude, eine Aufgabe?
3. Wollten Ihre Eltern einen Jungen oder ein Mädchen?
4. War für Sie eine Rolle vorherbestimmt (gab es einen Auftrag von Seiten der Eltern)? Sollten Sie der Stammhalter sein? Das Ebenbild eines Elternteils? Sollten Sie die unerfüllten Träume eines Elternteils verwirklichen? Waren Sie der kleine Sonnenschein, der nicht übelnimmt? Ein Spielzeug? Der Retter der Familie? Sollten Sie schaffen, was die Familie nicht geschafft hatte (zum Beispiel Akademiker werden)?
5. Gab es einen Auftrag bezüglich der Fortführung des Familiennamens und der Tradition? Oder in Bezug auf ein Geschäft oder einen Berufsstand?
6. Wieviel Zeit hatten Ihre Eltern für Sie?
7. Wieviel Aufmerksamkeit hatten Ihre Eltern für Sie?
8. Hörten Ihre Eltern Ihnen zu?

IHR EIGENES KIND:
1. Was wünschen Sie sich von Ihrem Kind? Was soll es tun, was aus ihm werden?
2. Mit wieviel Nachdruck stehen Sie hinter diesen Vorstellungen?
3. Wie sicher sind Sie, dass Sie dem Naturell und den Bedürfnissen Ihres Kindes mit diesen Zielsetzungen gerecht werden?
4. Wieviel Interesse, Entgegenkommen, Zuwendung, Verständnis bringen Sie auf?
5. Wo ertappen Sie sich dabei, dass Sie wiederholen, was man mit Ihnen gemacht hat, und zwar sowohl mit Ihrem Kind als auch mit Partnern und anderen wichtigen Menschen in Ihrem Leben?

Als letztes seien noch einige Punkte angeführt, wie wir uns das Leben vermiesen beziehungsweise welche Wege zum Erfolg führen können:

WIE MAN SICH SCHADET

1. Häufig an Niederlagen und Enttäuschungen denken und über Missgeschicke nachgrübeln.
2. Sich immer schon vorher auf das Schlimmste gefasst machen (damit man nachher nicht enttäuscht werden kann – das Feindbild, Verfolgungswahn).
3. Bei guten Nachrichten und Ereignissen immer auf den «Pferdefuss» warten, der sich noch zeigen wird.
4. Sich ständig mit anderen vergleichen.
5. Sich ständig selbst heruntermachen und kritisieren (wie man aussieht, geht, spricht, sich bewegt, wie man eine Arbeit durchgeführt hat usw.).
6. Erfolge als selbstverständlich oder gar das Mindeste ansehen, Fehler und Missgeschicke jedoch aufbauschen und als gravierend betrachten.
7. Überall übelwollende Menschen und Feinde sehen, die «Welt als Jammertal».

WEGE ZU MEHR GLÜCK UND FREIHEIT

1. Nehmen Sie sich Zeit und Musse, um darüber nachzudenken, in welche Fallen Sie immer wieder gehen, wo Sie sich selbst und andere täuschen, wo Sie so tun «als ob» und dabei sehr unglücklich sind.
2. Finden Sie heraus, welche versteckten Vorteile darin lagen, bisher an Situationen, die Sie belasten, nichts zu ändern.
3. Finden Sie heraus, vor welchen Konsequenzen einer Veränderung Sie Angst haben, und denken Sie darüber nach, wie begründet diese Angst angesichts Ihrer heutigen Möglichkeiten ist.
4. Spielen Sie gedanklich Möglichkeiten der Veränderung und Neuentscheidung durch und erweitern Sie so Ihre Verwirklichungschancen.
5. Beobachten Sie andere Paare (oder Eltern im Umgang mit ihren Kindern), die sich beklagen, und versuchen Sie herauszufinden, welches Problem wirklich dahinter steht beziehungsweise was beide Partner trotz allem aneinander bindet.
6. Versuchen Sie mögliche Unterschiede darin herauszufinden, wie Sie sich selbst sehen und erleben und wie Ihre Umwelt Sie sieht.
7. Klären Sie Ihre Wünsche, Bedürfnisse und Ziele und lernen Sie, Prioritäten zu setzen. Was ist Ihnen vorrangig und wirklich wichtig? Geben Sie sich selbst die Erlaubnis, genau das zu tun, was Sie wollen und suchen Sie nach einem Weg, ohne in die Falle des «ja, aber» zu gehen.
8. Arbeiten Sie einen Aktionsplan aus, stellen Sie Richtlinien auf, die zum gewünschten Ergebnis führen.

9. Holen Sie sich Unterstützung und Bestätigung bei der Verwirklichung von Plänen; pflegen Sie Kontakt zu positiven, unterstützenden Menschen, meiden Sie diejenigen, die Sie herunterziehen und die Sie auslaugen.
10. Loben und belohnen Sie sich selbst, wenn Sie etwas gut gemacht haben und nicht nur dann, wenn die bewältigte Aufgabe überdimensionalen Ansprüchen gerecht wurde.
11. Holen Sie sich wo immer es geht konkrete Hilfestellungen und lassen Sie sich dann auch helfen. Lernen Sie, Unterstützung konstruktiv anzunehmen.
12. Erkennen Sie, dass Leben nicht selbstverständlich ist. Wir können jeden Augenblick sterben, obwohl wir leben, als ob unser physisches Ende niemals Wirklichkeit werden würde. Beschäftigen Sie sich mit Büchern und Filmen über Menschen, die dem Tode nahe waren oder für tot gehalten wurden, und denken Sie über den Einstellungswandel nach, der bei allen die Folge war. Was würden Sie tun, wenn Sie sicher wüssten, dass Sie nur noch ein Jahr zu leben hätten?

Alle diese Fragestellungen sind als Gedankenansätze zu verstehen, mit deren Hilfe wir einen Einstieg in unser Lebensprogramm und dessen unbewusste Anteile finden können. Sich im Leben grundsätzlich neu zu entscheiden, eine wirkliche Veränderung herbeiführen zu wollen, entweder auf Teilgebieten oder sehr umfassend, bedingt immer, dass wir eine Notwendigkeit, einen Leidensdruck verspüren, der uns dazu in ausreichendem Masse motiviert. Leiden kann auch ganz einfach in einer chronischen Unzufriedenheit bestehen, deren Ursachen wir oft nur unklar wahrnehmen.

Das Leben an sich besteht eigentlich ausschliesslich aus Veränderung, gemäss Heraklits Satz: «Alles ist im Fluss.» Trotz unseres Kontinuitätsempfindens, das uns vorgaukelt, wir seien letztlich immer ein und derselbe, nur dass wir da und dort ein bisschen dazulernen, sind wir niemals derselbe Mensch wie zu irgendeinem anderen Zeitpunkt. Nicht nur, dass sich unsere Zellen ständig erneuern, sodass wir nach sieben Jahren aus einer völlig neuen Physis bestehen, auch keine Erfahrung, die wir machen, ist wirklich genauso wie eine andere vorhergehende, auch wenn wir noch so sehr das Empfinden haben, exakt das Gleiche wiederzuerleben mit allen daran gekoppelten Gefühlen.

Die scheinbare Gleichheit von Erlebnissen entsteht durch die geistige und emotionale Bewertung, die wir einmal einer Erfahrung angeheftet haben wie ein Etikett. Besonders pluto-betonte Menschen neigen zu dieser Fixierung, bei der Erinnerungen abgespeichert werden wie ein jederzeit wieder abrufbarer Film.

Sehen wir genauer hin, werden wir bemerken, dass wir selbst dazu neigen, Erfahrungen zu inszenieren, die uns die Möglichkeit geben, alte Empfindungen, Schmerzen, Demütigungen, aber auch Glücksgefühle zu wiederholen. Jeder von uns hat sogenannte «Lieblingsgefühle», emotionale Präferenzen, die ihn veranlassen, sich eine Welt zu schaffen, in der sichergestellt ist, dass er sie wiedererleben kann.

Lieblingsgefühle sind jedoch durchaus nicht immer nur Empfindungen, die uns glücklich gemacht haben. Sie können in einer Liebe zum ewigen Weltschmerz bestehen, im Hängen an einer Opferhaltung, durch die wir uns beweisen, wie selbstlos wir sind, in dem Drang, immer nur das Unerreichbare für interessant und erstrebenswert zu halten, darin, sich voll verstecktem Trotz in eine Einsamkeit zu begeben und aus ihr ein Gefühl von Besonderheit und Unverstandensein zu ziehen, sich als derjenige zu erleben, der immer der Sündenbock ist usw. In vielen dieser Präferenzen ist eine masochistische Tendenz versteckt, die durch frühe Erlebnisse geradezu kultiviert wurde.

Andere Formen von Lieblingsgefühlen, die uns auch nicht unbedingt Lebensglück und Gelassenheit bieten, sind Machtgelüste, die über eine ständige Kontrolle ausgelebt werden, was wiederum eine stete innere Anspannung nach sich zieht, der Glaube, man könne sich nur lebendig fühlen, wenn man sich hektisch von einer Aktivität in die nächste stürzt, so dass man die innere Nervosität gleichzeitig hasst und nicht lassen kann. Diese Aufzählung könnte noch beliebig fortgesetzt werden, doch vielleicht mag der Leser ein wenig darüber philosophieren, welches denn seine Vorlieben sind und ob sie ihm immer so gut tun und das einbringen, was er sich von ihnen erhofft.

Lieblingsgefühle haben meist einen versteckten Gewinn. Sie gleichen Spielen, bei denen wir zwar offensichtlich verlieren, aber indirekt auch etwas gewinnen. Wir können uns in Gefühlen baden, die uns zwar eindeutig schaden, die aber dadurch, dass sie so tief verankerten Gewohnheitsmustern entsprechen, uns irgendwo auch befriedigen. Wir empfinden Sicherheit, denn in diesem Bereich kennen wir uns aus. Wurden wir schon immer schlecht behandelt oder sogar misshandelt, macht es uns weniger Angst, wieder mit Menschen zu tun zu haben, die uns misshandeln, als mit solchen, die uns freundlich gegenübertreten oder sich sogar als Wohltäter erweisen möchten. Nicht nur das Ungewohnte daran verhindert, dass wir damit zurechtkommen, sondern auch die Angst, es könne eine Falle sein oder sich sofort wieder in Luft auflösen, wenn wir darauf vertrauen. Wir haben keinerlei *Erfahrung und Übung* im Umgang mit Situationen und Eindrücken, die zwar vielleicht einem Traum entsprechen, den wir lange gehegt haben, der aber immer ein Traum ohne realistische Erprobung blieb.

Neuentscheidung bedeutet also vor allem, dass wir uns zuerst selbst auf die Schliche kommen und so die Chance erhalten, Projektionen zurückzunehmen, also das bei uns zu suchen, was bei uns zu suchen ist, und das bei anderen zu lassen, was ihres ist. Immer aber wird sich die Frage erheben, warum wir gerade einen Menschen in unserem Leben Bedeutung erlangen lassen, der doch so viele ungeliebte oder negative Eigenschaften aufweist. Das Gleiche gilt für Lebensumstände, in denen wir bleiben, obwohl wir ständig davon reden, dass wir alles anders haben möchten. Wird uns bewusst, welcher Mechanismus uns an diesen Menschen oder diese Gegebenheiten bindet, erkennen wir auch viel über uns selbst, und sei es nur, dass wir uns im Kreise eines selbstschädigenden Musters drehen, aus dem wir, wenn wir glücklicher werden wollen, einmal aussteigen müssen.

14

Zum Gebrauch der Fragebögen

Die Fragebögen dienen dazu, auch denjenigen einen Einstieg in die Charak-
terbeschreibungen des Teils 2 zu geben, die entweder keinerlei astrologische
Kenntnisse besitzen oder sich noch am Anfang befinden.

Lesen Sie die Fragen durch und kreuzen Sie die Punkte an, die Sie mit «ja»
beantworten würden. Wenn Sie mindestens die Hälfte für zutreffend erklären
können, lesen Sie bitte den entsprechenden Abschnitt durch, wobei es sinnvoll
sein kann, wenn Sie zum Beispiel eine Pluto-Thematik finden, beide Kapitel, also
Mond/Pluto und Sonne/Pluto durchzulesen, obwohl Sie die Antworten vielleicht
ziemlich eindeutig auf einen Elternteil festlegen können. Auf Grund der spezifischen Technik, auf der diese Horoskopinterpretation aufgebaut ist, kann es sein,
dass sich Sonne/Pluto-Entsprechungen auch für die Mutter finden lassen, wenn
man das Geburtsbild genau untersucht.

Astrologisch Fortgeschrittene können aus dem Aufbau der Fragebögen bereits entnehmen, welche Themen zu welchen Konstellationen gehören. Darüber
hinaus finden Sie am Anfang von Teil 2 dieses Buches genaue Erläuterungen, wie
Vater- und Mutterentsprechungen im Horoskop technisch auffindbar sind und
welche Sonderfälle beachtet werden müssen.

Die Deutungskapitel selbst sind dann weitestgehend ohne astrologische Terminologie gehalten (wenn man von den Titelbezeichnungen wie zum Beispiel
Mond/Uranus absieht), um das Lesen für eine breitere Schicht an Interessierten
leichter zu machen.

15

Fragebögen zu Themen, die auf Mutter- oder Vaterprägungen hinweisen

FRAGEBOGEN ZUR SONNE/MOND-THEMATIK

Wenn Sie mindestens die Hälfte der folgenden Fragen mit «ja» beantworten, lesen Sie bitte in Teil 2 dieses Buches in Kapitel 19 nach, und zwar unter Sonne/Mond. Bei dieser Planetenverbindung kann man nur über die astrologische Technik entscheiden, ob es sich eher um eine Vater- oder eher um eine Mutterthematik handelt. Grundsätzlich gelten die im Sonne/Mond-Kapitel beschriebenen Entsprechungen für beide Fälle und vor allem für den Horoskopeigner selbst. Weitere Informationen bietet auch das 10. Kapitel in Teil 1.

1. Erlebten Sie Ihren Vater eher als mütterlich? War er geduldig, gab Geborgenheit und konnte mit Gefühlen gut umgehen?
2. War Ihre Mutter eine sehr aktive, dominierende Frau, die das Leben der Familie bestimmte und regelte?
3. Würden Sie Ihren Vater als einen nicht besonders starken, vielleicht sogar labilen, stimmungsabhängigen Menschen bezeichnen?
4. Empfanden Sie Ihre Mutter als eine Autorität, die zu respektieren war? War sie mächtig?
5. Neigte Ihre Mutter zu sehr spontanen, unüberlegten Reaktionsweisen? Handelte sie, bevor sie fragte, worum es eigentlich ging?
6. Neigen Sie selbst zu unüberlegtem Verhalten? Handeln Sie zuerst und denken Sie später nach? Fragen Sie sich manchmal, weshalb Sie etwas getan haben? Überkam es Sie einfach so?
7. Haben Sie Schwierigkeiten damit, das, was Sie fühlen, auch umzusetzen, beziehungsweise das, was Sie tun, auf der Grundlage eines klaren Empfindens und Wollens zu tun?
8. Sind Sie zwar kreativ, haben aber entweder gute Ideen, und es gelingt Ihnen nicht, sie auszuführen, oder mangelt es Ihnen gerade dann an Ideen, wenn Sie sich aktiv und handlungsstark fühlen?
9. Neigen Sie zu Beziehungen, bei denen Vater/Kind- oder Mutter/Kind-Rollen Thema sind? Erleben Sie Ihren Mann als Ihren Vater (oder auch als Ihre Mutter) beziehungsweise Ihre Frau als Mutter oder Vater?
10. Haben Sie Schwierigkeiten damit, Ihre sexuellen Wünsche und Abneigungen klar zu empfinden und zu formulieren? Können sich Ihre sexuellen Bedürfnisse plötzlich in ihr Gegenteil verkehren oder sind Sie in Ihren erotischen Empfindungen sehr ambivalent?

11. Lieben Sie männliche Frauen beziehungsweise weibliche Männer?
12. Hatten Sie schon einmal homosexuelle oder bisexuelle Beziehungen, oder spüren Sie eine Neigung dazu? Wie eindeutig empfinden Sie sich als Mann beziehungsweise als Frau?
13. Lehnen Sie Ihr eigenes Geschlecht ab?
14. Fühlen Sie sich öfter orientierungslos und zwiespältig? Haben Sie infolgedessen Probleme damit, konsequent zu sein und durchzuhalten?
15. Waren sich Ihre Eltern darüber uneins, welches die richtige Form der Erziehung sei? Wechselte häufig die Art, wie man auf Sie Einfluss nahm und Sie erzog? Finden Sie, wenn Sie nachdenken, keinen richtigen «roten Faden» im Erziehungsstil Ihrer Eltern?
16. Gab es Situationen, für die Sie an einem Tag gelobt, am anderen bestraft wurden? War es für Sie schwierig oder gar unmöglich, sich auf eine bestimmte Reaktion oder Verhaltensweise Ihrer Mutter oder Ihres Vaters einzustellen?
17. Falls Sie eine Frau sind: Fühlen Sie sich von starken Männern angezogen und hassen Sie sie gleichzeitig? Oder ein Mann: Finden Sie sehr weibliche Frauen attraktiv und fürchten Sie sich gleichzeitig vor ihnen? Fühlen Sie sich jeweils mit Partnern am wohlsten, die durch eine gewisse androgyne Ausstrahlung keine deutliche geschlechtliche Herausforderung darstellen?
18. Spüren Sie in sich eine emotionale Unsicherheit oder Unterlegenheit anderen gegenüber?
19. Versuchen Sie dieser Unsicherheit mit betont selbstsicherem Auftreten zu begegnen oder versuchen Sie umgekehrt, den anderen zu entwaffnen, indem Sie sich hilflos und demütig geben?
20. Kennen Sie Phasen ausgesprochener Handlungslähmung, in denen Ihnen nichts gelingen will, und dann wieder Zeiten, wo Sie einen Überschuss an Energie spüren, der sich in einer Hypermotorik äussert?
21. Lassen Sie sich gern von anderen motivieren, weil Ihnen selbst nicht so klar ist, was Sie eigentlich am liebsten möchten?
22. Haben Sie Konzentrationsschwierigkeiten? Können Sie nicht lange bei einem Thema oder einer Sache bleiben?
23. Waren Sie ein Wunschkind? Konzentrierten sich alle Hoffnungen und Wünsche der Eltern auf Sie?
24. Wurden Sie verwöhnt, galten Sie als der «kleine Sonnenschein»?
25. Haben Sie einen ausgesprochenen Hunger nach Leben? Haben Sie Angst, etwas zu verpassen? Neigen Sie deshalb dazu, sich zu überfordern?

FRAGEBOGEN ZUR MERKUR-THEMATIK

Wenn Sie mindestens die Hälfte der folgenden Fragen mit «ja» beantworten, lesen Sie bitte in Teil 2 dieses Buches in Kapitel 19 nach, und zwar unter Mond/Merkur, wenn sich die Antworten mehr auf Ihre Mutter beziehungsweise Ihre

Gefühlssituation beziehen, und unter Sonne/Merkur, wenn die Antworten auf Ihren Vater oder auf charakteristische Verhaltensmuster hinweisen.

1. Waren Intelligenz und Wissen wichtige Themen für Ihre Mutter oder Ihren Vater?
2. Waren kultivierte Umgangsformen für Ihre Eltern wichtig?
3. Hatten Ihre Mutter / Ihr Vater Probleme im Umgang mit Körperfunktionen? (Reinlichkeitserziehung, häufiges, gründliches Waschen, allgemeine Körperpflege.)
4. Wurde jedes Problem solange analysiert, bis man eine Erklärung gefunden hatte, die ihm die Brisanz nahm?
5. Neigen Sie dazu, durch Erklärungen eine Entschuldigung für jede Kränkung und jedes Problem zu finden? (Mond/Merkur)
6. Lieben Sie es, Ihren Intellekt spielen zu lassen, sich in einer gekonnten Wortwahl zu üben, sich stilsicher auszudrücken? (Sonne und Mond/Merkur)
7. Haben Sie eine besondere sprachliche oder schriftstellerische Begabung? Fällt es Ihnen leicht, Themen zu erläutern und sich sprachlich zu artikulieren? (Sonne und Mond/Merkur)
8. Wirken Sie sehr jugendlich? (Sonne/Merkur)
9. Sprechen oder schreiben Sie gerne über ihre Empfindungen? Sind Sie Ihren Gefühlen am nächsten, wenn Sie darüber sprechen? Führen Sie ein Tagebuch? (Sonne und Mond/Merkur)
10. Ist es für Sie sehr wichtig, sich mit einem Menschen gut zu unterhalten? Ist Kommunikation ein wesentliches Thema für Sie, entweder, weil Sie sich so wohl damit fühlen oder weil es Ihnen soviel Probleme macht, dass Sie sich immer wieder damit auseinandersetzen müssen? (Sonne und Mond/Merkur)
11. Gibt es häufig Missverständnisse zwischen Ihnen und anderen? (Sonne und Mond/Merkur)
12. Sind Sie in Ihrer Kindheit öfter umgezogen? (Mond/Merkur)
13. Würden Sie sich als neugierig und wissensdurstig bezeichnen? Ist Ihr Geist ständig mit etwas beschäftigt? (Mond/Merkur)
14. Achten Sie sehr darauf, wie Sie sich in Ihrer Körperhaltung, Mimik, Gestik, Sprechweise geben? Mögen Sie die Art, wie Sie das tun, oder stellt sie ein Problem für Sie dar? (Sonne/Merkur)
15. War es für Ihre Mutter / Ihren Vater wichtig, dass Sie sich anpassten, vernünftig waren, nicht über die Stränge schlugen?
16. Haben Sie das Bedürfnis, Ihre Grenzen genau zu kennen, sich also nicht zuviel und nicht zuwenig zu gestatten? (Sonne/Merkur)
17. Brauchen Sie einige Zeit, um Eindrücke zu verarbeiten? Müssen Sie eine Weile darüber nachdenken? (Mond/Merkur)
18. Sind der Klang einer Stimme und die Art und Weise, in der etwas gesagt wird, sehr wichtig für Sie? Hinterlassen Worte und das, was Sie damit assoziieren, einen starken Eindruck bei Ihnen? (Sonne und Mond/Merkur)

19. Sind Sie schüchtern? (Mond/Merkur)
20. Neigen Sie zu psychosomatischen Reaktionen? (Sonne und Mond/Merkur)
21. Wuchsen Sie mit verschiedenen Bezugspersonen auf? Zum Beispiel mit Personal oder Kindermädchen, mit vielen Tanten und Onkeln, bei Freunden der Familie? (Mond/Merkur)
22. Ging es in Ihrem Elternhaus viel um Fragen der Repräsentation? Durften Sie nicht aus der Rolle fallen? War es wichtig, leicht und unverbindlich Konversation zu machen? (Sonne und Mond/Merkur)
23. Reisen Sie gerne? (Mond/Merkur)
24. Sind Sie begabt für Fremdsprachen? (Sonne und Mond/Merkur)

FRAGEBOGEN ZUR VENUS-THEMATIK

Wenn Sie mindestens die Hälfte der folgenden Fragen mit «ja» beantworten, lesen Sie bitte in Teil 2 dieses Buches in Kapitel 19 nach, und zwar unter Mond/Venus, wenn sich die Antworten mehr auf Ihre Mutter beziehungsweise Ihre Gefühlssituation beziehen, und unter Sonne/Venus, wenn die Antworten auf Ihren Vater oder auf charakteristische Verhaltensmuster hinweisen.

1. Bezeichnen andere Menschen Ihr Verhalten als liebenswürdig, angenehm und verbindlich? (Sonne/Venus)
2. Sind Sie sehr empfänglich für Eindrücke sowie für Gefühle und Erwartungen anderer? (Mond/Venus)
3. Bedeuten Ihnen Schönheit, Ästhetik und Anmut viel? (Sonne, Mond/Venus)
4. Haben Sie ein ausgeprägtes Harmoniebedürfnis? (Sonne, Mond/Venus)
5. Lieben Sie ein gemütliches, schön eingerichtetes Zuhause? (Mond/Venus)
6. Erlebten Sie Ihre Mutter / Ihren Vater als einen angenehmen, attraktiven, liebenswürdigen Menschen? Waren Sie von ihnen fasziniert?
7. Hatten Ihre Mutter / Ihr Vater einen guten Geschmack?
8. Vermissten Sie an Ihrer Mutter / Ihrem Vater eine gewisse Durchsetzungskraft und Stärke? Waren sie zu nachgiebig oder konfliktscheu?
9. Ist Ihnen Sicherheit, gleich welcher Art (emotional, materiell), wichtig? (Mond/Venus)
10. Gaben Ihnen Ihre Mutter / Ihr Vater ein besonderes Gefühl der Sicherheit und Geborgenheit? Konnten Sie sich bei ihnen anlehnen?
11. Brauchen Sie Zeit, um Erfahrungen zu verarbeiten? Nehmen Sie sich alles sehr zu Herzen? (Mond/Venus)
12. Sind Sie manchmal ein wenig gutgläubig oder naiv? (Mond/Venus)
13. Haben Sie Probleme damit, sich zu entspannen und gleichzeitig ein starkes Bedürfnis danach? (Sonne, Mond/Venus)
14. Fällt es Ihnen schwer, das durchzuführen, was Sie eigentlich am liebsten tun würden? Neigen Sie dazu, Dinge zu kaufen, Menschen auszuwählen, etwas zu

tun, was Sie im Grunde gar nicht so gerne wollten oder worauf Sie mit Anspannung reagieren?

15. Brauchen Sie für Ihr seelisches Gleichgewicht ein friedliches Zuhause? (Mond/Venus)
16. Haben Sie ein intensives Bedürfnis, sich künstlerisch oder kreativ auszudrücken? (Sonne/Venus)
17. Fühlen Sie sich glücklich, wenn Sie etwas Kreatives tun? (Kochen, Malen, Nähen, Basteln, Schreiben ...) (Sonne/Venus)
18. Haben Sie ein einnehmendes Wesen und einen sehr persönlichen, vermittelnden Stil im Umgang mit anderen? (Sonne/Venus)
19. Lieben Sie alles, was mit Schönheit, Erotik, Liebe und Lebensgenuss zu tun hat? (Sonne und Mond/Venus)
20. Haben Sie Probleme mit Schönheitsfragen, Körperpflege, Eitelkeit, Erotik, Liebe, Lebensgenuss? (Sonne und Mond/Venus)
21. Sind Sie manchmal ein wenig selbstverliebt? (Sonne und Mond/Venus)
22. Sind Sie romantisch? (Mond/Venus)
23. Haben Sie kulturelle Interessen wie Theater, Konzerte, Kino, Ausstellungen usw.? (Sonne und Mond/Venus)
24. Lieben Sie erdhaft-sinnliche Tätigkeiten wie Gartenarbeit, Kochen, ausgedehnte Spaziergänge in der Natur? (Sonne/Venus)
25. Sind Sie leicht beeinflussbar? (Mond/Venus)

FRAGEBOGEN ZUR MARS-THEMATIK

Wenn Sie mindestens die Hälfte der folgenden Fragen mit «ja» beantworten, lesen Sie bitte in Teil 2 dieses Buches in Kapitel 19 nach, und zwar unter Mond/Mars, wenn sich die Antworten mehr auf Ihre Mutter beziehungsweise Ihre Gefühlssituation beziehen, und unter Sonne/Mars, wenn die Antworten auf Ihren Vater oder auf charakteristische Verhaltensmuster hinweisen.

1. Fühlen Sie sich schnell bedroht oder angegriffen?
2. Sind Sie leicht beleidigt und verletzt?
3. Haben Sie intensive, heftige und impulsive Gefühle?
5. Neigen Sie zu impulsiven, manchmal überhasteten Handlungen?
6. Sind Sie sportlich? Lieben Sie Konkurrenzsituationen und sportlichen Wettkampf oder sind Sie zumindest davon fasziniert, obwohl Sie gleichzeitig Probleme damit haben (Mond/Mars und Sonne/Mars)?
7. Wachen Sie öfter morgens auf und haben das Gefühl, die ganze Welt sei gegen Sie?
8. Sind Sie schnell gereizt und wütend, haben aber eher Probleme damit, ihre Aggression zu zeigen? Macht Ihnen der Ausdruck von Wut Angst? (Mond/Mars)

9. Haben Sie gelegentlich Gefühls- und Zornesausbrüche? Verhalten Sie sich dann gereizt wie ein Tiger (Sonne/Mars)?
10. Neigen Sie dazu, sich selbst zu bestrafen, sich zu tadeln und zu kritisieren?
11. Richten Sie Ihre Wut nach innen, statt sie herauszulassen (Mond/Mars)?
12. Waren Sie ständigen Forderungen Ihrer Mutter oder Ihres Vaters ausgesetzt?
13. Lehnten Ihre Eltern den Ausdruck des animalischen Anteils im Menschen ab? Musste man kultiviert sein, war Sexualität nur verfeinert akzeptabel, mussten Sie alle sogenannten negativen Gefühle wie Ärger, Hass, Wut, Unbeherrschtheit unterdrücken?
14. Haben Sie Magenprobleme (zum Beispiel Sodbrennen; Mond/Mars)?
15. Hat Ihre Mutter oder Ihr Vater viel geschimpft?
16. Beziehen Sie alles, was geschieht, als erstes auf sich (Mond/Mars)?
17. Trauen Sie keinem so recht? Leben Sie nach der Devise «Hilf dir selbst, dann hilft dir Gott»?
18. Haben Sie oft das Gefühl, auf sich selbst gestellt zu sein, allein in einer widrigen Welt?
19. Liegt Ihnen Teamarbeit nicht besonders, es sei denn, Sie sind der Chef?
20. Fühlen Sie sich schnell abgelehnt, beleidigt, kritisiert? Erleben Sie die Umwelt als feindlich?
21. Nehmen Sie sich alles sehr zu Herzen (Mond/Mars)?
22. Fühlen Sie sich von starken, handlungsfähigen, durchsetzungskräftigen Menschen angezogen? Mögen Sie sportlich wirkende Menschen?
23. Stellen sie sich öfter selbst ein Bein? Beginnen Sie einerseits etwas aufzubauen, was Sie dann wieder umwerfen? Verhalten Sie sich so, dass Dinge, an denen Ihnen liegt, letztlich nicht gelingen?
24. Sind Sie vital, fühlen Sie sich voll Energie und Kraft (Sonne/Mars)?
25. Hassen Sie Ihre Mutter oder Ihren Vater, haben aber grosse Schwierigkeiten, sich das einzugestehen?
26. Empfinden Sie Ihren Vater oder Ihre Mutter als schwach, während Sie sich doch so sehr wünschten, sie seien stark?

FRAGEBOGEN ZUR JUPITER-THEMATIK

Wenn Sie mindestens die Hälfte der folgenden Fragen mit «ja» beantworten, lesen Sie bitte in Teil 2 dieses Buches in Kapitel 19 nach, und zwar unter Mond/Jupiter, wenn sich die Antworten mehr auf Ihre Mutter beziehungsweise Ihre Gefühlssituation beziehen, und unter Sonne/Jupiter, wenn die Antworten auf Ihren Vater oder auf charakteristische Verhaltensmuster hinweisen.

1. Empfanden Sie Ihre Mutter oder Ihren Vater als jemanden, der Sie inspirierte und förderte?
2. Wurden Sie verwöhnt?

3. Waren Ihre Eltern etwas Besonderes für Sie, bewunderten Sie sie beide oder einen von beiden?
4. Neigen Sie zu Stimmungschwankungen, von himmelhoch jauchzend bis zu Tode betrübt? Kann eine Kleinigkeit Sie glücklich machen oder Ihnen die Laune verderben?
5. Handeln Sie spontan, impulsiv oder auch überschwenglich, zum Beispiel bei Ihren Ausgaben, in Ihrer Art, Gefühle zu zeigen, auf andere zuzugehen, sich für etwas zu entschliessen?
6. Neigen Sie zu Übertreibungen und/oder Exzessen (Alkohol, Zigaretten, Einkaufen, Sexualität usw.)?
7. Betrachten Sie die Dinge ungern nüchtern und logisch? Möchten Sie sich gerne enthusiastisch für etwas begeistern können?
8. Widerstreben Ihnen Alltag, Kleinkram, sehr exaktes Arbeiten? Haben Sie Probleme mit der täglichen Routine und Ihren Pflichten?
9. Sind Sie schnell enttäuscht, weil sich Ihre Arbeit, ein neuer Partner, eine Wohnung, eine Reise nicht als so faszinierend und grossartig herausgestellt haben, wie Sie es erwarteten?
10. Fühlen Sie sich leicht gelangweilt?
11. Sind Sie beliebt? Finden Sie leicht Menschen, die Sie unterstützen?
12. Sind Sie tolerant und grosszügig?
13. Stehen Sie gern im Mittelpunkt?
14. Haben Sie ein Problem damit, zu erkennen, wann Ihnen jemand etwas Gutes tun will oder können Sie es nicht annehmen?
15. Bekommen Sie viel, aber meist nicht das, was Sie gerade brauchen oder sich wünschen würden?
16. Haben Sie Probleme mit Selbstdisziplin? Sehen Sie gerne grosszügig über kleine Schwächen hinweg? (Bei sich selbst, aber auch bei anderen)
17. Haben Sie gern einen Gesamtüberblick über die Dinge und eine Abneigung gegen Detailarbeit und «Puzzlespiele»?
18. Lassen Sie sich gerne treiben?
19. Sind Sie begeisterungsfähig?
20. Waren Sie Mutters oder Vaters kleiner Liebling? Der Sonnenschein?
21. Bekommen Sie nie genug?
22. Mangelt es Ihnen an Ehrgeiz und eigenem Antrieb? Warten Sie, bis Ihnen die «gebratenen Tauben» in den Mund fliegen, statt selbst die Initiative zu ergreifen?
23. Haben Sie wenig Geduld und Ausdauer? Liegen Ihre starken Seiten im «veni, vidi, vici» (ich kam, sah und siegte)?
24. Waren Ihre Eltern religiös? Waren weltanschauliche oder philosophische Themen wichtig? Besitzen Sie selbst eine wie auch immer geartete Form von Religiosität?
25. Erwarten Sie viel vom Leben?

FRAGEBOGEN ZUR SATURN-THEMATIK

Wenn Sie mindestens die Hälfte der folgenden Fragen mit «ja» beantworten, lesen Sie bitte in Teil 2 dieses Buches in Kapitel 19 nach, und zwar unter Mond/Saturn, wenn sich die Antworten mehr auf Ihre Mutter beziehungsweise Ihre Gefühlssituation beziehen, und unter Sonne/Saturn, wenn die Antworten auf Ihren Vater oder auf charakteristische Verhaltensmuster hinweisen.

1. Sind Höflichkeit, Korrektheit und Anstand für Sie wichtige Bestandteile des Lebens?
2. Bezeichnet man Sie als strebsam und ehrgeizig? Möchten Sie etwas darstellen?
3. Ist Ihnen die Meinung anderer Menschen wichtig?
4. Flössen Ihnen Autoritäten (Vorgesetzte, Lehrer, usw.) Respekt ein?
5. War das Wort «man» häufiger Bestandteil der Ausdrucksweise Ihrer Eltern? Sprechen Sie selbst häufig in der «Man»-Form?
6. Fühlen Sie sich sicher, wenn Sie sich gesellschaftlich korrekt verhalten? Macht es Ihnen Probleme, sich daneben benommen zu haben?
7. Gab es in Ihrer Kindheit viele Ermahnungen?
8. War Ihren Eltern Pflichterfüllung wichtig?
9. Hielten Ihr Vater oder Ihre Mutter viel von harter Arbeit und Disziplin? Lehnten sie es ab, sich gehen zu lassen?
10. Waren manche Spielkameraden nicht standesgemäss? Durften Sie zum Beispiel nicht mit einem Kind spielen, das aus einer geschiedenen Ehe kam oder dessen Eltern statusmässig oder finanziell unter Ihrer Familie standen?
11. Empfinden Sie ein Gefühl der Enge, wenn Sie an Ihre Kindheit denken?
12. Galten Sie als fügsames Kind?
13. Fühlen Sie sich schnell abgelehnt und ungeliebt?
14. Sind Sie besonders verantwortungsbewusst?
15. Haben Sie öfter das Gefühl, zu kurz zu kommen?
16. Leisteten Sie «passiven Widerstand» gegen Ermahnungen und Anweisungen? Lehnten Sie sich dagegen auf? (Wenn ja, sollten Sie auch unter den Uranus-Kapiteln nachlesen, besonders unter Sonne/Uranus)
17. Fühlen Sie sich oft müde und deprimiert? Erscheint Ihnen alles sinnlos?
18. Würden Sie Ihren Vater oder Ihre Mutter als streng bezeichnen?
19. Wünschen Sie sich sozialen Status, eine gesellschaftliche Position und Anerkennung?
20. Ziehen Sie konservative Umgangsformen vor?
21. Sind Sie sparsam? Sträubt sich etwas in Ihnen gegen übermässigen Luxus, Üppigkeit, Verschwendung?
22. Können Sie feststellen, dass bestimmte Bereiche in Ihrem Leben am besten klappen, wenn Sie sie selbst in die Hand nehmen, statt andere bestimmen zu lassen?

23. Möchten Sie immer genau wissen, worauf Sie sich einlassen, woran Sie sich halten können und nach welchen Spielregeln etwas abläuft? Fällt es Ihnen schwer, sich schnell von einer Situation auf eine neue umzustellen?
24. Haben Sie oft das Gefühl, nicht dazuzugehören?
25. Brauchen Sie Zeit, um innerlich «aufzutauen»? Können Sie sich nur langsam, dann aber sehr tiefgehend auf andere Menschen einlassen?
26. Hassen Sie oft den Alltag und seine Pflichten, aber gibt er Ihnen gleichzeitig Halt?

FRAGEBOGEN ZUR URANUS-THEMATIK

Wenn Sie mindestens die Hälfte der folgenden Fragen mit «Ja» beantworten, dann lesen Sie bitte in Teil 2 dieses Buches in Kapitel 19 nach, und zwar unter Mond/Uranus, wenn sich die Antworten mehr auf Ihre Mutter beziehungsweise Ihre Gefühlssituation beziehen, und unter Sonne/Uranus, wenn die Antworten auf Ihren Vater oder auf charakteristische Verhaltensmuster hinweisen.

1. Hat man Ihnen als Kind das Gefühl vermittelt, Sie seien zu etwas Besonderem geboren? Waren Sie das Lieblingskind Ihrer Mutter oder Ihres Vaters?
2. Waren Ihre Mutter oder Ihr Vater besonders besorgt und fürsorglich?
3. Legten Ihre Eltern eine besondere Nachgiebigkeit Ihren Wünschen gegenüber an den Tag?
4. Hatten Sie eine Mutter / einen Vater, die vor allem beruflichen Zielen nachgingen? Waren sie viel unterwegs oder hielten sich hauptsächlich im Arbeitszimmer auf? Hat man Ihnen als Ersatz soviele Wünsche erfüllt wie möglich?
5. Beunruhigt es Sie, wenn jemand Ihnen intensive Gefühle entgegenbringt?
6. Haben Sie Probleme mit körperlicher Nähe?
7. Haben Sie Angst vor Prüfungssituationen?
8. Sind Sie ehrgeizig? Haben Sie das Bedürfnis, sich von anderen deutlich zu unterscheiden?
9. Haben Sie wenig Ausdauer in der Verfolgung Ihrer Ziele? Werden Sie schnell ungeduldig?
10. Verändern sich Ihre Gefühle und Stimmungen rasch? Kommt es häufig vor, dass Sie etwas, das Sie sich sehr wünschten, nicht mehr so sehr wollen, nachdem Sie es bekommen haben?
11. Legen Sie sich ungern eindeutig fest, sei es in Ihrer Meinungsäusserung, in Partnerschaften, in Ihrer Wohnsituation oder in anderen Bereichen Ihres Lebens?
12. Bezeichnet man Sie als Widerspruchsgeist? Nehmen Sie gern die gegenteilige Haltung zum allgemeinen Standpunkt ein?
13. Möchten Sie gerne frei sein von den Abhängigkeiten der menschlichen Existenz, von menschlichen Leidenschaften und Emotionen?

14. Haben Sie Angst vor Konfrontation, sei es im persönlichen Bereich (Ehepartner, Freunde) oder im Beruf?
15. Halten Sie sich gern aus allem heraus und nehmen eine unanfechtbare Position ein? Versuchen Sie, anderen keine Chance zu geben, Sie zu kritisieren oder festzunageln?
16. Wollte Ihre Mutter / Ihr Vater nur das Beste für Sie?
17. Wäre es für Ihre Eltern eine schreckliche Enttäuschung, wenn Sie all das, was sie für Sie getan haben, nicht zu würdigen wüssten?
18. Können Sie immer zu Ihrer Mutter / Ihrem Vater gehen, wenn Sie «in der Klemme» sind?
19. Haben Sie regelmässigen Kontakt zu Ihrer Mutter (evtl. mehrmals wöchentlich)? Zeigt sie Ihnen, wie sehr sie Sie braucht?
20. Liessen sich Ihre Eltern wenig auf Ihre wirklichen persönlichen Probleme ein?
21. Galten Sie als rebellisches, schwer erziehbares Kind?
22. Haben Sie Probleme mit Selbstdisziplin?
23. Haben Sie das ständige Gefühl, man würde Sie «auffressen», wenn Sie nicht aufpassen und Abstand wahren?
24. Möchten Sie um keinen Preis eifersüchtig sein?
25. Ist Ihre Mutter / Ihr Vater ein Ideal an Objektivität und Gerechtigkeit für Sie?

FRAGEBOGEN ZUR NEPTUN-THEMATIK

Wenn Sie mindestens die Hälfte der folgenden Fragen mit «ja» beantworten, lesen Sie bitte in Teil 2 dieses Buches in Kapitel 19 nach, und zwar unter Mond/Neptun, wenn sich die Antworten mehr auf Ihre Mutter beziehungsweise Ihre Gefühlssituation beziehen, und unter Sonne/Neptun, wenn die Antworten auf Ihren Vater oder auf charakteristische Verhaltensmuster hinweisen.

1. Wünschen Sie sich, dass andere Ihre Gedanken und Gefühle unausgesprochen erraten? Möchten Sie ohne Worte verstanden werden?
2. Wurden Sie als Kind vernachlässigt oder übersehen?
3. Haben Sie Probleme damit, herauszufinden, wie es Ihnen mit einem Menschen oder einer Situation geht?
4. Ist es für Sie schwierig zu wissen, was Sie wirklich wollen? Sind Sie oft unschlüssig in Ihren Wünschen und Bedürfnissen?
5. Lehnten Ihre Eltern eine eigene, abweichende Meinung ab? Hatten sie für Ihre Bedürfnisse und für Ihre Gefühle wenig Interesse und vor allem kein Gespür?
6. Ist Ihnen im Grunde ziemlich unklar, wer Sie eigentlich sind? Erleben Sie sich wie jemanden, der sich selbst zuschaut?
7. Lassen Sie gern andere für sich entscheiden?

8. Mangelt es Ihnen an Vorbildern und Richtlinien, an denen Sie sich orientieren könnten? Konnten Sie nicht zu Ihren Eltern gehen und sie um Rat fragen oder sich mit Ihnen aussprechen?

9. Sind Ihnen Ihr Vater oder Ihre Mutter irgendwie fremd?

10. Können Sie nur schwer erkennen, was Mutter oder Ihr Vater fühlen, wie es ihnen mit etwas geht? Erscheinen sie Ihnen geheimnisvoll und schwer durchschaubar?

11. Fühlen Sie sich von dominanten Partnern angezogen?

12. Sind Sie besonders sensibel? Fühlen Sie sich schnell überfordert? Können Sie sich nur schwer gegen Einflüsse von aussen abgrenzen?

13. Fühlen Sie sich oft einsam, oder lieben Sie umgekehrt die Einsamkeit? Machen Sie vielleicht gerne lange, einsame Spaziergänge?

14. Fühlen Sie sich in der Natur geborgen?

15. Fällt es Ihnen schwer, sich aktiv durchzusetzen, kontinuierlich am Ball zu bleiben und Festigkeit und Entschlossenheit in Ihrem Handeln an den Tag zu legen?

15. Haben Sie häufig das Gefühl, jeder und alles sei stärker als Sie? Fühlen Sie sich dann wie gelähmt?

16. Haben Sie gelernt, sich mit Hilflosigkeit, über eine Opferrolle oder über Krankheit durchzusetzen? Wurden Sie nur dann beachtet, wenn Sie krank, hilflos und schwach waren?

17. Haben Sie künstlerische Neigungen und Fähigkeiten? Arbeiten Sie gerne kreativ?

18. Haben Sie das Bedürfnis, anderen zu helfen?

19. Neigten Ihre Mutter oder Ihr Vater zu einer Märtyrerrolle? Waren sie seelisch oder körperlich krank, drogen- oder tablettensüchtig, alkoholabhängig? Trinken Sie selbst gerne ein Glas zuviel?

20. Haben Sie ein tiefes Bedürfnis nach Selbstvergessenheit, Ekstase und Rauschzuständen?

21. Gibt es bei Ihnen Lebensbereiche, in denen entweder gar nichts ist, die sich wie ein Loch, wie etwas Leeres anfühlen und bei denen nichts stattfindet (zum Beispiel Sexualität) oder in denen Sie umgekehrt zu Übertreibung, Masslosigkeit und ständiger Unzufriedenheit neigen, obwohl Sie schon alles tun und haben, um «satt» zu werden?

22. Haben Sie einen Hang zu Mystik, Religiosität, esoterischen Disziplinen, Meditation? Suchen Sie die «Wahrheit» hinter den Dingen?

23. Erscheint Ihnen das normale irdische Leben oft schal und sinnlos?

24. Sind Sie romantisch? Neigen Sie dazu, Menschen und Dinge zu idealisieren? Möchten Sie gerne alles in einem rosa Licht sehen? Schwärmen Sie lieber von etwas, als dass Sie es erreichen oder besitzen?

25. Hatten Sie eine ideale Mutter oder einen wunderbaren Vater?

26. Nehmen Sehnsucht und/oder Weltschmerzgefühle einen grossen Raum in Ihrem Leben ein?

Fragebogen zur Pluto-Thematik

Wenn Sie mindestens die Hälfte der folgenden Fragen mit «ja» beantworten, lesen Sie bitte in Teil 2 dieses Buches in Kapitel 19 nach, und zwar unter Mond/Pluto, wenn sich die Antworten mehr auf ihre Mutter beziehungsweise Ihre Gefühlssituation beziehen, und unter Sonne/Pluto, wenn die Antworten auf Ihren Vater oder auf charakteristische Verhaltensmuster hinweisen.

1. Stellen Sie bei allem, was Sie tun, letztlich fest, dass es noch besser hätte sein können? Fühlen Sie sich dann einfach schlecht, oder machen Sie sich mit Nachdruck daran, die Dinge zu perfektionieren?
2. Strengen Sie sich in Ihren Beziehungen, in Ihrem Beruf, bei allem, was Sie tun, meist sehr an? Machen Sie alle anfallenden Arbeiten äusserst genau? Kennen Sie ein ähnliches Verhalten von Ihrer Mutter oder Ihrem Vater?
3. Stecken Sie viel Mühe in Ihr Äusseres, Ihre Sprechweise, Ihr Zuhause? Versuchen Sie, so vollkommen und so effektiv wie möglich zu sein?
4. Kennen Sie trotz grösstem Einsatz häufig ein Gefühl von Leere und Unbefriedigtsein, das Sie jedoch noch mehr anspornt?
5. Verausgaben Sie sich oft bis zur völligen Erschöpfung?
6. Sind Sie strebsam und ehrgeizig? Können Sie von einmal gefassten Zielen nicht mehr lassen?
7. Neigen Sie dazu, sich Fehler zu verübeln, die Ihnen unterlaufen sind? Tun Sie sich schwer damit, sich auch einmal selbst leid zu tun?
8. Gibt es in Ihnen eine Stimme, die sagt: «Ich bin nur liebenswert, wenn ich tue, was man von mir erwartet, und das so perfekt wie möglich?»
9. Gab es besondere Rituale in Ihrer Familie (Sauberkeit, Tischmanieren, Kleidung, Familienfeiern), an denen unabdingbar festgehalten wurde?
10. Hatten Ihre Mutter oder Ihr Vater hohe Erwartungen an Sie? Wollten sie Bestleistungen, zum Beispiel in der Schule, beim Sport, Repräsentation usw., die aber, wenn Sie sie erbrachten, kaum gewürdigt oder als das Mindeste betrachtet wurden?
11. Neigen Sie dazu, sich mit anderen zu vergleichen, und schneiden Sie dabei schlecht ab?
12. Grübeln Sie oft und kommen über verletzende Erfahrungen nur schwer hinweg? Haben Sie ein «Gedächtnis wie ein Elefant», wenn es um Probleme geht?
13. Fällt es Ihnen schwer, etwas nur zum Vergnügen, also zweckfrei zu tun? Haben Sie dann schnell das Gefühl der Zeitverschwendung? Soll am Ende all dessen, was Sie machen, immer ein sichtbares Ergebnis stehen?
14. Neigen Sie zu Schuldgefühlen (weil Sie nicht besser, schöner, interessanter sind, weil Sie etwas getan oder unterlassen haben)?
15. Stürzen Sie Misserfolge leicht in Depression und Gefühle der Wertlosigkeit? Lösen Sie Angst in Ihnen aus?

16. Wurden Sie als Kind oft in Ihrem Aussehen, Ihrem Verhalten oder Ihren Leistungen missbilligt?
17. Haben Sie eine innere Stimme, die ständig alles bewertet, was Sie tun und auch, was Sie erleben?
18. Sind Sie rachsüchtig? Können Sie nur schwer verzeihen?
19. Sind Sie sehr eifersüchtig, obwohl Sie Eifersucht hassen?
20. Sind Sie misstrauisch? Vermuten Sie schnell einen Pferdefuss an jeder Sache?
21. Malen Sie sich häufig das Schlimmste aus?
22. Sind Sie in der Lage, grosse Energiereserven zu mobilisieren, wenn Ihnen ein Ziel wichtig ist? Können Sie sich dann ziemlich ausschliesslich darauf konzentrieren, bis es erreicht ist? Geht es Ihnen nicht mehr aus dem Kopf?
23. Ist es ziemlich schwierig, Sie vom Gegenteil zu überzeugen, wenn Sie sich einmal eine Meinung gebildet haben?
24. Neigen Sie dazu, sich zu spezialisieren und lehnen es ab, von allem etwas zu wissen und etwas zu tun, aber keines so richtig?

TEIL 2

16

Die Elternhäuser im Horoskop

Hinsichtlich der Frage, wo denn nun im Horoskop die Eltern zu finden seien, sind sich die verschiedenen astrologischen Schulen ziemlich uneinig. Man sucht die Mutter im 10. Haus, den Vater im 4., für manche Fälle aber gilt genau das Gegenteil. Einige sehen Saturn als die Mutter an, andere Pluto.

Erstaunlich ist, dass Zusammenhänge, die sich schon bei einem völlig unkomplizierten Nachdenken aufdrängen, anscheinend häufig einfach übersehen werden. Der Mond, der im Deutschen im Gegensatz zu anderen Sprachen aus seltsamen Gründen einen männlichen Artikel bekommen hat, während die Sonne weiblich ist, ist und war schon immer ein Symbol des Mütterlich-Weiblichen. Diese Zuordnung gilt in den Mythologien der verschiedenen Kulturen, sie ist Teil des archetypischen Gedankenguts C. G. Jungs (der Mond als Bild der Grossen Mutter), und allein aus der Anschauung, aus der heraus die Astrologie ja entstanden ist und mit der sie arbeitet, ist der Mond mit seiner Wechselhaftigkeit ein Symbol für die Gefühle, die ebenso wenig stabil, klar und eindeutig festlegbar sind wie seine Gestalt.

Während das Denken symbolisch gesehen mit Klarheit, Licht und durchdringender Kraft verbunden ist, sind Gefühle undurchschaubar, veränderlich, rational nur begrenzt beeinflussbar. Als Analogie bietet sich sehr viel mehr die Nacht an, über die der Mond herrscht, und in der alles undeutlich, schattenhaft, manchmal verzerrt oder auch überdimensional gross und wunderbar erscheinen kann. Gefühle wiederum sind in ihrer Urform die Domäne des Weiblichen und Mütterlichen, das ein Kind in sich wachsen lässt und das damit dem Prinzip der Fruchtbarkeit untersteht (Mond), das Geborgenheit, Wärme und passives, bereitwilliges Annehmen schenken soll (Mond). Diese Analogien liessen sich beliebig fortsetzen.

Der Mond ist astrologisch dem Krebs und dem 4. Haus zugeordnet und entsprechend ist es sinnvoll, die Mutter, beziehungsweise die Art und Weise, wie wir sie sehen, dort zu suchen.

Das Urprinzip des Männlichen und des Vaters ist dasjenige, das Selbstorganisation, Klarheit, Handlungsfähigkeit und die Fähigkeit zum Rationalen in unser Leben bringt. Diese Zuordnungen sind in keinster Weise feministisch oder auf sonst irgendeine seltsame Weise zu verstehen, sondern sie entsprechen archetypischen Bildern oder Kräften, die letztlich beide in Mann und Frau wohnen, nur in einem unterschiedlichen und individuellen Mischungsverhältnis.

Der Geist, das Licht und das Rationale sind Entsprechungen der Sonne, wie auch die Fähigkeit, aktiv zu werden und zu handeln. Die Sonne ist dem Löwen und dem 5. Haus zugeordnet, und damit ist es sinnvoll, den Vater beziehungsweise die Art und Weise, wie wir ihn erleben, dort zu suchen.

Alle diejenigen, die sich mit dieser Technik nicht anfreunden mögen, weil eine andere bisher gut funktioniert zu haben scheint, sind eingeladen, einmal eine Weile damit zu experimentieren. Sie werden, falls die innere Bereitschaft dazu da ist, erstaunt sein, welche präzisen Aussagen über die Eltern möglich sind, wenn man für die Mutter den Herrscher des 4. Hauses, seine Hausposition, Position auf Kritischem Grad[1] und seine Aspekte untersucht. In zweiter Linie sind dann Planeten interessant, die im 4. Haus stehen, das Haus, über das sie herrschen im Sinne einer Konstellation (siehe Kapitel «Wie finde ich die jeweiligen Elternthemen im Horoskop?»), und ihre Aspekte. Zu beachten ist, dass der Herrscher des Hauses immer Vorrang hat, so wie der Besitzer eines Hauses die letztendliche Entscheidungsbefugnis hat, auch wenn sich sein Mieter noch so breit machen mag.

Entsprechend gilt für den Vater der Herrscher des 5. Hauses, seine Hausposition, Position auf Kritischem Grad[1], seine Aspekte sowie Planeten, die im 5. Haus stehen.

Wer in der Lage ist, ein Horoskop exakt zu korrigieren, sollte sich unbedingt auch ansehen, ob die Spitze des 4. beziehungsweise des 5. Hauses auf einem sogenannten «Kritischen Grad» steht, also einem Grad der Ekliptik, der eine besondere Thematik hat. Diese Aussage – wie gesagt bei korrektem Horoskop – ist als besonders wichtig zu betrachten, da die Hausspitzen mit einer durchschnittlichen Geschwindigkeit von 1° alle vier Minuten weiterwandern, sich also von allen Punkten im Horoskop am schnellsten bewegen. Nachdem Pluto im Schnitt etwa 20 Jahre für das Durchlaufen eines Tierkreiszeichens braucht, manchmal aufgrund seiner unregelmässigen Laufbahn etwas mehr, manchmal etwas weniger, ist klar ersichtlich, dass in diesem Zeitraum unzählige Menschen geboren werden, die alle den Pluto im gleichen Zeichen haben. Und selbst auf dem gleichen Grad steht er so lange, dass seine Zeichenposition im Sinne einer individuellen Aussage kaum gewertet werden kann. Die Zeichenpositition der langsamen Planeten entsprechen den grossen Entwicklungszyklen der Menschheit, und ihre individuelle Aussage ist an das Häusersystem geknüpft, also an das Haus, über das Pluto herrscht, an das Haus, in dem er steht, und an seine Aspekte zu schneller laufenden Planeten.

In einem Zeitraum von vier Minuten – manchmal wegen der Schiefe der Ekliptik weniger – werden sehr viel weniger Menschen geboren, das heisst, dass der Individualitätswert dieser Aussage sehr viel höher zu bewerten ist.

Wer sich näher mit diesem Thema beschäftigen möchte, dem sei das Kapitel «Raum- und Zeitspezifität» in dem Buch *Venus und Mars* von Michael Roscher empfohlen.

Nach einer gründlichen Untersuchung der Häuser 4 und 5 kann man noch die gegenüberliegenden Häuser 10 und 11 heranziehen und zwar durch Drehung des Horoskops: Macht man das 4. Haus zum 1. der Mutter, so ist das 10. Haus ihr 7. und entspricht damit ihrem Partnerbild, ihrem Denken und ihren Ideen. Da das

Denken der Mutter, ihre Ziele und Erwartungen für uns ebenfalls eine wesentliche Rolle spielen, kann aus dem 10. Haus etwas über die abstraktere Persönlichkeit der Mutter entnommen werden, während das 4. Aussagen über die konkret physische macht, so wie wir sie im Umgang mit uns erleben und welches Geborgenheitsgefühl sie in uns erzeugt.

Analog gilt das gleiche für das 11. Haus und den Vater, sodass zum Beispiel ein Mars im 11. Haus anzeigt, dass der Vater Berufssoldat, Sportler Chirurg usw.ist. Die Häuser 10 und 11 sagen mehr über die Bilder aus, mit denen wir unsere Eltern identifizieren, als darüber, wie wir sie tatsächlich erleben.

[1] Vergl. Michael Roscher, *Der Mond,* Kapitel «Was sind Kritische Grade».

17

Sonne, Mond, Venus und Mars – Planeten, die weitere Auskünfte über die Eltern geben

Um einer Verwirrung vorzubeugen: im vorherigen Kapitel wurden Sonne und Mond beziehungsweise die ihnen entsprechenden Häuser bereits Vater und Mutter zugeordnet. Dort lag der Schwerpunkt jedoch auf der *Häuserfrage,* und die beiden Lichter wurden in ihrer Eigenschaft als Herrscher eines bestimmten Tierkreiszeichens und seines Hauses im Urhorokop besprochen.

Nicht immer aber ist im individuellen Horoskop der Mond Herrscher des 4. Hauses oder die Sonne Herrscher des 5. Da die Häuser durch ihre schnelle Bewegung Vorrang in der Bewertung haben (selbst der Mond braucht einen Tag für etwa 12° eines Zeichens, die Hausspitzen jedoch für ein ganzes Zeichen nur zwischen einer dreiviertel Stunde und rund drei Stunden, je nach aufsteigendem Zeichen), hat der jeweilige Herrscher des 4. beziehungsweise des 5. Hauses Priorität vor dem Mond und der Sonne selbst.

Hat man alle Hausinformationen durchgeforscht, also auch Planeten, die in den Häusern stehen, kann man zusätzliche Informationen aus dem Mond, der Sonne, Venus und Mars und ihren Konstellationen gewinnen.

Der Mond sagt allgemein etwas über unsere Gefühlslage, unsere Weltsicht, unsere Kindheit und wie wir uns in der Welt fühlen, aus. Damit ist er in jedem Fall indirekt mit der Mutter verbunden, da sie bereits über den Zeitraum der Schwangerschaft und ihren Verlauf Einfluss auf unser Gefühlsleben nimmt. In dieser Zeit hat die Ratio noch keinen Platz, das Kind erlebt Geborgenheit und Einssein, Bedrohung und Unruhe usw., jedoch alles als rein emotionale Vorgänge.

Die Sonne beschreibt unser Verhalten, unsere Art, aktiv und handlungsfähig zu sein und Licht in unser Denken und unser Leben zu bringen. Als archetypisches Vatersymbol sagt sie auch etwas über das Vorbild des Vaters aus.

Eine Veränderung entsteht, wenn die Sonne einen Bezug zum 4. Haus hat (zum Beispiel als Herrscherin von Haus 4 oder weil sie dort steht) beziehungsweise der Mond zum Haus 5. Hier erfolgt eine Rollenumkehrung, die in den entsprechenden Kapiteln («Rollentausch der Eltern» und «Sonne / Mond») besprochen wird. In jedem Fall ist die Mutter dann die führungsstarke bis dominante Persönlichkeit, der Vater weicher, emotionaler, mütterlicher. Diese Umkehrung wird weniger deutlich sichtbar, wenn zusätzliche Aspekte weitergehende und konträre Informationen geben. Der Vater ist dann vielleicht weich, versucht sich aber hart zu geben usw.

Mars und Venus als Herrscher des 1. beziehungsweise des 7. Hauses sind eigentlich die Planeten, die über das Ich und das Du Auskunft geben. Mars zeigt die Durchsetzung der persönlichen Triebbedürfnisse und Interessen an, Venus, das, was uns interessiert, was wir schön finden, was wir haben wollen und die Art, wie wir denken, denn wir können uns immer nur für das interessieren und das erfassen, wofür schon eine Art Raster oder Blaupause in uns enthalten ist.[1]

Im weiteren Sinn symbolisiert Mars als Vertreter unseres Trieblebens auch die männliche Seite der Sexualität und beschreibt damit unser Bild des Vaters als sexuelles Wesen, während die Sonne beziehungsweise der Herrscher des 5. Hauses ihn als Gesamtpersönlichkeit darstellt, und die Venus unsere Mutter als sexuelle Frau, während der Mond beziehungsweise der Herrscher von Haus 4 sie als Gesamtpersönlichkeit aufzeigt.

Bei Venus und Mars verfährt man wie bei Sonne und Mond und allen anderen Planeten: Ihre Hausposition, das Haus, aus dem sie kommen, Position auf Kritischen Graden, Aspekte werden interpretiert.

---

[1] Vergl. Brigitte Hamann, *Die 12 Archetypen*, Kapitel «Waage», S. 224 ff.

18

Was sind Konstellationen?

Das Wort «Konstellation» leitet sich von dem lateinischen Wort «constellare» ab und heisst soviel wie «zusammenfügen, zusammenstellen». In der astrologischen Terminologie sind damit die Zusammenstellungen von Planetenprinzipien gemeint, und zwar sowohl über Aspekte zwischen den Planeten, wie über Verbindungen, die über die Häuserebene gehen.

Wenn wir uns das Urhoroskop vorstellen, dann ist das 1. Haus immer thematisch ein Marshaus, das 6. immer ein Jungfrauhaus, das 10. ein Steinbockhaus usw. Damit sind für die entsprechenden Häuser auch die den Tierkreiszeichen zugeordneten Planeten zuständig.

Als Konstellation bezeichnet man deshalb Themen, die sich über folgende Planetenverbindungen ergeben:

1. Konjunktion oder Quadrat eines Planeten zu einer Hausspitze (zum Beispiel Mond Quadrat zum Aszendenten / Hausspitze 1 = Mond / Mars
2. Die Position eines Planeten im Haus (zum Beispiel Sonne im 10. Haus = Sonne/Saturn, Merkur im 1. Haus = Mars / Merkur, usw..)
3. Die Verbindung eines Hauses mit einem anderen: zum Beispiel Herrscher von Haus 6 in Haus 11 = Merkur/Uranus, und das auch, wenn weder Merkur noch Uranus selbst beteiligt sind; Mars als Herrscher von Haus 6 in Haus 11 hat eine grundsätzliche Merkur/Uranus-Thematik, die mitschwingt und die mitzuberücksichtigen ist, wenn auch unter dem Signum des Mars. Ein Mutterthema könnte hier zum Beispiel sein: Uranus als Herrscher von Haus 4 in Haus 8, was einer Mond/Pluto-Thematik entspricht (nachzulesen in diesem Buch unter Mond/Pluto), wobei jedoch Uranus mitbestimmt, man also auch Mond/Uranus lesen und versuchen sollte, eine Verbindung zwischen diesen konträren Elementen herzustellen. Da ein Horoskop über so viele unterschiedliche Kombinationsmöglichkeiten verfügt, ist es im Rahmen dieses Buches nicht möglich, alle detailliert aufzuführen und zu untersuchen.
4. Aspekte zwischen den betreffenden Planeten, wobei Trigone und Sextile als sehr schwach hinsichtlich ihres Ereignischarakters zu bewerten sind. Sie entsprechen mehr Fähigkeiten, Wiegengeschenken und seelischen Zuständen, für deren Verwirklichung man etwas mehr Energie (Sextile) oder so gut wie keine (Trigone) investieren muss.
5. Die Position eines Planeten auf Kritischem Grad.[1] Die für jeden auch ohne Liste auffindbaren Grade sind:
   a) die Tierkreiszeichenübergänge (29° des einen Zeichens bis 1° des darauffol-

genden Zeichens). Sie entsprechen einer Quadratstruktur zwischen beiden Planeten, also zum Beispiel 0° Wassermann entspricht thematisch Saturn Quadrat Uranus;

b) jeweils 15° eines Tierkreiszeichens. Sie entsprechen thematisch einer Verbindung der Herrscher der sich gegenüberliegenden Zeichen. (15° Widder entspricht damit Venus/Mars.)

6. Die Tierkreiszeichenposition der Sonne ist auf Grund ihrer langsamen Bewegung (circa 30 Tage für ein Zeichen) nicht so gravierend zu bewerten wie Positionen, die über die Häuserebene gehen und die damit von der Drehung der Häuserstruktur durch den gesamten Tierkreis an einem Tag abhängen. Eine Ausnahme davon macht die Position auf einem Kritischen Grad.

7. Die Tierkreiszeichenposition des Mondes sollte mitberücksichtigt werden, da der Mond ein Schnelläufer ist und nur circa einen Tag für 12° eines Zeichens braucht, also etwa 2 1/2 Tage für ein gesamtes Tierkreiszeichen.

---

[1] Siehe Michael Roscher, *Der Mond,* S. 287.

19

Deutung der Elternbilder

In den folgenden Kapiteln werden die einzelnen Bilder unserer Eltern, ihre für uns besonders prägenden Charakterzüge, ihr Erziehungsstil, ihre Erwartungshaltung, Botschaften und Ängste so beschrieben, wie sie sich uns darstellen, auch unsere eigene emotionale Haltung und das sich daraus ergebende Verhalten.

Diese Beschreibungen stellen Gefühls- und Verhaltensmuster dar, die sich wie ein roter Faden durch unser Leben ziehen und die es unbewusst beeinflussen und steuern. Sie sollen eine Hilfestellung geben, wenn es darum geht, mehr über uns und unsere verborgenen Motive herauszufinden, um so mehr Freiheit und Selbstbestimmtheit zu erlangen. In diesem Sinn ist auch die etwas mehr problemorientierte Analyse der einzelnen Themen zu verstehen. Gleichzeitig wurde der Versuch unternommen, die positiven Entsprechungen und Lösungsmöglichkeiten einer Konstellation hervorzuheben.

Entsprechend der astrologischen Bedeutung finden sich die Mutterbilder unter den Mondkapiteln, die Vaterbilder unter den Sonnekapiteln, auf die sich die Fragebögen im ersten Teil des Buches beziehen. Sie können die dort gestellten Fragen beantworten und dann, auch ohne astrologische Fachkenntnisse, in den Kapiteln nachlesen, zu denen Sie die meisten Ja-Antworten gefunden haben.

Für den astrologisch Versierten wurden jedem Kapitel die entsprechenden Konstellationen vorangestellt, unter denen sich ein bestimmtes Thema im Horoskop ausdrücken kann, so dass er die Möglichkeit hat, das Geburtsbild daraufhin systematisch zu untersuchen. Je häufiger eine Konstellation vorkommt, desto wichtiger ist sie für den Betreffenden. In Kapitel 18, «Was sind Konstellationen?», wird erläutert, wie die astrologischen Konstellationen technisch zustande kommen.

DIE SONNE/MOND-KONSTELLATIONEN

Sonne und Mond sind die sogenannten «Lichter» des Horoskops, sie haben eine besondere Kraft und stellen die Quellen dar, aus denen alles Leben fliesst.

Der Mond entspricht der Grundlage unseres Seins, was die emotionale und damit aufnehmend-passive Seite angeht. Er beschreibt unsere persönliche Art der Wahrnehmung der Welt, wie wir uns in ihr fühlen und auch wie wir uns selbst sehen. Als übergeordnetes Prinzip, das dem 4. Haus und dem Krebs zugeordnet ist, symbolisiert er auch alles Mütterliche und unser Bild von Geborgenheit.

Die Sonne stellt das Prinzips des Handelns dar und damit den sichtbaren Ausdruck unserer Gefühle (Mond). Während der Mond die in uns fliessende, von aussen nicht ohne weiteres erkennbare Energie darstellt, zeigt die Sonne, wie wir diese Energie freisetzen und im Leben aktiv werden. Sie ist dem 5. Haus und dem Löwen zugeordnet und symbolisiert auch alles Väterliche und unser Bild von Aktivität und Selbstdurchsetzung.

Charakteristische Worte für den Mond sind: Gefühl, Empfindung, Seele, Stimmung, Mutter, Mütterlichkeit, Geborgenheit; Beeinflussbarkeit, Launenhaftigkeit, Stimmungsabhängigkeit, die «Logik der Gefühle».

Charakteristische Worte für die Sonne sind: Handeln, Verhalten, Selbstbewusstsein, Gefühlsausdruck, der Vater, das Väterliche, Herrscher, Herr seiner selbst, Vitalität, Lebenskraft, Identität, Selbstbehauptung, Egoismus, Mittelpunkt.

SONNE / MOND

TROTZ DER WIDERSPRÜCHE, DIE IN WELTLICHEN DINGEN DURCH
GEGENSÄTZLICHE IDEOLOGIEN AUFGEWORFEN WERDEN,
GIBT ES EINE MÖGLICHKEIT FÜR EINE LETZTENDLICHE EINHEIT.
IM GRUNDE IST SOGAR DIE EINHEIT, DIE SICH AUS KONTRASTIERENDEN
KRÄFTEN ENTWICKELT, BESTÄNDIGER ALS VERBINDUNGEN, DIE EHER
BEILÄUFIG UND OHNE VORBEDACHT ENTSTEHEN.
R. L. Wing, *Das illustrierte I Ging,* Hexagramm 38.

Diese Konstellation gilt für: Sonne im 4. Haus, Mond im 5. Haus, Herrscher von Haus 4 in Haus 5, Herrscher von Haus 5 in Haus 4, Sonne oder Mond auf 0° Löwe, Hausspitze 4 auf 0° Löwe, Sonne im Aspekt zum Mond (Konjunktion, Spiegelpunkt, Quadrat, Opposition; hier ist die Konjunktion als die schwierigste Konstellation anzusehen, weil sie der Neumondsituation entspricht; die Opposition ist die günstigste Verbindung, weil sie besondere Klarheit und Unterscheidungsvermögen schafft; Trigone und Sextile sind wesentlich schwächer zu bewerten); Mond in Löwe.

1. Wechselhafter Erziehungstil der Eltern – Unberechenbarkeit und Labilität eines oder beider Elternteile im Umgang mit dem Kind – seelische Desorientierung

Diese Entsprechung gilt besonders für Mond in Haus 5, Sonne/Mond-Konjunktion.

Welche Auswirkungen eine Sonne/Mond-Verbindung auch immer auf der konkreten Ebene zeigt, sie impliziert eine psychische Verwirrung und Unsicherheit beim Horoskopeigner.

Im ersten, hier beschriebenen Fall, wird sie durch die Uneinigkeit der Eltern oder eines der beiden Elternteile darüber erzeugt, wie das Kind zu behandeln sei und welches die wichtigsten, verbindlichen Kriterien für seine Erziehung sein sollen. Genauer ausgedrückt bedeutet das, dass sich die Eltern entweder einmal nach den Vorstellungen der Mutter, dann nach denen des Vaters richten, und das in einem relativ raschen und für das Kind nicht nachvollziehbaren Wechsel, oder dass sie beide gemeinsam von der einen Idee, was denn nun das Beste sei, zur nächsten schwanken, immer beeinflusst von neuen Informationen einer Zeitschrift, wie zum Beispiel *Eltern,* einem Vortrag im Radio, einem Fernsehbericht oder der Meinung der Nachbarin von nebenan.

Eigentlich leben sie in dem festen Wunsch, es gut zu machen und die «beste aller Möglichkeiten» zu finden, aber gerade ihre Unentschlossenheit und ihr Mangel an Konsequenz hat verheerende Folgen für das Kind, das mit Hilfe seiner Eltern eine Leitlinie im Leben entwickeln sollte, die ihm als Orientierungshilfe und Richtschnur dient. Die ständig veränderliche Umwelt, in der heute Gesetze gelten, die morgen nicht mehr interessieren, verwirren und verunsichern das Kind in einem Masse, dass es nicht mehr so recht weiss, «ob es Männlein oder Weiblein ist». Sein Identitätsgefühl, das gleichzeitig auch in einer gewissen Rollenzuweisung von «ich bin ein Junge» und «ich bin ein Mädchen» wurzelt, kann sich nicht stabil entwickeln, weil im Aussen keine Stabilität vorhanden ist, an der sich eine innere Folgerichtigkeit festmachen könnte.

Die «Hü-Hott»-Erziehung der Eltern hat eine «Hü-Hott-Einstellung» zum Leben und zu sich selbst zur Folge: man ist in der Lage, sich in jede beliebige Rolle hineinzubegeben, aber keine hat Bestand oder erfüllt die Hoffnung darauf, sich endlich deutlich identifizieren und damit festlegen oder entscheiden zu können. Mädchen werden gleichermassen für Verhaltensweisen gelobt, die charakteristisch für Jungen sind, wie sie dafür gescholten oder bestraft werden, und Jungen ergeht es ebenso. Was immer sie sind oder versuchen zu sein, ist ambivalent, und die Begeisterung für einen Zustand oder eine Verhaltensweise kann sich genauso schnell in ihr Gegenteil verkehren, wie sie gerade noch klar vorhanden zu sein schien.

Im Grunde ahmen die Betreffenden nur das nach, was ihre Eltern taten: während sie noch von einem Menschen, einer Situation, einem Erlebnis angetan sind, wechselt schon die Stimmung, und die Bewertungsmassstäbe drehen sich um. Aus Faszination wird Abwehr oder sogar Ekel, aus Begeisterung Desinteresse. Auf diese Weise sind sie nicht Fisch und nicht Fleisch. Obwohl sie in die Welt der Dualität hineingeboren sind, in der der Mensch zu einem ständigen Erleben und Erkennen zweier Gegensatzpaare und deren letztlicher Ergänzung und Einheit aufgefordert ist, schwanken sie nur von Pol zu Pol, von heiss zu kalt, von Ekstase zu Kälte, von sexuellem Interesse zu Ablehnung usw. Unentschiedenheit und Inkonsequenz kennzeichnen ihren Lebensweg und die eigene, innere Wahrheit hat viele Facetten. Während Mond/Neptun mehr oder weniger bewusst die trügerische Realität irdischer Formen erkennt, die die Inder «maya» (Traumwelt) nennen, sind für Sonne/Mond-Geborene alle Spielarten wahr und real, nur nicht fassbar. Gefühle, Ereignisse, Einflüsse, Menschen, alles scheint wahr und festgefügt zu sein, nur ergibt sich für sie kein innerer Zusammenhang, an dem sie sich festhalten und orientieren könnten, keine Eindeutigkeit der Entscheidung, so dass sie emotional dahinter stehen und sie zu einem Lebensfundament machen könnten. Sie fühlen sich auf einem schwankenden Boden, der nicht drohend oder bösartig ist, aber verwirrend und der eine besondere Form der Hilflosigkeit dem Leben gegenüber erzeugt, die gelegentlich durch besonders forsches Auftreten überdeckt wird.

Hilflosigkeit herrscht vor allem in Beziehungsfragen, in der Partnerwahl, in dem Erkennen und Erforschen der eigenen Bedürfnisse und Wünsche, in der Freiheit, wenigstens zu experimentieren, wenn man schon nicht so recht weiss, wo der Weg entlanggehen soll. Was immer ein Sonne/Mond-Typus tut – es ist mit dem Gefühl verbunden, letztlich könne es sich gegen einen richten, eine Bestrafung folgen, nicht das sein, was man wollte, Scham oder gar Schuldgefühle erzeugen.

2. DER VATER ÜBERNIMMT DIE ROLLE DER MUTTER

Diese Konstellation gilt besonders für: Herrscher von Haus 4 in Haus 5, Mond im 5. Haus, Sonne Konjunktion Mond (Neumond), Mond im Löwen.

Menschen tragen in ihrem Unbewussten sogenannte archetypische Bilder, Urformen, die in groben Umrissen definieren, was das Väterliche und Männliche an und für sich und was das Mütterliche und Weibliche an und für sich ist, ebenso wie sie über andere Bilder zu den verschiedenen Themen des menschlichen Lebens verfügen. Diese Urmuster oder Raster wiederholen sich in einer einfacheren Form in der höher entwickelten Tierwelt, und sie sind Teil dessen, was uns mit allem Lebendigen verbindet.

Darüber hinaus besitzt jeder einzelne individuelle Ausprägungen dieser Urbilder. Diese entsprechen dem persönlichen Mutter- beziehungsweise Vaterbild, das wir kraft Geburt bereits in uns tragen und das durch die realen Lebenserfahrungen aktiviert wird. In diese Vorstellungen fliessen die kulturellen Kriterien darüber ein, wie ein «richtiger Mann» und eine «richtige Frau» zu sein haben – ein Bild, das sich ohnehin ständig mit dem Zeitgeist, den Moden und Umweltbedingungen ändert. Fügt man diese Faktoren zusammen – archetypisches Bild, individuelles, schicksalhaftes Bild und kulturelle Vorgaben – ergibt sich die spezifische Form, wie wir unseren Vater, unsere Mutter und die Themen Handlungsfähigkeit und Aktivität sowie Geborgenheit, Hingabefähigkeit und passives Aufnehmen erleben.

Ist unser Vater derjenige in der Familie, den wir, vielleicht sogar hinter einer scheinbar harten Schale, als weich, stimmungsabhängig, labil, gefühlsbetont und eher handlungsschwach erleben, werden wir dazu neigen, in ihm all jene Qualitäten zu suchen, die wir von der Mutter erwarten. Erfüllt der Vater seine Rolle gut, scheint alles bestens zu sein. Für sein Kind jedoch sind die Dinge nicht ganz so einfach. Zum einen holt es sich vom Vater das, was es sich von der Mutter wünscht (besonders bei Herrscher von Haus 4 in Haus 5), zum anderen entspricht er nicht dem, was das Kind auf Grund seiner Körperlichkeit in ihm sieht, nämlich den Ausdruck des Männlichen.

Was für viele Kinder kein Problem sein muss, ist bei einer Sonne/Mond-Verbindung als kritisch anzusehen, denn hier wäre es für den Sohn oder die Tochter wichtig, ein eindeutiges Geschlechtsrollenvorbild durchaus auch im klassischen Sinn zu haben. Mutter ist mütterlich und eine Frau, Vater ist väterlich und ein Mann, an dieser Leitlinie würde sich Sonne/Mond gerne orientieren, um selbst für sich herauszufinden, wo er oder sie steht. Die mangelnde eigene Polarisierung, die Schwierigkeit, emotional zu unterscheiden, was einem liegt und was nicht, spiegelt sich in der speziellen Vermischung von Männlichem und Weiblichem bei den Eltern wider.

In jedem Fall ist der Vater ein schwacher, vielleicht sehr liebenswürdiger Mensch, an dem das Kind hängt, mit dem es emotional stark verbunden ist (bes. Mond im 5. Haus). Er mag alle jene Eigenschaften besitzen, die in Richtung des Träumerischen, Zurückgezogenen gehen, jemand sein, der gerne Musik hört, liest, in sich hineinlauscht, der sich dem Leben nicht sehr gut gewachsen fühlt und sich mühsam hindurchkämpft, der Anlehnung bei Autoritäten oder starken Persönlichkeiten beziehungsweise Leuten, die er dafür hält, sucht.

Alle diese Qualitäten kann er seinem Kind vermitteln, was es aber auch und vor allem bei ihm suchen würde, wäre ein Vorbild dafür, wie man konsequent handelt, sich durchsetzt, das Leben in die Hand nimmt und wie man die Spreu vom Weizen scheidet, also über Versuch und Irrtum klar herausfindet, was einem liegt und was nicht. Gerade das aber kann dieser Vater nicht, denn er unterliegt selbst heftigen Schwankungen, Stimmungen und Launen, und was ihm im einen Moment noch erstrebenswert schien, mag ihn ein wenig später schon nicht mehr interessieren. Seine Form des Handelns ist vom Gefühl bestimmt, und Gefühle sind wie der Mond: sie nehmen ab und zu. Vielleicht kennen Sie die Geschichte vom armen Schneider, der versuchte, dem Mond einen Mantel zu nähen? Wann immer der Mantel gerade fertig war, war er schon wieder zu weit oder zu eng und musste geändert werden und passte bei der nächsten Anprobe wieder nicht. Gefühle fliessen und verändern sich ständig, sie kennen keine wirkliche Kontinuität, und das, was wir an Stabilität darin sehen, ist unsere geistige Identifikation mit bestimmten Zuständen, die uns eine emotionale Scheinidentität verleiht, gemäss der wir auch mit fünfzig irgendwie noch so zu sein scheinen, wie wir es mit dreissig waren.

Eine Alternative dazu ist der alleinerziehende Vater, der versucht, dem Kind die Mutter zu ersetzen. Wird dieser Versuch im Horoskop jedoch über eine Sonne/Mond-Thematik dargestellt, ist auch hier der Versuch als problematisch und mit speziellen Folgen versehen zu betrachten. Grund dafür ist, dass ein Mensch, der mit dieser Konstellation auf die Welt kommt, eine Bereitschaft mitbringt, Dinge zu vermischen, die zu trennen wären und bei denen er Klarheit und Trennung herbeiführen muss. Von Anfang an hat er eine Veranlagung zu einer «Verwirrung der Gefühle»[1].

Da die Konsequenzen für das Kind im Fühlen und Handeln für jede Form des Rollentausches des Eltern gleich sind, werden sie im Abschnitt «Zusammenfassung der wesentlichen Eigenschaften» beschrieben.

3. Die Mutter übernimmt die Rolle des Vaters

Diese Konstellation gilt besonders für: Herrscher von Haus 5 in Haus 4, Sonne in Haus 4, Sonne Konjunktion Mond (Neumond).

Für manche Familien trifft der mehr oder weniger deutlich ausgesprochene Satz zu: «Mutter hat die Hosen an». Immer dort, wo die Frau nicht nur im Hintergrund das familiäre Leben bestimmt, sondern ganz offensichtlich diejenige ist, die man um Rat fragt, die die Dinge in die Hand nimmt, der sich alle letztlich fügen, die entscheidet, was zu tun und zu lassen ist, drückt sie in ihrer Funktion als Mutter und Ehefrau männliche Qualitäten aus.

Der Sohn entwickelt so das Bild von der starken, zu respektierenden oder auch zu fürchtenden Frau, die sein Leben dirigiert, die Tochter sieht als Modell für ihre eigene Identität als Frau eine selbstsichere, autonome, dominante Persönlichkeit, deren Stärke weniger darin liegt, Gefühle zuzulassen, sich zu öffnen, etwas in sich entstehen und wachsen zu lassen, bis es geboren werden kann, sondern darin, Empfindungen und Antriebe sofort in die Tat umzusetzen.

Je nach der Art und Weise, in der diese Mutter ihre Dominanz ausdrückt, wird das Kind die Umwelt, die in den frühesten Jahren hauptsächlich durch die Mutter oder Mutterfigur bestimmt wird (siehe das Kapitel «Mutter ist die Welt für uns»), als übermächtig, kontrollierend und beherrschend erleben, sich selbst entsprechend als hilflos und schwach, oder es wird sich mit der Mutter in ihrer Durchsetzungskraft identifizieren und selbst eher handeln als fühlen, etwas tun, oft, bevor es gereift ist.

Sonne/Mond-Mütter sind machtvolle Frauen, was nicht bedeutet, dass sie diese Macht auch wohlüberlegt und sinnvoll einsetzen. Besonders bei der Konjunktion beider Planeten (Neumond), ist das Risiko gegeben, dass sie zum Beispiel aggressiv und wütend reagiert und erst nachher fragt, warum das Kind etwas Bestimmtes getan hat. Die Spontaneität, die in dieser Konstellation liegt, hat oft den Pferdefuss, dass sie keine authentischen spontanen Handlungen hervorbringt, sondern Kurzschlussreaktionen.

Besonders bei Frauen kann der Neumond Kränklichkeit und psychische Schwäche anzeigen, deren eigentliche Ursache darin liegt, dass die Mutter ihre Stärke und ihr Bedürfnis zu herrschen nicht zu leben wagt und diese Energie gegen sich selbst richtet. Der Kurzschluss liegt hier weniger in der Unfähigkeit, das Wollen überlegt und adäquat zum Ausdruck zu bringen, als darin, dass Wollen und Können ständig kollidieren. Kinder solcher Mütter lernen Inkonsequenz, hinter der aber heftige Impulse und Antriebe stehen, die nicht so recht Ausdruck finden.

Steht der Herrscher des 5. Hauses im 4. Haus, ist zu vermuten, dass das Kind bei der Mutter das sucht, was der Vater ihm nicht geben kann. In gewisser Weise ist die Mutter – und das, was man von ihr will – nur eine Attrappe, da die eigentliche Motivation des Kindes auf den Vater zielt. Auch hier sind die Eltern in ihrer Funktion nicht eindeutig. Die vom Sohn oder der Tochter gehegten Hoffnungen an einen der beiden überkreuzen sich mit der Persönlichkeit des anderen Elternteils.

Ist die Mutter alleinerziehend und versucht, die Rolle des Vaters mitzuübernehmen, sind die Auswirkungen für das Kind gleichermassen schwierig, da es eine Veranlagung dazu mitbringt, Fühlen und Handeln nicht auseinanderhalten und koordinieren zu können und es Vorbilder in Form klarer Eltern- und Geschlechtsrollen bräuchte, um für sich selbst Klarheit zu schaffen.

Welche Situation sich für das Kind daraus ergibt, wird im folgenden Abschnitt beschrieben.

4. Zusammenfassung der wesentlichen Eigenschaften

Problematische Seite: Handlungslähmung im Wechsel mit unkontrollierter Hyperaktivität – kein wirklicher Zugang zu den eigenen Gefühlen – Unklarheit über die sexuelle Identität – Neigung zu Partnern, die eine Elternrolle übernehmen.

Meist ist es ein wenig bewusster Vorgang, wenn die Eltern die Rollen tauschen. Die Übernahme von Aufgaben und Verhaltensweisen, die eigentlich für das jeweils andere Geschlecht und dessen Elternrolle charakteristisch sind, erfolgen wie selbstverständlich, weil sie sich aus dem Naturell von Vater und Mutter ergeben.

Es muss nicht unbedingt ein Problem darin liegen, wenn der Vater der Weichere, Emotionalere ist, bei dem sich das Kind Verständnis, Wärme und Anlehnung holt, und die Mutter tatkräftig die Angelegenheiten der Familie oder auch ihre materielle Versorgung leitet. Schaut man ins Tierreich, gibt es Arten, die sich, was das Aufziehen der Jungen angeht, sämtliche Aufgaben gerecht teilen. Die Königspinguine zum Beispiel wechseln sich darin ab, wer auf dem Ei sitzt und brütet beziehungsweise wer die Küken beaufsichtigt und wer Nahrung holt.

Findet in einer Familie eine Rollenaufteilung statt, die übergreifend ist, das heisst, Mann und Frau kümmern sich abwechselnd oder gemeinsam um die gleichen Themen, kann das für das Kind richtungsweisend sein und ihm vermitteln, dass die traditionelle Geschlechterzuordnung nicht die einzige Möglichkeit ist, das Leben zu bewältigen. Gleichzeitig lernt es zu erkennen, dass im Mann auch Weibliches und in der Frau auch Männliches vorhanden ist, das in irgendeiner Form um der Ganzheit willen gelebt werden muss.

Wer jedoch eine Sonne/Mond-Verbindung im Horoskop hat, für den sind mütterliche Verhaltensweisen am Vater und väterliche an der Mutter ein Problem, das zu Verwirrung und Schwierigkeiten bei der Frage führt, womit man sich selbst identifizieren und was man ausdrücken und leben möchte. Bei dieser Konstellation vermischen sich die Bewertungskriterien darüber, was man gut findet und was man ablehnt, was man angenehm und schön findet und was abstossend ist. Obwohl diese Aussage klingt, als seien die Betreffenden weise oder gar erleuchtet nach dem Motto «alles ist eines», sollte man sich nicht darüber täuschen, dass es sich hier nicht so sehr darum handelt, dass man sich über die Gegensätze erhoben hat und ihre letztendliche Einheit erkannt hat, sondern um eine chaotische Situation, in der sowohl die Empfindungen als auch die Fähigkeit zum Handeln lauwarm und verschwommen sind.

Anders ausgedrückt, wissen die Betreffenden nicht so recht, was sie mögen und was nicht, und das auch besonders auf sexuellem Gebiet, und wenn sie dann etwas ausprobieren, kann die Unentschiedenheit sehr schnell in Abwehr und Ekel kippen. Zwar gibt es auch Phasen der Begeisterung, doch keine hält lange an, und letztlich ist man wie eine Raupe in ihrem Kokon: noch nicht richtig geformt, aber mit allem versehen, was dazu nötig wäre.

Ein wichtiger Aspekt von Sonne/Mond liegt darin, dass sich zwei Prinzipien vereinen, die so gegensätzlich sind, wie die positiv und negativ geladenen Enden eines Stromkabels. Kommen sie zusammen, gibt es einen Kurzschluss, und statt dass Energie fliesst, bricht alles zusammen. Ähnlich verhält es sich mit diesen Menschen: nur ein Pol, entweder der aktive oder der passive kann funktionieren, nicht beide gleichzeitig. In der Folge sind sie entweder imstande, in sich hineinzulauschen und zu empfinden, was sie wollen und brauchen, können es dann aber nicht verwirklichen, oder sie strömen über vor Energie und Aktivität, diese aber basieren nicht auf einem gewachsenen, wirklich gefühlten Empfinden. Es sind ziellose Handlungen, die um ihrer selbst willen geschehen, weil man froh ist, überhaupt einmal etwas tun zu können anstatt sich wie gelähmt zu fühlen.

Eigentümliche Stimmungen beherrschen die emotionale Situation vor allem von Neumond-Geborenen. Ihr lunares, wechselhaftes Temperament schwankt von Depressionen zu Hochphasen, von Kränklichkeit und Schwächeanfällen zu Energieschüben. Sonne/Mond-Verbindungen stellen ein hohes Mass an Kreativität zur Verfügung, das aber, was seine Umsetzung angeht, blockiert ist. Diese

Blockade äussert sich zum Beispiel bei einer Malerin darin, dass sie Zeiten hat, in denen sie vor Ideen überfliesst, ihr aber nichts gelingen will, wenn sie den Pinsel in die Hand nimmt, und Zeiten, wo sie sich vital und lebendig fühlt, Lust hat, aktiv zu sein, aber die kreativen Bilder nicht fliessen.

Eine wichtige Aufgabe des Menschen ist es, Identitäten zu formen, aus denen sich dann seine Gesamtidentität für dieses Leben ergibt, die zwar auch immer wieder hinterfragt werden sollte, die aber seine Richtschnur in diesem Leben ist. Dazu gehört auch die sexuelle Identität und die Klärung der Frage, ob wir hier aktiv oder passiv sein wollen, was wir mögen und was uns abstösst und ob wir Erfüllung mit Männern oder Frauen finden. Da die Rollenverteilung der Eltern nicht der Norm entsprach, entspricht auch das sexuelle und erotische Empfinden des Kindes nicht der Norm. Es ist den Umgang mit männlichen Frauen und sanften Männern gewöhnt hat nie so recht erfahren, wo es denn nun selbst steht.

Übertragen auf spätere sexuelle Präferenzen können sich hier die Neigung zu Bi- oder Homosexualität ergeben, da das eigene Geschlecht gleichermassen als erotisch oder auch unerotisch wie das gegengeschlechtliche erlebt wird. Diese Aussage muss richtig verstanden werden: es geht hier nicht um eine Abwertung dieser Form der Sexualität, sondern darum, dass sie aus einer inneren Desorientierung heraus entsteht. Sie ist weniger echter, geschlechtlicher Antrieb als ein Mangel an Eindeutigkeit, wo man selbst hingehört und hingehören möchte, als Ausdruck einer stimmigen Entscheidung.

In manchen Fällen kann diese Konstellation nach aussen projiziert werden, zum Beispiel wenn man mit dem anderen Geschlecht als Kind belastende Erfahrungen gemacht hat. Eine Frau, die gelernt hat, Männer zu fürchten, kann mit einer Sonne/Mond-Verbindung in ihrem Horoskop Interesse für bisexuelle Männer entwickeln, da sie sozusagen «keine richtigen Männern» sind und damit die Angst minimiert wird, zumindest in den Vorstellungen dieser Frau.

Die andere Variante ist, dem Partner eine Elternrolle zuzuschreiben beziehungsweise sich einen Partner zu suchen, der eine solche Rolle übernehmen mag. «Da hätt' ich ein Weib und ein Kind zugleich», singt Hans Sachs in Richard Wagners *Meistersingern,* als er sich in das viel jüngere Evchen verliebt hat. Ehen und Beziehungen dieser Art sind immer symbiotisch, da einer die Mutter oder den Vater spielt und der andere das Kind, das immer unerwachsen bleiben darf, das gelegentlich ein wenig pubertiert, aber das genau weiss, ohne Mama oder Papa geht es nicht. Diese Einstellung geht in der Regel auf Kosten der Sexualität, bei der zumindest einer der beiden Probleme hat. Ausser wenn inzestuöse Phantasien vorhanden sind, geht man eben nicht mit seiner Mutter oder seinem Vater ins Bett. Soll die Sexualität gelebt werden, muss erst die Bereitschaft dazu bestehen, die Mutter- beziehungsweise Vaterprojektion zurückzunehmen einschliesslich des Akzeptierens der Tatsache, dass sich daraus unbequeme Folgen ergeben können.

Während die bisher genannten Entsprechungen vor allem für die Positionen der Sonne in Haus 4, des Mondes in Haus 5 und die Neumondkonstellation gelten, haben das Sonne/Mond-Quadrat und in schwächerem Umfang auch die Opposition zusätzliche eigene Aussagen. Hier ist es schwierig, Fühlen und Handeln, Wollen und Tun sinnvoll zu vereinen. Die Betreffenden neigen dazu, etwas zu tun, das ihnen schadet oder das sie gar nicht wollten, denn sie sind nicht in der Lage zu sehen, was ihnen eigentlich liegen würde, und handeln deshalb entgegen den eigenen emotionalen Bedürfnissen. Immer wieder sind sie aufgefordert, sich selbst und ihr Tun zu hinterfragen, um ihre wirkliche innere Motivation zu entdecken.

Steht die Sonne in Haus 5 beziehungsweise der Mond in Haus 4, ist in erster Linie von einer starken Stellung des Prinzips auszugehen. Die Sonne in Haus 5 stellt, wenn sie nicht wesentlich verletzt ist, Vitalität, Handlungsfähigkeit und Spontaneität zur Verfügung, der Mond in Haus 4 einen guten Zugang zum eigenen Gefühlsleben.

Gleichzeitig aber besteht eine intensive Verbindung des Kindes mit dem jeweiligen Elternteil, was das Risiko einer Persönlichkeitsüberlagerung in sich birgt. So müssen Menschen mit der Sonne in Haus 5 erst die eigene Identität erforschen und sich von der des Vaters ablösen, und dies gilt auch für alle weiteren Personen, die in ihrem Leben eine Rolle spielen und deren Identität im Sinne von «was bin ich, und was will ich» sie übernehmen könnten. Analog gilt das gleiche für die Mutterbeziehung und übertragen auf entsprechende spätere Bezugspersonen.

Positive Seite: Verbindung zweier elementarer Gegensätze zu etwas Drittem – Kreativität – Intuition – visionäre Kraft – die Fähigkeit, Männliches und Weibliches gleichzeitig in ihrer Natur zu erfahren.

Wie im Hexagramm 38 des chinesischen Orakelbuchs *I Ging,* «Der Widerspruch, der Gegensatz» aufgezeigt, kann sich aus Gegensätzlichem etwas Neues entwickeln, eine neue Form, die die Gegensätze vereint und etwas Drittes schafft.

Richard Wilhelm schreibt dazu in seiner Auslegung des Hexagramms: «Wenn die Menschen in Gegensatz und Entfremdung leben, so lässt sich ein grosses Werk nicht ausführen. Die Gesinnungen gehen zu weit auseinander. Vor allem darf man nicht schroff vorgehen, wodurch der Gegensatz noch verschärft würde, sondern muss sich auf allmähliche Wirkungen im kleinen beschränken. Hier ist noch Heil zu erwarten, da die Lage so ist, dass der Gegensatz nicht jede Verständigung ausschliesst.

Der Gegensatz, der im allgemeinen als Hemmung erscheint, hat als polarer Gegensatz innerhalb eines umfassenden Ganzen auch seine guten und wichtigen Funktionen.»[2]

Überträgt man die hier angesprochene Situation zwischen Menschen auf Gegensätze wie hell und dunkel, schön und hässlich, gut und böse oder auch auf die Gegensätzlichkeit von Mond (Fühlen) und Sonne (Handeln), dann ergibt sich, dass das eine zwar das andere auszuschliessen scheint – wir können zum Beispiel nicht passiv und aktiv gleichzeitig sein –, sich diese Pole aber auch ergänzen und das Wechselspiel des Lebens ausmachen. Nur durch diese Gegensätze können wir die Welt überhaupt erfahren. Wir wissen nur, was Glück ist, weil wir den Unterschied zum Leid feststellen. Ist beides gleichzeitig vorhanden, kommt es zu einer

Pattsituation – wir können nicht fühlen, was in uns ist und es im selben Augenblick auch entäussern. Das eine ist ein introvertierter Vorgang, bei dem es um Geschehenlassen geht, das andere ein aktiver, dem die Überlegung und innere Gewissheit schon vorausgegangen sein sollte.

Da die Verbindung von Sonne und Mond das Samenkorn, die Urform aller Dinge, Vater und Mutter und damit das Zeugende und Gebärende symbolisiert, ist sie, wenn sie positiv gelebt wird, ein Quell besonderer Schöpferkraft. Wichtig ist, dass die Betreffenden «nicht schroff vorgehen», sondern sich ganz ihrem Rhythmus und ihren Möglichkeiten anpassen. Gelingt ihnen die Gratwanderung, die darin besteht, Fühlen und Handeln zu harmonisieren, sind sie ungewöhnlich kreativ, oft visionär und intuitiv. Sie haben ein Gefühl für das Kommende, sind gut im Bestimmen von Trends, als Firmenberater oder als freischaffende Künstler.

Mehr als jeder andere Mensch können sie das Männliche an sich ebenso wie das Weibliche an sich erfühlen. Sie haben einen elementaren Bezug zu diesen beiden Grundkräften des Lebens, zu ihrer Bedeutung und ihrem Wechselspiel.

Bei der Konjunktion beider Planeten (Neumond) ergibt sich eine ungewöhnlich starke Betonung eines astrologischen Hauses und damit eines bestimmten Lebensbereiches. Das kann bedeuten, dass dieser Lebensbereich besonders problematisch ist, wenn die weiter oben genannten Entsprechungen zutreffen, aber auch, dass eine besondere Gabe, ein Talent auf diesem Gebiet vorhanden ist. Durch die enorme Konzentration der sogenannten «Lichter», also der Planeten, die die Basis des Horoskops darstellen, auf ein Gebiet können hier Kräfte freigesetzt werden, die aussergewöhnlich und besonders schöpferisch sind.

Insgesamt ist die Kombination von Sonne und Mond so vielschichtig, dass wir kaum behaupten können, sie in ihrem vollen Umfang erfasst zu haben. Mit Sicherheit wird sich weiteres Wissen darüber ergeben, sei es nun hinsichtlich ihrer schwierigen wie ihrer ungewöhnlichen Seiten.

[1] Romantitel von Stefan Zweig
[2] Richard Wilhelm, *I Ging, Das Buch der Wandlungen.*

DIE MERKUR-KONSTELLATIONEN

Die Bedeutung des Merkur im Horoskop wurde in der klassischen Astrologie weitgehend unterschätzt. Er wurde als freundlicher, neutraler Planet aufgefasst, dem die Kommunikation und alle Verbindungswege unterstanden.

Tatsächlich jedoch ist er der Faktor im Geburtsbild, der darüber entscheidet, wie wir das, was wir sehen (Mond), interpretieren und wie wir auf Grund dieser Interpretation glauben, handeln zu müssen (Sonne).

Immer wieder wurde in Artikeln, Vorträgen und Büchern darauf eingegangen, wie wichtig unsere individuelle Wahrnehmung der Welt ist (siehe auch das Kapitel «Wirklichkeit – Was ist das?» in diesem Buch). Das Wahrgenomme ist jedoch nur ein Teilbereich dessen, was unsere Persönlichkeit ausmacht. Man könnte sagen, dass sowohl der Mond als auch Merkur eine Einengung der Wahrnehmung der Realität, wie sie in ihrer Ganzheit ist, bedeuten: der Mond beschränkt uns auf den Ausschnitt der Welt, für den wir empfänglich sind, während andere Bereiche unserer Aufmerksamkeit entgehen, und Merkur beschreibt, welche Bedeutung wir dem Gesehenen beimessen.

Trotzdem besitzen die Merkur-Konstellationen insgesamt nicht gleiche Brisanz in Bezug auf Elternthemen wie andere Planetenverbindungen. Sie sind vor allem im Rahmen des Gesamtpersönlichkeitsbildes wichtig und dann im Zusammenhang mit den Mond- und Sonnekonstellationen zu deuten.

Charakteristische Worte für Merkur sind: Intelligenz, Denken, Intellekt, Geschicklichkeit, Beweglichkeit, Fähigkeit zur Koordination, Flexibilität, rasche Auffassungsgabe, Vermittlung, Kommunikation, Mitteilung, Sprache und Schrift; Handel; Opportunismus, Betrug, Lüge, Lavieren;

MOND / MERKUR

MAN KANN AUCH DIE SPRACHE FÜR DAS ERWACHEN NUTZEN.
WIR KÖNNEN ACHTSAM DEM GEGENÜBER SEIN,
WAS UNSERE WORTE BEWIRKEN, WAS UNSERE MOTIVATION
BEIM REDEN IST UND WIE WIR UNS DABEI FÜHLEN.
Joseph Goldstein / Jack Kornfield

Diese Konstellation gilt für: Merkur in Haus 4, Mond in den Häusern 3 und 6, Herrscher von Haus 3 in Haus 4, Herrscher von Haus 6 in Haus 4, Herrscher von Haus 4 in Haus 3, Herrscher von Haus 4 in Haus 6, Merkur / Konjunktion / Spiegelpunkt / Quadrat zur Hausspitze 4, Mond Konjunktion / Spiegelpunkt / Quadrat zu den Hausspitzen 3 und 6, Mond im Aspekt zu Merkur (Konjunktion, Spiegelpunkt, Quadrat, Opposition; Trigone und Sextile sind wesentlich schwächer zu bewerten); Mond in Zwillinge und in Jungfrau.

1. Mutter bevorzugt Worte, Intelligenz und Wissen

Wenn Mond und Merkur zusammenkommen, vereinigen sich Gefühl und Verstand, Empfinden und Denken. Diese Verbindung kann harmonisch ausfallen oder so, dass sich die beiden Elemente gegenseitig blockieren.

Ist das Bild der Mutter an Merkur gebunden, ist sie weniger der mütterliche, Geborgenheit gebende Typus, sondern eine Frau, die Worte und den Verstand als vorrangige Instrumente der Lebensstrategie benutzt. Alle Situationen, die Gefühl und ein In-sich-Hineinlauschen und -spüren erfordern würden, werden lieber auf analytische Weise gelöst. Man spricht über das, was einen beschäftigt, und zwar so lange, bis einem Problem die Brisanz genommen ist.

Worte bieten die Möglichkeit zu Erklärungen, Erklärungen wiederum die Gelegenheit zu Entschuldigungen, weil man ja versteht, warum jemand wie handelte, warum etwas wie geschah. Menschen mit einer Mond/Merkur-Konstellation leben vor allem in ihrem Kopf. Ihre geistige Wendigkeit und die Freude am Spiel mit den Worten sowie eine sprachliche Gewandtheit sind nicht nur Qualitäten, auf die man stolz sein kann, sondern auch Fluchtwege zur Vermeidung von Schmerz und der Konfrontation mit Wahrheiten.

Mond/Merkur-Mütter schaffen eine familiäre Atmosphäre der Kultiviertheit, in der es wichtiger ist zu kommunzieren als Gefühle zu zeigen und auszutauschen, wichtiger, sich möglichst perfekt zu artikulieren und alles intellektuell zu begreifen, als sich den Auswirkungen auszusetzen, die Erfahrungen in unserer Seele auslösen könnten. Auch Körperkontakt, streicheln, in den Arm nehmen, sind Dinge, die ihr wenig liegen. Kontakt wird über den Intellekt und die Sprache hergestellt, was den Vorteil hat, dass man alles über die Art, wie es formuliert wird, steuern kann. Worte sind Objekte, die ebensosehr Distanz schaffen, wie sie uns verbinden können. Diese Verbindung entsteht jedoch nur, wenn hinter den Worten echtes Gefühl steht.

Anders ausgedrückt, bereitet das Fühlen den Mond/Merkur-Geborenen Angst. Die Mutter selbst hat in ihrer Kindheit nicht gelernt, sich mit dem Unfassbaren, ständig sich Verändernden auseinanderzusetzen, das Gefühle nun einmal sind, und unbewusst weicht sie ihnen aus. Tiefere Ursache dafür ist meist, dass das Kind und ebenso seine Mutter, als sie Kind war, sich eigentlich nicht wirklich geliebt, nicht wirklich emotional angenommen fühlten. Die Eltern, und hier vor allem die Mutter, waren zu sehr mit anderem beschäftigt, mit Interessen, mit Aufgaben, mit ihrer Arbeit, um Herzlichkeit aufkommen zu lassen. Ihre eigene innere Unruhe und Nervosität, das Bedürfnis sich und vor allem ihren Geist immer mit etwas beschäftigt zu halten, verhindern emotionale Nähe und ein Sich-Einlassen auf den anderen.

Diese Verhaltensweise wird oft von Generation zu Generation weitergegeben, weil die in ihren Tätigkeiten und in ihrem Intellekt wurzelnde Mutter ihrem Kind jeweils wieder als Modell für die eigene Lebensbewältigung dient und weil Denken und Sprechen adäquate Mittel zu sein scheinen, um die Einsamkeit zu überdecken, die aus dem Desinteresse oder dem inneren Zwang der Mutter beziehungsweise der Eltern entsteht, immer aktiv sein zu müssen.

Liebe, Zuneigung, Wertschätzung werden in einer solchen Familie mehr über Worte ausgedrückt als über Taten. Die innere Distanz, die die Mutter zu dem Kind und zu allem einhält, was mit Gefühlen zu tun haben könnte, erzeugt in dem Sohn oder der Tochter das Empfinden, alles sei ein bisschen Theater. Es spürt sehr genau, was nur Worte sind, und was echtes Mitempfinden, echtes Beteiligtsein ist. Da diese Erkenntnis jedoch zu sehr schmerzt, bietet sich auch hier wieder Mutters Strategie an: Denke nach, und finde für alles eine Erklärung.

Solange ein Kind begründen kann, warum die Eltern und vor allem die Mutter keine Zeit haben, warum es nie geküsst und umarmt wird, warum zu Hause ständig Leute aus- und eingehen und so nie eine intime Atmosphäre entsteht, tut es weniger weh. «Mutter muss arbeiten, sonst haben wir nicht genug Geld», wird ein solches Kind sich sagen, und zwar unabhängig davon, wie gross die Notwendigkeit wirklich ist.

Familien und Eltern-Kind-Beziehungen, die auf diesem Fundament aufgebaut sind, funktionieren meistens relativ reibungslos, zumindest, was die äussere Ebene angeht. Konflikte werden vermieden, man spricht viel, aber nicht über «des Pudels Kern», die Verpflichtung zur Harmonie, zu vernünftigem Verhalten und zu einem frühen Erwachsensein ist gross. Mond/Merkur-Kinder sind häufig altklug, kleine Erwachsene, die das Leben in ihrem Kopf, selten nur in ihrem Bauch bewegen. Sie lernen bald, dass Wissen eine Form von Macht darstellt[1] und können sich gar nicht genug davon aneignen. Dafür zumindest werden sie gelobt und anerkannt, damit können sie zurechtkommen und meist macht es ihnen auch selbst Freude, ihre Gedanken spielen zu lassen. Immer geht mit der Neigung, den Kopf zu bevorzugen und Gefühle hintenanzustellen, auch eine Ablehnung des Physischen einher. Mond/Merkur-Müttern fällt es nicht leicht, sich mit Windeln und deren Inhalt zu beschäftigen, und je früher das Kind in der Lage ist, sich hier selbst zu helfen, desto lieber ist es ihnen. In der Folge lernt ein Kind, seine Körperfunktionen als etwas Unangenehmes zu betrachten, das Widerwillen erzeugt und über das man am besten nicht spricht. Solche Mütter erklären ihren Töchtern: «Ein Mann muss das mit der Periode ja nicht so mitbekommen», und ihren Söhnen: «Sei so reinlich wie möglich, Sauberkeit ist eine Zier», und ähnliches mehr.

2. DAS BRAVE KIND

Mond/Merkur-Mütter bringen ihren Kindern bei, dass es wichtig ist, nicht über die Stränge zu schlagen, vernünftig, brav und möglichst angepasst zu sein (bes. wenn das 6. Haus beteiligt ist). Die im ersten oder in den folgenden Abschnitten genannten Themen können ausserdem zutreffen, in diesem Fall jedoch liegt die Betonung auf dem mehr oder weniger massiv ausgedrückten Wunsch der Mutter nach unauffälligem Verhalten bei ihrem Kind.

Sie hat Leitsprüche wie: «Bescheidenheit ist eine Zier», «Sei immer brav und redlich», und ähnliche mehr, und sie nimmt sich betont zurück, manchmal, weil sie wirklich glaubt, es sei ihre Aufgabe, so zu sein, auch, weil sie selbst sich nicht traut, Ansprüche zu stellen, und gelegentlich auch, weil sie in ihrer Unaufdringlichkeit indirekt sehr viel Einfluss auf ihre Umgebung nehmen kann.

Ihr Kind aber lernt, den spontanen Ausdruck seiner Gefühle und Bedürfnisse, seiner Meinung oder gar von Wut und Zorn zu reglementieren und zurückzuhalten. Bevor es etwas tut, wird es sich erst überlegen, wie seine Mutter beziehungsweise allgemein die Umwelt darauf reagieren könnten. Dahinter steht die Furcht vor Strafe, die je nach Eigenart der Mutter (aufzufinden über zusätzliche Konstellationen) unterschiedlich ausfallen wird: Sie ist beleidigt, zieht sich von ihrem Kind zurück, schimpft oder droht, sie verhängt Taschengeldentzug oder Hausarrest, oder das Kind wird vom Tisch verwiesen, sobald es sich «unpassend» äussert.

Als Folge entsteht in der Psyche des Sohnes oder der Tochter ein Gefühl der Einschränkung, als ob die ganze Welt nur dazu da wäre, ihr zu Willen zu sein. Manche der Betroffenen gehen den Weg der sogenannten «Identifikation mit dem Aggressor», das heisst, sie geben den Druck als Erwachsene an ihre eigenen Kinder oder an Partner und Untergebene weiter. Andere verinnerlichen die Stimme, die Anpassung und Anspruchslosigkeit von ihnen fordert, und leben ein Leben der Resignation, allerdings nicht ohne nach jenen zu schielen, die sich mehr Freiraum und Selbstverwirklichung gönnen.

3. ZAHLREICHE UMZÜGE IN DER KINDHEIT – KAUM ZU ÜBERBLICKENDE VERWANDTSCHAFTSBEZIEHUNGEN UND EIN GROSSER BEKANNTENKREIS – ERZIEHUNG DURCH PERSONAL

Die geringe emotionale Verwurzelung von Mond/Merkur-Geborenen kann auch auf eine sich ständig verändernde Umgebung zurückzuführen sein. Entweder zwingt der Beruf des Vaters zu ständigen Umzügen, oder andere Faktoren bewegen die Familie dazu, sich immer wieder ein neues Zuhause zu suchen, das jedoch kein richtiges Zuhause wird.

Da man nie wirklich länger an einem Ort verweilt, können sich emotionale Bindungen nicht etablieren. Freundschaften werden schon unter der Voraussetzung ihrer baldigen Beendigung eingegangen, und selbst wenn man beabsichtigt, sie auch nach dem Wegzug aufrechtzuerhalten, lösen sie sich meist einfach auf, werden substanzlos, weil ihnen zum einen die Zeit fehlte, um Substanz zu bilden, und weil die Entfernung gemeinsame, verbindende Erfahrungen unmöglich macht. Diesen Weg gehen zum Beispiel Kinder sogenannter «Expatriates», von Leuten, die durch ihren Beruf von einem Land zum anderen ziehen, dort oft eine hohe soziale Stellung innehaben, Kontakte jedoch auf gesellschaftliche Beziehungen beschränkt sind. Man lernt, mit jedem zu können, nicht mit unliebsamen

Wahrheiten herauszurücken und geschmeidig und diplomatisch Konversation zu machen.

Sich auf einen Menschen einlassen, ihm seelisch nahesein, verlangt, dass wir eine Kontinuität zu ihm aufbauen können, und hier spielt der Faktor Zeit eine ausschlaggebende Rolle. Mond/Merkur-Kinder haben nicht die Zeit, sich auf eine bestimmte Person oder einige Personen wirklich einzustellen. Wer immer dafür in Frage käme, ist nur punktuell vorhanden und so schnell wieder entschwunden, wie er gekommen ist. Darunter fällt die Erziehung durch Personal, vor allem wenn dies nicht die langjährigen, die ganze Kindheit begleitenden Ersatzmütter sind, sondern wechselnde Arbeitskräfte, oder der Aufenthalt bei dieser oder jener Tante, den Grosseltern, einer Schwägerin.

Kinder, die ihr frühes Leben in einem ständig wechselnden Umfeld verbringen, lernen eine «Leichtigkeit des Seins», die jedoch bei näherem Betrachten schmerzlich die seelische Tiefe und Geborgenheit missen lässt.

4. Das Vorzeigekind

Gerne präsentieren Mond/Merkur-Mütter ihre Sprösslinge. Sie sollen dann adrett und artig, klug und höflich wirken und möglichst keine Spuren vom Sandkasten mehr tragen (bes. bei Herrscher von Haus 4 in Haus 3). Man macht Staat mit den Kindern, ist stolz auf sie, doch dieser Stolz beruft sich mehr auf die anerkennenden Äusserungen der Umwelt als auf das Kind selbst.

Auch hier finden Kinder Gründe und Entschuldigungen, und sie lernen es zu geniessen, wenn man sie wahrnimmt. Manche erfinden Posen und Gesten, üben eine besondere Sprechweise, arbeiten instinktiv an der Art, wie sie sich geben, bis diese angenehm und konfliktfrei wird.

Statt dessen, was wir eine «Persönlichkeit» nennen und was immer bedingt, dass ein Mensch Ecken und Kanten hat, die für ihn charakteristisch sind und an denen sich die Umwelt auch einmal reiben muss, bewirkt Merkur eine bestimmte elegante Glätte, eine Unanfechtbarkeit. Schnelles Reagieren und Anpassen an jede Lebenslage ist gefragt, und Langsamkeit oder gar Inflexibilität kann man sich nicht leisten.

5. Zusammenfassung der wesentlichen Eigenschaften

Problematische Seite: Unterdrückung des Gefühls – Mangel an emotionaler Bindungsfähigkeit – Einsamkeit wird durch Reden, Lesen, Aktivitäten übertüncht – Opportunismus.

Würde man Mond/Merkur positiv formulieren, hiesse das, über Gefühle reden. Leider ist die Gleichzeitigkeit von Fühlen und Denken für die meisten Menschen schwierig, und deshalb geht im Normalfall das eine auf Kosten des anderen.

Diese Menschen leugnen jede Angst durch geistige Betätigung. Sobald schwer zu ertragende Emotionen hochkommen, flüchten sie sich in Worte und Erklärungen, sie verdrängen Gefühle der Einsamkeit, des Unverstandenseins und diskutieren sie freundlich weg. Weil diese Gefühle aber nun einmal vorhanden sind, gleich ob man so tut, als ob es sie nicht gäbe, entsteht eine tiefe innere Unruhe und Nervosität, eine Zappeligkeit, die sich gelegentlich auch über Atembeschwerden manifestiert und die man unter Kontrolle zu halten versucht, indem man spricht und in Bewegung bleibt.

Sprache und körperlicher Selbstausdruck sind die Mittel, mit denen ein Gefühl von Lebendigkeit erzeugt wird, doch die Gefahr der Sprache lässt sich in dem Satz aus Goethes Faust zusammenfassen: «Es glaubt der Mensch, wenn er nur Worte hört, es müsse sich dabei auch etwas denken lassen.» Das Achten auf Mimik, Gestik, Sprechweise und Bewegungen wiederum wird zum leeren Selbstzweck, wenn nicht echte Empfindungen dahinter stehen, sondern wenn es vor allem um die Frage geht, wie man bei anderen damit ankommt.

Während das äussere Auftreten eine gewisse Glätte aufweist und die Fähigkeit zur schnellen Anpassung an Situationen bei den Betreffenden gross ist, fühlen sie doch in sich eine Leere, die von Zeit zu Zeit erschreckend hochkriecht. In den Phasen, in denen alle Verdrängungsstrategien nicht mehr helfen, werden sie sich bewusst, dass in ihrem Leben Wärme, Geborgenheit, physische Nähe, Annehmen dessen, wie man nun einmal vor allem körperlich ist, Annehmen von Schweiss und Menstruation, von Altern und Tod, von emotionalen Bedürfnissen und der Sehnsucht nach Liebe kaum Platz haben. Weil ihre Mutter nicht in der Lage war, ihnen zu zeigen, wie man mit all diesen Themen so umgehen könnte, dass sich Erfüllung und Ausgeglichenheit einstellen, sind Mond/Merkur-Geborene auch nicht in der Lage, sich diese Dinge selbst zu erlauben und zu geben oder auch nur sie anzunehmen, wenn einmal die Möglichkeit dazu besteht. Der Mangel an echter Liebe sich selbst gegenüber hat oft Schüchternheit zur Folge (bes. Herrscher von Haus 3 in Haus 4), die darauf zurückzuführen ist, dass man nicht glauben kann, andere würden einen interessanter und liebenswerter finden, als man das selbst tut.

Die einmal eingeübte Verhaltensstruktur, gefühlsmässig auf Distanz zu bleiben, wird auch im späteren Leben fortgeführt und wirkt sich in Beziehungen zu Partnern, Freunden, zu den eigenen Kindern aus. Legt die Mutter viel Wert darauf, ihr Kind vorzeigen zu können, entwickelt sich eine gewisse Eitelkeit und Selbstverliebtheit, der Blick in den Spiegel wird zur Ersatzbestätigung.

Das Einüben einer emotional neutralen Haltung kann auch zu einer Neutralität im sexuellen Geschmack führen. Man liebt dann als Mann nicht unbedingt das Weibliche, das ja einen klaren Gegenpol darstellt, und als Frau nicht unbedingt das Männliche. Die anlagebedingten Tendenzen zu Homosexualität werden durch die frühe Kindheitssituation zementiert. Damit soll nicht gesagt werden, dass eine Mond/Merkur-Verbindung zwangsläufig Homosexualität ausdrückt, sondern nur, dass Merkur-Konstellationen eine Rolle spielen können.

Kritisch kann die Tendenz zum Übervernünftigen, Rationalen werden (besonders Mond in Jungfrau, Herrscher von Haus 4 in Haus 6 oder von Haus 6 in Haus 4). Empfindungen werden auf ihre Brauchbarkeit und vor allem auf Konsequenzen hin untersucht und nur zugelassen, wenn sie angemessen erscheinen. Die Betreffenden sind dann stolz auf ihren realistischen Blick für die Dinge, auf ihre Nüchternheit. Sie halten romantischere Gemüter für lebensuntüchtig und eines ihrer wichtigsten Ziele ist es, geschickt auf alle Anforderungen zu reagieren. Dieses Bedürfnis kann sich zu einem Opportunismus ausweiten, bei dem Ethik als unklug, Anpassung als Schlauheit interpretiert wird.

Das Leben von Mond/Merkur-Geborenen ist in eine Scheinharmonie eingehüllt wie eine Raupe in einen Kokon. Kaum eine andere Planetenverbindung hat so sehr die Fähigkeit, leicht und locker über unliebsame Wahrheiten, schmerzhafte Stellen und notwendige Erkenntnisse einschliesslich der daran geknüpften Konsequenzen hinwegzugehen.

Bricht einmal der Damm der intellektuellen Kontrolle, strömt ein Redefluss, der kaum mehr enden will. Alles, was so lange ungesagt blieb, alle Schmerzen, aber auch enthusiastischen Gefühle, die im Sinne der unemotionalen, Neutralität bevorzugenden Erziehung zurückgehalten wurden, dringen hervor. Manche Mond/Merkur-Geborenen schaffen sich ein Ventil über das Tagebuchschreiben. Wenn ihnen aber jemand in Phasen zuhört, in denen sie sich öffnen, schenkt er ihnen einen Augenblick echter Selbstwahrnehmung und des Sichfühlens.

Positive Seite: Sprachliche und schriftstellerische Begabung – leichter Gedankenfluss – analytische Fähigkeit – Eleganz, Diplomatie – die Kunst des Vermittelns.
Im Vergleich zu anderen Planetenkonstellationen ist die Verbindung von Mond und Merkur nicht als so brisant anzusehen, obwohl auch hier, wie oben ausgeführt, problematische Entsprechungen zu finden sind, die gelegentlich ziemliche Ausmasse annehmen können. In diesen Fällen spielen allerdings meist zusätzliche Konstellationen eine Rolle.

Eine der schönsten Gaben dieser Menschen ist ihre Fähigkeit, die Sprache in Wort und Schrift elegant, präzise wie ein Uhrwerk und vollkommen zu benützen. Federleicht ist bei günstiger Konstellation der Ausdruck, und nur bei Mond/Merkur-Quadraten oder starken Verletzungen eines der beiden Planeten (zusätzliche schwierige Aspekte der äusseren Planeten), kann es zu Problemen im Verbalen kommen, vor allem zu Missverständnissen oder einer unglücklichen Ausdrucksweise, die in jedem sich bietenden Fettnäpfchen landet. Für alles finden sie das richtige Wort, und Worte sind das «Sesam öffne dich», der Schlüssel zur Welt und ihrer Bedeutung für sie. Die Welt ist Klang, und der Klang von Worten und die damit verbundenen Assoziationen machen sie lebendig.

Hervorstechend ist auch der Wissensdurst von Mond/Merkur-Geborenen. Ihre Interessen sind vielseitig, und ihre Neugier kann sich auf alles richten. Sie sind in der Lage, problemlos Zusammenhänge zu analysieren, Details zu bemerken, die andere übersehen, und sich ein Bild zu machen.

Sie sind Meister der Konversation, des Vermittelns zwischen unterschiedlichen Auffassungen und lieben es, Ecken und Kanten zu glätten. Die Gabe der Harmonie und des Ausgleichs macht sie zu angenehmen Gesprächspartnern, lädt ein zu spannenden, aber konfliktfreien Diskussionen, zum Austausch von Gedankengut. In vielen Fällen haben sie eine natürliche Begabung für Repräsentation und den richtigen gesellschaftlichen Umgang mit Menschen. Sie wirken überzeugend und können sich gut «verkaufen».

Entwickelte Persönlichkeiten mit dieser Konstellation wissen, dass es nicht immer die beste Lösung ist, sich sofort und unmittelbar mit einem Problem auseinanderzusetzen. Sie treten einen Schritt zurück, warten, bis sich die Wogen geglättet haben. Diese Form der Verdrängung geschieht bewusst und ist eher der Versuch, sich selbst Zeit zum Durchatmen zu geben, um gestärkt an ein Thema herangehen zu können, statt sofort völlig aus den Fugen zu geraten oder grundsätzlich den Kopf in den Sand zu stecken. Zu gegebener Zeit setzen sie sich dann mit den Gedanken und Gefühlen auseinander, die sie in einer bestimmten Situation hatten, und auch mit denen anderer Beteiligter. Sie versuchen kreativ mit den Informationen umzugehen, die in einer Erfahrung stecken, sie zu verarbeiten und daraus für die Zukunft zu lernen.

Die höchste Aufforderung ist jedoch die zur bewussten Lebensführung hinsichtlich allem, was den Selbstausdruck, vor allem in Rede und Schrift, angeht. Es geht um die Frage, wie bewusst wir die Energie unserer Worte benutzen, um das, was der Buddhismus als die «vollkommene Rede» bezeichnet. Hier wird Achtsamkeit gegenüber dem gefordert, was unsere Worte bewirken, Achtsamkeit auch beim Zuhören, Bewusstheit für die Motivation, die hinter unseren Worten steht. Mond/Merkur kann ein besonderes Gefühl dafür entwickeln, wie man verantwortlich, weise und zum rechten Zeitpunkt spricht.

SONNE/MERKUR

DIE LIEBE KANN MICH JEDERZEIT ABLENKEN –
ABER SCHLIESSLICH BIN ICH DANN DOCH GANZ VERSESSEN DARAUF,
WIEDER KREATIV ZU SEIN.
Gilda Radner

Diese Konstellation gilt für: Merkur in Haus 5, Sonne in den Häusern 3 und 6, Herrscher von Haus 3 in Haus 5, Herrscher von Haus 6 in Haus 5, Herrscher von Haus 5 in Haus 3, Herrscher von Haus 5 in Haus 6, Merkur / Konjunktion / Spiegelpunkt / Quadrat zur Hausspitze 5, Sonne Konjunktion / Spiegelpunkt / Quadrat zu den Hausspitzen 3 und 6, Sonne im Aspekt zu Merkur (Konjunktion, Spiegelpunkt, Quadrat, Opposition; Trigone und Sextile sind wesentlich schwächer zu bewerten).

1. Vater schätzt vor allem Intelligenz, Wissen und Gespräche

Der Vorteil von Sonne/Merkur-Vätern ist zugleich ihr Nachteil: Sie unterstützen ihr Kind, wann immer es um Fragen des Lernens, ein neues Hobby, ein neues Interessensgebiet geht, und man kann hervorragend mit ihnen diskutieren. Bleibt das Vater-Kind-Verhältnis jedoch auf dieser Ebene, kann sich ein Mangel an emotionaler Verbindung einstellen und das Kind lernt, dem Vater vor allem geistig, selten seelisch nahe zu sein.

Diese Väter wirken motivierend auf ihr Kind, sie sind ein Vorbild, was den korrekten und eleganten Gebrauch von Sprache und Schrift angeht, haben vielseitige Interessen, sind aktiv, beweglich, lieben oft sportliche Betätigungen. Sie wirken über lange Zeit jugendlich und manchmal entsprechen sie dem, was der Tiefenpsychologe C. G. Jung als den «puer aeternus», den ewigen Jüngling, bezeichnete: Sie werden nie richtig erwachsen, wollen am liebsten immer unverantwortlich und jungenhaft bleiben und entziehen sich so auch der Verantwortung dem Kind gegenüber, vor allem wenn es in Gefühlsnöten steckt.

Hat es jedoch ein mathematisches oder sprachliches Problem oder eines, das irgendeinem Wissensgebiet entspricht und das intellektuell gelöst werden kann, ist der Vater mit Freude dabei, wälzt Lexika oder versucht sich in Denksportaufgaben.

Da das Kind im Normalfall unbewusst eher von seiner Mutter erwartet, dass sie gefühlsbetont ist, als vom Vater, ist diese Verbindung weniger poblematisch als ihr Gegenpol Mond/Merkur. Trotzdem wird auch hier der betreffende Elternteil wieder zum Vorbild, diesmal weniger in bezug auf die Art, wie man innerlich mit Gefühlen umgeht, wie sehr oder wie wenig man sie zulässt, sondern hinsichtlich der Form, in der man sie ausdrückt. Sonne/Merkur-Väter lieben eine leichte, lockere, distanzierte Verhaltensweise bei ihrem Kind und sind peinlich berührt, wenn plötzlich Emotionen aus ihm herausbrechen. Ihre heile, konfliktfreie, von Rationalität getragene Welt stürzt ein, und sie sind aufgefordert, sich dort zurechtzufinden, wo sie sich am wenigsten auskennen und was sie am meisten fürchten: im undurchsichtigen Chaos menschlicher Gefühle, die sich von guten Worten nicht mehr beeindrucken lassen wollen.

2. Der Patriarch

Manche Sonne/Merkur-Väter sind würdige Familienoberhäupter, die mit Witz und Geist, aber auch mit einer selbstverständlichen Dominanz die Familie regieren und die eindeutig Unterordnung, Folgsamkeit und Vernunft in jeder Lage erwarten (besonders wenn das 6. Haus beteiligt ist).

Diese Väter sind wenig geduldig und schon gar nicht interessiert, wenn ihr Sprössling eine eigene, unabhängige Meinung äussern will, einmal ein bisschen vorlaut ist, ausprobieren möchte, wie weit er gehen kann. Auch spontanes Verhalten lieben sie nicht besonders, sondern fühlen sich schnell gereizt oder in Frage gestellt. Macht das Kind sich ein wenig zu sehr bemerkbar – zumindest nach den Vorstellungen des Vaters – folgt eine Strafe, die es beschämt und einschüchtert.

Diese Kinder lernen früh, sich mit allem zurückzuhalten, Dinge zu verschweigen, die nicht gut ankommen könnten, sich so zu geben, wie es erwünscht ist. Aus dieser Erziehung entsteht der geschickt lavierende Mensch, der immer auf der Suche nach der Lücke ist, durch die er hindurchschlüpfen kann, um doch noch zu bekommen oder zu tun, was er will, oder der Angepasste, der sich darauf beschränkt zu reagieren, statt zu agieren. Jedes Verhalten und jede Gefühlsäusserung werden erst auf ihre Folgen hin untersucht, bevor man sie sich gestattet. Die Lebensfreude und Vitalität werden damit automatisch minimiert, Kränklichkeit, selbstquälerische Tendenzen und Unzufriedenheit, gepaart mit einer Neigung zum «Meckern», stellen sich ein.

Eine Möglichkeit, diesen einschränkenden Vater zu bewältigen, der zu einer inneren Stimme auch im Erwachsenenalter wird, ist, selbst einmal ein solcher Vater, Ehemann oder Vorgesetzter zu werden. Letztlich bedeutet das jedoch nur, dass man den inneren Druck weitergibt, ohne ihn aufzuarbeiten oder sich selbst wirklich mehr Freiraum zu gönnen. Die meisten Betroffenen schwanken jedoch zwischen den Möglichkeiten: einmal sind sie laut und dominant, ein anderes Mal eilfertig, entgegenkommend und dienstbereit.

Je weniger dramatisch die Konstellation im Geburtsbild ist, desto mehr geht das Verhalten in Richtung einer Unauffälligkeit: Es kann glatt, konturlos, geschickt austariert an jeder Anforderung werden, oder das Einüben einer gewissen Selbstkontrolle und geistiger Distanz zu sich selbst führt, wenn der Vater ein gütiger Patriarch war, zu einer neutralen, vermittelnden Haltung, die von anderen Menschen als angenehm empfunden wird.

3. Das Vorzeigekind

Nicht nur Mütter, auch Väter sind gern stolz auf ihren Nachwuchs (besonders bei Herrscher von Haus 5 in Haus 3), und möchten sich ein wenig mit ihm brüsten. Manchen Vätern geht es wie den Müttern um die Frage des adretten Aussehens, sie sind begeistert von ihrem goldigen Töchterchen, das so hübsche Locken hat, die so schön frisiert sind, oder von ihrem Sohn, der so ein «richtiger Junge» geworden ist. Häufiger handelt es sich um den Stolz auf die intellektuellen Fähigkeiten des Kindes, auf Wissen, gute Noten, den frühen Gebrauch von Fremdwörtern. Konnte ein solcher Vater sich selbst nicht seinen Traum auf eine entsprechende schulische und berufliche Laufbahn erfüllen, wünscht er sich einen Akademiker in der Familie oder zumindest ein Kind, dessen Tätigkeit im anerkannt geistigen Bereich liegt.

Wenngleich die Bewunderung des Vaters und sein Stolz schmeicheln, fühlt sich das Kind doch emotional ein wenig zurückgesetzt. Es lernt zu überlegen, statt zu weinen, zu arbeiten, statt einfach einmal Unsinn zu machen. Diese Kinder neigen zu altklugem Reden, zu Vernünfteleien und sind vor allem dann zufrieden mit sich, wenn sie fleissig waren.

Gelegentlich wirkt sich Merkur auch in Richtung sportlicher Betätigung aus, und Vaters Stolz wird geweckt, wenn man ein prima Tennisspieler, Skiläufer oder Handballer ist.

4. ZUSAMMENFASSUNG DER WESENTLICHEN EIGENSCHAFTEN

Problematische Seite: Narzissmus – Selbstdarstellungsdrang – Tendenz zu Überreaktionen – Oberflächlichkeit – Zuviel an Anpassung.

Sonne/Merkur hat zwei sehr unterschiedliche Gesichter, je nachdem, ob sich die Konstellation auf den Merkur des 3. Hauses (Zwillinge) oder des 6. (Jungfrau) bezieht. Beiden ist gemeinsam, dass sie im Verhalten eine besondere Form des Sichzeigenwollens, ein Heischen nach Aufmerksamkeit hervorrufen, wobei die Verbindung zum 3. Haus mehr in die Richtung des Offensichtlichen, Demonstrativen geht – man möchte gesehen und bewundert werden –, während die Konstellationen des 6. Hauses Menschen charakterisieren, die sich durch Unauffälligkeit, Geschicklichkeit bis hin zur Unterwürfigkeit subtil bemerkbar machen. Die einzige Ausnahme besteht hier darin, wenn der Herrscher des 5. Hauses im 6. steht, was wiederum zu einer Auffälligkeit im Verhalten und mangelnder Selbstbeherrschung führt.

Ein Grundprinzip von Sonne/Merkur ist, dass man gerne etwas zeigen möchte. Wer etwas zeigen will, wünscht sich, dass andere Menschen es wahrnehmen und kommentieren. Man möchte ein Feedback für das eigene Verhalten – entweder ein Feedback dafür, wie man sich in seiner Mimik, Gestik, Sprechweise, also allgemein in seinem Auftreten gibt oder für die Art und Weise, wie man seine Gefühle zeigt. Wer diese Konstellation ohne das nötige dazugehörige Bewusstsein lebt, ist vorrangig damit beschäftigt, das Spiel «Schaut doch mal, wie schön ich bin» zu spielen. Eitelkeit, Narzissmus, eine unerfreuliche Form der Selbstbespiegelung treten an die Stelle eines natürlichen, angenehmen Verhaltens. Selbst die sanfteste Kritik wird schlecht vertragen, denn letzten Endes hat der Selbstverliebte immer eine starke Abhängigkeit vom Urteil der anderen.

Die Konzentration auf Äusserlichkeiten und auf die Beurteilung durch die Umwelt auf das eigene Auftreten bedingt eine Oberflächlichkeit, bei der man sich weigert, sich irgendetwas nahegehen zu lassen oder Dinge (oder gar sich selbst) zu hinterfragen. Das Verhalten wird glatt oder zielt im Extremfall ständig auf Effekte ab, die auch exhibitionistischen Charakter haben können. Kommunikation mit anderen wird zum Selbstzweck, da das Gespräch auf eigentümliche Weise immer wieder beim Hauptthema landet: dem Sonne/Merkur-Geborenen selbst.

Die andere Seite von Sonne/Merkur wünscht sich ein Feedback auf die eigene Gefühlslage und darauf, welche Art von Persönlichkeit man darstellt. Wichtig ist vor allem die Erfahrung der eigenen Grenzen und das Abstecken des persönlichen Freiraums, der uns zeigt, inwieweit wir unsere Bedürfnisse ausleben und Platz beanspruchen können, und ab welchem Punkt wir die Grenzen der anderen zu respektieren haben.

Gelingt dieses Ausbalancieren nicht – und eigentlich geht es hier nur um das Schaffen eines Gleichgewichts zwischen uns und unserer Umwelt –, kann es entweder zu einem überhöhten Anspruch kommen, bei dem man versucht, andere in ihren Rechten einfach auf die Seite zu drängen, oder zu einem Übermass an Anpassung bis hin zum Duckmäuser. Einige Sonne/Merkur-Geborene reagieren ausserordentlich ungut und wütend, wenn sie sich in ihrem Freiraum beschnitten fühlen (besonders bei Herrscher von Haus 5 in Haus 6, Mars oder Jupiter in Haus 6). Andere versuchen, das Durchsetzen ihrer Wünsche indirekt, durch trickreiches Anpassen, Gelegenheiten nutzen, Manipulieren und Opportunismus zu erreichen (Herrscher von Haus 6 in Haus 5). Sie werden zu einer Art «Tartüff», der sich mit dem frommen Schein tarnt, weil er glaubt, damit am besten an das Ziel seiner Wünsche zu kommen.

Die Neigung, sich selbst und seine wahren Gefühle zu verstecken, kann auch auf die schwierige Kindheitserfahrung zurückzuführen sein, dass der Ausdruck des persönlichen Temperaments, der Vorlieben und Abneigungen bestraft wurde oder dass man ihnen zumindest mit einer gewissen Ablehnung begegnete. Solche Kinder lernen früh, jede ihrer Handlungen auf mögliche Konsequenzen hin zu überprüfen und jegliche Spontaneität im Keim zu ersticken. Statt eigenständig und aktiv zu handeln, beginnen sie abzuwarten, was auf sie zukommt, und reagieren dann darauf, was bedeutet, dass sie sich später als Erwachsene leicht das Heft aus der Hand nehmen lassen. Die Unterdrückung der eigenen Persönlichkeit, die bei Merkur-Verbindungen letztlich ja immer mit dem Verlangen einhergeht, sich eben doch zeigen und äussern zu dürfen, führt zu einer inneren Unruhe, Nervosität und Hektik. Die Betreffenden müssen immer in Bewegung bleiben, aktiv sein, was nichts anderes bedeutet, als dass der Drang nach Selbstausdruck auf eine andere Ebene verschoben wird.

Die Vorsicht im Umgang mit der Umwelt kann bei Menschen, die eigentlich über ein grosses Energiepotential verfügen, auch zu einem Stau und damit zu psychosomatischen Reaktionen aller Art führen. Darüber hinaus ist Kränklichkeit ein Mittel, um Aufmerksamkeit schuldlos zu erzwingen. Am ehesten tolerieren Sonne/Merkur-Väter die Emotionen ihres Kindes, wenn es hilflos und krank ist. Ansonsten erwarten sie mehr oder weniger deutlich, dass das Kind vermittels seines Intellekts mit allen Situationen fertig wird und sich nicht von Gefühlen fortreissen lässt. Auf diese Weise entwickelt ihr Sprössling sogar hypochondrische Tendenzen, denn durch Kranksein wird man wenigstens bemerkt. Gleichzeitig ist es eine Form subtiler Rebellion gegen die vom Vater ausgeübten Anpassungszwänge sowie gegen seinen intellektuellen Anspruch.

Sonne/Merkur-Menschen sind die geborenen Schauspieler. Wenn sie diese Gabe beruflich ausüben, besitzen sie meist eine Präsenz und Eindringlichkeit, die fasziniert. Wird jedoch das ganze Leben ein Schauspiel, bei dem man sich selbst und alle anderen wie Schachfiguren herumzuschieben versucht, ist die Aussicht auf das ersehnte Happy-End gering. Statt dessen wird das eigene Leben zum Selbstbetrug und zu einer Täuschung der Umwelt. Besonders für Konstellationen, die das 6. Haus miteinbeziehen, kann man das Sprichwort zitieren: «Der Krug geht solange zum Brunnen, bis er bricht.» Irgendwann verlangt das Schicksal eine Korrektur, denn das Leben lässt es auf Dauer nicht zu, dass wir uns «hindurch-tricksen».

Sonne/Merkur kann auch das erzeugen, was wir als einen ständigen «inneren Monolog» bezeichnen. Immer sind die Betreffenden mit Denken, Grübeln und lautlosen Selbstgesprächen beschäftigt, und der Geist will niemals ruhen. Die stete mentale Aktivität erschwert jedes Zur-Ruhe-Kommen, und eine besonders hilfreiche, wenn auch schwierige Übung kann hier die konzentrative Meditation sein – Konzentration auf den Atem oder einen Gegenstand oder auch die Visualisation. Diese Methoden beschäftigen den Intellekt und einen ihn zugleich auf einen Punkt, während er sonst nervös hin- und herspringt und gleichzeitig überall und nirgendwo richtig ist.

Positive Seite: Schnelle Auffassungsgabe – Flexibilität – kreativer Selbstausdruck – der Vermittler.

Merkur hilft, Informationen aufzunehmen und zu verarbeiten. In Kombination mit der Sonne schenkt er die Gabe, schnell und mühelos mit Eindrücken und Wissen umzugehen und sie umgehend im Verhalten umzusetzen.

Sonne/Merkur-Geborene lernen rasch, sind mit unaufhörlichen Denkprozessen befasst und lieben es, Wissen aller Art aufzunehmen und auch weiterzugeben. Ihr Talent, Gelerntes anschaulich zu vermitteln, macht sie zu guten Lehrern, zu interessanten Gesprächspartnern und zu angenehmen Gegnern, falls sich eine Konkurrenzsituation ergibt, da sie über die natürliche Fähigkeit verfügen, Kompromisse zu finden, die beiden Seiten gerecht werden. Die Chinesen sagen dazu: «Bei einem Geschäft müssen beide Seiten zufrieden sein», eine Einstellung, in der sich die positive Sonne/Merkur-Seite widerspiegelt. Trotz ihrer Bereitschaft, sich, wo nötig, zurückzunehmen, sind sie schlagfertig und erkennen sofort die Schwachpunkte bei anderen oder an einer Sache. Ihre ausgezeichnete Beobachtungsgabe lässt nichts unbemerkt, und wer nichts übersieht, hat eine gute Chance, überall zurechtzukommen.

Da alle unsere Wahrnehmungen, gleich welcher Art sie sein mögen, irgendwie in uns koordiniert werden müssen, um zu einer sinnvollen und adäquaten Reaktion zu kommen, ist die Frage, wie geschickt wir darin sind oder auch wieviel Mühe cs uns kostet, von grundlegender Bedeutung. Diese Koordination kann auf einer seelischen Ebene erfolgen und zu einem reflexhaften Reagieren führen, bei dem jedes Detail von draussen aufgenommen, verwertet und zum Besten eingesetzt wird, wie das zum Beispiel bei dem Weltmeister im Boxen, Muhammed Ali, der Fall war, der in der Lage war, mit einem unglaublich feinen Gespür für die

Vorgänge in seinem Gegner, aber auch in der gesamten Umwelt zu antworten. Obwohl diese Form von Körperkoordination eine rein physische zu sein scheint, steht dahinter doch ein seelischer Prozess, ein kluges Einschätzen, Abwägen, Bewerten und Reagieren. Eine vergleichbare Art körperlichen Selbstausdrucks, durch den die Persönlichkeit des Betreffenden sichtbar wird, ist Fred Astaire, dessen Tanzstil sehr individuell und ausdrucksstark war und sich durch eine ungewöhnliche Körperbeherrschung auszeichnete. Beide haben im Geburtsbild eine starke Betonung des 6. Hauses (Sonne und Mond in Haus 6), bei dem es sowohl darum geht, sich zu präsentieren, wie auch darum, dies geschickt, mit nicht mehr Aufwand als nötig, und vor allem nicht übertrieben zu tun.

Koordination auf der rein physischen Ebene zeigt sich über den Bezug zum 3. Haus. Diese Form von Sonne/Merkur bringt Menschen hervor, die in ihrem Auftreten elegant, in ihrer Mimik eindrucksvoll, in ihrer Gestik interessant sind. Auf den ersten Blick scheint zwischen den beiden Häusern kein wesentlicher Unterschied vorhanden zu sein, doch er ist gravierend. Während wir über das 3. Haus versuchen, einfach den Körper an und für sich so einzusetzen, dass er uns durch das Leben und seine Anforderungen bringt, dass wir nicht stolpern, nur weil eine Erhebung im Fussboden ist, dass wir uns so artikulieren, dass man uns versteht, geht es im 6. Haus um den adäquaten Ausdruck unserer Gefühle und darum, anderen Menschen gegenüber angemessene Grenzen einzuhalten.

Unsere Physis ist nur ein Teil unserer Identität, wenn auch ein sehr wichtiger. Es macht einen grossen Unterschied aus, ob wir mit einer Neigung zum Stottern oder mit einer wohlklingenden Stimme geboren werden. Was wir jedoch individuell daraus machen, welche Lehren, Meinungen und Absichten wir daraus ziehen und wie wir damit erneut auf die Umwelt zugehen, heisst, eine Stufe weitergehen und die Seele mit dem Körper verbinden.

Wie auch immer, Sonne/Merkur bringt ausdrucksstarke Persönlichkeiten hervor, die man nicht so leicht vergisst, wenn man einmal mit ihnen zu tun hatte. Sie verfügen über ein hohes Mass an Kreativität, wenn es darum geht, etwas von sich zu zeigen oder mitzuteilen, was auch zur Folge hat, dass man ihnen so gut wie immer irgendwie ansieht, wie es ihnen wirklich geht. Fühlt sich ein Mensch mit dieser Konstellation körperlich oder seelisch unwohl, wird es in seinem Äusseren sichtbar und das oft sehr deutlich. Besonders Stimmungen drücken sich über feinste, aber eindeutige Merkmale aus, und es braucht nur einen halbwegs guten Beobachter, um die wahre Verfassung zu erkennen.

Meist sind Sonne/Merkur-Geborene ausgesprochen fleissig, und sie stellen hohe Ansprüche an sich, was Können, Wissen, Begreifen, aber auch Vernunft, freiwillige Selbstbeschränkung und das Akzeptieren von Realitäten angeht. Entwickelte Persönlichkeiten lehnen alles Übertriebene, Auffällige ab, und sie schätzen Neutralität und soviel Objektivität wie möglich im Verhalten.

Ihre zahlreichen Interessen machen sie offen für Informationen aller Art, und meist haben sie gern Kontakt zu anderen Menschen, vor allem zu solchen, die sie als unterhaltsam oder interessant einstufen. Ausserdem brauchen sie Zuhörer oder Zuschauer. In gewisser Weise ist die ganze Welt für Sonne- oder Mond/Merkur-Geborene Publikum, entweder eines, vor dem man sich demonstrieren will, oder eines, dem man etwas mitzuteilen hat, was einen vielleicht selbst so sehr erfüllt, dass man es unbedingt mit anderen teilen möchte.

Das äussere Erscheinungsbild ist jugendlich, und das bis ins hohe Alter. Selten neigen diese Menschen zu Korpulenz, und ihre geistige und körperliche Beweglichkeit bleibt ihnen mit ein bisschen Glück ein Leben lang erhalten. Viele helfen dem Glück etwas nach – durch hartes Training etwa, wie es Muhammed Ali, Fred Astaire oder auch Marika Rökk taten. Doch ihre Mühe wird belohnt: Mehr als andere haben sie die Voraussetzungen für eine physische und mentale Agilität.

Der Sinn einer Sonne/Merkur-Verbindung liegt zweifellos darin, die richtige Form des Selbstausdrucks zu leben und bereit zu sein, wo nötig, Beschränkungen zu akzeptieren. Innerhalb der uns gesetzten Grenzen jedoch sollen die Betreffenden ihre Bedürfnisse und Gefühle so frei und ungehindert äussern wie nur irgend möglich, und darin liegt auch der Charme und das Flair, die sie ausstrahlen, wenn ihnen dies gelingt.

---

[1] Vergl. Michael Roscher, *Der Mond,* S. 43.

Die Venus-Konstellationen

Wie in der Mythologie ist Venus in erster Linie für alles Schöne, Anziehende, Attraktive zuständig. Sie beschreibt, wie offen wir nach draussen sind, wie sehr wir uns an Erfahrungen und Menschen hingeben können und ob wir über das richtige Mass an Ausgeglichenheit, Entspannung, Harmonie und Selbstbehauptung verfügen.

Venus entspricht auch unserem eingeborenen Partnerbild und steht für die Themen, Situationen und Menschen, die unser Interesse wecken. Alles was uns gefällt und auf welche Weise wir dies wahrnehmen, wird durch Venus symbolisiert.

Ihre andere, erdverbundene Seite sagt etwas über unsere existentiellen Sicherheitsbedürfnisse aus und darüber, zu welcher Gruppe von Menschen wir uns zugehörig fühlen, beziehungsweise ob wir uns überhaupt zugehörig fühlen wollen und können.

Charakteristische Worte für Venus sind: Schönheit, Ästhetik, Kunst, Harmonie, Ausgleich, Gleichgewicht, Hingabe, Offenheit, Gerechtigkeit (Ausgleich der Kräfte), Partnerbild, Beziehung, Friede; Besitz, Materielles, Sicherheitsbedürfnisse; Oberflächlichkeit, Unentschlossenheit, Wankelmut; Eitelkeit, Selbstgefälligkeit; Besitzgier.

Mond/Venus

GLEICHGEWICHT IST DIE GRUNDLAGE DES GROSSEN WERKES.
Alchemistischer Spruch

Diese Konstellation gilt für: Venus in Haus 4, Mond in den Häusern 2 und 7, Herrscher von Haus 2 in Haus 4, Herrscher von Haus 4 in Haus 2, Herrscher von Haus 7 in Haus 4, Herrscher von Haus 4 in Haus 7, Venus / Konjunktion / Spiegelpunkt / Quadrat zur Hausspitze 4, Mond Konjunktion / Spiegelpunkt / Quadrat zu den Hausspitzen 2 und 7, Venus im Aspekt zum Mond (Konjunktion, Spiegelpunkt, Quadrat, Opposition; Trigone und Sextile sind wesentlich schwächer zu bewerten); Mond in Stier und in Waage.

1. Identifikation mit der Mutter – seelische Verbindung in Liebe oder im Hass

Gleich ob Mädchen oder Junge, Kinder mit einer Mond/Venus-Konstellation neigen dazu, sich mit ihrer Mutter zu identifizieren, ihre Gefühle und Anschauungen zu übernehmen und gelangen dadurch nur langsam und oft mühsam zu ihrer eigenen Identität.

Ihre Anhänglichkeit an sie macht ihnen eine Loslösung schwer. Sie beziehen ihr Sicherheitsgefühl im Leben vor allem aus der harmonischen Beziehung zu ihrer Mutter. Um diese Harmonie aufrechtzuerhalten, gehen sie oft bis an den Punkt, sich selbst soweit zu verleugnen, dass die Illusion einer völligen Einheit mit ihr entsteht.

Ob die Mutter dieses Nähebedürfnis positiv beantwortet oder dazu neigt, das Verlangen des Kindes zu übersehen oder es als selbstverständlich anzunehmen, zeigen mögliche zusätzliche Aspekte und Konstellationen. Selbst bei einer liebevollen Reaktion von ihr stellt sich die Aufgabe, dem Kind irgendwann freundlich, aber bestimmt zu sich selbst zu verhelfen und ihm zu zeigen, dass die Mutter vielleicht ein Mensch ist, der in vielem ähnlich fühlt wie es, sie aber doch ein individueller, getrennter Mensch ist.

Gelingt diese Ablösung nicht, ist es entscheidend, ob die Beziehung zur Mutter insgesamt als positiv erlebt wurde oder ob der Versuch, sich mit ihr zu identifizieren und sich so harmonisch mit ihr zu vereinigen, lediglich aus einem Mangel heraus geboren wurde.

Bei einer guten Mutter-Kind-Beziehung können der Sohn oder die Tochter sich an ihre Mutter anlehnen, von ihr lernen und ihre Art des Umgangs mit Gefühlen übernehmen, auch wenn darin eine gewisse Unselbständigkeit liegt, die sich auch darin zeigt, dass man selbst in der Pubertät oder später, wenn gegensätzliche Meinungen aufzukommen drohen, die zärtlich geliebte Mutter nicht kränken mag. Damit besteht eine lebenslange Abhängigkeit von ihrer Einstellung, von dem, wie sie auf Dinge reagiert und wie glücklich sie sich mit etwas fühlen wird, das das Kind und der spätere Erwachsene tun.

Ist das Verhältnis zwischen beiden als schwierig anzusehen (astrologisch über zusätzliche problematische Konstellationen oder über ein Mond/Venus-Quadrat erkennbar), wird sich der Sohn oder die Tochter gegen den Sog der Mutter sträuben, vielleicht rebellieren, wütend auf sie sein, und dennoch bleibt eine grosse seelische Verbundenheit bestehen, die, wenn beiden nicht gelingt, an ihrer Beziehung zu arbeiten, zu Ablehnung bis sogar Hass auf Seiten des Kindes führt, da es verzweifelt versucht, sich aus einem engen Netz zu befreien. So mag die Mutter Dinge tun und eine Art von Persönlichkeit sein, die das Kind enttäuscht, von der es sich ungeliebt oder überrollt fühlt, und dennoch bleibt der heftige Wunsch hinter aller Ablehnung bestehen, es möge sich eine liebevolle, innige Beziehung einstellen.

Solche Kinder lehnen oft später ihre Mütter kategorisch ab, trennen sich manchmal sogar von ihnen, doch die Verbindung zeigt sich darin, dass diese Mütter mit all ihren Themen auch später einen immensen Einfluss auf ihr gesamtes Leben haben, ob diese Kinder das wollen oder nicht.

Verletzungen von Seiten der Mutter wie auch ihre angenehmen Seiten werden in Form einer Erwartungshaltung auf Partner und andere Menschen projiziert. Das Thema «Mutter» beziehungsweise «Mütterlichkeit» (Mond) ist an das Thema Partnerschaft und Umweltbeziehungen (Venus) gebunden.

Die Suche nach Geborgenheit, das Bedürfnis nach emotionaler Übereinstimmung mit der Mutter macht weiche, gefühlsbetonte und gefühlsabhängige Menschen aus diesen Kindern, die sich nur schlecht abgrenzen können. Sie nehmen sich alles sehr zu Herzen, vor allem von Menschen, auf die sie Mutterthemen übertragen.

Besonders wenn Pluto-Konstellationen dazu kommen, manchmal auch bei Uranus-Verbindungen, haben Mond/Venus-Mütter die Tendenz, das Kind über seine Anhänglichkeit und Beeinflussbarkeit zu manipulieren. Meist erkennen diese Kinder erst spät, was da vor sich ging und gehen dann durch eine Phase grosser Enttäuschung und Frustration, die eine Lebenswende herausfordert. Die Einstellung zur Mutter, zu Bezugspersonen, zum Leben im allgemeinen muss hinterfragt und eventuell neu gestaltet werden.

Die positive Identifikation bedeutet ein langsames Ablösen und sich Freischwimmen von der Persönlichkeit der Mutter, jedoch ohne all die Ecken und Kanten, an denen sich diejenigen reiben, die im Grunde ungeliebt waren oder die nur unter bestimmten Voraussetzungen geliebt wurden.

2. DIE SCHÖNE, BEWUNDERTE MUTTER – KÜNSTLERISCHE VERANLAGUNG DER MUTTER

Venus ist das Prinzip der Harmonie, Ästhetik und Schönheit. Sie steht für das, was uns gefällt und interessiert (Herrscherin des 7. Hauses). Wird ein Mensch über Venus beschrieben, zählt er mit hoher Wahrscheinlichkeit zu jenen, die unsere Bewunderung erregen, deren Äusseres und / oder ihre Ausstrahlung uns faszinieren, die Liebe und Zuneigung in uns wachrufen.

Mond/Venus-Mütter (bes. bei Venus in Haus 4) sind attraktive, schöne, auf irgendeine Art wohlgeformte Frauen, die viel Geschmack und häufig auch Kunstverstand oder zumindest eine Liebe zu Kunst haben. Sie schätzen einen schön gedeckten Tisch, geschmackvolle Kleidung, ein wohnliches, ansprechendes Zuhause, das Wärme ausstrahlt. Ihre Art des Auftretens ist angenehm und unprovokativ, und sie schätzen ein ebensolches Verhalten bei ihrem Kind.

Je nachdem, wie stark die Betonung von Harmonie und Gleichgewicht ist, kann sie auch ein Übermass an Ästhetizismus andeuten und damit einen gewissen Verlust des Realitätssinns. Solange jedoch die Aspekte des Schönen, Künstlerischen nicht überwiegen, sondern auch noch eine praktische Einstellung vorhanden ist, zeigt sich Mond/Venus hier von seiner schönsten Seite.

3. DIE BEWUNDERTE MUTTER – MÖGLICHE AUSWIRKUNGEN AUF DIE KINDER

Ist die Mutter ein Symbol des Schönen, Vollkommenen, wird sie zum Vorbild ihres Kindes, was jedoch bei Sohn und Tochter unterschiedliche Wirkungen erzeugen kann. Manche Töchter versuchen heftig, der Mutter nachzueifern, jedoch oft ohne das Gefühl, es ihr gleichtun zu können. Zumindest solange die Tochter ein Kind ist, kann sie immer alles besser und erregt mehr Aufmerksamkeit. Die Folge ist eine mehr oder weniger bewusste Rivalität, bei der es auch um die Bewunderung und Zuneigung des Vaters geht. Wenn nicht zusätzliche Konstellationen über Mars, Saturn, Pluto, Uranus, Neptun dazukommen, ist diese Konkurrrenz relativ harmlos und regelt sich im Laufe der Jahre von selbst. Bei weiteren Themen kann sich das Gefühl der Unterlegenheit jedoch verselbständigen und zu einem Lebensthema werden (siehe unter Mond plus dem entsprechenden Planeten).

Söhne suchen unbewusst nach einer Frau, die bestimmte Eigenschaften der Mutter wiederholt, sei es nun im Äusseren, in ihrem Wesen oder in ihren Fähigkeiten, wie zum Beispiel ein schönes Zuhause zu gestalten, gut zu kochen und den Tisch zu dekorieren, Einladungen zu geben usw. Hat er aber ein Mond/Venus-Quadrat, so kann es sein, dass sein Frauenbild zwar an das der Mutter gebunden ist, er sich aber Frauen aussucht, die dem letztlich widersprechen. Sie können dann zum Beispiel zwar schön, aber nicht häuslich, oder elegant, aber nicht herzlich sein, oder auch umgekehrt. Wie auch immer, die gewählten Frauen besitzen entweder nur Teilaspekte der Mutter oder sie haben etwas, was sie nicht hat, aber auch nicht das, was er an ihr schätzt.

Als Folge kann eine Spaltung im Partnerbild auftreten, so dass er immer zwischen zwei Frauentypen hin- und hergerissen ist. Dasselbe kann im übrigen unter gewissen Umständen für Töchter gelten und trifft immer bei einer Verbindung von Haus 4 und Haus 7 beziehungsweise einem Mond/Venus-Quadrat zu.

4. Die kontaktfreudige Mutter

Wie die Mutter so trägt auch ihr Kind das Herz auf der Zunge, wenn der Herrscher des 4. Hauses im 7. steht. Tiefinnerlich sind diese Menschen nach draussen orientiert, sind nicht gern allein und neigen manchmal zu einer etwas naiven Offenheit, die andere Menschen sowohl entzücken wie perplex machen kann.

Leben heisst für sie mit anderen zusammenzusein, sich auszutauschen und etwas von sich mitzuteilen. Ist diese Verbindung im Geburtsbild unproblematisch, so kann man davon ausgehen, dass dies eine Fähigkeit der betreffenden Menschen ist, die sie bei anderen beliebt macht, da sie Wärme und Ehrlichkeit ausstrahlen. Bei schwierigen zusätzlichen Konstellationen kann die Offenheit allerdings dazu führen, dass die Menschen ausgenützt, missbraucht und enttäuscht werden. Trotzdem lernen sie nur langsam und über viele «Klippen», weil ihr Innerstes sie immer wieder dazu drängt, Vertrauen zu suchen.

Problematische Seite: Unselbständigkeit – Beeinflussbarkeit und mangelnde Abgrenzung – Verletzlichkeit – Selbsthass.

Mond/Venus-Geborene kennen im Normalfall immer eine Form von Abhängigkeit: entweder über ihr Sicherheitsbedürfnis (Verbindung von Haus 4 und Haus 2, Mond in Haus 2) oder über ihr Verlangen nach Kontakt (Verbindung von Haus 4 und Haus 7, Mond in Haus 7, Mond in Stier).

Sie sind seelisch weiche, formbare Menschen, die im wesentlichen aus der Beziehung zu ihrer Mutter ein Geborgenheitsgefühl ziehen. Lässt die Mutter dies zu, ohne sie auch sich selbst zu überlassen und ihre Unabhängigkeit zu fördern, fällt es ihnen schwer, sich abzulösen und sich als selbständige Menschen, die sich nirgendwo anlehnen müssen, zu sehen. Sie sind dadurch seelisch nicht besonders robust und jeder, der für sie eine Mutterfigur im weitesten Sinn darstellt, also zu einem Symbol für Sicherheit wird, kann sie leicht beeinflussen, verletzen und steuern.

Wird das Verlangen nach Übereinstimmung und Stütze durch die Mutter nicht gestillt, fühlen sich diese Menschen zutiefst ungeliebt und neigen dazu, mit sich und der Welt zu hadern. Sie suchen sich wiederum Partner, die ihnen nicht das an Wärme geben (vermeintlich oder real), was sie zu brauchen glauben, und quälen sich dann mit Selbstzweifeln, Selbstvorwürfen und erleben immer wieder emotionale Zusammenbrüche.

Zugleich wünschen sie sich auch die Zugehörigkeit zu einer Gruppe, sei es nun eine freigewählte, zu der man sich hingezogen fühlt, oder die Familie. Auch hier wird dann die Frage, ob man sich mit etwas unbeliebt machen könnte, zum entscheidenen Kriterium dafür, was man tut und was man lässt.

Die Abhängigkeit von Freunden, Bekannten und Partnern (Verbindung von Haus 4 und Haus 7, Mond in Haus 7, Mond in Waage), hat weniger mit einem Verwurzelungsbedürfnis zu tun, also dem Gefühl, keinen festen Boden unter den Füssen zu haben, wenn die Mutter oder die Bezugsgruppe sich ablehnend verhalten, sondern mit einem Mangel an Zugang zu sich selbst. Die Betreffenden erfahren und erleben sich immer nur über das Spiegelbild anderer, und wenn niemand da ist, mit dem sie sich austauschen können und der ihnen auf irgendeine Weise zeigt, wie sie sich fühlen, scheinen sie nicht zu existieren. Erst der Blick nach draussen, das Vergleichen und Abwägen gegenüber Dritten, ihr Feedback und ihr Verhalten machen diese Mond/Venus-Geborenen lebendig. Lässt man sie allein, sind sie auf der ständigen Suche nach sich selbst und verspüren eine unangenehme Leere, oder (bei Herrscher von Haus 7 in Haus 4) sie grübeln und nehmen sich alles, was geschieht, sehr zu Herzen, bis an den Punkt des Selbstquälerischen. Auf diese Weise sind sie auch auf Partner und geliebte Menschen fixiert und können sich von ihnen innerlich nur schwer trennen.

Die eigentliche Schwierigkeit von Mond/Venus liegt also in dem Umstand, dass alles um sie herum ihre Gefühlslage beeinflusst und beeinträchtigt und sich auch in psychosomatischen Reaktionen äussern kann. Angst vor dem Verlassen-werden oder Alleinsein kann sich dann zum Beispiel in Essstörungen, Magenpro-blemen, Sodbrennen und ähnlichem zeigen.

Ihr Hang zur Romantik und zum Schönen macht aus manchen von ihnen un-realistische Träumer, die introvertiert und stimmungsabhängig durch das Leben gehen. Sie sind sich selbst und anderen gegenüber ausgesprochen nachgiebig, und zwar auch und gerade dort, wo ein gewisses Mass an Selbstdisziplin vonnöten wäre. Da sie am liebsten in Gefühlen schwelgen, ist ihr Urteil emotional gefärbt und we-nig verlässlich, da es sich mit ihren Stimmungen ändert.

Illusionen über sich und das Leben verwehren ihnen einen echten Zugang zu anderen Menschen und zu sich selbst, und da sie spüren, dass etwas an ihnen an-ders ist als an anderen Menschen, leiten sie daraus entweder einen Sonderstatus ab und/oder sie fühlen sich abgelehnt. Ihre Weichheit kann in Kraftlosigkeit und einen Mangel an sinnvollen Aktivitäten ausarten und sie mit einem Gefühl der Leere und der Sinnlosigkeit erfüllen. Sie neigen dann zu Melancholie, Welt-schmerz und Selbstmitleid, die sich entweder darin äussern, dass sie sich unver-standen und gleichzeitig als Versager fühlen, oder in einer Kompensation über Genuss um des Geniessens willen, einem überzogenen Ästhetizismus und Ekel-empfindungen aller Art.

Im Grunde geht es immer nur um die Überwindung der inneren Unsicher-heit, von Abhängigkeiten und um den Kampf um mehr Disziplin. Gelingen diese Aufgaben, ist eine Selbstsicherheit die Folge, die nicht auftrumpft und dominiert, sondern mit freundlichen und angemessenen Mitteln verlangt, was sie braucht, be-kommt, was ihr zusteht und gibt, was richtig ist.

Darüber hinaus bringt Mond/Venus die Tendenz zur Selbstverliebtheit, Selbstbespiegelung und Nabelschau mit sich. Wer sich in der Welt draussen nicht zurechtfindet, zieht sich in sich selbst zurück und beschäftigt sich mit seinem Inne-ren. Der süsse Schmerz des Andersseins, das Bewusstsein der eigenen Kultiviert-heit, das Sich-Verlieren im Künstlerischen und Ästhetischen erfüllt ihr Leben mit einem scheinbaren Sinn und gibt ihm Bedeutung, bis an den Punkt, wo Ereignisse die Betreffenden möglicherweise zu einer Veränderung auffordern.

Positive Seite: Seelische Stärke – In-sich-Ruhen – Fähigkeit zu Harmonie und Ausgleich – Geschmack – Gerechtigkeitsgefühl.

Wer Mond/Venus in seiner entwickelten Form lebt, ist ein sensibler, beein-druckbarer und aufnahmefähiger Mensch, der trotzdem innere Stärke und Unab-hängigkeit besitzt. Diese Selbständigkeit wird immer wieder durch Rückzug auf sich selbst, gründliches und langsames Verarbeiten von Ereignissen und Ein-drücken und Bewusstheit für die eigenen inneren Vorgänge erzielt.

Ohne Zweifel ist es für die Betreffenden wichtig, Zeiten zu haben, in denen sie sich entspannen, nachdenken und mit sich selbst beschäftigen, um so herauszu-finden, welche Handlungsweisen und Entscheidungen für sie wirklich «stimmen». Sie brauchen das Gefühl der Richtigkeit, um Lebensveränderungen durchzuführen. Das Abenteuer der Selbstentdeckung ist für sie die Essenz des Lebens schlechthin, jedoch halten sie dabei den Bezug zur Umwelt immer aufrecht und versinken nicht in Selbstvergessenheit.

Sie sind nachdenkliche, offene Menschen, gefühlsbetont und einer sinnvollen Selbstkritik gegenüber aufgeschlossen. Meistens kennen sie ihre Schwachpunkte und haben gelernt, mit ihnen umzugehen. Statt Selbstmitleid und Weltschmerz herrschen bei ihnen heitere, gelassene Gefühle vor, und ihre Intuition ist beeindruckend.

Auch wenn sie nicht so nüchtern fühlen und denken können, wie das zum Beispiel Mond/Saturn vermag, sind sie doch realistisch genug, um die Welt in ihrer Vielfalt vom Angenehmen bis zum Hässlichen wahrzunehmen und zu akzeptieren, und sie versuchen einfach, in dieser Welt eine Enklave der Schönheit, Ausgeglichenheit und Harmonie zu errichten, ohne sich über die anderen Seiten des Lebens zu entsetzen oder sie zu verleugnen.

Ihre künstlerischen Neigungen zeigen sich über die unterschiedlichsten Wege: sie lieben die Musik, malen selbst, besuchen Kunstausstellungen, geniessen die Schönheit der Worte in einem Buch, lassen sich in der Romantik einer Stimmung treiben, kochen gern, legen einen Garten an und drücken ihren Empfindungsreichtum in irgend etwas Schönem, Kreativem aus.

Wenn die Sonne im Geburtsbild so gestellt ist, dass sie ein eher schwaches Handlungspotential anzeigt, neigen diese Menschen zu einer grösseren Verinnerlichung und leben ihre Fähigkeiten mehr im Stillen aus, jedoch mit ebenso grosser Intensität. Sie werden nicht so sehr aktiv, sondern geniessen die Schönheit der Natur, die Schönheit dessen, was andere geschaffen haben, und können ein sicheres Urteil dazu abgeben sowie ihre Empfindungen konkretisieren.

Stärkstes Antriebsmoment in ihnen ist das Verlangen nach Harmonie und Frieden sowie nach Gerechtigkeit und einem Ausgleich der Kräfte. Sie sind bereit, viel dafür einzusetzen, um diese Atmosphäre herzustellen und aufrechtzuerhalten, und leiden sehr unter Spannungen und Konflikten.

Auffallend ist der gute Geschmack von Mond/Venus-Geborenen. Sie besitzen eine selbstverständliche Stilsicherheit in der Auswahl von Komponenten, sei es nun beim Einrichten, Kochen, beim künstlerischen Gestalten oder in der Kleidung. Was sie in Angriff nehmen, wird zu einem schönen Blumenstrauss gebunden, der nicht etwa die kalte Vollkommenheit von Sonne- oder Mond/Pluto besitzt, sondern dessen lebendige Ausstrahlung fasziniert.

Mond/Venus respektiert die Empfindungen anderer Menschen und hat einen intuitiven Zugang dazu. Sie achten auch darauf, dass ihre eigene Gefühlssphäre gewahrt bleibt und erhalten sich einen gewissen Freiraum. Trotzdem lieben sie es, sich anderen Menschen mitzuteilen, Austausch und Kontakt herzustellen. Ihr seelischer Reichtum und ihre Phantasie zeigen ihnen immer wieder neue Wege, um sich am Leben zu erfreuen und deswegen seine ernsteren Seiten zu verleugnen. Statt hemmungslos in Gefühlen zu schwelgen, wie es Hoffmann in der Oper *Hoffmanns Erzählungen* von Jean Jacques Offenbach tat, und dann von der Wirklichkeit hart überrascht zu werden, haben sie gelernt, mit ihren intensiven Gefühlen umzugehen, sie auszuleben und zu geniessen, ohne deshalb den Realitätsbezug zu verlieren.

SONNE / VENUS

«FÜR EINEN IST ES NICHT SO LUSTIG WIE FÜR ZWEI,
DIE ZUSAMMENHALTEN KÖNNEN», SAGTE PUH, DER BÄR.

Diese Konstellation gilt für: Venus in Haus 5, Sonne in den Häusern 2 und 7, Herrscher von Haus 2 in Haus 5, Herrscher von Haus 5 in Haus 2, Herrscher von Haus 7 in Haus 5, Herrscher von Haus 5 in Haus 7, Venus / Konjunktion / Spiegelpunkt / Quadrat zur Hausspitze 5, Sonne Konjunktion / Spiegelpunkt / Quadrat zu den Hausspitzen 2 und 7, Venus im Aspekt zur Sonne (Konjunktion, Spiegelpunkt, Quadrat, Opposition; Trigone und Sextile sind wesentlich schwächer zu bewerten).

1. IDENTIFIKATION MIT DEM VATER – ÄHNLICHKEIT MIT DEM VATER – SICHERHEIT ODER EXISTENZANGST DURCH DEN VATER

Venus ist der Planet, der Hinweise darauf gibt, was wir schätzen, was uns gefällt und interessiert. Ist dieser Planet mit dem Vater verbunden, kann man davon ausgehen, dass der betreffende Mensch ein intensives Verhältnis zu ihm hat, das je nach Stellung der Venus im Geburtsbild – das heisst, ob sie durch schwierige Aspekte und ähnliches verletzt ist oder nicht – mehr oder weniger glücklich ist.

Grundsätzlich hängen diese Menschen an ihrem Vater (bes. Verbindung von Haus 2 und Haus 5) und ziehen aus der Art, wie er mit ihnen umgeht und was er ihnen vorlebt, ein Sicherheitsgefühl in diesem Leben, oder sie entwickeln Existenzängste, weil er ihnen diese Sicherheit nicht geben kann. Wird der Vater als weich, entgegenkommend und anziehend, aber auch als schwach und wenig durchsetzungskräftig erlebt, kann es zu jenen Befürchtungen kommen, die uns immer dann überfallen, wenn wir kein festes Vorbild für die Gestaltung unseres Lebens haben und so auch nicht wissen, wie wir Ziele entwickeln, anpacken und verwirklichen sollen.

Vergleichbares gilt, wenn der Vater Probleme im Umgang mit seinen Gefühlen hat und sich dem Kind zu wenig mitteilt. Auch dann fehlt diese essentielle Verbindung zu ihm, die vor allem Menschen mit der Hauskombination 2 und 5 brauchen und suchen. Sie mögen ihren Vater lieben und an ihm hängen, wenn er aber für sie da sein und sie verteidigen und unterstützen soll, stellen sie fest, dass er nicht die Energie und Disziplin aufbringt, um seine eigenen Schranken zu überwinden oder sich auch einfach einmal vor sein Kind zu stellen.

Manche dieser Väter sind auch sehr materialistisch, und sei es nur, weil sie ihre eigene innere Unsicherheit verdecken wollen. Sie hängen an Geld und Gut und vermitteln auch ihrem Nachwuchs eine vergleichbare Einstellung, was diesem das Gefühl geben mag, er sei in letzter Konsequenz weniger wichtig als Besitztümer.

Im günstigen Fall dient er als Modell dafür, wie man sein Leben angenehm und trotzdem sicher und geborgen gestalten kann. Er ist fähig zu geniessen und legt Wert darauf, dass auch sein Sohn oder seine Tochter die schönen Seiten des Lebens kennenlernen – und das ohne unnötige Schuldgefühle. Er wird nicht so sehr Karriere und Geld in den Vordergrund stellen wie Freude, Entspannung, sich selbst treu sein.

Was immer der Vater repräsentiert, Sonne/Venus erzeugt eine starke emotionale Verbundenheit mit ihm, die sich in einer Bereitschaft äussert, ähnlich zu handeln, bis hin zur Identifikation mit ihm. Wird der Vater sehr bewundert, kann der Prozess des Sich-mit-ihm-Identifizierens den Glauben auslösen, man sei für immer mit diesem Vater verbunden und durch ihn geschützt. Andernfalls entsteht eine Art Hassliebe zu ihm, bei der sich das Kind von ihm absondern möchte, ohne ihn innerlich ganz aufgeben zu können. Was immer es auch als späterer Erwachsener tut, ist in vielfacher Hinsicht mit den Themen des Vaters verknüpft, und nur eine echte Bereitschaft dazu, sich zu hinterfragen und mit allen Konsequenzen selbständig und unabhängig zu werden, kann hier Abhilfe schaffen. Gelingt dies nicht, sind die Betreffenden lebenslang auf der Suche nach dem Schutz und Sicherheit gebenden Vater, der dann in einem Mann ebenso wie in einer Frau gesucht werden kann. Die Wunschprojektion ist nicht zwangsläufig an das männliche Geschlecht gebunden.

2. Der attraktive, bewunderte Vater – künstlerische Veranlagung des Vaters

Sonne/Venus-Väter besitzen oft etwas in ihrem Äusseren, in ihrem Wesen, eine Eigenschaft, die das Kind fasziniert und bewundert. Je nachdem, ob die Verbindung des 5. Hauses (Vater) zum 2. oder zum 7. stattfindet, geht diese Bewunderung in eine eher physisch orientierte Richtung und hat sein Aussehen, sein Auftreten oder seine Art, das Leben zu nehmen und zu geniessen zur Grundlage, oder es handelt sich um die Weise, in der er Kontakte knüpft, wie er mit anderen Menschen umgeht, und um den Erfolg, den er bei ihnen hat. Diese Väter verfügen über einen unwiderstehlichen Charme, sind oft, wenn auch mehr oder weniger ernsthaft, «Herzensbrecher» und Casanovas und ziehen die Aufmerksamkeit und den Beifall des Publikums auf sich. Da das Kind seine Wege gespannt und begeistert verfolgt, wird es versuchen, ihm nachzueifern. Auf diese Weise entwickeln Sonne/Venus-Menschen ihr angeborenes beziehungsweise vom Vater vererbtes Talent, sich beliebt zu machen und andere von sich einzunehmen.

Eine weitere Facette dieses Vatertyps ist seine künstlerische Veranlagung oder zumindest sein Geschmack, die Eleganz und ansprechende Kombinationsfähigkeit, die er ausstrahlt. Oft ist er musisch und liebt die schönen Künste, oder er übt sie selbst aus und bringt so Ästhetik in das Leben seiner Familie und vor allem in das des Kindes, das hierauf besonders anspricht.

3. DER BEWUNDERTE VATER UND MÖGLICHE AUSWIRKUNGEN AUF SOHN UND TOCHTER

Wenn der Vater Schönheit, Eleganz, angenehmes Verhalten und ähnliches für sein Kind symbolisiert, hat dies meist auf Sohn und Tochter unterschiedliche Auswirkungen.

Während die Töchter sich in gewisser Weise in ihren Vater verlieben und dazu neigen, alle Männer mit ihm zu vergleichen, entwickeln Söhne eine Art Konkurrenz und Rivalität zu ihm. Beide Entsprechungen können je nach dem Ausmass, in dem sie sich verwirklichen, günstige oder problematische Auswirkungen haben. Töchter mögen sich Männer suchen, die wirklich die schönen Eigenschaften ihres Vaters wiederholen, aber auch ständig unglücklich und unzufrieden sein, weil keiner so «wunderbar wie Daddy» ist. Söhne können in diesem Vergleich mit ihrem Vater einen Ansporn sehen, sich zu entwickeln und etwas aus sich zu machen, oder sie können in dieser Rivalität steckenbleiben und sich selbst immer als etwas weniger anziehend, beeindruckend und überzeugend als ihren Vater finden (bes. wenn Pluto-Verbindungen hinzukommen).

Für Sohn wie Tochter kann es Konkurrenzprobleme geben, wenn sie versuchen, ebenso gut zu malen, zu musizieren, zu gestalten oder irgendeine schöpferische Tätigkeit auszuüben, bei der ihnen der Vater bereits vorangegangen ist und sie immer unter seinem Vorbild leiden, das nicht erreichbar und schon gar nicht zu übertreffen ist.

4. ZUSAMMENFASSUNG DER WESENTLICHEN EIGENSCHAFTEN

Problematische Seite: Abhängigkeit von anderen – Hängen an Sicherheit und Besitz – mangelnde Selbstdisziplin – Eitelkeit – Selbstzufriedenheit.
Sonne/Venus hat wie ihr Gegenstück Mond/Venus zwei Orientierungsrichtungen, und zwar im Positiven wie im Negativen. Die eine weist auf Menschen hin, deren Sicherheitsbedürfnisse so ausgeprägt sind, dass sie nur schwer loslassen können. Sie klammern sich an Besitz und Materielles und ziehen daraus ihr Identitätsgefühl, nach dem Motto: «Ich bin, was ich habe».

Geht man etwas weiter zurück in ihrer Lebensgeschichte, findet sich eine starke Abhängigkeit vom Vater, vor allem auch, was die Definition der eigenen Persönlichkeit angeht, Unselbständigkeit beim Treffen eigener Entscheidungen

(Verbindung von Haus 2 und Haus 5), die sie auch als Erwachsene noch begleitet und die dann über Besitztümer kompensiert wird. Ihre Lebensfrage könnte mit dem Buchtitel von Erich Fromm *Sein oder Haben* umschrieben werden, der dort den Unterschied zwischen beiden mit dem Beispiel «Vater sein, oder Kinder haben» erläutert.

Für diesen Sonne/Venus-Typ ist es wichtiger zu haben, als eigenständig, individuell zu sein. Individualität und Persönlichkeit werden entweder über das, was man besitzt, definiert oder auch über einen attraktiven Körper, der gleichermassen ein Besitztum darstellt. Daraus ergibt sich ein Hang zur Eitelkeit und Selbstbespiegelung, denn der Blick in den Spiegel ist das, was zufriedenstellt, glücklich macht und das Gefühl verleiht, dass man «jemand» ist. Diese Einstellung zieht einen gewissen Materialismus nach sich, der auf Ideale gerichtete Gedanken und Ziele verhindert und auch die Bereitschaft untergräbt, sich weiterzuentwickeln und dafür Opfer zu bringen.

Wer diese Konstellation nicht so sehr im Materiellen auslebt, aber trotzdem seine Abhängigkeit vom Vater, gleich ob er ihn mag oder nicht, noch nicht überwunden hat, neigt zu Existenzängsten, die durch diesen Vater verursacht wurden, sei es, weil er selbst unter ihnen zu leiden hatte, sei es, weil er seinem Kind nicht das Gefühl geben konnte, dass es in der Lage ist, für sich selbst zu sorgen. Diese Entsprechung gilt auch dann, wenn der Vater abgelehnt wird, man ihn aber innerlich nicht wirklich losgeworden ist. Die Folge sind häufig psychosomatische Reaktionen, die im Zusammenhang mit Sicherheitsfragen auftreten und die wiederum das Unabhängigkeitsgefühl des Betreffenden erschüttern, da er glaubt, allein zu schwach zu sein.

Eine Form, Ängste in Schach zu halten, ist, sich durch ständige Aktivitäten abzulenken. Dieses Verlangen, in Bewegung zu bleiben, irgendetwas zu tun, kann durchaus in viele kreative Hobbys und Aufgaben münden. Wenn es jedoch vorrangig gebraucht wird, um nicht fühlen zu müssen, welche Besorgnisse und beängstigenden Zukunftsvisionen in dem Betreffenden vorhanden sind, erzeugen sie eine Scheinstabilität und Scheinzufriedenheit, unter der Nervosität und Unsicherheit verborgen sind.

Sonne/Venus stellt die Fähigkeit zu geniessen zur Verfügung, doch manchmal wird dieser Genuss zum Selbstzweck, Genuss um des Geniessens willen. Diese Menschen haben eine materialistische Weltanschauung entwickelt, in der es nicht darum geht, sich nützlich zu machen oder herauszufinden, warum wir hier auf der Erde sind, sondern nur um den Versuch, das Leben zu einer unablässigen Folge von Vergnügungen sinnlicher Art zu machen. Hier liesse sich das Beispiel des «Dorian Gray»[1] anführen: Er war ein Mann, der dauernd auf Genuss, Verführung und Selbstbestätigung aus war und dessen Eigenliebe und Unverantwortlichkeit anderen Menschen gegenüber seine Seele hässlich werden liess, was sich in einem Portrait, das ein befreundeter Maler von ihm anfertigte und das er unter Verschluss hielt, widerspiegelte: Es wurde immer unansehnlicher und abstossender.

Während das Bedürfnis nach Genuss sich bei Verbindungen der Häuser 5 und 2 vor allem im Körperlichen und Materiellen zeigt, weist die Verbindung von Haus 5 und Haus 7 vor allem auf einen Don Juan oder eine verführerische Frau hin, die flirtend, aber ohne Tiefe, Kontakte schliesst und sie wieder fallen lässt. Diese Menschen fühlen sich vor allem in Gegenwart anderer wohl, was aber bei egoistischen Persönlichkeiten darin mündet, dass die anderen für die eigenen Zwecke benützt werden. Man veranlasst sie, etwas für einen zu tun, wozu man selbst keine Lust hat, oder glaubt, es nicht allein tun zu können, und das, während man anderen Menschen doch das Gefühl gibt, es sei ein besonderer Verdienst, wenn sie ihre Unterstützung gäben. Geschickt und charmant bewegt Sonne/Venus Partner, Kollegen, Freunde und auch Fremde dazu, bereitwillig mitzuhelfen, wo sie eigentlich gar nicht die Absicht hatten, sich zu beteiligen. Auf diese Weise leben sie auf Kosten anderer, lange bevor diese es merken.

Allein und unbeschäftigt zu sein ist für diesen Sonne/Venus-Typ ein Greuel, denn er ist abhängig von einem ständig fliessenden «Input»[2], ohne den er sich leer und wie tot fühlt. Seine permanente Suche nach Stimuli erzeugt auch hier wieder eine Genusssucht, die sich nur diesmal mehr auf Menschen, Informationen und Ereignisse richtet, als auf körperliche Zufriedenstellung. Andere und die Welt draussen werden dadurch zum Objekt, das man vor allem benützt, um sich selbst zu dienen.

Besonders wenn die Sonne im 7. Haus steht oder auch die Venus im 5., fällt es den Betreffenden schwer, etwas allein und selbständig zu tun. Wenn sie nicht andere dahin bringen, das zu tun, was sie selbst wollen, suchen sie sich dominante, selbstsichere Partner (bes. Sonne in Haus 7), die ihnen Leitlinien für ihr Handeln geben. Trotzdem verfügen sie oft über eine mehr oder weniger künstlich aufgetragene Selbstzufriedenheit und einen Stolz, der vor allem darauf fusst, dass sie sich hartnäckig weigern, sich selbst zu hinterfragen. Sie halten den Anschein von Harmonie und Stimmigkeit und auch ihr Selbstbild so lange aufrecht, wie es nur irgend geht.

Da sie sich vielen Anstrengungen und Anforderungen des Lebens nicht gewachsen fühlen, entwickeln sie eine Nachgiebigkeit und Duldsamkeit sich selbst gegenüber, die Menschen mit mehr Selbstdisziplin erstaunt. Sonne/Venus kann ausgesprochen bequem sein. Harte Arbeit, sich zusammenzunehmen, sich etwas zu versagen, gehören nicht unbedingt zur Lebensphilosophie. Manche von ihnen kommen nur schwer in Gang, da ihre Leistungsmotivation entweder gering oder sehr schwankend ist. Statt dessen halten sie es mit dem Lied «Warte, warte nur ein Weilchen, bald kommt auch zu dir das Glück». Sie haben eine natürliche Erwartungshaltung, dass ihnen der ihnen zustehende Teil schon zufallen werde. Während sie warten, genehmigen sie sich so dies und das, einen guten Schluck Wein, ein Abenteuer, ein bisschen Faulenzen und Trägheit.

Persönlichkeit zu zeigen, bedeutet auch, an einigen Stellen kantig und unbequem zu sein, wovor sich Sonne/Venus gerne drückt. Konflikte, Meinungsverschiedenheiten, Reibung, all das erscheint diesen Menschen unbequem, lästig und unnötig, und sie ziehen es vor, in ihren Verhaltensäusserungen wachsweich und damit nicht angreifbar zu sein. Gleichzeitig erspart das ihnen die Mühe, sich aufzuraffen und sich gegen andere durchzusetzen. Sie zaudern und zögern so lange, bis sich eine Angelegenheit von selbst erledigt oder weigern sich einfach freundlich, Stellung zu beziehen.

Einige Menschen mit Sonne/Venus neigen dazu, entgegen ihren Interessen zu handeln (bes. Sonne Quadrat oder Opposition Venus). Sie sehen entweder ziemlich genau, was sie eigentlich gerne tun würden und was sie gerne hätten, aber sind nicht in der Lage, sich das auch zu nehmen. Sie verhalten sich so, dass Projekte garantiert nicht klappen, dass sie die Menschen, die ihnen gefallen, mit Sicherheit nicht zu Freunden und Partnern gewinnen, oder sie nehmen sich immer das, was sie eigentlich gar nicht brauchen können. Irgendein Widerstreit in ihnen selbst verhindert, dass sie sich glücklich machen. Hier ist eine intensive Selbsterforschung nötig, um die inneren Widerstände aufzudecken.

Positive Seite: Frieden und Harmonie als Lebensgrundsätze – Ausstrahlung und Flair – leben und leben lassen – Gemeinschaftsgefühl – Kreativität – Erotik.

Wer diese Konstellation positiv verwirklicht, hat ein natürliches Empfinden für Gerechtigkeit und versteht es, Frieden und eine harmonische Atmosphäre zu schaffen. Da diese Menschen angespannte, gereizte Stimmungen nur schlecht vertragen, sind sie selbst bereit, alles, was sie können, für ein angenehmes Miteinander zu tun.

Sie ziehen ihr Sicherheitsgefühl daraus, dass sie sich als eine gewachsene Autorität empfinden, als Mensch mit einem eigenständigen Identitätsgefühl, das sich nicht an anderen orientieren muss (Verbindung von Haus 5 und Haus 2).

Auch das Ausleben der ihnen eigenen Kreativität vermittelt ihnen die Gewissheit, im Leben sicher dazustehen. Alles, was sie tun können und was ihnen Freude und Vergnügen bereitet, trägt zu ihrem positiven Lebensgefühl bei. Sie lieben das Spielerische, das Elegante, das Geschmackvolle und verfügen über eine besondere Gabe, Dinge in diesem Sinn zu arrangieren, sei es nun ihr Zuhause, eine Mahlzeit, ein Fest oder den Umgang mit anderen Menschen. Wann immer sie etwas verschönern, wann immer sie ihrer romantischen Ader nachgeben können, fühlen sie sich glücklich und ausgewogen.

Finanzielle Unabhängigkeit ist ihnen meist wichtig, denn Abhängigkeiten jeder Art machen sie innerlich unsicher und lassen ein Gefühl des Unwohlseins aufkommen. Sie sind genussfähig, ohne zu übertreiben, und finden das rechte Mass an Selbstbeschränkung, ohne darunter zu leiden. Im Umgang mit materiellen Werten haben sie eine geschickte Hand, hüten sich jedoch davor, sich mit ihnen oder einem schönen Äusseren, das ihnen häufig zu eigen ist, zu identifizieren. Die Vergänglichkeit aller materiellen Dinge ist ihnen selbstverständlich bewusst und sie geniessen, was ist, jetzt und hier, in diesem Augenblick.

Eines ihrer wesentlichen Merkmale ist nicht nur oder nicht zwangsläufig die physische Attraktivität, sondern vielmehr die starke erotische Anziehung, die sie ausstrahlen. Sie haben ein Flair, eine nicht mit Worten erschöpfend beschreibbare Attraktivität, die mehr durch ihre Persönlichkeit und ihr Wesen verursacht wird als durch ihr Aussehen. Menschen beiderlei Geschlechts sind von ihnen fasziniert und vergessen sie auch nach einer kurzen Begegnung nicht.

Bei Verbindungen der Häuser 5 und 7 fühlen sich die Betreffenden vor allem durch andere Menschen oder Anregungen von aussen motiviert, aktiv und häufig auch kreativ zu werden, sich selbst zu leben und die eigene Identität immer vollkommener auszuformen. Ihr Denken ist schöpferisch, und sie haben eine künstlerische Begabung, die sich sowohl in eigenständigem Entwickeln von Kunstformen wie auch darin äussern kann, dass sie Vorgegebenes nehmen und daraus einen schönen, geschmackvollen Blumenstrauss binden. Was immer sie sehen, womit immer sie in Berührung kommen, das können sie zu einem ästhetischen Arrangement zusammenfügen.

Sie sind ideale Partner, die gemeinsame Aktivitäten, wie auch die Liebe und die Erotik an sich, das Tändeln und Flirten, das Sich-aufeinander-Zubewegen und Erforschen, lieben. Im Zusammensein mit anderen Menschen können sie aus sich herausgehen, Gefühle zeigen, anregend und unterhaltsam sein. Ihre schnelle Begeisterungsfähigkeit überträgt sich auf jeden, mit dem sie zu tun haben, und man kann sich ihrem freundlichen, oft charmanten Wesen kaum entziehen.

Sonne/Venus schenkt bewusst lebenden Menschen die Fähigkeit zu einem konstruktiven und angemessenen Verhalten, das in der Lage ist, aus jeder Situation das Beste zu machen. Wie selbstverständlich schlagen sie positive Entwicklungswege ein und haben ein natürliches Gefühl dafür, was auch anderen guttut und was sinnvoll für sie ist. Da sie Verständnis für vieles haben und nicht ständig bewerten, Partei ergreifen oder ablehnen, fühlen sich andere Menschen von ihnen angenommen und verstanden. In ihrer Nähe ist es leicht, sich zu entspannen und auszuruhen. Während die Mehrzahl der Leute damit beschäftigt ist, irgendwelchen Aufgaben, Geschäften und Verpflichtungen hinterherzurennen, und unter dem Gefühl steht, sie hätten keine Zeit, das Leben einmal lockerer und angenehmer anzugehen, können Sonne/Venus-Geborene leben, auch wenn sie ihren Pflichten nachkommen. Sie sehen die Dinge weniger verkrampft, lassen auch einmal «alle Fünfe gerade sein» und teilen in keiner Weise die Meinung, dass Karriere Sinn und Zweck eines Lebens sei.

Wollte man die Aufgabe von Sonne/Venus zusammenfassen, so liegt sie zweifellos darin, zwischen Menschen zu vermitteln, gerecht und adäquat zu urteilen und vor allem durch Kreativität und Einfallsreichtum Schönheit und Eleganz in unser aller Leben zu bringen. Menschen mit dieser Konstellation sind ein Vorbild dafür, wie man das Leben freudvoll und spielerisch und «wider den tierischen Ernst» gestalten kann.

[1] Oscar Wilde, *Das Bildnis des Dorian Gray.*
[2] Hereinströmen von Informationen und Reizen.

143

DIE MARS-KONSTELLATIONEN

Mars ist das Planetenprinzip, das der Jahreszeit des Frühlings entspricht, in der sich die Natur wieder ihren Weg aus der harten Erde bahnt und zu neuem Leben erwacht. Übertragen bedeutet dies, dass Mars alle Prozesse symbolisiert, die mit Selbstdurchsetzung, Tatkraft, energischem Handeln im Sinne der eigenen Interessen, Durchbruch des Instinktiven und dessen Ausleben, generell mit allen Triebkräften zu tun haben.

Die elementaren Triebkräfte im Menschen sind das Überleben, das Stillen von Hunger und Durst, der Fortpflanzungstrieb. Aus diesen Grundantrieben ergeben sich zahlreiche Spielarten, die mit der speziellen Art zu tun haben, wie jemand zu überleben versucht, ob er in einer heiklen Situation zum Angriff oder zur Flucht neigt oder ob er wie gelähmt ist, wie sein Sexualtrieb beschaffen ist, welchen Hunger er über den rein physischen hinaus in besonderem Masse hat, zum Beispiel Hunger nach Liebe, nach Geborgenheit usw.

Mars ist der Planet, der auf Aussenreize instinktiv und ohne viel zu überlegen reagiert. Dies geht noch auf die Zeit zurück, wo die Überlebensfrage eng daran gebunden war, schnell, reflexartig richtig zu entscheiden beziehungsweise zu handeln. In diesem Sinn kann man Mars den psychologischen Begriff des Reiz-Reaktionsmusters zuordnen, der aussagt, dass wir einen Eindruck (Reiz) wahrnehmen und auf ihn mehr oder weniger automatisch reagieren.

Allgemein stellt Mars das Prinzip der Aggression in allen ihren positiven und nützlichen, aber auch in ihren negativen und destruktiven Formen dar. Mit Hilfe von Mars stellen wir Kontakte her, während Venus und auch Sonne und Mond entscheiden, was daraus wird.

Charakteristische Worte für Mars sind: Initiative, Tatkraft, Durchsetzungsvermögen, Impulsivität, Spontaneität, Engagement, Wettbewerb, Konkurrenzdenken, instinktive Triebkräfte, Sexualität, animalischer Anteil im Menschen, Wille, Begehren, Aggression, Wut, Zorn, Ärger, Hass, Streitsucht, Kämpfernatur, Brutalität.

MOND / MARS

IM TIEFINNEREN GLAUBEN DARAN, DASS ES SCHON GENÜGT,
EINFACH SO ZU SEIN, WIE MAN IST, LIEGT DER SCHLÜSSEL
ZU EINEM BEFRIEDIGENDEREN UND AUSGEGLICHENEREN LEBEN.
Ellen Sue Stern

Diese Konstellation gilt für: Mars in Haus 4, Mond in Haus 1, Herrscher von Haus 1 in Haus 4, Herrscher von Haus 4 in Haus 1, Mars Konjunktion / Spiegelpunkt / Quadrat / zur Hausspitze 4, Mond Konjunktion / Spiegelpunkt / Quadrat zur Hausspitze 1 (Aszendent), Mond im Aspekt zu Mars (Konjunktion, Spiegelpunkt,

Quadrat, Opposition; Trigone und Sextile sind wesentlich schwächer zu bewerten); Mond in Widder.

1. Die Krisensituation der Mutter im Zeitraum von Schwangerschaft und Geburt

Da Mond und Mars zwei so völlig unterschiedliche Prinzipien sind, kommen sie schlecht miteinander aus und kennzeichnen daher im Zweifel eher problematische bis extreme Bedingungen am Anfang des Lebens, die sich so prägend auswirken, dass die Umwelt auch später als bedrohlich (Mars), feindselig (Mars) und als stete Konkurrenz, gegen die man sich zu behaupten hat (Mars), erlebt wird.

Die emotionale Situation der Mutter ist angespannt, nervös, sie fühlt sich schnell überfordert und Umständen ausgeliefert, die sie nur bedingt kontrollieren kann. In manchen Fällen versucht sie, durch Demonstration von Stärke und mit Zupacken aktiv in den Verlauf der Geschehnisse einzugreifen, jedoch dahinter verbirgt sich so gut wie immer Hektik, Belastung und Sorge. Forscht man nach Ursachen, so findet sich ein weites Spektrum an Entsprechungen. Ihnen allen ist gemeinsam, dass sie eine Krisen- und Umbruchssituation markieren. Neben heftigen Ehe- und Partnerschaftskrisen, bei denen eine Trennung im Raum steht, gibt es den Vater, der nicht die Absicht hat, die Mutter des «zufällig» gezeugten Kindes zu heiraten oder zu ihr zu stehen. Auch finanzielle Engpässe oder berufliche Veränderungen, die die Familienatmosphäre belasten und die Mutter bedrücken, können beim Kind das Gefühl einer unsicheren, angsteinflössenden Umwelt erzeugen, ebenso wie gravierende Umzüge, die für die Mutter einen Neuanfang mit allen Risiken bedeuten.

Bereits im Mutterleib empfindet das Baby die Anspannung der Mutter, es spürt eine undifferenzierte Form von Bedrohung, fühlt sich ungeschützt und ausgeliefert. Alle Eindrücke, die zu ihm hereindringen, lassen ein Gefühl mangelnder Sicherheit, Geborgenheit und Stabilität aufkommen, die sich in der Psyche des Kindes als Grunderfahrung festsetzen.

Je kleiner ein Kind ist, desto mehr fühlt es sich abhängig von dem Vorhandensein wenigstens einer nährenden Bezugsperson, und hier vor allem von der Mutter. Da es die Gründe noch nicht rational erfassen und angemessen einordnen kann, die zu ihrer seelischen Verfassung geführt haben, entsteht in ihm eine tiefsitzende Angst, verlassen zu werden, was in gravierenden Fällen bis zu Todesängsten gehen kann. Alleingelassen zu werden ist die grösste Bedrohung, die es für einen Säugling und ein Kleinkind gibt, und es wird alles tun, um sie abzuwenden. Kinder mit dieser Grundangst neigen dazu, unruhig zu sein, viel zu schreien und sich durch verschiedenste für die Eltern oft sehr schwer zu ertragende Verhaltensweisen der Anwesenheit und Aufmerksamkeit seiner Mutter beziehungsweise seiner Eltern zu versichern. Diese Beschreibung gilt auch dann, wenn die Mutter versucht, dem Kind, so gut sie kann, entgegenzukommen und ihre Probleme unter

Kontrolle zu halten. Ihre Nervosität und Unruhe überträgt sich, da Kinder mit einer Mond/Mars-Thematik in besonderer Weise für die Empfindungen ihrer Mütter sensibilisiert sind. Gleichzeitig lernen sie, seismographisch auf die kleinsten Veränderungen in der Umwelt oder im Verhalten anderer Menschen zu reagieren, da ihr Überlebenstrieb stark ausgebildet ist und sie von Anfang an unter dem Eindruck stehen, nichts übersehen zu dürfen und allezeit gewappnet sein zu müssen.

Häufig ist die Mutter jedoch reizbar, manchmal cholerisch. Die seelischen und/oder äusseren Belastungen erzeugen einen so starken Druck, dass sie nicht anders kann, als heftig, impulsiv und auch aggressiv zu reagieren. Ihre Botschaft an das Kind heisst in letzter Konsequenz, dass es nicht noch ein zusätzliches Problem darstellen soll. Vermittelt sie diese Aufforderung mit dem nötigen Nachdruck, kann aus einem schwierigen Mond/Mars-Kind schnell ein ängstliches, angepasstes Wesen werden, dessen innere Unruhe sich in psychosomatischen Reaktionen, Ticks und «Hippeligkeit» äussert. Es neigt zu Kopfschmerzen, wippt ständig heftig mit einem Knie, entwickelt Allergien oder ähnliches.

Die Verlassenheitsängste solcher Menschen treiben sie dazu, schnell Kontakte herzustellen, und auch das Bedürfnis nach Partnerschaft und fester Bindung ist meist gross. Sie suchen intensive Nähe, manchmal bis an den Punkt, an dem sie den anderen seelisch erdrücken. Ist die Mond/Mars-Problematik im Geburtsbild schwerwiegend, wählen die Betreffenden unbewusst Menschen vom uranischen (schizoiden) Typus, der sich zwar flirtend und glitzernd als Versuchung und Versprechung seliger Freuden und wahren Glücks präsentieren mag, der aber dann, wenn es ernst wird, eine plötzliche und unerwartete Kehrtwendung macht.

Die Anziehung zu Menschen, die etwas verheissen, ohne es einlösen zu können, nährt auch die masochistischen Tendenzen von Mond/Mars. Die Betreffenden haben sich sehr früh an eine bedrohliche Umwelt als Normalzustand gewöhnt, so sehr, dass sie tiefinnerlich ein ganzes Leben lang darauf programmiert sind: sie glauben, dass man ihnen nichts schenken wird, dass sie kämpfen müssen, um zu überleben und um zu bekommen, was sie wollen, und ganz allgemein, dass zu leben bedeutet, Schmerzen und Angst zu empfinden. Anders ausgedrückt, ist das Leben in Ordnung, solange es irgendwo wehtut oder man jederzeit mit Veränderungen und Schwierigkeiten rechnen muss.

Wer sich nicht früh entschliesst, aufzugeben und das Grundgefühl der Verunsicherung mit passiver Zurückhaltung und Ängstlichkeit allem und jedem gegenüber auszuleben, geht in die Offensive. Anstatt permanent Schwäche, Kränklichkeit, Beleidigtsein, Mangel an Mut und Selbstdurchsetzung zu demonstrieren, um so die Umwelt dazu zu zwingen, Unterstützung, Verständnis und Einsatz zu bringen, zeigen sich Mond/Mars-Geborene oft besonders selbständig, unabhängig und entschlussfreudig. In vielen Fällen ist dies jedoch keine erarbeitete Sicherheit und innere Stabilität, sondern entspricht einem kompensatorischen Muster, das durch ständige Aktivität und Hypermotorik aufrechterhalten werden muss. Sportliche Betätigungen, Arbeitswut, Leistungsbezogenheit und Konkurrenzdenken halten den Betreffenden ständig in Atem, sodass er seine eigene Anspannung und Hektik nicht fühlen muss und sich selbst aus dem Weg gehen kann.

Während der ängstliche Mond/Mars-Typ eher anhänglich ist und mit der ständigen Furcht vor dem Verlassen-Werden kämpft, ist sein aktiver Gegenpart kontaktfreudig und zupackend. Meist handelt es sich aber um eine Strohfeuerenergie, da wirkliche Nähe nicht zugelassen werden kann. Scheinbare Nähe wird durch gemeinsame Aktivitäten hergestellt, bei denen der Betreffende dazu neigt, distanzlos über sein Gegenüber zu verfügen, selbst aber einen Sicherheitsabstand zum anderen hält. Da die Worte «Kontinuität» und «Stabilität» nur im Wortschatz der Betreffenden vorkommen, nicht aber in ihrer Art, die Welt zu erleben, macht ihnen jegliche Situation, die Tendenzen in diese Richtung zeigen könnte, Angst und löst Unruhe und Abwehr aus, die wiederum in ablenkende Tätigkeiten wie Arbeit, Sport, Tanz, Werken, Basteln usw. umgesetzt werden. Da die wenigsten Menschen damit zurechtkommen, ständig in eine feindselige und bedrohliche Umwelt hineinzusehen, finden sich auf der körperlichen Ebene oft Sehprobleme wie Kurzsichtigkeit und Astigmatismus (besonders bei Mond im 1. Haus beziehungsweise Mond/Mars-Bezug zum 1. Quadranten).[1] Kompensatorisch entwickeln sich auch Einstellungen wie «Hilf dir selbst, dann hilft dir Gott», «Sei stark», «Gib keine Schwächen preis», «Traue niemandem» und ähnliches mehr.

Eine noch häufigere psychosomatische Entsprechung ist die Essstörung, die sich zumindest darin zeigt, dass die Nahrungsaufnahme als heikel und das Essen als ekelerregend angesehen wird. In gravierenderen Fällen entwickeln sich Magersucht (die Mutter als Symbol des Aufnehmenden, Nährenden wird als bedrohlich erlebt), oder umgekehrt, Bulimie, bei der man sich so sehr mit Essen vollstopft, bis man es nur noch wieder herausbrechen kann, um dann eine neue Essrunde zu beginnen.

Parallel zu der offensichtlich gezeigten Selbstsicherheit besteht eine emotionale Labilität, die in dem grundsätzlichen Ungeborensein wurzelt. Mond/Mars-Geborene sind oft sprunghaft, halten es nur schlecht lange an einem Ort, in einer Stellung oder in einer Beziehung aus, denn die Veränderlichkeit und der Wandel stellen die Grundlagen ihres Lebens dar, obwohl sie diese Veränderungen durchaus nicht immer als angenehm erleben. Ein innerer Motor treibt sie an, Sicherheit in der Aktivität, im Beschäftigtsein, im Neuanfang zu suchen.

2. DIE FRÜHE TRENNUNG VON DER MUTTER

Eine Sonderrolle innerhalb des oben Beschriebenen nimmt die Existenzunsicherheit ein, die ein Kind entwickelt, wenn es seine Mutter früh verliert. Ereignet sich der Verlust auf Grund einer Scheidung oder Trennung, bei der das Kind, obwohl es noch sehr klein ist, beim Vater bleibt, gehen auch dieser Situation Krisen, chaotische Zustände und Verwirrungen voraus, die das Kind mehr oder weniger deutlich erlebt oder zumindest erahnt.

Ein Junge, dessen Mutter die Familie verliess, als er zwei Jahre alt war, und die nur seine einjährige Schwester mitnahm, reagierte deutlich sichtbar im Horoskop mit einem schweren Schock (Saturn/Uranus-Auslösung), der ihm die Lebensgrundlage entzog und Beklemmungen, Einsamkeit, Angst und Orientierungslosigkeit hervorrief. Frauen wurden für ihn zu ambivalenten Wesen, die ihm, vor allem wenn sie so schön waren wie seine Mutter, hassens- und begehrenswert zugleich erschienen, vor denen er sich fürchtete und nach denen er sich sehnte. Vertrauen schien nur zu Frauen möglich, die einen völlig anderen Typus als den der Mutter darstellten, die sich verlässlich, familienbezogen, Sicherheit bietend präsentierten. Doch der Schock blieb unterschwellig ein ganzes Leben und führte dazu, dass er sich grundsätzlich abgelehnt fühlte. Das Gefühl, angenommen zu sein, war zutiefst erschüttert, zumal der Vater ihn von Dienstmädchen zu Dienstmädchen schubste. Als Folge trat eine starke Bewusstheit für alle bedrohlichen Vorgänge ein, ein Einzelgängertum, das doch nach Kontakt und Angenommenwerden suchte, und eine Frauenproblematik, die in der Ambivalenz steckenzubleiben drohte.

Da die meisten Menschen mit einer Mond/Mars-Thematik einen intensiven Bezug zu ihrem Körper und seinen instinktiven Bedürfnissen und Reaktionen haben, suchte er einen sinnvollen Ausweg über Körpertherapie und Sport. Es bleibt der Analyse des Einzelfalles überlassen festzustellen, inwieweit darin wirkliche Selbsthilfe liegt und wo einfach nur Spannungen abgebaut werden, das eigentliche Problem jedoch nicht gelöst wird.

Tritt die Trennung von der Mutter durch ihren Tod ein, so hat auch dies Schockcharakter, nimmt dem Kind seine Geborgenheit, stösst es in eine Umwelt, die zwar vielleicht noch so liebevoll versucht, Ersatz zu sein, die aber niemals die gleiche Bedeutung im Sinne eines Eckpfeilers erlangen kann, wie das die Mutter hatte. Manchmal geht ihrem Tod eine Zeit der Krankheit, Aufenthalt im Hospital und ähnliches voraus und dadurch eine problematische, beunruhigende Familiensituation; «es liegt etwas in der Luft», und, wie das Kind genau spürt, gleich wie alt es ist, nichts Erfreuliches.

3. Die aggressive, fordernde Mutter

Auch unabhängig von äusseren belastenden Lebensumständen, wie sie im vorherigen Abschnitt beschrieben wurden, kann das Bild der Mutter dem einer starken, durchsetzungskräftigen, aktiven, oft aber auch fordernden, aggressiven Person entsprechen. Sie ist einfach so, es ist Teil ihres Charakters. Die Seiten der archetypischen Mutter, die Geborgenheit, Wärme und Annehmen verheissen, werden durch eine krasse Erwartungshaltung, aggressives Einfordern von erteilten Aufträgen und verbaler Härte überschattet.

Im besten Fall ist die Mond/Mars-Mutter so handlungsstark, dass sie das Kind «an die Wand drückt». Es wird sozusagen von der Energie der Mutter überrollt und entwickelt das Gefühl, die Welt da draussen sei viel stärker als es selbst, der Versuch dagegen anzukommen oder auch nur ebenso gut zu sein, aussichtslos. Diese Mutter gibt eine gewisse Form von Sicherheit, denn sie wird als Kämpfernatur erlebt, die sich nicht unterkriegen lässt. Gleichzeitig hat das Kind jedoch wenig Gelegenheit, seine eigene Stärke und Überzeugungskraft an ihr erfolgreich zu erproben.

Im ungünstigen Fall lässt die Mutter ihren Ärger, ihre Wut, ihre Frustrationen verbal oder auch körperlich an dem Kind aus. Ihr cholerisches Temperament gleicht einer ständigen Bedrohung und das Kind lernt, wie auf rohen Eiern zu gehen, da der Vulkan jederzeit ausbrechen kann.

Mond/Mars zeigt in jedem Fall eine Mutterproblematik an, die bei Mädchen Angst und Konkurrenzdenken dem eigenen Geschlecht gegenüber erzeugen kann, bei Jungen eine grundlegende Angst vor Frauen und damit eine Ambivalenz, die sich in der Tendenz zur Hassliebe ausdrückt. Immer nimmt die Mutter bei dieser Konstellation einen grossen Raum im Leben und Empfinden des Kindes ein, doch das Risiko, von ihren seelischen Zuständen, Handlungen und Meinungen überlagert zu werden, schwingt mit. Die Betreffenden haben grosse Mühe damit, sich für andere vertrauensvoll zu öffnen und ihnen Einfluss auf ihr Leben zu gewähren.

Die reizbare Natur der Mutter wird vor allem auch dann sichtbar, wenn ihre Erwartungen nicht erfüllt werden. In gewisser Weise ähnelt sie der Mond/Pluto-Mutter, die erst dann gewillt ist, ihren Sprössling ernst zu nehmen, wenn er Besonderes leistet. Anders als bei ihr hat das Mond/Mars-Kind die Chance, eine befriedigende Leistung zu erbringen und auch einmal Lob und Anerkennung zu erhalten, während Pluto dazu neigt, die Messlatte ständig höher zu schrauben.

Manchmal drückt sich die Aggression der Mutter in einer demonstrativen «Liebe» aus, vor allem dann, wenn sie Schuldgefühle hinsichtlich ihrer schlechten Laune, Stimmungsabhängigkeit oder einfach wegen ihres Mangels an wirklicher Zuneigung plagen. Diese Art von Zuwendung wird jedoch von ihrem Kind sehr schnell und instinktsicher als unecht empfunden und die offensichtlichen Liebesbeweise als das enttarnt, was sie eigentlich sind: Eine Form egoistischer Anspruchshaltung, die vom Kind eine Bestätigung dafür erwartet, dass man doch eine «gute Mutter» ist.

4. ZUSAMMENFASSUNG DER WESENTLICHEN EIGENSCHAFTEN

Problematische Seite: Mangel an Vertrauen in das Leben – Tendenzen zu selbstquälerischem Verhalten – Selbstbezogenheit.

Kein anderer reagiert wahrscheinlich so schnell getroffen, verletzt und beleidigt wie ein Mensch mit einer Mond/Mars-Problematik. Seismographisch nimmt er alles wahr, was sich ereignet, und bezieht es auf sich. Da er in seinen Gefühlsreaktionen zu einer starken Subjektivität neigt, fällt es ihm schwer, von sich selbst abzusehen und sich vorzustellen, dass irgend etwas, das in seinem Umfeld geschieht, nichts mit ihm zu tun haben könnte. Auch wenn sein Verstand ihm sagt, dass die ihm beleidigend erscheinende Äusserung seines Gegenübers mit Sicherheit völlig anders gemeint war, gibt es doch einen Stachel in seinem Herzen, der ihm in gewisser Weise sogar willkommen ist, ist er doch die Fortsetzung und Bestätigung einer langen Reihe ähnlicher Erlebnisse.

Ebenso wie Mond/Pluto liebt Mond/Mars den Beweis dafür, dass «er es doch schon immer gewusst hat ...». Ziggy beschreibt diese Stimmungslage in einem seiner schönsten Cartoons mit folgendem Kommentar: «Es stimmt nicht, dass die ganze Welt gegen dich ist ... Es gibt Millionen von Menschen, denen du völlig egal bist!»

Menschen mit dieser Konstellation wachen morgens auf und wissen schon, dass sie die gesamte Welt gegen sich haben, dass es ein mieser Tag werden wird, an dem sich das Aufstehen eigentlich nicht lohnt. Je gravierender sich Mond/Mars im Horoskop zeigt, desto grösser ist die Neigung zu einem negativen Selbstbild und zu Denkmustern, bei denen man sich selbst schadet. Selbst wenn der Partner, Freunde und Mitarbeiter versuchen, positiv und aufmunternd zu sein, wird der Betreffende einen Grund finden, ihr Entgegenkommen umzuinterpretieren, so, dass er letztlich als Verlierer dasteht.

Dahinter steht die Wiederholung der frühen Situation: man «knüppelt» es sich ebenso, wie die Mutter es einem geknüppelt hat, man behandelt sich selbst ebenso schlecht, wie die Mutter es mit sich getan hat. Um diese Tatsache sicherzustellen, gibt es zahlreiche geeignete Methoden: Arbeitswut, sich wichtige Bedürfnisse verkneifen, Partner auswählen, die garantiert ein unlösbares Problem darstellen, sich selbst antreiben bis zum Zusammenbruch, autoaggressive Krankheiten wie Magengeschwüre und bestimmte Darm- oder Autoimmunkrankheiten entwickeln. Auch Magersucht und Bulimie, die beiden Krankheiten, die über Essstörungen ein Verdauungs- und Aufnahmeproblem anzeigen (Mond) kommen hier häufig vor. Was man auch immer auswählt, sicher ist, dass die Aggression sich letzten Endes gegen einen selbst richtet, statt ihren adäquaten Weg nach draussen zu finden.

Menschen mit Mond/Mars schlucken ihren Ärger über lange Zeit hinunter und bekommen dann (besonders wenn Uranus-Konstellationen dazukommen) plötzliche, einseitige und aufgeregte Ausbrüche. Ihre Gefühle sind in jedem Fall heftig und intensiv, entstehen und vergehen rasch. Leider bleiben in der Erinnerung eher die unangenehm bewerteten Erlebnisse haften, die, bei denen man sich fürchtete, die, durch die man sich angegriffen und gedemütigt fühlte. Aus diesem Grund sollten die Betreffenden besonders darauf achten, was sie in ihr Bewusstsein gelangen lassen und vor allem üben, distanziert zu analysieren, wie sie etwas erleben und wie es vielleicht auch noch anders zu interpretieren wäre, zum Beispiel so, dass die schwierigen Verhaltensweisen anderer Menschen zu einem Thema werden, das in erster Linie diese selbst betrifft und nicht bedeutet, dass der Mond/Mars-Geborene dadurch persönlich abgewertet wird.

Eine Hürde besonderer Art ist es, eigene Fehler zu akzeptieren, sie zuzugeben und sich trotzdem nicht dafür zu bestrafen. Etwas in diesen Menschen schafft unbewusst immer wieder Situationen, die tatsächlich belastend, angsterzeugend und schädlich sind, ebenso wie sie eine Affinität zu Personen haben, denen man selbst bei freundlichster Betrachtung nicht nachsagen kann, sie seien übermässig wohlwollend und hilfsbereit.

Neben dem ängstlichen Mond/Mars-Geborenen, der sich immer wieder ausnützen lässt und dafür sorgt, dass er am Ende leer ausgeht, gibt es den aktiv überkompensierenden, der stark konkurrenzorientiert ist und sich ungern etwas sagen lässt. Auch er kämpft mit Gefühlen des Versagens und der Bedrohung, da Sieg, sei es nun im Beruf, beim Schach oder in einer Beziehung für ihn untrennbar mit der Frage nach Sicherheit verbunden ist. Nur wenn er sich als der Stärkere erlebt, der die Dinge kontrollieren kann, ist er in der Lage, sich in gewissem Umfang zu entspannen und loszulassen.

In dieser Haltung liegt durchaus die Fähigkeit zum Erfolg, da Gegner gleich welcher Art ein derartiges Mass an Wut auslösen können, dass man übermenschliche Kräfte mobilisiert, die den Erfolg herbeizwingen. Ein Beispiel findet sich bei den erbitterten Kämpfen, die sich die Tennisspieler beim Worldcup liefern: Da steht dem eigenen Gefühl (Mond) der Gegner (Mars) direkt gegenüber, und Boris Becker, der diese Konstellation im Horoskop hat, soll gesagt haben, dass er beim Anblick seines Gegners in derartige Wut verfällt, dass er ihn nur «kleinhauen» möchte.

Mars symbolisiert das Instinktive im Menschen, all jene Reaktionen, die wir haben, ohne darüber nachzudenken und meist auch ohne sie bewusst steuern zu können, einfach, weil sie ablaufen, ohne dass wir sie rechtzeitig bemerken, wenn wir überhaupt dahin kommen, sie wahrzunehmen. Dazu gehören unser Überlebenstrieb und unsere persönliche Form, ihn auszuleben, Angriff und Verteidigung, wie wir uns nehmen, was wir brauchen, Hunger, Durst, der Sexualtrieb, existentielle Sicherheit usw. Menschen mit einer Mond/Mars-Verbindung sind in besonderer Weise immer mit sich selbst und diesen Regungen konfrontiert, was einerseits eine Bewusstheit für körperliche Vorgänge bedeuten kann, andererseits auch, dass man sozusagen «im eigenen Saft schmort, da alle Aussenreize Reaktionen auslösen, die nicht einfach verdrängt werden können, sondern die die Tendenz haben, sich im Empfinden des Betreffenden ziemlich breit zu machen.

Während der Urinstinkt des Menschen dahin geht, Schmerz zu vermeiden, da er als Zeichen dafür galt, dass das Überleben gefährdet war, neigen Mond/Mars- aber auch Mond/Pluto-Geborene dazu, ihn unbewusst zu provozieren. Schmerz ist so sehr ein Teil ihres Normalbewusstseins und Alltags geworden, dass sie ihn sich kaum mehr wegdenken können. Um diesen Teufelskreis aufrechtzuerhalten, spielen sie einige hervorragend geeignete Spiele, wie zum Beispiel das «Ja, aber»-Spiel, bei dem sichergestellt wird, dass jeder auch noch so konstruktive Vorschlag unannehmbar oder undurchführbar ist, oder sie spielen das Selbstbeschuldigungsspiel, bei dem sie sich immer wieder sagen: «Ich bin ja selbst schuld, wie konnte ich nur so dumm / so vertrauensselig / so unüberlegt sein!» Sie spielen: «Ich bin ja so verletzt, und das ist irreparabel», und «Niemand liebt mich wirklich», während sie gleichzeitig nach einer Bestätigung für das Gegenteil gieren, ohne diese jemals voll zu akzeptieren. Sie schaffen sich selbst immer wieder die gleichen Probleme, indem sie ihren unterdrückten Ärger in passive Aggression umwandeln, bei der sie zum Beispiel alles vergessen, zu spät kommen, Arbeiten schlecht erledigen, meckern und kriteln, Dinge, die andere ihnen sagen und die wichtig sind, überhören, eigensinnig auf ihrer Meinung beharren oder bei jeder Gelegenheit sofort beleidigt sind und wie eine Mimose zurückzucken.

Wenn Mond/Mars so richtig seine Selbstbestrafungsmuster auslebt, gehört auch dazu, dass immer das Schlechteste erwartet wird. Man glaubt nicht daran, dass Bemühungen Erfolg haben werden, obwohl man sich anstrengt wie verrückt, sieht vor allem die Hindernisse in einer Situation und nie ihre Möglichkeiten (dies gilt im besonderen Masse, wenn noch Saturn-Konstellationen dazu kommen). Für eine Lösung dieser Problematik ist die Auseinandersetzung mit der Muttererfahrung und den eigenen Reaktionen unerlässlich. Nur so kann Bewusstsein in einen sehr tief verborgenen, instinktiven Persönlichkeitsanteil gebracht werden, der dem Menschen das Glück, das er sucht, immer wieder versagt.

Positive Seite: Autonomie – Aggression als unterstützender Motor – intensive Gefühle – Leidenschaftlichkeit – schnelle Auffassungsgabe.

All diejenigen, denen es gelungen ist, die schwierige Mond/Mars-Verbindung in etwas für sie Positives zu transformieren, haben mehr oder weniger bewusst erkannt, dass sie ihre Welt selbst erschaffen, nach dem Motto «Der Mensch ist das, woran er glaubt» (Anton Tschechow). Sie lassen nicht mehr zu, dass die Dinge einfach mit ihnen geschehen, sondern erkennen ihren aktiven, wenn auch oft scheinbar ungewollten Eigenanteil an ihren Misserfolgen wie an ihren Erfolgen. Sie erleben sich nicht als Objekt, mit dem «etwas gemacht wird» und das hauptsächlich mit Reagieren beschäftigt ist, sondern als eigenständiges Subjekt, das sein Leben in die Hand nimmt und dies auch kann, sofern es nur will.

Die Fähigkeit, auch kleinste Veränderungen in der Umwelt wahrzunehmen, wirkt sich in einer Anpassungsfähigkeit aus, die nicht passiv hinnimmt und sich fürchtet, sondern die die Möglichkeiten jeder Situation schnell und genau erkennt und umsetzt. Während anderen Menschen vieles einfach entgeht, haben diese Mond/Mars-Geborenen eine enge Verbindung sowohl zu dem Draussen und seinen Vorgängen als auch zu sich selbst und den Reaktionen, die diese Vorgänge auslösen. Damit besteht die Gelegenheit, sich über seine wahren Bedürfnisse und Abneigungen klar zu werden und ihre Durchsetzung aktiv zu verfolgen. Obwohl der Mond in unserem Geburtsbild nur unsere Gefühlslage und Weltwahrnehmung beschreibt, während die Sonne aussagt, wie gut oder schlecht wir diese umsetzen, bedeutet eine solche Grundstimmung schon die unabdingbare Voraussetzung für ein Verhalten, das den Betreffenden mehr Zufriedenheit, Gelassenheit und Sicherheit ermöglicht.

Immer schlummern in diesen Menschen heftige, impulsive und leidenschaftliche Gefühle, die sie im günstigen Fall nützen, um ihr Lebenspotential voll auszuschöpfen, und die sie antreiben, ihren Willen durchzusetzen und begehrte Ziele zu verwirklichen. Aggression hat in unserer Kultur fast immer einen negativen Beigeschmack, während wir sie doch für die kleinsten alltäglichen Verrichtungen brauchen: um ein Stück Fleisch zu zerschneiden, beim Autofahren Gas zu geben, eine feste Verpackung zu öffnen. Obwohl diese Tätigkeiten auf unserer gewohnten Bewertungsskala nicht mit dem Wort «Aggression» verbunden werden, steckt doch hinter allen das Prinzip, den eigenen Willen zu behaupten und sich zu nehmen, was man möchte. In diesem Sinn bedeutet Aggression auch, überlebensfähig zu sein, und entwickelte Mond/Mars-Typen nützen die in ihnen wohnende Kraft nicht, um einen Gegner rücksichtslos aus dem Sattel zu werfen, sondern um sich mit Nachdruck, aber auch mit Verständnis das zu holen, worum es ihnen geht.

Ein besonderer Vorteil dieser Konstellation ist die schnelle Auffassungsgabe. Wie alle Details der Umgebung instinktiv registriert werden, verarbeiten diese Menschen Informationen rasch und kompetent. Sie haben eher Mühe mit langwierigen Erklärungen und ausschweifenden Vorträgen, denn Geduld ist nicht ihre starke Seite.

Sie empfinden einen intensiven inneren Antrieb, etwas zu tun, aktiv zu werden, nicht bewegunglos zu verharren. Da sie sehr mit ihren Überzeugungen und Meinungen identifiziert sind, lassen sie sich ungern etwas sagen, beweisen aber auch den Mut zur Führung und die Bereitschaft zur Übernahme von Konsequenzen. Sie lieben es, sich immer wieder neuen Herausforderungen zu stellen und empfinden ein gleichmässig verlaufendes Leben, auch wenn sie es manchmal erträumen, als langweilig und sinnlos.

Die Bewusstheit ihrer Wahrnehmung von körperlichen Reaktionen und Funktionen bedingt, dass sie sich auf die eine oder andere Weise mit dem Thema Körper, Materie und Triebleben auseinandersetzen. Wird der Versuch einer Bewusstseinsentwicklung unternommen, stellt sich unweigerlich die Frage nach dem Sinn, Zweck und den Grenzen menschlichen Wollens. Während auf der einen Seite das starke Bedürfnis besteht, Grenzen zu überschreiten, tritt die Erkenntnis und das Akzeptieren menschlicher Begrenztheit hinzu, was in seiner Gesamtheit das Kennzeichen des reifen Menschen ist.

SONNE / MARS

DIE KÜRZESTE ANTWORT IST DIE TAT.
Englisches Sprichwort

Diese Konstellation gilt für: Mars in Haus 5, Sonne in Haus 1, Herrscher von Haus 1 in Haus 5, Herrscher von Haus 5 in Haus 1, Mars Konjunktion / Spiegelpunkt / Quadrat zur Hausspitze 5, Sonne Konjunktion / Spiegelpunkt / Quadrat zur Hausspitze 1 (Aszendent), Sonne im Aspekt zu Mars (Konjunktion, Spiegelpunkt, Quadrat, Opposition; Trigone und Sextile sind viel schwächer zu bewerten).

1. DER AKTIVE, DURCHSETZUNGSKRÄFTIGE VATER

Im Gegensatz zu Mond und Mars sind Sonne und Mars zwei Prinzipien, die sich gut miteinander vertragen, da sie beide Aktivität, Handlungsfähigkeit, Durchsetzungskraft und Selbstbestimmtheit symbolisieren. Während die Sonne sich mehr auf unser allgemeines Verhalten im Leben, unsere Fähigkeit, zu organisieren, Gefühle auszudrücken, vital und authentisch wir selbst zu sein, bezieht, hilft Mars, unsere instinktiven Bedürfnisse zu verwirklichen und, ohne viel nachzudenken, das zu tun und uns zu nehmen, was wir gerade wollen.

Mars entspricht einem gesunden Egoismus, der seine Energie nicht in falscher Rücksichtnahme, Unentschlossenheit und unangemessenen Skrupeln verpufft. Ist das Bild des Sonne/Mars-Vaters positiv gezeichnet, lebt er uns genau jene gesunde Mischung vor, die aus Wahrung der eigenen Belange und adäquater Verantwortlichkeit der Umwelt gegenüber besteht. Er ist auf selbstverständliche Weise dazu in der Lage, sich zu behaupten, und wird als Autorität akzeptiert, die Kraft, Vitalität und Schwung ausstrahlt.

Diese Väter sind meist sehr erfolgreich, wettbewerbsorientiert, ohne übermässiges Konkurrenzdenken und lieben es, ihre geistige, intellektuelle oder sportliche Stärke mit der anderer zu messen. Sie sind fair, haben aber eine Abneigung dagegen, etwas einfach so zu verschenken, da ihre Leistungsorientierung fordert, dass man für das, was man bekommt, etwas tun sollte. Diese Einstellung hat im günstigen Fall nichts mit der des Sonne/Pluto-Vaters zu tun, der erst dann bereit ist, sein Kind überhaupt zu akzeptieren, wenn es eine bestimmte, definierte und kaum zu verwirklichende Leistung erbracht hat, andernfalls ist es «durchgefallen», und sein Versagen wird ihm deutlich vor Augen geführt. Sonne/Mars-Väter geben einen Ansporn, sie möchten ihre Kinder motivieren, sei es zu einem Hobby, zu beruflichem oder privatem Erfolg, dazu, sich Anerkennung zu erarbeiten und Freude daran zu finden, wenn sie feststellen, dass sie in einer Disziplin gut oder sogar wirklich besser als andere sind.

Diese Väter haben oft einen grossen Bewegungsdrang, was sich in sportlichen Betätigungen, zahlreichen Aktivitäten und Immer-unterwegs-Sein zeigt. Es liegt ihnen nicht besonders, entspannt in der Ecke zu sitzen, ein gutes Buch zu lesen und Musik zu hören oder sich auf die Gefühle anderer Menschen mit all ihren Feinheiten und ihrer Komplexität einzulassen. Nicht dass sie Gefühle fürchten, wie das Sonne/Uranus und Mond/Uranus tun, sie sind ihnen einfach zu wenig greifbar, zu subtil und wirken wie etwas, was sofort zerbricht, wenn man etwas fester zupackt. Sie sind Handlungs-, nicht so sehr Beziehungstypen, und wer sich einen Menschen wünscht, der zu führen versteht, der ihnen Schwierigkeiten aus dem Weg räumt und der immer weiss, was zu tun ist, ist gut mit ihnen beraten.

Hilflos werden diese Väter, wenn das Kind weint, wenn es Kummer hat, wenn es krank ist. Sie sind nicht besonders geduldig, und es fällt ihnen schwer, jemanden zu pflegen oder das Gefühl emotionaler Geborgenheit zu vermitteln. Meist wurden sie selbst aufgezogen, ohne dass ihre Eltern nennenswert auf ihre Gefühle eingegangen wären, und nicht selten spielt das klassische Männerbild vom «richtigen Mann» hier eine Rolle.

Sonne/Mars-Väter erziehen ihre Söhne gern zu «richtigen Männern», die nicht gefühlsduselig sind, sondern mit beiden Beinen im Leben stehen. Aus diesem Grund treten sie früh in eine Wettbewerbssituation zu dem Kind, um es rechtzeitig zu «trainieren». Das gilt auch in gewissem Umfang für Töchter, von denen sie Intelligenz, schnelle Auffassungsgabe, Sportlichkeit und ein frisches, lebendiges Wesen erwarten. Nichts bringt diese Väter mehr in Verlegenheit bis hin zur Abneigung als Melancholie, Passivität, Schwäche.

Obwohl sie selbst gelegentlich zu Gefühlsausbrüchen neigen, entsprechen diese doch weniger dem Ausdruck eines differenzierten Seelenlebens als dem eines Dampfdrucktopfs, von dem gerade der Deckel abgeht. Sie zeigen dann heftig, was ihnen gerade passt und was nicht. Je nach Zusatzkonstellationen im Horoskop kann dies verschiedene Formen annehmen: Toben (besonders bei Mars im 5. Haus), Schimpfen (Merkur/Mars) bis hin zu Schlägen (Mars/Pluto, Mars im 5. Haus oder als Herrscher von Haus 5 im Quadrat zum Aszendenten).[1]

Insgesamt ist das Bild dieses Vaters als sehr positiv zu sehen, in jedem Fall, wenn man es unter dem Aspekt der Fähigkeit sieht, im Leben zurechtzukommen und um Lösungen nicht verlegen zu sein.

2. DER AGGRESSIVE VATER

Trotz der eigentlich günstigen Verbindung zweier Planetenprinzipien kann auch bei Sonne/Mars eine nicht unbedenkliche Problematik auftreten. Vor allem bei Sonne beziehungsweise Mars-Quadraten auf die entsprechenden Hausspitzen oder zusätzlichen Uranus- beziehungsweise Pluto-Konstellationen kann der Vater sich als ein Mensch erweisen, der cholerisch, unberechenbar und fordernd ist.

Er duldet keinen Widerspruch, erwartet absoluten Gehorsam, neigt zu Wutausbrüchen, wegen denen die gesamte Familie vorsichtig um ihn herumschleicht, um ihn nicht zu reizen. Seine Dominanz bestimmt den Lebensrhythmus, er ist der

Patriarch, dem sich alle fügen, wobei er allerdings auch nicht selten bereit ist, sich für die Menschen einzusetzen, für die er sich verantwortlich fühlt, vorausgesetzt, er bestimmt, wie alles zu laufen hat.

Das Verhältnis zu seinem Kind ist von einer starken Erwartungshaltung bestimmt, und während der im ersten Abschnitt beschriebene Vater einfach gerne den Ehrgeiz und die Leistungsbereitschaft seines Sohnes oder seiner Tochter anfeuern möchte, ist er jemand, der einen Mangel an Einsatz oder das Nichterreichen von Zielen nicht duldet. Sein Zorn wird häufig in Strafe umgesetzt, und er fragt nicht danach, wie sich das Kind dabei fühlen mag.

Statt einem anspornenden Vorbild bekommt das Kind das Gefühl, Gehorsam und Fügsamkeit seien die einzigen Methoden, um mit dem Leben zurechtzukommen, während doch sein eigenes Temperament auch in die Richtung einer autoritären, sich selbst behauptenden Persönlichkeit zeigt, oder besser gesagt zeigen würde, so man es liesse.

Im späteren Leben kann das zu einer Umkehrung führen, ein Vorgang, den die Psychologie «Identifikation mit dem Aggressor» nennt. Man übernimmt die Rolle desjenigen, der einen so sehr geplagt hat, als man noch zu jung war, um sich effektiv zu wehren, und gibt den Druck nach unten weiter, wiederum an Schwächere und an solche, die bereit sind, es mit sich machen zu lassen. Deshalb hat dieser Sonne/Mars-Typus einen Hang zu problematischen Mond/Mars beziehungsweise Mond/Pluto-Menschen, die durch sein Verhalten wiederum ihre eigenen negativen Muster und Erwartungen bestätigen können.

Wird die Aggression des Vaters als so negativ erlebt, dass eine Identifikation ausgeschlossen ist, kann es zu einer völligen Ablehnung jeglichen Ausdrucks von Zorn und anderen als negativ bewerteten Gefühlen kommen. Diese Menschen büssen dann einen Teil ihrer Lebendigkeit ein, während doch in ihnen heftige Emotionen brodeln.

3. DIE ABLEHNUNG DES ANIMALISCHEN

Eine weitere problematische Entsprechung ist die Ablehnung des Körperlichen und all seiner animalischen Aspekte durch den Vater. Er legt grössten Wert auf Sauberkeit, ist immer korrekt gekleidet, nimmt Anstandsregeln besonders dann wichtig, wenn sie sich auf den Ausdruck von Körperfunktionen wie Rülpsen, Schwitzen usw. beziehen.

Darüber hinaus besteht ein schwieriges Verhältnis zur Sexualität, die gleichzeitig fasziniert, wie sie auch nicht voll ausgelebt werden darf. Als Kompensation bieten sich Phantasien an, die häufig gewalttätigen Charakter haben, während man sich auf der konkreten physischen Ebene vor Gerüchen, Körperflüssigkeiten und dem Verlust der Kontrolle fürchtet. Auch das ist ein möglicher Grund für die oft sado-masochistischen Träume der Betreffenden: sie wollen zur Hingabe gezwungen werden und dazu, Sexualität leben zu müssen, was den Vorteil hat, dass man selbst unschuldig bleibt und die verinnerlichten Gebote des Vaters nicht übertritt. Die sadistische Seite des Ganzen erfüllt die geheimen Wünsche nach Stärke, Macht und danach, einmal sein zu dürfen wie ein Tier.

Im äusseren Auftreten zeigt sich hier meist eine besondere Kultiviertheit, bei der die physisch-triebhaften Aspekte unserer Natur in eine ästhetische Form gebracht werden.

4. ZUSAMMENFASSUNG DER WESENTLICHSTEN EIGENSCHAFTEN

Problematische Seite: Übersteigerte Aktivität – Aggression – Rücksichtslosigkeit – sich selbst zu Fall bringen.

Tritt Sonne/Mars in einer übersteigerten Form auf (= Häufung schwieriger Konstellationen) oder weist die Art der Verbindung darauf hin, dass die beiden Prinzipien nicht harmonisch, sich ergänzend und positiv verstärkend zusammenwirken können (bes. beim Quadrat), ergeben sich Charakterzüge, die sowohl am Vater bereits erlebt wurden, die aber Teil der eigenen Natur sind, wenn sie sich im praktischen Leben auch auf eine etwas andere Weise äussern werden, als dies beim Vater der Fall war, der durch eine andere Zeit und andere Wertvorstellungen beeinflusst war.

Das hohe Energiepotential, die Vitalität und Durchsetzungskraft dieser Konstellation können in ihr Gegenteil umschlagen und sich in einem rücksichtslosen, aggressiven, oft auch tyrannischen und diktatorischen Wesen äussern. Obwohl Sonne/Mars nicht das gleiche Mass an Destruktivität erreichen kann wie Pluto-Verbindungen, die ihre Zerstörung viel tiefgehender, oft weniger offensichtlich, dafür aber mit wesentlich mehr Durchschlagskraft inszenieren, symbolisiert Sonne/Mars doch den Krieg. Es ist die am offensichtlichsten aggressive Persönlichkeit, die Anpassung als Schwäche, Dominanz als Berechtigung dafür, dass man Recht hatte, interpretiert und deren Willensstärke sowohl beeindruckend als auch Angst einflössend sein kann.

Es ist schwer, mit diesen Menschen umzugehen, da Durchsetzung und Recht-Haben für sie zentrale Lebensmotive sind, die sie nicht in Frage stellen wollen. Deshalb lehnen sie auch häufig alle Disziplinen ab, die ein ruhevolles In-sich-hinein-Schauen und auch eine ehrliche Wahrnehmung innerer Zustände verlangen. Statt dessen bevorzugen sie alles, was sie in Bewegung hält, von sich ablenkt und ihnen ein Gefühl von Lebendigkeit verleiht: Permanente Geschäftsreisen, aktive Sportarten wie Tennis, Fussball, Skilaufen, die viel körperlichen Einsatz erfordern, eventuell zahlreiche, eher weniger tiefschürfende Sozialkontakte.

Eines der Grundprobleme von Sonne/Mars-Geborenen ist, dass sie ihre Berechtigung, zu existieren und zu handeln, daraus ziehen, dass sie sich stärker als andere fühlen (wollen und müssen). In vielen Fällen gibt ihnen ihr Erfolg recht. Da sie selten zögern und zaudern, sondern schon etwas getan haben, bevor weniger energetische Menschen überhaupt zu einem Ergebnis gekommen sind, sind sie den anderen oft um eine «Nasenlänge» voraus. Eiserne Entschlossenheit, ein kaum zu erschütterndes Vertrauen in die Richtigkeit ihrer Entscheidungen kann sowohl eine Lebensstütze sein, wie auch etwas, das bei Übertreibung wie ein Bumerang zurückschlägt.

Ihr Wille zur Selbstbehauptung wird vor allem dann sehr destruktiv, wenn sie ihrem Egoismus und ihren persönlichen Interessen den Vorrang einräumen. Die Folge ist, dass sie andere Menschen verständnislos, ja oft unmenschlich behandeln und versuchen, sie zu beherrschen, was zu erbitterten Machtkämpfen und zu Frustrationen mindestens auf einer Seite führen kann.

Schwierig ist es, das richtige Mass zwischen Aggression, also dem adäquaten Ausdruck von Zorn und Ärger, und Zurückhaltung aggressiver Impulse zum Wohle der allgemeinen Verständigung und des Friedens zu finden. Wenn man von dem Sonne/Mars-Typus absieht, der irgendwann einmal beschlossen hat, seine Wut so stark zu unterdrücken, wie er es nur vermag, neigt die Mehrzahl dazu, ihre Energie um jeden Preis in Selbstdurchsetzung zu stecken. Gibt es Probleme, so sehen die Betreffenden die Ursachen dafür so gut wie immer ausserhalb ihrer selbst. Dadurch vermeiden sie das Aufkommen von Ängsten, die Notwendigkeit, über die Konsequenzen ihrer Handlungen tiefer nachzudenken, und so überstehen sie mögliche Phasen des Selbstzweifels oder seelischer Konflikte ziemlich unbeschadet. Sie haben reichlich Abwehrstrategien zur Verfügung, um einer unangenehmen Konfrontation mit Wahrheiten und mit sich selbst aus dem Weg zu gehen.

Problematisch ist wahrzunehmen, dass andere Menschen auch berechtigte Bedürfnisse und Wünsche haben, da Sonne/Mars so sehr mit sich und seinem Wollen identifiziert ist. So bleibt die Fähigkeit zur Einfühlung in andere oberflächlich und trifft nur selten den Kern.

Je mehr ein Sonne/Mars-Geborener Erfolg hat, desto mehr wird er ihn als Beweis dafür interpretieren, dass er recht hat, dass er alles richtig gemacht hat und dass man auf ihn hören sollte. Menschen gegenüber, die ihm diese Autorität nicht uneingeschränkt einräumen wollen, ist er streitsüchtig und investiert viel Energie, um sie von seiner Meinung zu überzeugen. Auch fällt es ihm schwer, sich Grenzen zu setzen, wenn er etwas haben oder tun will, weil das Mars-Prinzip danach drängt, sich selbst und damit auch egoistische Belange durchzusetzen. Eigentlich fungiert es als gesundes Gleichgewicht zum Venus-Prinzip, das ein Zuviel an Offenheit, Hingabe und Annehmen bis zum Ausgenützt-Werden bedeuten kann. Gleitet Mars jedoch aus der Balance, wird aus einem sinnvollen «ich bin wichtig, du bist wichtig» ein egozentrisches Verhalten, das andere ignoriert.

Wenn Sonne/Mars-Geborene nicht zu Machtmenschen und rücksichtslosen Kämpfernaturen werden, wenn sie nicht ihren Lebensrhythmus anderen aufzwingen, kann das Destruktive in dieser Konstellation sich auch für den Betreffenden selbst auswirken, wobei hier die Verdrängungsmechanismen wesentlich weniger gut funktionieren. Immer wieder steht man vor einem Scherbenhaufen, bei dem man sich soviel Mühe gegeben hat, um ihn hinzubekommen. Während man noch alle Energie in eine ideale Form der Bewerbung, in das bestmögliche Verhalten in einer Konfliktsituation, oder ganz einfach in Alltagsverrichtungen steckt, gelingt es dem Betreffenden gleichzeitig unbewusst, einen «Pferdefuss» einzubauen, der sicherstellt, dass man das, was man mit der einen Hand aufgebaut hat, mit der anderen wieder umwirft. Diese Menschen erleiden immer wieder das Misslingen ihrer Bemühungen und betrachten mit Verständnislosigkeit, was geschehen ist. Tatsächlich ist dieser Vorgang auch schwer durchschaubar, denn auf einer vordergründigen Ebene hat man ja alles zum Gelingen getan. Die daraus resultierende und immer wieder sich selbst bestätigende Verunsicherung sitzt tief und wird zu einem Teufelskreis des Versagens. Hier ist es wichtig, auf die Suche danach zu gehen, welche frühen Botschaften einen vielleicht vom Erfolg abhalten oder ihn sogar verbieten, ob wir die Erlaubnis haben, im Leben Gewinner zu sein, oder ob wir die Tradition des Verlierens der Eltern fortführen sollen.

Positive Seite: Selbstbeherrschung – hohes Energiepotential – Mut –Selbstvertrauen – erfolgsorientiert.

Wer Sonne/Mars in seiner positiven Variante lebt, verfügt über bewundernswerte Vitalität, Durchsetzungskraft und Unternehmergeist. Keine Herausforderung ist ihm zuviel, denn sie wird als spannender Hürdenlauf und sportlicher Wettbewerb erlebt, bei dem der Beste siegt.

Diese Menschen sind die expansiven Unternehmer, die kämpferischen Manager, die erfolgreichen Sportler, manchmal auch Ärzte. Berufe, die Energieeinsatz, Durchhaltevermögen verlangen und Konfrontationen bieten, liegen ihnen am meisten, wiederholen sie doch die Form des Vaters, sein Kind zu motivieren und zu Bestleistungen anzuspornen.

Sonne/Mars-Frauen sind entweder beruflich stark engagiert oder die Herrinnen in ihrem Haus, die den Haushalt, alle Mitglieder und eventuelle Angestellte fest im Griff haben. Sie haben einen starken Willen, und beide Geschlechter befinden sich auf einer schmalen Gratwanderung zwischen der reinen Fähigkeit, Dinge in Angriff zu nehmen und sie durchzuführen, und dem Drang, immer und unangefochten der Boss zu sein.

Ihre lebendige, aktive und zupackende Ausstrahlung verleiht ihnen Autorität, sodass sich Schwächere gerne bei ihnen anlehnen und sich von ihnen führen lassen. Dies wiederum erfüllt ein Grundbedürfnis des Sonne/Mars-Typus, der gerne unabhängig sein, seine eigenen Interessen wahrnehmen und gleichzeitig Einfluss auf die Umwelt nehmen möchte.

Selbstvertrauen ziehen die Betreffenden aus ihrer uneingeschränkten Handlungsfähigkeit, und sie kommen erst dann ins Wanken, wenn sie trotz allem kämpferischen Einsatz nicht zum Ziel gelangen. Auf der Beziehungsebene kann das bedeuten, dass sie zwar allerhand beeindruckende praktische Klimmzüge unternehmen, um den Partner wieder von sich zu überzeugen, wenn er sie verlassen will, es aber nicht selten an Einfühlungsvermögen, Fingerspitzengefühl und Sanftmut mangelt, die mehr ein Charakteristikum introvertierter Menschen sind, die dafür im täglichen Leben weniger selbstverständlich und erfolgreich über die Runden kommen.

Besonders wenn Sonne/Mars noch zusätzliche Jupiter- oder Plutokonstellationen aufweist, neigen diese Menschen zu Abenteuer- und Reiselust, sie lieben es, wenn ihr Leben voll von aufregenden Ereignissen ist und sie von einem Erlebnis zum anderen jagen können (Jupiter), oder sie sind vorbildliche Führergestalten, konstruktive Chefs, entscheidungsfreudige Vorgesetzte.

Im Grunde stellt die Verbindung von Sonne und Mars eine reine, kraftvolle Energie dar, die in jede Richtung gelenkt werden kann. Obwohl sich durch die astrologische Technik feststellen lässt, welches der bevorzugte Schwerpunkt ist, gibt es auch hier noch zahlreiche Spielarten. In manchen Fällen kann diese eigentlich nach aussen gerichtete Energie auch nach innen gelenkt werden und intensive Bewusstseinsprozesse in Gang setzen.[2]

Immer wenn ein Mensch über ein hohes Mass an Durchsetzungskraft, Willen und Macht verfügt, und das gilt auch für Konstellationen wie Sonne/Pluto oder Mars/Pluto, besteht die entscheidende Frage darin, wie dieses Potential eingesetzt wird: ob ausschliesslich im Sinne der eigenen Interessen oder auch zum Wohle anderer, wobei Sonne/Mars sehr viel mehr an gesundem Egoismus zulässt als Pluto-Verbindungen.

---

[1] Vergl. Michael Roscher, *Der Mond,* S.175.
[2] Die genannten astrologischen Entsprechungen erheben keinen Anspruch auf Vollständigkeit, da das Horoskop ein sehr fein differenziertes Instrument ist, dem zahlreiche Ausdrucksmöglichkeiten für den gleichen Inhalt zur Verfügung stehen.

DIE JUPITER-KONSTELLATIONEN

Traditionell galt Jupiter als der Planet des grossen Glücks, und sicher ist er das, wenn diese Sichtweise auch ein wenig einseitig ist. Wie alle anderen Planetenprinzipien beschreibt Jupiter in erster Linie eine neutrale Energie, deren Merkmale Ausdehnung, Vergrösserung, Erweiterung sind. Dieses elementaren Begriffe können sich auf jedes Geschehen beziehen: auf die Expansion einer Firma, die Gewichtszunahme eines Menschen, Bewusstseinsentwicklung und Horizonterweiterung, Wohlstand und Blüte eines Landes, aber auch auf die Wucherungen von Krebszellen, Überschwemmungen und auf alles, was sich über das normale Mass hinaus vergrössert.

Das bedeutet, dass die Chance zu Reichtum und Glück, die Jupiter zu bieten hat, im schwierigen Fall auch ein überreichliches Wachstum von Dingen und ein Ausufern von Begebenheiten zur Folge haben kann, frei nach dem Motto Paul Watzlawicks: «Mehr vom Selben ist nicht immer besser.»[1]

Charakteristische Worte für Jupiter sind: Expansion, Ausdehnung, Ausweitung, Wachstum; Wucherung, Ausbreitung; Wissen, Weisheit, Einsicht, Erfahrung, Lernfähigkeit, Toleranz, Wohlwollen; Religiosität, Philosophie, Weltanschauung; Erfolg, Anerkennung; Beliebtheit; Optimismus, Jovialität, die «grosse Geste»; Suche nach dem Optimum; Förderung; Selbstherrlichkeit, Grossspurigkeit, Übertreibung, Masslosigkeit; Dünkelhaftigkeit, Arroganz; Materialismus; permanente Unzufriedenheit; Disziplinlosigkeit, Trägheit, Versorgermentalität.

MOND / JUPITER

GLÜCKLICH MÖGE ICH MEINEN WEG GEHEN.
MÖGE ES SCHÖN SEIN VOR MIR.
MÖGE ES SCHÖN SEIN HINTER MIR.
MÖGE ES SCHÖN SEIN UNTER MIR.
MÖGE ES SCHÖN SEIN ÜBER MIR.
MÖGE ES SCHÖN SEIN ÜBERALL UM MICH.
IN SCHÖNHEIT VOLLENDET SICH ALLES.
Gebet der Navaho-Indianer

Diese Konstellation gilt für: Jupiter in Haus 4, Mond in Haus 9, Herrscher von Haus 4 in Haus 9, Herrscher von Haus 9 in Haus 4, Jupiter / Konjunktion / Spiegelpunkt / Quadrat zur Hausspitze 4, Mond Konjunktion / Spiegelpunkt / Quadrat zur Hausspitze 9, Mond im Aspekt zu Jupiter (Konjunktion, Spiegelpunkt, Quadrat, Opposition; Trigone und Sextile sind wesentlich schwächer zu bewerten); Mond in Schütze.

1. Die inspirierende Mutter

Tritt Jupiter in seinem positiven Gewand in Erscheinung, haben wir das Glück, eine uns fördernde, inspirierende, alle Interessen unterstützende Mutter zu besitzen, die uns aufmunternd und verständnisvoll begleitet.

Sie lehrt uns nicht vor allem Anstandsregeln und Disziplin (Saturn), Perfektion und Leistung (Pluto), sie erdrückt uns nicht mit einer falsch verstandenen Mutterliebe (Uranus), und sie ist für uns auch nicht ein fremdes, geheimnisvolles Wesen, das sich in nichts auflöst, wenn wir es festhalten wollen (Neptun). Obwohl alle genannten Entsprechungen sich auf die problematische Seite des jeweiligen Planeten beziehen, so bleibt doch zu sagen, dass die Chance, mit Jupiter das bessere Ende der Möglichkeiten zu erhalten, grösser als bei anderen Planeten ist.

Mond/Jupiter-Mütter sind begeisterungsfähig, vielseitig interessiert, weltoffen und in der Regel tolerant. Sie bemühen sich zumindest um Verständnis dafür, was in ihrem Kind vorgeht und was es braucht, und haben genügend Einsichtsfähigkeit, um nicht unentwegt an ihm herumzuerziehen oder es zu einem anderen Menschen machen zu wollen. Dies alles gilt allerdings nur in dieser uneingeschränkt positiven Form, wenn nicht andere, widersprüchliche oder belastende Konstellationen wie die weiter oben genannten hinzukommen. Da Kinder mit einer Mond/Jupiter-Verbindung dazu neigen, ihre Mütter zu idealisieren und zu etwas Wunderbarem zu machen, weil in ihnen ein grosses Bedürfnis nach dem Besonderen, Verehrungswürdigen wohnt, bleibt es der kritischen Selbstüberprüfung überlassen, inwieweit die Mutter wirklich diese erfreulichen Eigenschaften vertritt und wo diese vor allem das Ergebnis intensiven Wunschdenkens sind.

Diese Mütter haben meist einen tiefgehenden Bezug zum Religiösen, wobei hier sowohl die christliche Religion, wie Pantheismus, jede andere religiöse Ausdrucksform oder die Philosophie gemeint sein können. Es handelt sich mehr um ein grundsätzliches religiöses Empfinden, das sich in der Liebe zur Natur und zu den Menschen, in einer Sehnsucht nach Begreifen und Einsicht, nach Wissen und Weisheit manifestiert, und nicht so sehr in der Anbindung an kirchliche Rituale, die zwar Bedeutung haben können, aber nicht der Essenz dessen entsprechen, was in der Seele dieser Menschen vorgeht.

Ebenso interessant sind weltanschauliche Fragen, Nachdenken über Gott und die Welt oder, wenn sich Mond/Jupiter weniger im religiös-spirituellen Sinn äussert, die Suche nach dem Optimum. Jupiter ist der Planet der Grösse, des Verlangens nach ständiger Expansion und Verbesserung, und die von ihm gekennzeichneten Menschen suchen auf dem für sie individuell bedeutsamen Gebiet nach Optimierung, Vervollkommnung und nach einem Zustand, der sie in Begeisterung versetzt, gleich, ob es sich um ein gekochtes Gericht, ein selbstgemaltes Bild, eine Einrichtung, ein Buch, eine Reise oder das Zusammensein mit Menschen, bei denen sie die «gleiche Wellenlänge» spüren, handelt.

Die eigene Interessensvielfalt und Begeisterungsfähigkeit teilt sich dem Kind mit. Bringt es ein neues Hobby, eine neue Freundin, das Verlangen, etwas auszuprobieren, mit nach Hause, kann es mit ziemlicher Sicherheit mit der Unterstützung seiner Mutter rechnen. Da sie selbst ständig auf der Suche nach «Input»[2] ist und nur selten genug hat, da sie schwer zufriedenzustellen ist, denn es ist nicht so leicht, bei allem, was man tut und erlebt, ein Optimum an Erfüllung und Zufriedenheit zu erreichen, kann sie sich in die Bedürfnisse ihres Kindes nach Aufregendem, Spannendem leicht hineinversetzen.

Mond/Jupiter-Geborene neigen wie ihre Mütter dazu, anzusammeln, wobei es sich hier nicht nur um Materielles handelt, sondern vor allem auch um geistige und emotionale Güter. Beeindruckend ist das aussergewöhnlich gute Gedächtnis, das wie ein Sammelbecken Eindrücke und Wissen speichert und dessen einzige Sorge zu sein scheint, es könne wieder etwas verlorengehen.

Die Inspiration und Motivation der Mutter kann auch in Richtung beruflichen und gesellschaftlichen Erfolges gehen. Wer von Jupiter geprägt ist, möchte gern beliebt und anerkannt sein, im Mittelpunkt stehen, und wenn es einen Alptraum gibt, dann den, ein Mauerblümchen zu sein, das unbeachtet und «ungegossen» in der Ecke vor sich hinkümmert.

Selbst im positivsten Fall hat Mond/Jupiter eine nicht zu übersehende Anspruchshaltung dem gegenüber, was das Leben, Partner und die Gesellschaft ihnen bieten soll. Dieser Anspruch kann eine gemässigte, selbstbeherrschte Form annehmen, bei der die Reife des Menschen bereit ist, natürliche Grenzen zu akzeptieren und zu erkennen, dass wir nun einmal nicht im Himmel, wo alles vollkommen ist, sondern auf der Erde leben. Diese Menschen sind dann trotz ihrer enthusiastischen Natur emotional relativ stabil, friedliebend und mit einem gesunden Optimismus versehen.

Auch sie neigen zu den später beschriebenen Stimmungsschwankungen, denn Jupiter macht alles, was er berührt, riesengross, und zwar in beiden Richtungen. Sie sind sich dieser emotionalen Veränderungen jedoch bewusst und haben es erreicht, dank eines gewissen Urvertrauens in sich zu ruhen. Eine Mutter, der es gelungen ist, diese Qualitäten zu entwickeln, wird für ihr Kind ein Vorbild sein, bei dem es gerne «am Modell lernen wird».

2. ÜBERTREIBUNG – WICHTIGTUEREI – GRÖSSENWAHN – DIE MANISCH-DEPRESSIVE NATUR DER MUTTER

Schlägt Jupiter in der anderen Richtung aus, vergrössert er all jene Eigenschaften eines Menschen, die nicht unbedingt erstrebenswert sind. Mütter, denen es nicht gelungen ist, eine gewisse Reife, Stabilität und Einsicht zu entwickeln, sind Persönlichkeiten, die der Berg- und Talfahrt der Gefühle, die ebenfalls eine Entsprechung von Mond/Jupiter ist, voll ausgeliefert sind. Sie sind emotional instabil, unberechenbar, wechseln in ihren Stimmungen von himmelhochjauchzend bis zuTode-betrübt, meist ohne dass für Aussenstehende irgendein konkreter Anlass erkennbar wäre.

Eine vermutliche Ursache auf der körperlichen Ebene ist in starken hormonellen Schwankungen zu suchen, die das emotionale Befinden steuern.[3] Da ein Kind jedoch diese komplexen Zusammenhänge noch nicht erfassen kann und es ausserdem selbst in seinem Hormonsystem von einer vergleichbaren Wechselhaftigkeit betroffen ist, kann sich das Verhältnis beider ziemlich schwierig gestalten.

Mond/Jupiter-Menschen sind orale Typen, die im Grunde ständig auf der Suche danach sind, «gefüttert» zu werden. Nachdem dieser Vorgang im Normalfall eher von der Mutter zum Kind vor sich gehen sollte und die Mutter dafür die Zuneigung des Kindes zurückerhält, ergeben sich komplizierte Verwicklungen, wenn beide gleichzeitig den Anspruch auf emotionale, geistige und / oder physische Ernährung stellen. Diese Haltung wird so gut wie immer auch in das Partnerschaftsverhalten hineingetragen, und die weiter oben beschriebene Tendenz, nie völlig satt, wirklich erfüllt, einmal zufrieden zu sein, steigert sich hier ins Masslose. Im extremen Fall sind Mond/Jupiter-Geborene eine Art Gierschlund, in dessen Rachen man beliebig viel hineinwerfen kann, und immer noch kommt ein mehr oder weniger lautes: «Ja, aber ...»

Diese Übertreibung im Habenwollen findet auch in allen anderen Lebensäusserungen statt. Mond/Jupiter-Geborene haben generell ein Verlangen nach Aufmerksamkeit und Anerkennung, die sich bei mangelnder Reife und Selbstbeherrschung in Selbstwichtigkeit, übertriebene Gesten und das Bedürfnis, immer im Mittelpunkt des Geschehens zu stehen, verwandeln. Haben die Betreffenden damit nicht den gewünschten Erfolg, neigen sie zu Hysterie, Depressionen und Sinnlosigkeitsgefühlen.

Der Geltungsdrang wird auch durchaus durch Angabe und Aufbauschen von Tatsachen ausgelebt, entweder, indem man berichtet, etwas «unendlich Tolles» erlebt, bekommen oder geleistet zu haben, oder indem einem etwas «ganz Schreckliches» widerfahren ist. Wie auch immer, alle Eindrücke werden übersteigert, und dies gilt auch für alle Sinneswahrnehmungen. Niemand hört so genau, was der Nachbar tut, niemand gerät so völlig aus der Fassung über den Lärm eines Rasenmähers, das Schnorcheln eines Erkälteten oder die falsche Wortwahl eines Gesprächspartners, und sei sie auch noch so harmlos gemeint, wie Mond/Jupiter. Wesentlich ist, dass die beschriebenen Eigenschaften sowohl Teil des Charakters der Mutter wie auch des Kindes sind, obwohl jeder von beiden seine individuelle Art hat, sie auszuleben und damit umzugehen, und natürlich auch einen unterschiedlichen Reifestand, wobei das Kind unter Umständen seine Mutter an Auffassungsgabe bei weitem überflügeln kann.

3. BELIEBTSEIN UM JEDEN PREIS – DIE SHOW – MUTTER IST AUFFALLEND, ABER OHNE TIEFGANG

Der unter Abschnitt 2 beschriebene Muttertyp hat noch eine etwas andere Variante, die sich darin äussert, dass die Mutter sehr viel Wert auf ein Image der Beliebheit und der Besonderheit legt und sich dafür – nach ihren Kriterien – auch viel Mühe gibt. Ihr Verhalten orientiert sich dann vor allem an der Frage, ob etwas gut ankommt, und sie ist weniger daran interessiert, eine echte Persönlichkeit zu zeigen, die sich ja immer dadurch kenntlich macht, dass der Mensch auch Ecken und Kanten hat, an denen er sich selbst und andere reiben, sondern ihre Persönlichkeit besteht darin, einen guten Eindruck zu machen und Ecken und Kanten möglichst wegzulassen. Diese Verhaltenweise weisen auch gelegentlich Menschen mit der Sonne im 9. Haus auf, betrifft es Mond/Jupiter, dann liegt darin die Inszenierung einer persönlichen Bedeutung, die nicht vorhanden ist.

Jupiter symbolisiert auch den Schauspieler, denjenigen, der eine Persönlichkeit und damit eine Rolle darstellt, die er nicht wirklich innehat. Hat das Kind eine solche Mutter, gibt es nur zwei Möglichkeiten: es kann sich durch Idealisierung über ihre wahre Natur, die eher als platt zu bezeichnen ist, hinwegtäuschen, oder es kann sich mit der enttäuschenden Erkenntnis des schönen Scheins konfrontieren, und dann wird die darin geknüpfte Enttäuschung meist zu einem wenig positiven Verhältnis der Mutter gegenüber führen. Solche Kinder fühlen sich dann oft abgelehnt oder auf gewisse Weise als Statist in der Privatinszenierung ihrer Mutter benutzt. Enttäuschung und Wut sind die Folge, und der sonst so freundliche Jupiter verwandelt sich in ein Lebensthema, bei dem alle Menschen mehr oder weniger unter dieser Perspektive gesehen werden. Einem Partner wird dann zum Beispiel schnell vorgeworfen, er produziere nur «heisse Luft» und alles, was er in Aussicht stellt und zu sein scheint, sei nur hohler Schein. Das Verlangen, sich trotzdem an eine Hoffnung auf Glück zu klammern und durch den Partner die echte Aufmerksamkeit und Bestätigung zu bekommen, an der es die Mutter hatte fehlen lassen, wechselt ab mit Phasen, in denen man nicht bereit ist, diesem eine Chance einzuräumen. Vor allem wenn im Partnerschaftsbereich (3. Quadrant und Venus-Konstellationen) zusätzlich Pluto-Themen zu finden sind, wird der Partner schnell unter einem bestimmten Licht abgestempelt, das sich jedes Mal problematisch auswirkt, sobald dem Mond/Jupiter-Geborenen eine Laus über die Leber läuft.

4. Probleme im Umgang mit Genuss und dem Annehmen von wohlgemeinten Gesten – Bedürfnis nach Fülle versus inneres Verbot

Eine andere Form der problematischen Jupiter-Thematik, die sich astrologisch vor allem auch über Quadrat- und Oppositionsaspekte äussert, ist die Schwierigkeit im angemessenen Umgang mit den eigenen, intensiven Bedürfnissen, Wünschen und Antrieben.

Obwohl eine Mond/Jupiter-Verbindung immer die «Suche nach dem Wunderbaren»[4] und das Verlangen nach Faszination und seelischem oder materiellem Reichtum signalisiert, kann es nach aussen doch genau umgekehrt aussehen. Meist liegt darin eine Familientradition verborgen: schon die Mutter hat gelernt, sich «allzuviel» Genuss zu verkneifen, nicht so «unmässig» zu sein und die eigene ausufernde Natur zu zügeln. Das gilt ebenso für banale Alltagsdinge, wie sich eine teurere Gesichtscreme zu gönnen, das schickere, aber kostspieligere Kleid zu wählen, eine gute Flasche Wein zu trinken und Tage einzulegen, an denen man einfach Spass hat, wie für eine grundsätzliche Lebenseinstellung und Lebenssicht. Diese Mond/Jupiter-Mütter tun dann so, als seien sie Mond/Saturn-Menschen, für die Masshalten, Selbstdisziplin und eine gewisse Zurückhaltung wichtige Themen und auch Aufgaben darstellen. Botschaften sind: «Lebe nicht» beziehungsweise «Mässige dich», «Verlange nicht zuviel vom Leben», «Schäme dich für deine Masslosigkeit». Über Generationen hinweg wird der Auftrag weitergegeben, sich nicht zuviel an Lebensfreude und Geniessertum zu gönnen, und wenn man sich schon etwas Gutes tut, dann wird man etwas wählen, was ungeeignet ist oder was man im Grunde gar nicht wollte. Auf jeden Fall kommt heraus, dass man sich sowohl um den Einsatz als auch um das Spielergebnis gebracht hat.

In gewisser Weise ähnelt diese Neigung der von Sonne/Mars-Typen, die sich auf der konkret-praktischen Ebene selbst ein Bein stellen, obwohl sie sich doch so sehr um den Erfolg bemüht haben. Der Unterschied besteht darin, dass Sonne/Mars um jeden Preis erfolgreich sein will, denn sich selbst zu behaupten, sich durchzusetzen ist für diese Menschen eine Art Lebenselixier, während Mond/Jupiter das Erreichen des gewünschten Zieles ausschliesst, sei es aus moralischen Gründen («Es ist unethisch, so gierig zu sein») oder einfach, weil es ihnen an Selbstvertrauen mangelt, um sich die Erlaubnis zu geben, das Leben auszukosten.

Wenn es sich um einen durch zusätzliche Problemkreise induzierten Mangel an Selbstwertgefühl handelt, ereignen sich wiederum die extremen emotionalen Schwankungen, die weiter oben schon besprochen wurden, und die Betreffenden pendeln zwischen manischen Phasen des Grössenwahns, in denen sie sich für allmächtig halten und Perioden, in denen sie ganz unten in der «Hölle» sitzen und sich überhaupt nicht vorstellen können, dass es für sie irgendwann einmal Lebensglück, Erfüllung und ein Gefühl von Sinnhaftigkeit geben kann.

4. ZUSAMMENFASSUNG DER WESENTLICHEN EIGENSCHAFTEN

Problematische Seite: Übertreibung – Unfähigkeit, im Gleichgewicht zu sein – Stimmungsschwankungen – Wichtigtuerei – Ablehnen von Genuss.

Der Planet Jupiter fordert uns auf, das Leben bis zu seiner Neige auszuschöpfen. Da aber die Erde ein Ort der Beschränkungen ist – und das ist auch für die geistigen Räume wahr, denn auch dort gibt es nicht mehr, als unser Vorstellungsvermögen zu fassen in der Lage ist – besteht die von ihm gestellte Herausforderung darin, dieses Ausschöpfen so uneingeschränkt wie möglich und so angemessen wie nötig zu tun, eine Aufgabe, die nicht immer leicht ist und die ein hohes Mass an Reife voraussetzt, wenn Extreme in der einen oder anderen Richtung vermieden werden sollen.

Während der Phase der kindlichen Persönlichkeitsentwicklung, aber auch im normalen Alltagsbewusstsein des Erwachsenen, wird sich diese Energie seltener in einem kraftvollen, aber realitätsbewussten Optimismus äussern als in einem Schwanken zwischen heissem Begehren, Hoffnungslosigkeit, jemals ans Ziel zu gelangen, und erneutem Aufschwung. Dieses Auf und Ab ist für die meisten Mond/Jupiter-Geborenen ein lebensbegleitender Umstand, der ihnen selbst ziemlich auf die Nerven geht, aber auch ihre Umwelt heftig strapazieren kann.

Da eine blendende Laune blitzartig in Verdrossenheit und Depression kippen kann, auch in Beleidigtsein oder cholerische Ausbrüche, und man nie so genau weiss, wann dieser Effekt eintritt, kann es geschehen, dass man mit den Betreffenden «wie auf rohen Eiern» umgeht, als würden sie ständig das Motto aussenden: «Störe meine Kreise nicht.»[5] Das Aufbauschen der eigenen Empfindungen führt auch zu Rücksichtslosigkeit und Grobheit anderen gegenüber, während sich der Betreffende im vollen Recht fühlt: er kann es ja so stark empfinden, wie recht er hat.

Besonders auffallend ist die Fähigkeit von Mond/Jupiter, Kleinigkeiten zu enormen Ereignissen hochzustilisieren, was bedeutet, dass man entweder von ihren Erzählungen besser die Hälfte abzieht oder dass sie sich unentwegt durch irgendetwas gestört, belästigt, beleidigt, persönlich betroffen oder überfordert fühlen. Meist leiden sie selbst unter ihrer Hypersensibilität, die aber in erster Linie auf die ausserordentlich feine Wahrnehmung auf der Ebene der Sinnesorgane zurückzuführen ist als auf wirkliches Einfühlungsvermögen, das erst bei entwickelten Persönlichkeiten zum Vorschein kommt.

Kaum jemand hört so gut, schmeckt so intensiv, riecht so differenziert und sieht alles und jedes auf einen Blick wie diese Menschen. Obwohl die meisten Menschen eine solche Eindrucksoffenheit für beneidenswert halten würden, hat sie für die Betreffenden doch den unangenehmen Nebeneffekt, dass es so sehr schwierig wird, Balance und damit innere Ausgeglichenheit herzustellen.

Mit Sicherheit sind Jupiter-Gefühle nie lauwarm, durchschnittlich oder unklar, es sei denn zusätzliche Konstellationen (bes. Uranus und Neptun) weisen in diese Richtung. Alle Empfindungen und Eindrücke drängen sich unmittelbar, direkt und heftig auf, und es gibt nur zwei Arten, darauf zu reagieren: In der Mehrzahl der Fälle spielen sich mehr oder weniger freudvolle Dramen in ihrem Inneren ab, Leidenschaftlichkeit, Anteilnahme, gesteigertes Interesse und Verlangen nach Befriedigung wechseln mit Talfahrten ab. Die anderen Mond/Jupiter-Geborenen wehren sich gegen jeden Anflug von Impulsivität und gegen alles, was das Gefühl von Lebendigkeit und Wohlbefinden steigern könnte, nicht absichtlich natürlich, aber so, als ob sie gemäss eines inneren Gebotes, oder besser Verbotes, handeln.

Die Tendenz zum «Verliererskript» (siehe Kapitel «Der Lebensplan») zeigt sich auch in der hartnäckigen Weigerung zu sehen, wenn andere einem Gutes tun wollen oder, wenn man es schon sieht, es dann auch anzunehmen. Immer finden sich irgendwelche Gründe, warum man das, was man ja eigentlich schon gerne hätte, zurückweisen muss, und es bleibt der versteckte, wenn auch leidvolle Gewinn übrig, dass man sich nicht zuviel herausgenommen hat und damit ein anständiger Mensch geblieben ist.

Umgekehrt suchen problematische Mond/Jupiter-Typen Situationen auf, wählen Partner oder nehmen Angebote an, von denen von vornherein klar ist, dass sie weder ein glückliches Ende nehmen noch Befriedigung versprechen, und sie sind grossartig darin, sich an der rechtzeitigen Erkenntnis dieses Umstandes vorbeizumogeln. Ihre Strategie heisst hier Hoffnung. Sie finden immer wieder Gründe dafür, dass «in Zukunft» alles besser werden wird ...

Auf bestimmte Weise leben Mond/Jupiter-Geborene immer im Zustand der Hoffnung, was einerseits eine grosse Kraft sein kann, andererseits aber auch zu Oberflächlichkeit, Leichtfertigkeit, Anmassung und Selbstüberschätzung führen kann, da sie sich, gestützt auf dieses Gefühl, weigern, sich mit der Realität und ihren Konsequenzen zu konfrontieren. Bleibt die Hoffnung allzulange unerfüllt, nehmen sie Zuflucht zu einer Art Missionstrieb, mit dem sie versuchen, die betreffenden Menschen zu überzeugen oder Situationen hinzubiegen.

Grossartigkeit ist eines der Schlagworte, wenn Jupiter seine Liebe zur Übertreibung auslebt. In den manischen Phasen, in denen alles möglich zu sein scheint, machen die Betreffenden grossartige Gesten, verausgaben sich seelisch, materiell und physisch über jede sinnvolle Grenze hinaus. Sie wollen unbedingt wichtig sein und erreichen das durch Grossspurigkeit, Angabe und allem, was sie in die Lage versetzt, ihre Umwelt zu beeindrucken. Sie sind dann der schillernde Mittelpunkt einer Party, der gewichtige Redner einer Tagung, der bedeutungsschwangere Lehrer, der seine Weisheit und Erleuchtung auf einem Tablett vor sich her trägt. Der englische Dramatiker Sir William Gilbert definierte Übertreibung folgendermassen: «Die Übertreibung ist lediglich ein bestätigendes Detail, das einer sonst schmucklosen und wenig überzeugenden Schilderung Ansehen verleihen soll.» Da Mond/Jupiter nichts weniger schätzt als Schmucklosigkeit, Einfachheit und das «Übliche», bietet sich Ausschmückung um des Eindrucks willen immer an.

Eine Herausforderung besonderer Art ist auch der Alltag mit all seinen Routineangelegenheiten, Detailarbeiten und Sachzwängen. Mond/Jupiter-Menschen unterliegen einem ganz eigenen Tagesrhythmus, der von der Veränderlichkeit ihrer Gefühle, ihrer Selbstwahrnehmung und ihrer allgemeinen Befindlichkeit bestimmt wird. Deshalb fällt es ihnen schwer, genaue Terminpläne einzuhalten, fit und konzentriert zu einem bestimmten, definierten Zeitpunkt zu sein und vor allem auch die innere Motivation aufzubringen, etwas zu tun, wozu sie eigentlich gerade keinerlei Lust verspüren.

Jupiter und Saturn sind Gegenpole und wo der sich eine (Saturn) zuviel an Kontrolle und Selbstbeschränkung aufzwingt, ist das Handicap des anderen ein Zuviel an Lässigkeit, Selbstnachgiebigkeit, Passivität und ein Mangel an Engagement. Gelegentlich wirkt sich die Anspruchshaltung dieser Konstellation in einer Versorgermentalität aus, bei der erwartet wird, dass einem die «gebratenen Tauben zum Mund hereinfliegen» und man möglichst keinen Finger dafür krumm machen muss. Während Saturn eher an das Märchen vom Schlaraffenland erinnert, wo man sich mühselig durch den süssen, dicken Brei hindurchessen muss, um ans Ziel seiner Wünsche zu kommen, entwerfen Mond/Jupiter-Menschen entweder ein Bild des Armen, Schwachen von sich, dem man einfach unter die Arme greifen muss, oder sie sind so erfüllt und überzeugt von dem Gefühl einer Berechtigung dessen, was ihnen zusteht, dass sie gar nicht auf die Idee kommen, man könne ihnen ernsthaft etwas verweigern. Tatsächlich hilft ihnen diese absolute Sicherheit häufig zu bekommen, was sie wollen, egal ob zu Recht oder nicht, und damit findet sich die Überleitung zu dem, was als die positive Seite dieser Konstellation anzusehen ist, nämlich in dem im nächsten Abschnitt zitierten Wort Somerset Maughams.

Positive Seite: Unerschütterlicher Optimismus – Urvertrauen – Schwung – Verlangen nach dem Begreifen übergeordneter Zusammenhänge – Einsicht und Weisheit – Suche nach dem Sinn – Toleranz.
Somerset Maugham meinte: «Das Komische am Leben ist: Wenn man darauf besteht, nur das Beste zu bekommen, dann bekommt man es häufig auch.» Da Mond/Jupiter-Geborene im Normalfall selbst bei schwierigen Konstellationen irgendwo in sich die Überzeugung hegen, sie seien zu etwas Besonderem, Besseren geboren, strahlen sie dies auch aus, und ihr Flair ist dann so zwingend, dass man ihnen bereitwillig gibt, was sie für selbstverständlich halten. Wer sich nicht durch ein unglückliches Verhalten alle Chancen selbst verbaut, hat ohnehin das Wiegengeschenk der Beliebtheit mitbekommen, Beliebtheit bei den Menschen, Beliebtheit beim Volk (Politikerkonstellation), Beliebtheit bei den Frauen.

Kein anderer Planet ist in der Lage, unserem grundsätzlichen Welterleben soviel an Optimismus, Schwung, Elan und der Fähigkeit, sich nicht entmutigen zu lassen, zu schenken, sofern wir seine Qualität richtig erfassen. Das breitgefächerte Interessensspektrum gepaart mit einem hervorragenden Gedächtnis und einem intensivem Vorstellungsvermögen, die starke Empfänglichkeit für alle Formen von Eindrücken machen Menschen von grossem inneren Reichtum aus ihnen.

Ihr Einfallsreichtum erzeugt Kreativität, kann aber auch gleichzeitig zu einer Übersteigerung von Ängsten führen. Nur wer eine lebhafte Phantasie besitzt, ist auch in der Lage, sich Ungewöhnliches vorzustellen, im Guten wie im Schlechten. Phantasielose, nüchterne Menschen kommen nicht auf die Idee, was alles geschehen könnte, sie bleiben innerhalb ihres normalen gedanklichen Rahmens. Mond/Jupiter aber kann die Fäden einer Erzählung, eines Ereignisses und das Ausmalen alptraumhafter Visionen beliebig fortführen und intensivieren. Kommen Pluto-Konstellationen dazu (Mond/Jupiter/Pluto) kann es zu psychotischen Schüben kommen, bei denen man sich verfolgt und geängstigt fühlt. In welche Richtung auch immer der Strom fliesst, die Betreffenden sehen sich einer unaufhörlichen Flut von Sinneseindrücken ausgesetzt, die sie gleichzeitig gierig in sich aufnehmen, während sie ihnen auch zuviel werden kann.

Im Grunde aber sind diese Menschen von einer beneidenswerten Unbekümmertheit und einem elementaren Vertrauen in das Leben, was auch auf die glücklich verlaufene Zeit im Mutterleib zurückzuführen ist, bei der die einzige Störung in den weiter oben erwähnten hormonellen Schwankungen liegt, die eine emotionale Instabilität bei Mutter und Kind auslösen. Ansonsten ist die Schwangerschaft harmonisch, die Mutter freut sich auf ihr Kind, und das Kind ist in der glücklichen und von der Natur ursprünglich so konzipierten Lage, das Gefühl völligen Einsseins zu erleben.

Diese Sehnsucht nach Verschmelzung, Harmonie und Einheit mit allem und jedem begleitet die Betreffenden lebenslang. Jupiter entspricht der Zahl Drei, die wiederum die Synthese aus zwei (oder mehr) verschiedenen Dingen bedeutet. Einheit zu schaffen, etwas so zusammenzufügen, dass es optimal ineinanderpasst, Reibungsflächen abzubauen ist ein wichtiger seelischer Grundantrieb. Der Erfahrung des Getrenntseins, die zum ersten Mal auftritt, wenn das Baby sich als getrennt von der Mutter erlebt, gleicht deshalb einem Schock, der nur langsam verarbeitet wird und durchaus angsterzeugend ist. Gleichzeitig ist er der Motor dafür, das Wiedervereinigende zu suchen und den Sinn zu ergründen, der hinter allem liegt.

Mond/Jupiter-Geborene sind ihr Leben lang auf der Suche nach sich selbst, nach dem «alle Fragen beantwortenden, alle Probleme lösenden Schlüsselerlebnis».[6]

Je nach persönlicher Interessenslage und Entwicklungsstand kann sich diese Suche in Reiselust äussern, die niemals endet, da man alles einmal gesehen haben möchte, in inneren Reisen in Form von Meditation, psychoaktiven Techniken, Therapie und einem Verlangen nach Rauschzuständen und Ekstase. Immer möchte man die innere und äussere Grenze sprengen und zu etwas gelangen, was noch wunderbarer, noch ekstatischer, noch faszinierender und erfüllender ist, sei es in der Sexualität, durch Selbsterfahrung, durch Eindrucksüberflutung. Diese Suche nach dem Stein der Weisen, nach der letzten Erklärung, führt zur Beschäftigung mit religiösen, ethischen oder philosophischen Fragen, und wenn sich Mond/Jupiter nicht in ein grossspuriges Lästermaul verwandelt, weil sich andere Probleme unbewältigt und erdrückend auswirken, wohnt eine Form von Ehrfurcht vor und Liebe zum Leben in ihm, die auf andere Menschen heilend und motivierend wirken kann.

Die Gabe, Dinge in ihrer Ganzheit zu sehen beziehungsweise Einzelinformationen zu einem Ganzen zusammenzufügen, das Sinn macht und verständlich wirkt, bewirkt ein Lebensgrundgefühl, bei dem alles mit allem verbunden ist. Mond/Jupiter-Geborene sehen das Leben und seine Manifestationen nur selten als etwas voneinander Getrenntes an. Tief in ihnen wohnt die Überzeugung, dass, was immer wir tun, Auswirkungen auf den Rest der Welt haben wird. Es ist ein inneres Bild der Vernetzung, bei dem neben einem magischen Empfinden auch das Gefühl einer Verantwortlichkeit entsteht und die Notwendigkeit, wenigstens zu versuchen, alles und jeden zu verstehen.

Wenn es einen Typus gibt, der das positive Denken in seiner reinen Form vertreten kann, dann sind es diese Menschen. Sie glauben fest daran, dass sich die

Dinge verwirklichen, die sie in ihrem Inneren spüren und anstreben, und zwar so, wie sie diese wünschen. Dieses magische Denken, das auch zum Beispiel in der «Silva-Mind-Methode»[7] angewendet wird, liegt tief im Unbewussten der Betreffenden verborgen und zeigt sich vor allem dann, wenn etwas geschieht, was sie sich sehr gewünscht haben, und sie irgendwie die Überzeugung verspüren, ihr Verlangen habe dies zustande gebracht. Schlimme Auswirkungen kann diese Neigung haben, wenn ein Kind sich zum Beispiel in einem Augenblick des Zorns etwas für andere Schädliches wünscht, dies eintritt und das Kind sich nun unabdingbar verantwortlich fühlt.

Eine der schönsten Eigenschaften von Mond/Jupiter ist die Fähigkeit zu echter Toleranz. Man kann alles stehen lassen, es akzeptieren, ohne es zu verurteilen, was nicht unbedingt heisst, dass man bei allem mitmachen würde oder dass, auf einen selbst bezogen, es gleichgültig ist, was wie geschieht. Es ist ein einfaches Annehmen und Stehenlassen und dabei doch seinen eigenen Weg gehen. Romano Guardini drückte diese Haltung mit den Worten aus: «Jesus hat gesagt, du sollst alle Menschen lieben, aber er hat nicht gesagt, dass wir alle in unser Haus einladen müssen.»

Lassen die Konstellationen der Sonne, die das konkrete Verhalten beschreiben, es zu, gleicht Mond/Jupiter ein wenig dem «Hans im Glück». Vielleicht gewinnt er – auf der materiellen Ebene – nicht gerade viel dazu, aber immer ist er in der Lage, die neue Situation positiv einzuschätzen und sich auf das nächste Abenteuer zu freuen. Er zieht unbekümmert durchs Leben, und um jede Ecke winkt etwas, worüber man sich freuen kann, auch wenn es Ereignisse sein sollten, die andere Menschen in Zorn, Angst und Schrecken oder Frustration versetzen sollten. Mond/Jupiter glaubt fest daran, dass ein Schiff vorbeikommen wird, um ihn mitzunehmen, wenn es brenzlig wird und die «Flut steigt».

SONNE / JUPITER

UNTER MIR IST DIE ERDE, DIE MUTTER MEINES PHYSISCHEN SEINS.
ÜBER MIR IST MEIN LEITSTERN, DER FÜR IMMER LEUCHTET.
HINTER MIR SIND DIE ERINNERUNGEN, DIE ICH BEFREIE.
VOR MIR IST DAS LICHT, DAS ICH ENTDECKE.
ZU MEINER RECHTEN KOMMT DIE KRAFT DES VERSTANDES.
ZU MEINER LINKEN FLIESST DAS WISSEN DER HEILUNG.
UM MICH HERUM IST DIE FREUDE ALLER JAHRESZEITEN.
Magisches Gebet

Diese Konstellation gilt für: Jupiter in Haus 5, Sonne in Haus 9, Herrscher von Haus 5 in Haus 9, Herrscher von Haus 9 in Haus 5, Jupiter / Konjunktion / Spiegelpunkt / Quadrat zur Hausspitze 5, Sonne Konjunktion / Spiegelpunkt / Quadrat zur Hausspitze 9, Sonne im Aspekt zu Jupiter (Konjunktion, Spiegelpunkt, Quadrat, Opposition; Trigone und Sextile sind wesentlich schwächer zu bewerten).

1. DER INSPIRIERENDE VATER

Während Mond/Jupiter-Mütter ihren Kindern Anregung und Motivation vor allem durch ihre eigene Vielseitigkeit, durch Gespräche oder sanfte Einflüsse vermitteln, setzt der Sonne/Jupiter-Vater seine Ideen, wie das Kind zu fördern sei, sehr aktiv in die Tat um.

Zeigt es Interesse an Büchern, Filmen oder Sammelgegenständen, wird er sich darum kümmern, dass sie zur Stelle sind und, wenn er es sich leisten kann, meist mit finanzieller Grosszügigkeit. Wichtiger als sein Konto ist ihm in der Regel das Erweitern des Wissensspektrums seines Kindes. Freude bereitet es ihm zu sehen, wie das Kind aufblüht, sich Dinge aneignet, intelligent und mit Überblick Zusammenhänge erfasst und wie es seinen Platz im Leben erobert.

Er hat wenig Bedürfnis, das Kind in eine vorgefasste Form zu pressen, und auch gesellschaftliche Spielregeln sind ihm nur bedingt wichtig, nämlich dann, wenn er auch ihre Sinnhaftigkeit einsehen kann. Kommen zusätzlich Saturn- oder auch noch Uranus-Konstellationen dazu, wird er allerdings zu einem widersprüchlichen Menschen, dem Toleranz und Freiheit über alles wichtig sind, der sich aber doch gleichzeitig vom Diktat allgemeiner Massstäbe und Benimm-Regeln bestimmt fühlt. So wechseln dann Rebellion und Sich-Fügen ab, und ebenso wirkt er auf sein Kind ein.

Jupiter-Väter sind Autoritäten, die andere durch ihre Ausstrahlung, ihre Akzeptanz, ihre Jovialität beeindrucken. Sie sind nie langweilig, haben meist, wenn es ihre Ausbildung und Lebensumstände zuliessen, ein umfangreiches Wissen, das in die humanistische, ethische, religiöse Richtung geht. Auch Kosmogonie (Lehre von der Entstehung des Weltalls) oder Astrophysik können zu ihren Interessen zählen und so ziemlich alles, was ihnen interessant genug erscheint, wobei zu beachten ist, dass sie zwar möglichst alles wissen wollen,[8] ihnen aber Details weniger liegen. Lieber möchten sie die Quintessenz eines Buches, einer Wissenschaft, einer Lehre erfassen, als all ihre vielen Einzelheiten nachvollziehen.

Selbst wenn zusätzliche Planetenverbindungen anzeigen, dass der Vater auch eine melancholische, widersprüchliche, strenge oder uneinsichtige Seite in sich hat, weist Sonne/Jupiter auf einen wesentlichen Persönlichkeitsanteil in ihm hin, der das Leben, die Natur und die Menschen liebt, der empfänglich für alle Arten von Eindrücken ist, der das Leben als ein Wunder empfindet, dem er mit Achtung und Staunen begegnet. Seine vielfältigen Begabungen sind gepaart mit der Gabe, praktisch, tüchtig, organisierend und produktiv zu sein, was ihn meist zu einem erfolgreichen Menschen macht, der andere motivieren und anleiten kann.

Als Vorgesetzter verfügt er über Toleranz und Grosszügigkeit, ohne deshalb das Heft aus der Hand zu geben, und er ist beliebt. Da er sich für alles interessiert und ihn meist auch eine besondere Reiselust antreibt, immer neue Horizonte zu erforschen, ist er oft weltgewandt, gesellschaftlich versiert und stellt eine Persönlichkeit dar, die man nicht so leicht übersieht.

Diejenigen Väter, die ihre Reisen lieber in ihrem Inneren machen, neigen dazu, viel zu lesen, sich Kenntnisse anzueignen und sich auf eine Reise zu sich selbst zu begeben, die jedoch ebenso von Neugier und Wissensdrang getragen ist und nach dem «Immer-mehr-und-immer-Weiter» sucht, wie ihre Gegenpole, die sich in das äussere Leben stürzen und erfolgreiche Manager, bekannte Vertreter einer philosophischen oder schriftstellerischen Richtung, einer neuen Theorie oder Ärzte usw. werden.

Dieses Vaters wesentlicher Antrieb, den er auch auf sein Kind überträgt, ist es, spannende Erfahrungen zu machen und der Langeweile und Banalität Tür und Tor zu verschliessen. Nicht so leicht ist dabei das Masshalten, und es kann vorkommen, dass der Sonne/Jupiter-Vater in seinem Drang, das Kind zu fördern, es überfordert, zum Beispiel wenn es in einem noch frühen Kindesalter beginnt, Briefmarken zu sammeln und in ein Album zu stecken, weil es «so schöne bunte Bildchen sind», an denen es sich erfreut, und sein Vater ihm begeistert riesige Sammelwerke schenkt, in denen es sich nicht zurechtfindet und die nur für einen Philatelisten geeignet sind. Sein Zuviel an Engagement bewirkt dann genau das Gegenteil: er erstickt die Begeisterung seines Kindes im Keim. Dieser Effekt ist häufig zu beobachten und lässt sich wiederum in dem Buchtitel von Paul Watzlawick *Vom Schlechten des Guten – Hekates Lösungen*[1] zusammenfassen: «Mehr vom selben ist nicht immer besser.» Je mehr und je extremer wir in eine Richtung gehen, desto grösser ist die Wahrscheinlichkeit, dass wir wie in einer kreisförmigen Bewegung am entgegengesetzten Ende wieder herauskommen und das Gegenteil von dem erreichen, was wir eigentlich angestrebt hatten.

Insgesamt jedoch ist der Sonne/Jupiter-Vater verständnisvoll, offen, gelegentlich beweist er zu wenig an Genauigkeit und Überprüfung dessen, was das Kind tut und wie es etwas tut. Einen Ausgleich dafür bietet sein Gefühl für Freude, Spannendes, Kreatives und Schönes im Leben. Trotz seiner Aktivitätsbereitschaft und seiner Energie übersieht er manchmal Aufgaben, die er seinem Sohn oder seiner Tochter gegenüber wahrnehmen müsste, was für das Kind ein Mangel an Anleitung und Unterstützung bedeutet, während es doch seinem Vater kaum böse sein kann.

Schwierig wird es, wenn dieser Vater die Fähigkeit vorleben soll, Frustrationen zu tolerieren, sich zusammenzunehmen oder Zurückhaltung zu üben, alles Eigenschaften, die seinem Gegenpart Sonne/Saturn entsprechen. So bekommen diese Kinder eine erhebliche Menge an Förderung und Bestätigung, müssen sich aber gleichzeitig auf vielen Ebenen selbst den Weg suchen und herausfinden, über welche Stufen man zu einem bestimmten angestrebten Ergebnis kommen kann und welche Feinheiten dabei zu beachten sind.

2. Übertreibung – Mangel an Selbstdisziplin – Wichtigtuerei – der manisch-depressive Vater – Untreue

Da Jupiter in seiner reinen Form Expansion, Zunahme, Wachstum und Vergrösserung symbolisiert, übt er auf alle Themen, mit denen er astrologisch verbunden ist, den entsprechenden Einfluss aus. Im Prinzip ist er eine neutrale Kraft, und um herauszufinden, wohin seine Energien gehen, müssen wir seine Stellung im Geburtsbild genau untersuchen.

Jupiter kann uns «Wiegengeschenke» geben, die, je nach Art seiner Position im Horoskop, glückliche Erfahrungen oder problematische wie die weiter unten genannten hervorbringen.

Handelt es sich um einen Vater, der sich der Rolle der Jupiterkraft in seinem Leben nicht bewusst ist (und um das zu können, muss man nicht zwangsläufig astrologisch versiert sein, sondern nur in der Lage, sich von Zeit zu Zeit selbst zu beobachten), werden Aufgaben wie das Entwickeln eines Realitätsbewusstseins ohne Über- beziehungsweise Untertreibung, kontinuierliches Nachhalten, konstant bei einer Sache bleiben zu einer grossen Herausforderung.

Mond/Jupiter hat ständig neue, grossartige Ideen im Kopf, die er auch unbedingt, voll missionarischem Drang in die Tat umsetzen will. Mit beeindruckendem Talent teilt er anderen seine Vorstellungen mit, und seine eigene Überzeugungskraft ergreift auch schnell von den Menschen um ihn herum Besitz. Seine Worte geben den Blick auf zusätzliche Chancen und Möglichkeiten frei. Muss sich sein Elan dann im Alltag mit seinen Routinen beweisen und ist er aufgefordert, für die Konsequenzen seines Handelns einzustehen, kommt es bei ihm rasch zu einem Gefühl der Beengung, während die Sonne als Symbol des Verhaltens Orientierung, Sammlung der Kräfte und Geradlinigkeit zu erzeugen versucht. Sie beschreibt, trotz aller möglichen astrologischen Einschränkungen, die sich in ihrem Themenkreis finden lassen mögen, unsere Fähigkeit, ein «freies Kind» zu sein, uns selbst zu gefallen und in unserem Lebensausdruck anderen zu genügen.

Die Anbindung an das, was Menschen in ihrem Umfeld sagen, denken, meinen, hält sie ziemlich in Atem, denn sie müssen sich ständig um die Aufrechterhaltung dieses Bildes bemühen. Gleichzeitig empfinden viele Sonne/Jupiter-Geborene schnell aufflammende Begeisterung, die jedes Lob dreifach kaut und glücklich wie ein Schwamm aufsaugt und die auch bewirkt, dass sie sich gerne und schnell in Abenteuer und in alles stürzen, was «Sport, Spiel, Spannung» verspricht.

Weist die Art der Mond/Jupiter-Verbindung auf eine zwischen beiden Prinzipien spannungsgeladene Atmosphäre hin, kann das Talent zum Lebenskünstler, dazu, Freiheit im zwischenmenschlichen Bereich zu empfinden, ohne die menschlichen Grenzen zu leugnen, über längere Zeit brach liegen oder sich zu einem ständigen Kampfthema entwickeln, bei dem die Betreffenden unentwegt von einer nicht stillbaren Sehnsucht und dem starken Verlangen nach Aufmerksamkeit geplagt werden, ohne dass sich so recht eine Aussicht auf Verbesserung und Erfolg einstellen mag. Konkurrenz ist für sie ebenfalls ein Thema, wobei es sich hier nicht um den Urinstinkt handelt, demzufolge nur der Bessere und Stärkere überleben (Mars) wird, sondern mehr um eine geistige Einstellung, die sowohl den Weltenkenner wie den selbstverachtenden Versager produzieren kann. Im ungünstigen Fall wird Konkurrenz jedoch als bedrohlich erlebt, der Konkurrent wird überlebensgross, man selbst schrumpft zu einem unbedeutenden Häuflein zusammen, welches zwar schnell wieder an Selbstvertrauen und Stärke gewinnt, diese aber im nächsten Durchgang schon wieder verlieren kann.

Sonne/Jupiter-Geborene lassen sich so leicht faszinieren, dass ein geschickter Werbeträger viel Aussicht auf den Absatz seines Produktes hat, sofern er nur auf den richtigen Knopf drückt und den tiefen Wunsch der Betreffenden nach Inspiration, Begeisterung und genügend Zukunftsmusik bereitstellen wird.

Da die meisten Menschen mit dieser Konstellation eher bequem sind, lassen sie sich gerne von anderen mitziehen und von deren Ansichten und Interessen beeinflussen. Diese Einstellung, die von ihrer Umgebung instinktiv erfühlt wird, kann in vielerlei Hinsicht genutzt werden, um die Betreffenden über Schmeicheleien, Bewunderung, Bestätigung in die Richtung zu manipulieren, wo man sie gern hätte. Je unbewusster dieser gegensätzliche Impuls in diesen Menschen ist, je weniger sie sich selbst die Erlaubnis geben, diese ihre Bedürfnisse an den Tag zu bringen und einzufordern, umso mehr rutschen sie in die quengelige Rolle des ewigen Unzufriedenen, der erwartet, dass etwas optimal klappt, wenn er es schon einmal in die Hand nimmt.

Frustrationen, Ausdauer, auch die unabwendbare Notwendigkeit, gelegentlich Unerfreuliches einstecken zu müssen, lösen in ihnen einen heftigen Zorn aus, der dann je nach Zusatzkonstellationen explosiv und unvermittelt, dafür umso heftiger herauskommt (Uranus) oder der so lange kontrolliert und zurückgehalten wird, wie es nur irgendwie möglich ist (Saturn, Pluto). Wie auch immer, das Zurückdrängen von Emotionen ist für Sonne/Jupiter eine der schwierigsten Aufgaben und er löst sie oft dadurch, dass er sich in eine ungeeignete Berufslaufbahn, die falsche Firma, den für seinen Bedarf unpassenden Wohnort oder in Beziehung zu Menschen begibt, die seinem Naturell zutiefst fremd sind, wodurch aber eine anfängliche Faszination erreicht wird.

Sonne/Jupiter-Menschen sind auch die geborenen Schauspieler, und auch wenn dies nicht zu einem beruflichen Engagement führt, so ziehen sie doch eine intensive Lebensfreude daraus, einmal anders zu sein, als sie es sonst sind. Auch wenn es nur eine vorübergehende Rolle ist, bietet sie doch das an, was ihr Leben reicher macht: das Spiel mit den Möglichkeiten. Spielt man seine Rollen nur auf der privaten Bühne, ereignet sich das Gleiche nur in einer weniger dramatischen Form. Unentwickelte Persönlichkeiten referieren dann über eine Zukunft, in der sie «Millionäre» sind, wo der Erfolg nur so über sie hereinprasseln wird, obwohl es dafür zur Zeit noch keinerlei realistische Anzeichen gibt.

«Think Big» muss von einem jupiter-betonten Menschen formuliert worden sein, denn genau das ist das Motto, und hier scheiden sich die Geister: Einige sind mit soviel Zähigkeit und Fleiss, aber auch durch fördernde elterliche Unterstüt-

zung aufgewachsen, dass ihnen dieser Slogan sozusagen tief in die Seele eingeprägt ist und sie beste Chancen haben zu bekommen, was sie erwarten, solange sie
nur einigermassen auf dem Boden der Tatsachen bleiben.

Die anderen fühlen zwar, wie dieses Bedürfnis in ihnen wühlt und sich trotz
aller Bemühungen nicht endgültig verdrängen lassen will, stehen aber so stark unter dem inneren Gebot der Zurückhaltung und Mässigung, dass sie immer wieder
in die Falle gehen, ihre wahre Natur zu verschleiern und sich genehmigte Ersatzidentitäten zu suchen.

Da sie nichts mehr hassen als detaillierte, langwierige Puzzlearbeiten und
meist auch ihr Vater in dieser Hinsicht kaum ein nachahmenswertes Vorbild war,
aber gleichzeitig immerzu Befriedigung und innere Ruhe gesucht werden, haben
sie in manchen Fällen eine Neigung zu wichtigtuerischem, aufbauschendem bis
angeberischem Verhalten. Sie drängen sich in den Mittelpunkt der Aufmerksamkeit, und ihr angeborenes Gefühl, zu etwas Besonderem berufen zu sein, schenkt
ihnen die Ausstrahlung, mit der sie, zumindest zeitweise, bei anderen sehr erfolgreich sein können.

Nicht selten stehen jedoch hinter der jovialen Gelassenheit, die Sonne/Jupi-
ter demonstriert (es gibt keine Probleme, es gibt nur Lösungen!), Unsicherheit,
Versagensängste und Anmassung zugleich. Da man sich unbewusst als das Zen-
trum des Universums empfindet, so wie sich alle Planeten nun einmal um die Sonne herumbewegen, erscheint ein Platz an der Sonnenseite des Lebens wohlver-
dient und gerade gut genug für sie.

Bei aller zur Schau getragenen Selbstsicherheit wird dann trotzdem oft nur
eine Fassade daraus, die man sich zulegt, um Beliebtheit sicherzustellen, so wie
auch Würdigung und Anerkennung. Dieses Auftreten sagt anfangs vielen Menschen zu, mögliche Ecken und Kanten im Verhalten, das viele Menschen stören
könnte, entfallen, denn Sonne/Jupiter poliert gerne an seinem Heiligenschein der
Tadellosigkeit und an dem Eindruck, dass er etwas Aussergewöhnliches sei.
Gleichzeitig verstehen es die Nativen geschickt, ein angenehmes Bild von sich, vor
sich selbst und anderen gegenüber zu inszenieren.

Im Umgang mit den beruflichen Anforderungen, aber auch bei Freundschaften und Beziehungen, erwartet Sonne/Jupiter ein hohes Mass an Befriedigung
und ist schnell gelangweilt. Im Grunde bleibt ein Mensch mit einem betonten Jupiter im Horoskop ein «puer aeternus beziehungsweise eine puella aeterna», der
ewige Jüngling, die nie erwachsene Kindfrau. Und so praktisch, materialistisch
und gewandt sie sich präsentieren können, sie behalten in ihrer Persönlichkeit einen kindlichen Anteil, der einerseits ihren Charme ausmacht, andererseits aber
auch zu Standpunktlosigkeit und der ständigen Suche nach weltlichen Befriedi-
gungen führt und dies so vollkommen wie nur irgendmöglich, denn der anspruchs-
volle Jupiter gibt sich nicht so leicht zufrieden. Weniger freundlich Gesinnte
könnten Mond/Jupiter und Sonne/Jupiter als das «berühmte Fass ohne Boden»
bezeichnen, in das sie ohne Aussicht darauf fallen, dass sie jemals genug bekommen.

«Ideale» Partner für diese Menschen sind diejenigen, die ein Thema der Entbehrung, des Sich-zusammenreissen-Müssens, der Verpflichtung gegenüber der Umwelt in sich tragen. Daraus entsteht ein apartes Spiel, bei dem der Jupiter-Mensch seine Zweifel und Wünsche am anderen abdeckt, der wiederum sein Programm des Entsagens durchspielt. Jeder hat einen Spielgewinn, Jupiter bekommt die volle Aufmerksamkeit und geniesst den würdevollen Platz, den er beim anderen einnimmt, während dieser zwar bereit zum Geben ist, aber eigentlich nur, weil er hofft, irgendwann einmal etwas zurückzubekommen und endlich jene Bedeutsamkeit im Leben eines Menschen zu verwirklichen, die er im Verhältnis zu seinem Vater nicht erhielt.

Auf diese Weise können sich problematische Sonne/Jupiter-Typen perfekt in eine Verliererrolle hineinmanövrieren, während sie doch eigentlich nur ihren Traum für sich selbst an anderen ausleben. Wie bescheiden man hier auch auftreten mag, dahinter verbirgt sich immer ein mehr oder weniger grosser Anspruch auf eine Führungs- und Autoritätsrolle. Weil man sich aber nicht zutraut, erfolgreich zu sein, sucht man Begründungen, zeigt «Verständnis» für andere, die sich schon ein grösseres Stück von dem Kuchen geholt haben.

Gleichzeitig verdoppeln die eigentlich bequemen Jupiter-Typen ihre Anstrengungen oft auf eine Weise, mit der sie sicherlich nicht an ihr Ziel kommen. Spätestens kurz davor, wenn schon alles geregelt scheint, gelingt es ihnen mit unbewusster Geschicklichkeit, das Ganze noch einmal – zu ihrer eigenen Trauer – über den Haufen zu werfen. Solche Kinder haben von ihren Eltern Botschaften, die ihnen untersagen, wirklichen Erfolg zu haben oder gar die Eltern beziehungsweise den Vater zu übertrumpfen.

Neben dem kaum zufriedenzustellenden Bedürfnis nach Fülle ist das wichtigste Thema der Konstellationen Mond/Jupiter und Sonne/Jupiter die starke Wechselhaftigkeit der Gefühle. Ebenso wie diese Mütter sich innerhalb kürzester Zeit von Hochs in Tiefs und wieder zurück begeben können, neigen auch die Väter zu Stimmungsschwankungen und Launenhaftigkeit. Wie sehr diese Charaktereigenschaft im Aussen sichtbar wird oder nicht, hängt von eventuellen zusätzlichen Konstellationen ab. Aber selbst wenn ein Vater seine seelischen Zustände nach aussen gut kaschiert, wird ein Kind sie instinktiv mitbekommen. Darüber hinaus erfolgt die Interpretation des Vaterbildes aus der Sonne/Jupiter-Verbindung ja am Horoskop des Sohnes und der Tochter und sagt deshalb zwar sehr viel darüber aus, wie das Kind seinen Vater erlebt hat, aber vor allem auch darüber, welche Eigenschaften es selbst hat.

Ähnlich wie bei einer Stimmgabel antwortet das Kind vor allem auf die Schwingungen des Vaters beziehungsweise der Mutter, die Teil seines eigenen Wesens sind, auch wenn es diese Charakterzüge nicht auf eine mit der Art der Eltern völlig identische Weise ausleben wird. Unser Leben ist vom Resonanzgesetz bestimmt, was nichts anderes bedeutet, als dass wir nur auf die Dinge reagieren, für die wir in uns eine Empfangsbereitschaft angelegt haben. Übertragen auf die Sonne/Jupiter-Verbindung heisst das, dass der Betreffende selbst – ähnlich wie sein Vater – zu einem Verhalten neigt, das von Launen, emotionalen Schwankungen und Übertreibungen gekennzeichnet ist. Obwohl diese Charakterisierung negativ klingen mag, ist sie doch in erster Linie neutral zu sehen: als Preis für einen seelischen Reichtum und für intensive Empfindungen zahlt man mit heftigem Auf und Ab, wobei schon esoterische Lehren, und vor allem auch der Buddhismus, bereits vor langer Zeit deutlich gemacht haben, dass wir nicht vollkommenes Glück erfahren können, wenn wir nicht auch den dazugehörigen Gegenpol kennen, denn der Mensch ist seinem Wesen nach ein duales Wesen. Er kann Dinge nur erfahren, indem er sie in Gegensatz zu etwas setzt.

Eine weitere Entsprechung für Sonne/Jupiter ist der Vater, der sich eifrig auf die «Balz» begibt. Besonders die Verbindungen Herrscher von Haus 5 in Haus 9 und von Haus 9 in Haus 5 weisen in die Richtung eines Don Juan. «Ob blond, ob braun, ich liebe alle Fraun», scheint ihr Motto zu sein, und sie stillen ihre Lebens- und Abenteuerlust durch zahlreiche Tändeleien oder Affären. Gleichermassen ist bei diesen Konstellationen beim Horoskopeigner eine Tendenz in diese Richtung zu vermuten und es ist sicherlich nicht einfach für einen Partner, einen Menschen mit dieser Planetenverbindung auch nur halbwegs zu Beständigkeit und Treue zu bewegen.

Für die Verbindung von Haus 4 und Haus 9 (Mond/Jupiter) gilt das nicht im gleichen Umfang, denn während das 5. Haus unter anderem auch Erotik und Sexualität symbolisiert, ist das 4. Haus eine Entsprechung unserer innerseelischen Verfassung, die im Normalfall nicht in Aktivität mündet.

3. DER VATER ALS AUFFALLENDE PERSÖNLICHKEIT UND ALS MITTELPUNKT – DIE SHOW – ZURSCHAUSTELLUNG UND THEATRALIK

Wie schon aus den obigen Abschnitten hervorgeht, hebt eine Jupiterverbindung den durch sie beschriebenen Menschen irgendwie aus dem Alltäglichen heraus. Wie fundiert und echt das ist, was man da zu sehen bekommt, lässt sich manchmal auf den ersten Blick nicht sagen.

Jupiter-Persönlichkeiten können eben wirkliche Autoritäten sein, denen jedoch die Strenge oder Dogmatik von Saturn- beziehungsweise Plutopersönlichkeiten fehlt. Gleichzeitig aber wollen sie in jedem Fall hoch hinaus und das unabhängig davon, was sie an persönlichem Fundament zu bieten haben.

Sie stehen gern im Mittelpunkt, hassen es, übersehen zu werden, und verstehen es, die Aufmerksamkeit auf sich zu lenken, sobald sie abzuebben droht. Wer dies nicht auf eine Weise tut, die durch Wissen, wirkliche Reife und der Fähigkeit, im Angemessenen zu bleiben, bestimmt ist, wird zum Applaus heischenden Schauspieler, zum Wichtigtuer, und seine grossspurigen Gesten verhindern das, was er gerade sucht: Beliebtheit und Anerkennung.

Die Fähigkeit Jupiters, sich in Situationen, Gefühle und Rollen hineinzusteigern, hat jedoch auch ihre gute Seite: Sie schafft wirklich grosse Schauspieler,

Künstler ihres Faches, die jede Rolle mit ihrem ganzen Sein erfüllen. Manchmal wird dann die Unterscheidung zwischen Dichtung und Wahrheit zu einem Problem.

4. PROBLEME IM UMGANG MIT GENUSS UND SINNENFREUDE – VON ZWEI MÖGLICHKEITEN DIE SCHLECHTE WÄHLEN – «ALLES, WAS SPASS MACHT, IST ENTWEDER VERBOTEN ODER MACHT DICK»

Schwierige Sonne/Jupiter-Verbindungen (bes. Quadrat und Opposition) können auch auf eine Übertreibung in die Richtung weisen, bei der man sich selbst wenig Gutes tut. Über Generationen hinweg wurde in der väterlichen Linie die Botschaft weitergegeben, Sinnenfreude und Genuss seien unmoralisch, nicht akzeptabel und zu vermeiden. Eine lange Tradition lehrt das Kind, nicht zu oft in den Spiegel zu schauen («Du wirst doch nicht etwa eitel sein!?»), Essen als Notwendigkeit, aber nicht als Freude anzusehen und «massvoll» in seinen Wünschen zu sein. Auch der Ausdruck von Gefühlen, alle spontanen Reaktionen und das Bedürfnis nach sinnlichen Erfahrungen aller Art sind verpönt.

Als Folge entwickeln die Betreffenden Probleme im freien Umgang mit ihrer Sexualität, getrauen sich nicht, das «Salz auf ihrer Haut»[9] zu spüren oder dem Leben freudvoll zu begegnen. Diese Botschaft kann auch sehr versteckt gegeben werden, was dazu führt, dass man selbst durch kluge Manöver verhindert, zu dem zu kommen, was man sich eigentlich wünscht und was man bräuchte. Die hierfür am besten geeignete und am häufigsten angewendete Methode ist die, sich Partner auszusuchen, die so konträr sind, dass ein Happy-End nicht zu erwarten ist (trotz aller vorausgegangenen Hoffnungen, die für Jupiter so typisch sind), einen Beruf zu wählen, der sich als unbefriedigend herausstellt, eine Lebenssituation zu schaffen, die nach aussen bestens aussieht, innerlich aber Leere aufkommen lässt.

Oft ist scheinbarer Genuss vorhanden, man besitzt viel, jedoch ohne wirklich Freude daran zu haben, oder man schafft sich Dinge an, die sich letztlich als Ballast herausstellen. Immer dann, wenn eine Wahl ansteht, werden diese Menschen sich im Zweifel für die ungünstigere Variante entscheiden, die zwar manchmal interessant und vielversprechend wirkt, sich aber dann als etwas anderes als das Erwartete herausstellt.

5. ZUSAMMENFASSUNG DER WESENTLICHEN EIGENSCHAFTEN

Problematische Seite: Emotionale Unausgeglichenheit – Übertreibungen und Masslosigkeit – Suche nach einer nicht irdischen Vollkommenheit und Erfüllung – Selbsttäuschung.
Wer den Roman *Das Bildnis des Dorian Gray* von Oscar Wilde gelesen hat, kennt die unerfreuliche Seite von Sonne/Jupiter. Dorian Gray, der Schöne, bleibt

immer so jung, attraktiv und vollkommen, wie er es zu dem Zeitpunkt war, als ein befreundeter Maler ein Porträt von ihm anfertigte. Doch dieses Bild zeigt auf erschreckende Weise seine innere Verwandlung: immer mehr entwickelt er sich zu einem Menschen, der Erfüllung nur noch über Genuss, Sinnenfreude und dem Spiel mit den eigenen Gefühlen und denen anderer sucht. Ein kalter Ästhetizismus erfüllt ihn, der kein Mitfühlen kennt. Da er die Schattenseite des Lebens völlig verdrängt und sich weigert, sich Verantwortung, Pflicht und Problemen zu stellen, führt ihm sein anderes, verstecktes Ich in Form des Gemäldes seine wachsende seelische Hohlheit, Hässlichkeit und Zügellosigkeit vor.

Obwohl diese Persönlichkeitsspaltung auch unter den Themenkreis des Uranus einzuordnen ist, besteht hier doch ein eindrucksvolles Beispiel dafür, wie tragisch es sich auswirken kann, wenn wir unser Leben ausschliesslich auf die «Sonnenseite des Lebens» ausrichten und dafür bereitwillig Moral, Ethik und die Bereitschaft, an uns zu arbeiten und unser Leben mit Sinn zu erfüllen, opfern.

Wie Dorian Gray neigen Sonne/Jupiter-Menschen dazu, in irgendeiner Richtung zu übertreiben, sei es im Überschwang ihrer Gefühle, in ihrem Ausdruck von Zorn und Hass (sofern andere Konstellationen dies nicht verhindern), in der Art und Weise, wie sie eiskalt sein können, in Form von Verschwendung, einem Zuviel an Grosszügigkeit, die nicht selten auf einer Form von Desinteresse beruht. Es ist nicht besonders schwierig, tolerant und freigebig mit etwas zu sein, woran einem ohnehin nicht sonderlich viel liegt oder wofür man sich nicht anstrengen mag. Die Richtungen, die diese Übertreibung einschlagen kann, sind vielfältig und abhängig von zusätzlichen Planetenaussagen. Gemeinsam aber ist allen, dass sie das rechte Mass verloren haben und dadurch ein Ungleichgewicht anzeigen.

Passivität und Nachgiebigkeit, vor allem sich selbst gegenüber, sind weitere Eigenschaften. Jupiter, die römische Entsprechung des griechischen Zeus, schätzt Mühe, Anstrengung und Selbstdisziplin wenig und schon gar nicht, sich etwas zu versagen. Diese Geisteshaltung mündet in ein «Laissez-Faire», bei dem man immer den Weg des geringsten Widerstandes geht. Kontinuierliche Bemühungen und dauerhaftes Arbeiten, das Akzeptieren der täglichen Routine und banaler Alltagsarbeiten, all das wird schon allein wegen des ständigen emotionellen Schwankens zum Problem, aber auch, weil Jupiter immer auf der Suche nach dem Besonderen ist, nach dem «Kick». Bleibt dieser zu lange aus, wird er missmutig und beginnt an seinem Leben, seinen Beziehungen, seiner Arbeit zu zweifeln.

Der amerikanische Topmanager Iacocca hat ein Buch mit dem Titel *In Search of Excellence* geschrieben, was mit «Auf der Suche nach Spitzenleistungen» ins Deutsche übersetzt wurde. Obwohl diese Übersetzung sicherlich dem entspricht, was er mit seinem Buch ausdrücken wollte, bedeutet der Satz doch ganz einfach: «Auf der Suche nach dem Besonderen, Ausgefallenen, Hervorragenden». Genau dies beschreibt die Motivation von Sonne/Jupiter-Geborenen, und der kritische Punkt dabei ist lediglich, ob sie diese Suche im Sinn einer echten Leistungsorientierung betreiben, also bereit sind, für das Besondere auch Einsatz zu bringen, oder ob sie erwarten, irgendjemand oder das Schicksal habe ihnen Erfolg, Glück und Zufriedenheit selbstverständlich zu überreichen.

Das ständige Verlangen nach dem Optimalen erzeugt, wenn es nicht kontrolliert und bewusst eingesetzt wird, eine frustrierende Jagd nach etwas, das es in dieser materiellen Welt mit all ihren Unvollkommenheiten nicht gibt. Ob das der Traum von einer Beziehung wie im Märchen (... und sie lebten glücklich immerfort), vom einem idealen Land, das immer eines ist, wo man sich gerade nicht aufhält, von einer noch interessanteren und bedeutenderen Position, einem neuen Kleid, einer bestimmten Stereoanlage ist, der Sonne/Jupiter-Mensch wird immer, wenn er am Ziel seiner Wünsche angekommen ist, eine leise Enttäuschung und ein Unbefriedigtsein empfinden und sich wieder auf die Suche nach einem neuen Objekt machen, von dem er hofft, dass es hält, was es zu versprechen scheint.

Hoffnung kann eine Stärke oder eine Schwäche sein. Jupiterbetonte Menschen hoffen auch dann noch auf die ersehnte Wendung oder glückliche Fügung des Schicksals, wenn alle anderen schon längst «das Handtuch geworfen haben». Diese Fähigkeit bewahrt sie vor manchen depressiven Phasen, und der immer auf den Horizont gerichtete Blick hilft, das nicht zu sehen, was direkt vor der eigenen Haustür geschieht. Hoffen kann bedeuten, dass wir schliesslich siegen, weil wir nicht aufgegeben haben, aber sie kann auch zum Selbstzweck werden und ein von der Realität abgekoppelter Zustand sein.

Viele Sonne/Jupiter-Geborene legen ein faszinierendes, verführerisches, flirtendes, oft auch dramatisches Verhalten an den Tag, das andere ebenso begeistern kann, wie sie es übertrieben finden können. Reichhaltige Gestik, Stimmelodie, Mimik, Wortwahl, Bewegung und eine gekonnte, sich interessant machende Selbstdarstellung machen sie zu auffallenden Persönlichkeiten. Gleichzeitig schaffen sie ständig Stress, positiven wie negativen, weil nichts völlig normal und gemässigt ablaufen kann. Ihre leidenschaftlichen Ausbrüche, das Heischen um Aufmerksamkeit und Bewunderung, gepaart mit der Unfähigkeit oder zumindest einem Mangel an Willen, sich bestimmten Zwängen und Pflichten unterzuordnen und dafür sich auch einmal selbst zurückzustellen, bewirken, dass sie in Beziehungen schwierige, wenn auch faszinierende und niemals langweilige Partner sind.

Im ungünstigen Fall bedeutet Sonne/Jupiter die Inflation des Ego. Erfüllt von Selbstwichtigkeit sehen sich die Betreffenden als Dreh- und Angelpunkt allen Geschehens und können sehr unangenehm werden, wenn ihnen diese Rolle allzu sehr abgesprochen wird. Wer aber folgsam die strahlende Sonne umkreist und seinen Obulus an Bewunderung entrichtet, wird mit Grosszügigkeit, Jovialität und allerlei Gunstbeweisen belohnt.

Positive Seite: Optimismus – sich nicht unterkriegen lassen – Toleranz, Einsicht und Verantwortlichkeit – Erkennen von Zusammenhängen – Suche nach dem Sinn.

Herzlichkeit, Offenheit, Wärme sind die schönen Seiten von Sonne/Jupiter. Trotz der schnellen Stimmungswechsel und der intensiven emotionalen Reaktion auf Ereignisse nehmen diese Menschen selten etwas krumm, und wenn schon, dann sind sie ebenso schnell wieder versöhnlich gestimmt, wie sie vorher beleidigt waren.

Ihre Überschwenglichkeit nimmt jedem, der gerade trübe oder ärgerliche Gedanken hegt, den Wind aus den Segeln. Voller Phantasie und mit einer gewissen Melodramatik gestalten sie ihr Leben und setzen es in Szene wie ein eindrucksvolles, spannendes Schauspiel.

In besonderem Masse sind ihnen Lebensfreude, Spontaneität und impulsives Reagieren gegeben, was sie echt und warmherzig erscheinen lässt. In ihren positiven Phasen tun sie anderen einfach gut, bauen sie auf, überzeugen sie durch ihren eigenen Optmismus («Es gibt keine Probleme, es gibt nur Lösungen») und helfen ihnen, wieder Perspektiven zu entwickeln.

Viele Sonne/Jupiter-Geborene haben eine intensive sexuelle und erotische Ausstrahlung, sie wirken anziehend auf Menschen beiderlei Geschlechts und man sagt ihnen ein gewisses Flair nach. Oft legen sie Wert auf gutes Aussehen, haben Geschmack im Styling, suchen stilsicher das Richtige aus. Ein bisschen steht immer das Bedürfnis nach Bewunderung und Anerkennung dahinter, man möchte gefallen, beliebt sein, bemerkt werden.

Das selbstverständliche Vertrauen, das Sonne/Jupiter schenkt, macht die Betreffenden zu belastungsfähigen, lebhaften und sehr produktiven Persönlichkeiten. Auf Grund ihrer Vielseitigkeit und Fähigkeit zur tieferen Einsicht in Zusammenhänge sind sie gute, überzeugende Organisatoren, Berater oder Verkäufer. Sie können meist von allem etwas, dafür nicht unbedingt nur von einem sozusagen alles. Es geht ihnen mehr um den grossen Überblick, die Weite des Horizonts, das Erfassen möglichst vieler Eindrücke und Fakten, als um Spezialisierung, die mehr ein Plutothema ist.

Entwickelte Sonne/Jupiter-Geborene haben jedoch gelernt, sich Grenzen aufzuerlegen und nicht auszuufern. Trotz ihrer extrovertierten Natur kennen sie auch Zeiten der Verinnerlichung und die Bereitschaft zum Verzicht auf die Zufriedenstellung jedes x-beliebigen Wunsches. «Wenn stets ein Gott geniessen kann, bin ich dem Wechsel untertan» singt Tannhäuser in der gleichnamigen Oper von Richard Wagner, nachdem er lange Zeit im Venusberg alle Arten sinnlichen Genusses durchlebt hat. Die Ekstase und Sinnenfreude verkehrt sich in ihr Gegenteil, und die andere, spirituell, geistig und mystisch orientierte Seite Jupiters tritt hervor.

Dann wird der Blick nach innen gerichtet und ein Zustand inneren Friedens und der Ruhe gesucht. Es geht nicht mehr um ein Schwelgen in Eindrücken, Erlebnissen und Handlungen, sondern um eine vorurteilsfreie Wahrnehmung und Reaktion auf alles, was ist. Die Impulsivität und Spontaneität wird gezügelt und geht in ein angemessenes und sinnvolles Verhalten über, das der Verantwortung den Mitmenschen und der Welt Rechnung trägt.

Sie sind Lebenskünstler, ohne deswegen auf Kosten anderer zu existieren, sie lassen ihr Herz sprechen, ohne ihm soviel Raum zu geben, dass ihre Umwelt und deren Anliegen in Bedeutungslosigkeit versinken. Sie haben gelernt, wenn nötig, Versuchungen zu widerstehen, und zwar auch dann, wenn ihr Enthusiasmus sie fortzutragen droht.

Wenn es Sonne/Jupiter-Geborenen gelingt, den Blick nicht zu weit in die Zukunft schweifen zu lassen und zu nehmen und zu akzeptieren, was gerade ist, wenn sie der Falle der falschen Hoffnung und der Illusionen entgehen, werden sie zu glücklichen, ausgeglichenen Menschen, die Vertrauen in das Leben und in sich selbst haben, anderen gegenüber Toleranz und Einsicht üben und die einen Beitrag zur Verschönerung und Verbesserung unserer Welt leisten können.

Sie sind erfüllt von einem tiefen, religiösen Gefühl dem Leben und der Natur gegenüber, was sich nicht zwangsläufig in einer Religiosität im üblichen Sinne äussert. Es geht hier um das verinnerlichte Wissen und die Überzeugung, dass nichts zufällig und sinnlos geschieht. Alles ist mit allem verbunden, alles ist mit allem vernetzt und wirkt sich gegenseitig aus. Sonne/Jupiter-Geborene glauben an den Sinn des Lebens und daran, dass man ihn suchen muss. Nur wer Probleme mit dem Glaubensthema an und für sich hat, wird, wie Friedrich Nietzsche gleichzeitig unfähig sein zu glauben und es zutiefst bedauern. Die Sehnsucht, glauben zu können, ist bei allen Jupiter-Verbindungen sehr stark und die Vorstellung, in einem leeren, mechanistischen Universum zu leben, erschreckt diese Menschen mehr als alles andere.

---

[1] Paul Watzlawick, *Vom Schlechten des Guten – Hekates Lösungen.*
[2] Input: Aufnehmen von Informationen.
[3] Vergl. Michael Roscher, *Der Mond,* S. 239f.
[4] Buchtitel von Ouspensky.
[5] Zitat von Archimedes.
[6] Vergl. Michael Roscher, *Der Mond,* S. 239f.
[7] Von José Silva entwickeltes Trainingsprogramm zur Schulung unbewusster Kräfte, Visualisation und dem Erschaffen einer gewünschten Wirklichkeit.
[8] J. W. von Goethe, *Faust:* «Zwar weiss ich viel, doch möcht' ich alles wissen.»
[9] Erotischer Roman von Benoîte Groult.

DIE SATURN-KONSTELLATIONEN

Saturn ist der Planet, der die Massstäbe und Spielregeln bestimmt, nach denen wir uns richten oder die wir selbst festsetzen. Er stellt eine feste Struktur und Form zur Verfügung, sowohl im Materiellen, wo er allem entspricht, was Halt und Stütze verleiht, wie auch im Psychologischen. Ohne Saturn wären wir willenlose Wesen, ohne persönliches «Rückgrat», lediglich angetrieben von instinktiven (Mars) und archaischen (Pluto) Kräften.

Durch Saturn lernen wir Grenzen zu akzeptieren, aber auch, sie uns zu setzen. Wir lernen uns zu beschränken und wir finden heraus, wie Hindernisse zu überwinden sind. Er schenkt uns Ausdauer, Willensstärke und Zähigkeit, aber durch ihn können wir auch unser Leben in dem Bereich, in dem er in unserem Horoskop steht, zu einem Hürdenlauf machen.

Er symbolisiert ebenso Ehrgeiz und Zielstrebigkeit wie Starre, Inflexibilität, Mühsal, Hemmnisse und Niedergeschlagenheit, je nachdem wie wir mit seiner Energie und der Aufgabe, die er uns stellt, umgehen. Auch Reife, Erfahrung und Alter unterstehen ihm. Alle saturnischen Vorgänge sind langsam, tiefgehend, ernsthaft, meist mit Arbeit verbunden, für die aber der Lohn der Mühe winkt.

Charakteristische Worte für Saturn sind: Struktur, Form, Festigkeit, Stabilität, Ausdauer, Zähigkeit, Hartnäckigkeit; Lernen, Erfahrung, Reife, Alter; Spielregeln, Massstäbe, Vorgaben; das Gewissen, das Über-Ich; das Gesetz; Gesetzmässigkeiten; Treue, Konsequenz, Beständigkeit, Zuverlässigkeit; Sorgfalt, Genauigkeit; Genügsamkeit, Sparsamkeit, Askese; Geiz; Starrheit; Einsamkeit, Isolation; Pessimismus, Depression.

MOND / SATURN

BEHERRSCHE DEINE GEFÜHLE,
SONST WERDEN SIE DICH BEHERRSCHEN.
Chinesisches Sprichwort

Diese Konstellation gilt für: Saturn in Haus 4, Mond in Haus 10, Herrscher von Haus 4 in Haus 10, Herrscher von Haus 10 in Haus 4, Saturn / Konjunktion / Spiegelpunkt / Quadrat zur Hausspitze 4, Mond Konjunktion / Spiegelpunkt / Quadrat zur Hausspitze 10, Mond im Aspekt zu Saturn (Konjunktion, Spiegelpunkt, Quadrat, Opposition; Trigone und Sextile sind wesentlich schwächer zu bewerten); Mond in Steinbock.

1. Pflichtbewusstsein und Disziplin der Mutter – oder seelische Kargheit?

Mond/Saturn-Mütter zählen zu jenen Menschen, die gelernt haben, Pflicht, Ordentlichkeit, sozial korrektes Verhalten und Selbstdisziplin[1] über das freie Erleben und Fliessenlassen ihrer Gefühle und Stimmungen[2] zu stellen.

Bereits ihre eigene Mutter fand es wichtiger, ein ordentliches Mitglied der Gesellschaft zu sein, geachtet von den Leuten, unbescholten und fleissig, als sich Vergnügungen hinzugeben oder sich gar Extravaganzen zu leisten. Häufig wird durch Generationen hindurch die Botschaft weitergegeben, dass das Leben als Aufgabe und nicht als Spass zu verstehen ist.

Damit verbunden ist eine oft unbewusste Ablehnung des Kindes, das in seiner ursprünglichen lebensfrohen Natur so gar nicht zu den Verhaltensnormen passen will, die die Mutter sich und ihm auferlegt. Schon früh wird jede Spontaneität unterdrückt, da sie all das provoziert, was die Mutter so viele Jahre in sich selbst verdrängt hat, um sich den gesellschaftlich vorgegebenen Spielregeln anzupassen, die als Massstab für die Familie galten.

Durch Ermahnungen und Anweisungen versucht sie, ihr Kind zu einem «anständigen» Menschen zu erziehen, und meist sind dies die Botschaften, die sie selbst erhalten hat: «Benimm dich!» – «Was sollen denn die Leute sagen!» – «Reiss' dich zusammen!» – «Sei tüchtig!» – «Sei vorsichtig!» Sätze dieser und ähnlicher Art prägen das Leben von Mond/Saturn-Kindern und führen zu einer engen emotionalen Sichtweise, die die Welt draussen als einen grossen, alles beherrschenden erhobenen Zeigefinger interpretiert.

Zwischen Mutter und Kind besteht eine Distanz, die aus dem Unverständnis für die wahre Natur und die natürlichen Bedürfnisse des Kindes heraus geboren wird. Adrett gekleidet sein ist wichtiger, als genussvoll im Sandkasten zu wühlen, Handgeben und Guten-Tag-Sagen darf nie vergessen werden, Aufessen oder zumindest nicht vom Tisch aufzustehen, bevor entweder alle fertig sind oder man um Erlaubnis gefragt hat, mag wichtig sein. Erwachsenen gegenüber hat ein Kind normalerweise zu schweigen, Ordentlichkeit und Bescheidenheit werden als eine Zier angesehen (wobei Wilhelm Busch gedichtet hat: «… doch besser lebt man ohne ihr»).

Das Kind lernt früh, Anweisungen zu befolgen und Autoritäten zu achten oder zumindest Personen, die als solche angesehen werden. Die Folge ist eine spätere Autoritätsangst, eine Art innerer Unfreiheit, sich den Aufforderungen von Leuten zu widersetzen, deren Meinung als gewichtig – aber vielleicht trotzdem als falsch – angesehen wird. Da man immer an Direktiven von aussen gewohnt war, ohne die Möglichkeit zu sehen, sich ihnen ohne Strafe zu entziehen, entsteht emotionale Unselbständigkeit und Unsicherheit bei eigenständigen Entscheidungen, für die auch die Konsequenzen zu tragen wären.

In gewisser Weise sind die Betreffenden von einer Art «Über-Ich» gesteuert, in dem die verinnerlichte Stimme der Mutter vorgibt, was «man zu tun und zu lassen hat». Zwar scheiden sich hier die Geister: die Mutter kann aus echtem Pflicht-gefühl und aus Überzeugung heraus ihrem Kind eine solche Erziehung zuteil wer-den lassen, einfach, weil sie diese für die richtige, seit Generationen bewährte hält. Sie kann aber auch aus einer eigenen inneren Kleinheit und Unsicherheit der Um-welt gegenüber so handeln, weil sie fürchtet, sich mit einem weniger braven Kind zu blamieren, und weil das Gewicht der Stimme der anderen viel grösser ist als das eigene.

Der erste Kommentar einer Mond/Saturn-Mutter auf die Mitteilung hin, dass ihre Tochter sich gerade von ihrem Mann getrennt hatte, war: «Und was sage ich nun meinen Freundinnen, wenn du gar nicht mehr die grosse Reise nach Süd-afrika machst, die ich schon angekündigt habe!» Eine andere erklärte ihrem Sohn bei seiner Scheidung: «Wie kannst du mir das antun!»

Wie auch immer die Mutter ihre Selbstbeschränkung vorlebt und sie an das Kind weitergibt, sie wird eine Reglementierung enthalten, die es den Betreffen-den später schwer macht, nein zu sagen, unabhängig zu fühlen und zu sich und ihren Gefühlen zu stehen, wenn es andere gibt, die darüber lachen oder empört sein könnten.

Kinder durchlaufen derartige Empfindungen in der Phase der Sozialisation, die während der Pubertät stattfindet. Vieles wird als «peinlich» erlebt, die Mei-nung der Klassenkameraden, was Kleidung, Sprache und Interessen angeht, ist ungemein wichtig. Bei einer normalen Entwicklung, in der die Eltern die Indivi-dualität des Kindes fördern, verliert sich diese Haltung jedoch bis zu dem Mass, in dem sie den wahren Anpassungswünschen des Betreffenden entspricht. Eigene Massstäbe ersetzen die der Gruppe, und es entwickelt sich ein gesundes Mi-schungsverhältnis.

Mond/Saturn-Kinder kennen als Ermutigung von der Mutter meist nur, dass sie für korrektes Verhalten gelobt, für jeden Mangel an Disziplin und Fleiss je-doch missachtet werden. Anders als bei Pluto-Müttern geht es hier nicht um ein pauschales Aburteilen und Verwerfen des Kindes, sondern um Kritik und Enttäu-schung, die zu einer Distanzierung bis hin zu schwindendem Interesse dem Kind gegenüber führt. Selten empfindet die Mutter eine echte, tiefe Wärme für das Kind. In vielen Fällen ist sie selbst mit Arbeit oder einer Vielzahl von Kindern überlastet, so dass sich das einzelne Kind in ihrem Bewusstsein relativiert. Sie ar-beitet hart und gleicht ihren Mangel an Liebesfähigkeit durch strikte Pflichterfül-lung aus: Das Kind wird immer korrekt versorgt, bekommt «alles, was es braucht» und kann sich so doch eigentlich nicht beklagen.

So gut wie immer fordern aber Mond/Saturn-Mütter die gleiche Form von Pflichterfüllung ihren Töchtern und Söhnen gegenüber. Da ist der Pflichtbesuch am Sonntag, das Erledigen bestimmter Aufgaben für die Mutter. Man darf sich niemals drücken, denn die Stimme der Mutter im Hinterkopf tickt mahnend mit und führt einem vor Augen, wie haltlos man gerade war.

Tieferer Grund für die Bereitschaft, sich diesen Forderungen zu fügen, ist die Angst, aus der Familie, der Gruppe oder der Firma ausgeschlossen beziehungsweise entlassen zu werden. Wer nicht mitmacht, gehört nicht dazu, wer nicht arbeitet, soll nicht essen, wer seine Pflicht nicht erfüllt, hat sich sein Leben nicht verdient. Es ist wichtig zu verstehen, dass diese Empfindungen wie eine Art Mahnmal in den betreffenden Menschen selbst ihr Leben regeln, dass sie also eine Fortsetzung der frühen Atmosphäre herbeiführen, was zum Beispiel auch durch Partner geschehen kann, die die Rolle der Mutter indirekt einnehmen.

Es fällt ihnen schwer, weitreichende Entscheidungen allein zu treffen, ob man zum Beispiel einen bestimmten Beruf ergreifen, eine Stelle annehmen, ein Haus bauen oder mit jemanden eine feste Beziehung oder Ehe eingehen soll. Da den Betreffenden immer gesagt wurde, was richtig ist, gibt es auch später im Erwachsenen noch eine mehr oder weniger grosse Ecke, die die Last des Entschlusses gerne an jemanden delegieren würde, der dann auch die Verantwortung übernimmt. Mond/Saturn-Geborene begeben sich deswegen nicht unbedingt in eine hilflose Position: Sie suchen beim anderen Bestätigung und Sicherheit, weil sie gelernt haben, die Meinung von aussen wichtig zu nehmen oder auch zu respektieren.

Zwangsläufig entstehen im Gefühlsleben dieser Menschen Konflikte, bei denen der Zwang zur Konformität mit dem Wunsch nach Eigenständigkeit ringt. Nicht selten äussert sich diese seelische Problematik in psychosomatischen Beschwerden aller Art, die nur in dem Umfang nachlassen, in dem ein Kompromiss zwischen dem gefunden wird, was als allgemeingültig erachtet wird und was deshalb zu befolgen ist – und sei es nur, um ein funktionierendes Zusammenleben und Miteinanderexistieren sicherzustellen –, und dem Bedürfnis, sich auch einmal diesen sogenannten «Sachzwängen», denen man sich unaufhörlich ausgesetzt sieht, zu entziehen.

Mond/Saturn-Kinder lernen, dass sie nicht zuviel für sich verlangen dürfen, und leiden doch gleichzeitig an dem permanenten Gefühl, zu kurz zu kommen. Wenn ihre Mutter sie lehrt, dass nun mal gleiches Recht für alle gelte und sie deshalb nicht mehr als andere zu beanspruchen hätten, fühlen sie doch, dass dieses gleiche Recht für sie selbst irgendwie nicht gilt.

Sie sind das älteste Kind, das seine Kindheit und Jugend nicht geniessen darf, weil es auf die Jüngeren aufpassen muss, sie sind das Einzelkind, das seiner kranken oder depressiven Mutter beizustehen hat. Sie sind das Kind, dem man früh Pflichten und eine Selbstdisziplin auferlegt, die es seinem Alter gemäss überfordern und einen kleinen, altklugen, oft aber auch freudlosen oder unzufriedenen Erwachsenen aus ihm machen. Sie sind die Kinder, die mit einer schicken Schleife im Haar das Familienfoto zieren, jedoch nie Gelegenheit haben, mit ihrer Mutter herumzutollen und sie aus vollem Herzen lachen zu sehen.

Ein solches Kind fühlt sich zweifellos ungeliebt und auf Abstand gehalten, und die grösste Angst, die Mond/Saturn kennt, ist nicht etwa die vor Nähe (Uranus) oder die vor Veränderung (Pluto), sondern die vor Ablehnung und Distanz. Aus diesem Grund können sie gleichzeitig unglaublich anhänglich und doch immer unglücklich sein, denn das enge Nadelöhr ihres Gefühlslebens lässt nur wenig

Informationen des Geliebtwerdens durch. Harte Arbeit und eine Auseinandersetzung mit den eigenen Mustern ist hier notwendig.

Das in der TA verwendete Beispiel vom Kühlschrank und vom Ofen passt hier ausgezeichnet: Wer in der Kindheit viel Wärme erhalten hat, wird auch später dafür sorgen, dass der Wärmepegel nicht absinkt, und Verhaltensweisen zeigen, die den «Ofen» wieder anheizen. Wer aber viel Kälte erlebt hat, bekommt Probleme, wenn die Temperatur steigt. Diese Menschen leben in der tiefen Furcht, mit mehr Zuwendung und Sonnenschein in ihrem Leben nicht umgehen zu können, und so sehr sie sich danach sehnen mögen, so sehr neigen sie auch dazu, es zu verhindern. Ebenso wie Mond/Pluto erreichen sie durch eine Testphase, in der sie sich so verhalten, dass eine gerade bestehende schöne Situation wieder zerbricht, die Bestätigung ihrer Annahme, dass sie im Grunde nicht liebenswert seien.

In Mond/Saturn-Familien wird häufig an Tradition und gesellschaftlichen Formen festgehalten, so sehr, dass es – wie zum Beispiel in dem Nürnberger Mundartstück *Schweig, Bub!* – dazu kommt, dass bei der Konfirmation des Jungen ein riesiges Familienfest stattfindet, mit allem, was dazu gehört, Kirchgang, Geschenke, Reden, Essen; dem Jungen aber sagt man, sobald er den Mund aufmacht: «Schweig, Bub!»

Zusammenfassend lässt sich sagen, dass für die pflicht- und disziplinbewusste Mond/Saturn-Mutter die Form mehr zählt als der Inhalt. Solange die Form den gesellschaftlichen Erwartungen entspricht und sie sicher sein kann, dass man nicht über sie, ihr Kind oder die übrige Familie «tuscheln» kann, ist sie zufrieden. Nichts jedoch ist schlimmer als Nachlässigkeit, ein Mangel an emotionaler Selbstdisziplin, Gefühlsausbrüche oder Widerstand.

2. Die depressive Mutter – frühe Entbehrungen

Mond/Saturn ist die Konstellation im Horoskop, die am deutlichsten eine Neigung zur Depression anzeigt. Dies gilt gleichermassen für die Mutter, die durch Überlastung, Kummer in der Beziehung, Verlust des Partners oder andere Umstände stark mit sich beschäftigt ist, und dem Kind gegenüber entweder eine passive Distanz oder die ständige Forderung nach Hilfe und Unterstützung an den Tag legt, wie für das Kind selbst. Zu unterscheiden sind hier die sogenannte endogene Depression[3] und die reaktive Depression, die während bestimmter Zeitphasen auftritt, welche als besonders schwierig empfunden werden, die aber immer wieder kommen kann, wenn die latente Veranlagung dafür vorhanden ist, wie das bei Mond/Saturn der Fall ist.

Die charakteristische Haltung von Depressiven ist: ernster Ausdruck, gleichzeitig innere Leere und Unruhe, in sich zusammengesunkene Körperhaltung.[4] M. E. Seligman führt diese Haltung vor allem auf die «erlernte Hilflosigkeit» zurück, nach der alles Reagieren letztlich als zwecklos empfunden wird: «Viele Depressive berichten, dass sie sich nutzlos, wie versteinert vorkämen; nicht einmal traurig könnten sie sein; ihr Denken träte auf der Stelle und verliere sich ins Grübeln; die Besorgtheit der Familie mache nur alles schlimmer; sie fühlten sich unendlich müde und krank.»[5]

Je nach Schwere der Symptome lässt sich leicht verstehen, was Kinder von einer depressiven Mutter zu erwarten haben. Im Ernstfall ist sie nicht in der Lage, dem Leben standzuhalten.

Kinder von depressiven Müttern erfahren früh Entbehrungen aller Art. Die Mutter ist kaum in der Lage, eine angemessene Fürsorge zu entwickeln, ihre düstere Stimmung strahlt belastend durch den Raum, ungehemmte Fröhlichkeit und Ausgelassenheit sind fehl am Platz. Das Kind lernt, sich korrekt zu benehmen, sein Verhalten zu kontrollieren und auf Konsequenzen hin zu überprüfen. Es wird ängstlich und gehemmt. Im besten Falle entwickelt sich ein kleiner Helfer, der jedoch durch die Grösse seiner Aufgabe – die Mutter aus ihrer Situation zu retten und sie glücklich zu machen – völlig überfordert ist. Manche Kinder, die entsprechende Zusatzkonstellationen haben (besonders Jupiter-, gelegentlich Uranus-Konstellationen), werden zum kleinen «Sonnenschein», der immer strahlt, nichts übelnimmt und der so versucht, die trübsinnige Atmosphäre aufzulösen.

Frühe Entbehrungen ergeben sich auch durch andere Mangelsituationen: eine winzige Wohnung für eine grosse Familie, wo man lebt, wie viele Menschen in Japan: auf kleinstem Raum und immer gezwungen, sich so zu benehmen, dass die anderen nicht gestört werden. Intimität ist so gut wie unmöglich, was in Japan zur Erfindung der sogenannten «Love Hotels» geführt hat. Da die Eltern mit den Kindern in einem Raum schlafen, mietet man sich, wenn man es sich leisten kann, für eine Nacht ein nach unterschiedlichen Geschmäckern phantasievoll ausgestattetes Hotelzimmer. Diese Kinder verbringen viel Zeit auf der Strasse oder zumindest draussen, um der Enge der elterlichen Wohnung zu entfliehen, und häufig werden sie auch von den Eltern hinausgeschickt, meist die Grossen damit beauftragt, die Kleinen zu hüten.

Da Mond/Saturn immer eine Form von Beengung, Frustration oder einen Mangel anzeigt, fallen auch Ereignisse wie Krieg, Armut, ständige Umzüge, die den Anschluss an Freunde verhindern, oder eine lange Krankheit der Mutter darunter. Man fühlt sich einsam, unverstanden und zu kurz gekommen. Als Antwort darauf ergeben sich zwei Grundmotivationen im Leben:

Die eine ist, diese Situation so klaglos wie möglich zu akzeptieren und sich in gewisser Weise innerlich auf die Seite der Verlierer oder zumindest derjenigen, die eben nicht mehr zu beanspruchen haben, zu schlagen. Als Folge werden diese Menschen ausserordentlich nüchtern, manchmal sehr materialistisch und lehnen alles ab, was nach Gefühlsüberschwang und Extravaganz oder gar Selbstsüchtigkeit aussehen könnte.

Die andere Motivation besteht darin, sich von der latent mitschwingenden Furcht vor Entbehrung weiter antreiben zu lassen und ins Gegenteil zu verfallen. Man erwartet, dass alle Wünsche erfüllt werden, der Glücksanspruch an das Leben ist ungemein hoch (besonders wenn Jupiter-Konstellationen hinzukommen), die Frustrationstoleranz ist gering und der Betreffende neigt schnell zum Nörgeln, zu chronischer Unzufriedenheit und Streitsucht. Obwohl Mond/Saturn so sehr daran gewöhnt ist, Beschränkungen unterworfen zu sein, ist das Bedürfnis gross, die eigene Meinung geltend zu machen. Im ersteren Fall scheint der Mensch seine Meinung zugunsten dessen, was man von ihm erwartet und was er für machbar hält, aufgegeben zu haben. Nichtsdestoweniger schimmert jedoch immer die Anklage der Selbstversagung durch sein bescheidenes, zurückhaltendes Wesen. Trotz aller Selbstdisziplin hören unsere ureigensten Bedürfnisse nicht auf zu existieren. Im zweiten Fall äussert sich das Gefühl, die eigene Meinung sei für andere nicht wesentlich genug und werde nicht genug beachtet in eben jener chronischen Mäkelei, die die Umwelt zur Verzweiflung treiben kann.

3. DIE VÖLLIG GERECHTE MUTTER

Das Ideal des Saturnprinzips liegt darin, wirklich gleiches Recht für alle zu schaffen. Im negativen Sinn entspricht dies einer Gleichmacherei, bei der alle denselben blauen Drillichanzug tragen und einen sogenannten «Crew-Cut»[6] haben, wie es im Mao-China der Fall war.

Positiv betrachtet bedeutet es, dass die Mutter aufrichtig versucht, kein Kind dem anderen vorzuziehen und auch allen Familienmitgliedern möglichst angemessen entgegenzukommen. Sie ist ein Muster an Gerechtigkeit, durch Gefühle wenig beeinflussbar, sondern einem sachdienlichen, an objektiven Massstäben orientierten Verstand verbunden.

Wenn diese Form von Gerechtigkeit nicht bedeutet, dass die Mutter alles «über einen Kamm schert» nach dem Motto «Gesetz ist Gesetz» oder auch «das ist die Spielregel, Ausnahmen gibt es nicht», dann kann sie für das Kind ein wirkliches Vorbild dafür sein, wie man Menschen gerecht und doch angemessen behandelt. Statt einer inneren Starre und Kälte beweist die Mutter die Fähigkeit, von Fall zu Fall und von Mensch zu Mensch neu, aber doch nach grundsätzlich festgelegten Regeln zu entscheiden.

Selbst hier ergibt sich das Problem einer gewissen Unpersönlichkeit zwischen Mutter und Kind. Persönliche Beziehungen leben aus Vorlieben und Abneigungen, aus emotionaler Bewertung und dem Ausdruck von Stimmungen heraus. Auch wenn all dies oft ungerecht ist, weil der eine bevorzugt und der andere vielleicht tatsächlich benachteiligt wird, so hat diese Form des Umgangs doch den Vorzug, die Individualität der Mutter auszudrücken, sie für ihre Kinder in ihrer emotionalen Persönlichkeit erkennbar zu machen und so die eigene individuelle Entwicklung zu fördern.

Der Gedanke völliger Gerechtigkeit ist etwas, was nur auf dem Reissbrett existiert. Wie schon weiter oben erwähnt, ist es deshalb wichtig, dass die Mutter in der Lage ist, den Einzelfall zu erkennen, und damit bedeutet gerecht zu sein bereits wieder, unterschiedlich Recht zu sprechen.

4. Das abgelehnte Kind

In manchen Fällen deutet Mond/Saturn im Horoskop eine echte Ablehnung des Kindes an. Das Kind wird als Belastung, Ärgernis und Ursache von Schwierigkeiten betrachtet. Mögliche Gründe dafür sind eine unerwünschte Schwangerschaft, eine anstehende Trennung der Eltern, negative Gefühle der Mutter dem Vater gegenüber, die auf das Kind übertragen werden oder eine sonstige Lebenssituation, auf Grund derer sich die Mutter nicht auf ihr Kind freuen kann. Besonders in den vorherigen Generationen, in denen die ledige Mutter zahlreichen Schwierigkeiten ausgesetzt war und das Kind noch den Makel der Unehelichkeit zu tragen hatte, waren Schwangerschaften ohne Trauschein Anlass zu einem Mond/Saturn-Thema bei Mutter und Kind.

Diese Kinder werden nur selten wirklich von ihrer Mutter aufgezogen. Es findet sich eine Oma, eine Tante, sonstige Verwandte, Personal oder auch andere fremde Leute, denen das Kind die meiste Zeit übergeben wird. Welche Gründe auch immer die Mutter bewegen, das Kind abzugeben, es wird in sich das Gefühl entwickeln, dass es nicht interessant und wertvoll genug ist, um seine Mutter dazu zu veranlassen, sich mit ihm zu beschäftigen. Andere Dinge sind offensichtlich wichtiger. Daraus entsteht eine emotionale Grundstimmung der Niedergeschlagenheit, ein geringes Selbstvertrauen, Unsicherheit und Ängste. Das Kind versucht meist verzweifelt, es der jeweiligen Bezugsperson, vor allem aber der Mutter, recht zu machen. Es kämpft verzweifelt um jedes bisschen Zuneigung und glaubt, dass es sich mehr als andere bemühen müsse, um von irgend jemandem Zuwendung zu erhalten.

Auf eine seltsame Weise bleiben diese Kinder ein Leben lang wie durch eine unsichtbare Nabelschnur mit ihrer Mutter verbunden. Obwohl es oft längere Zeiten der Distanz zwischen beiden gibt, nehmen die späteren Erwachsenen jede Gelegenheit wahr, in Kontakt zu ihrer Mutter zu kommen und schliesslich doch noch die Liebe und Wertschätzung zu erhalten, die ihnen als Kind versagt geblieben ist.

Eine bei dieser Mond/Saturn-Entsprechung häufig beobachtete Tatsache ist, dass die Mütter in späteren Jahren von ihrem Kind eben jene Aufmerksamkeit erwarten, die sie selbst nicht zu geben imstande waren. Es ist, als ob die Mutter, wenn sie älter wird, von ihrem Sohn oder ihrer Tochter verlangt, dass sie für ihr unerwünschtes Muttersein wenigstens etwas zurückbekommt. Das Kind war für die Mutter eine Pflichtaufgabe, nun soll dieses Kind im Alter eine Stütze (möglichst in jeder Lebenslage) sein. Die meisten dieser Kinder gehen auf die Forderungen der Mutter ein bis zu ihrem Tod und seien sie auch noch so abstrus. Irgend etwas in ihnen treibt sie an, diesen späten Beweis ihrer Treue anzutreten und zu zeigen, dass sie einst zu Unrecht missachtet wurden.

Problematische Seite: Mangel an Selbstwertgefühl – Neigung zu Depressionen – sich ungeliebt fühlen.

Menschen, deren Persönlichkeit durch ein Mond/Saturn-Thema charakterisiert ist, zählen zu jenen, die es sich im Leben eher schwer machen, als Heiterkeit und Gelassenheit aufkommen zu lassen. Ihre frühen Erfahrungen bestehen darin, dass sie entweder von der Mutter und später auch von Klassenkameraden, Lehrern usw. abgelehnt wurden, dass man ihnen eine freundlich-höfliche Distanz entgegenbrachte oder schlichtes Desinteresse. Selten fühlen sie sich wirklich akzeptiert und ebenso selten können sie sich selbst annehmen. Sie neigen dazu, sich abzusondern und als eine Art «lonesome cowboy»[7] zu verstehen, wobei sie tapfer oder auch heroisch das damit verbundene Leiden auf sich nehmen.

Ihre emotionale Grundstimmung ist ernst und selten entspannt. Das Leben ist für sie voller Hindernisse, die Erde ein Ort der Beschränkungen. Obwohl dies zweifellos wahr ist – die Erde ist ein Ort der Beschränkungen an Ressourcen, an Zeit, an Lebenskraft –, neigen Mond/Saturn-Geborene besonders dazu, sich dessen bewusst zu sein, während sie doch bezweifeln, dass die Erde auch in gewissem Sinn ein «Land der tausend Möglichkeiten» ist.

Da diese Menschen so sehr daran gewöhnt sind, sich zusammenzunehmen, und sich in einer inneren Abwehrhaltung befinden, die eine spontane Öffnung nach aussen kaum zulässt, tauen sie auch in zwischenmenschlichen Beziehungen nur langsam auf. Von aussen betrachtet, kann das ganz anders wirken, nämlich dann, wenn die Sonne als Handlungsprinzip im Horoskop darauf hinweist, dass jemand ein direktes, offenes Verhalten an den Tag legt. Der Schlüssel liegt hier in den Worten «von aussen betrachtet». Menschen können durchaus einen flirtenden, dramatischen oder herzlichen Verhaltensstil zeigen, ohne dass die innere Beteiligung zwangsläufig Schritt halten muss.

Mond/Saturn-Geborene haben grosse Angst vor Verletzung und Zurückweisung, und allein deshalb werden sie ihre Schutzmauern so schnell nicht abbauen. So sehr sie sich nach Liebe und Wärme sehnen, so schnell fühlen sie sich in einer Sackgasse der Ablehnung und der Hindernisse gefangen, in der alles stockt und nichts weitergeht. Während alle anderen zu bekommen scheinen, was sie sich wünschen, leben die Betreffenden mit dem ständigen Eindruck, nicht ihren gerechten Anteil vom «Kuchen» zu bekommen.

Als Folge stellen sich Apathie und Niedergeschlagenheit ein bis hin zu depressiven Phasen, in denen alles sinnlos erscheint, Selbstmitleid und das Gefühl, einsam und isoliert zu sein. Sie sind schnell frustriert und enttäuscht und neigen zu der Einstellung: «Ich habe es ja gleich gewusst … (dass nichts daraus wird)». Liebe kann zu einem Totalanspruch werden: Der andere soll einen aus den «Löchern» retten, in die man so leicht fällt. Die Glücksfähigkeit ist eingeschränkt, wobei der Mangel an Zufriedenheit häufig auf die Umwelt projiziert wird. Deshalb zählt es zu den wichtigsten Aufgaben von Mond/Saturn, das Leben leichter, mit einem

Lächeln zu nehmen und zu erkennen, dass wir immer gerade soviel erhalten, wie wir uns selbst zugestehen.

Das Gefühl für Peinlichkeit ist bei vielen Saturn-Konstellationen, besonders bei Mond/Saturn, stark ausgeprägt. Da die Meinung der Umwelt von Kindesbeinen an als etwas sehr Bestimmendes, zu Berücksichtigendes erfahren wurde, begleitet die meisten dieser Menschen lebenslang das Gefühl, bestimmte Benimm-Regeln einhalten zu müssen oder bestimmte Situationen als ausgesprochen unangenehm zu empfinden. Sie haben Angst davor, sich lächerlich zu machen oder dem Gerede der Leute ausgesetzt zu sein.

Eines der grössten Hemmnisse, die Mond/Saturn in Partnerschaften aufbaut, ist der Unglaube an die Möglichkeit, dass man wirklich geliebt wird. Die Neigung, Liebesbezeugungen mit Negativität zu beantworten und Liebesbeweise zu suchen, die jedoch immer entkräftet werden können, macht es dem Partner schwer, da er sich ständig auf die Probe gestellt fühlt. Mond/Saturn, Mond/Pluto und Mond/Mars sind die Konstellationen, die am talentiertesten darin sind, sich den Beweis für ihre Minderwertigkeit abzuholen und dafür, dass es ja letztlich keiner gut mit ihnen meint.

Dieser Tendenz kann nur mit Geduld und so, wie es das *I Ging*[8] ausdrückt, begegnet werden: «Durchdringender, sanfter Einfluss bringt Fortschritt in kleinen Dingen.» Wer an einen Menschen mit dieser Konstellation wirklich herankommen möchte, also nicht nur eine nach aussen funktionierende Beziehung oder Bekanntschaft haben will, der muss sich darüber klar sein, dass die innere Starre nur allmählich beeinflusst werden kann. Das Gleiche gilt für die sexuelle Annäherung: Mond/Saturn findet Sicherheit in Gewohnheiten und liebt häufig Rituale, etwa Essengehen, Kerzenschein, irgend etwas, das selbst bei Menschen, die miteinander vertraut sind, die Hemmschwelle im Lauf der Zeit abbaut.

Weil Mond/Saturn-Geborene in ihrem Leben wenig bekommen haben, fällt es ihnen oft schwer, etwas herzugeben. Bei den meisten handelt es sich bei diesem Mangel mehr um die emotionale Ebene, obwohl einige auch wirklich unter materiellen Entbehrungen oder unter dem Geiz der Mutter zu leiden hatten. Sie lernen, sich an alles zu klammern, was sie besitzen oder besitzen könnten, Gefühle, die sie nur sparsam äussern, Geld oder Geschenke, die sie nicht so freigiebig und leichten Herzens verteilen können.

Wer die Eisberge und Eisschollen in der Antarktis und dazu das bei schönem Wetter spiegelglatte Wasser gesehen hat, kann sich ein Bild davon machen, was Mond/Saturn in seiner schönsten und in seiner traurigsten Form ist: gefrorene Gefühle, zu wunderbaren Formen erstarrt, glitzernd und zutiefst beeindruckend in ihrer kalten Schönheit.

Positive Seite: Die eigenen Empfindungen zum Massstab machen – Gerechtigkeit und Verantwortungsgefühl.

Ebenso wie Saturn Beschränkung, Hemmung, Mangel und Traurigkeit ausdrücken kann, kann er uns, positiv gelebt, ein tiefes Empfinden für Gerechtigkeit und die Bereitschaft schenken, bestimmte Grenzen im Sinne des Allgemeinwohls zu akzeptieren. Grenzen sind auch nötig, um unsere persönliche Entwicklung zu gestalten. Wer schranken- und grenzenlos lebt, ist nicht mehr in der Lage, die besonderen Augenblicke des Lebens zu schätzen und zu geniessen. Deshalb lehrt der Buddhismus auch, dass wir von Zeit zu Zeit fasten sollten, und zwar nicht nur bei der Nahrung, sondern bei allem, was wir intensiv betreiben und woran wir hängen. Ein Krankenhausaufenthalt in einem Zimmer, das fast ausschliesslich von der Farbe Weiss beherrscht wird, kann uns, wenn wir nach Hause kommen, zu einer unerwarteten Freude an der Farbenvielfalt, die wir vorher kaum noch wahrgenommen haben, bringen. Eine Weile nicht fernzusehen, nicht zu lesen, sexuelle Abstinenz zu pflegen, kann eine neue Genussfähigkeit erzeugen, wenn wir wieder damit beginnen.

So gut wie jedes Thema können wir aktiv oder passiv leben. Wer Saturn in seiner passiven Form erlebt, wird sich oft seinen schwierigeren Seiten ausgesetzt sehen: Die Umwelt zieht Grenzen, beschränkt und hemmt, es mangelt ihr an Verständnis. Die aktive Seite Saturns bedeutet jedoch, selbst Grenzen zu setzen, sich also dort, wo es nötig und sinnvoll ist, abzugrenzen und ebenso selbst Massstäbe für die Umgebung zu setzen, nach denen sie sich richten kann. Die Vorteile Saturns liegen dann in der Gabe zu Logik, Methodik, Gründlichkeit, einem hohen Pflicht- und Verantwortungsgefühl sowie der Fähigkeit, angemessene Selbstdisziplin zu üben. Ein möglicherweise unbeherrschtes Temperament wird durch Mond/Saturn gezügelt, und Geduld und Ausdauer werden eingeübt.

Diese Menschen können anderen vorleben, wie man adäquat mit Gefühlen umgeht, zum Beispiel so, wie es in dem Buch *Die Intelligenz der Gefühle*[9] beschrieben ist. Die Autoren untersuchen hier, wie Gefühle zustande kommen, durch welche Modalitäten[10] sie bestimmt sind: Intensität, Schnelligkeit, Zeitempfinden, Wortwahl usw., um dann bestimmte Empfindungen beeinflussen, verändern oder sogar erzeugen zu können.

Mond/Saturn ist in besonderem Masse befähigt, Gesetzmässigkeiten und Strukturen zu erkennen, sie zu analysieren und, falls nötig, neue, bessere zu finden. Da diese Konstellation gleichzeitig einen gewissen Ehrgeiz mit sich bringt, sind die Betreffenden geeignet für Erfolg und für Positionen, die irgendeine Form von Öffentlichkeitsarbeit verlangen, bei der private Gefühle eine eher untergeordnete Rolle spielen. Sie haben eine natürliche Tendenz, die Gesetze des eigenen Kulturraumes zu achten, und können, bei ausreichend erworbener Autonomie, auch die anderer Kulturen schätzen.

Wichtig ist es, von der Neigung zur Verallgemeinerung, die sich oft in dem Wort «man» (tut dieses und lässt jenes) ausdrückt, wegzukommen und die Individualität jedes Menschen und jeder Situation zu erkennen. Die «Man»-Botschaften der Mutter sind meist tief verankert, und Mond/Saturn bietet an, sich in diese Ausdrucksform zu flüchten, um sich selbst auf diese Weise das Gefühl einer anonymen Autorisierung zu vermitteln. Irgendeine wichtige, übergeordnete Instanz scheint dann das gutzuheissen, was wir gerade sagen oder meinen.

Gerade in der Kindererziehung bedienen sich Mütter gerne dieser Hilfestellung, um den eigenen Worten mehr Gewicht zu verleihen. Deshalb müssen wir dort, wo Saturn in unserem Horoskop steht, lernen, uns selbst zu autorisieren, uns selbst die Erlaubnis zur freien Entscheidung zu geben, damit einen Massstab zu setzen und dafür die Konsequenzen zu tragen. Mond/Saturn verlangt Selbstverantwortlichkeit für das, was wir fühlen, und unsere Sprache sollte von der unpersönlichen Form zu einem «Ich will – ich finde – ich möchte» werden.

SONNE / SATURN

DER UNBEHERRSCHTE BESITZT KEINE WEISHEIT,
NOCH BESITZT DER UNBEHERRSCHTE
DIE KRAFT DER KONZENTRATION;
UND WEM ES AN KONZENTRATION MANGELT,
DER HAT KEINEN FRIEDEN.
WIE KANN ES FÜR DEN FRIEDLOSEN GLÜCK GEBEN?
Bhagavad Gita

Diese Konstellation gilt für: Saturn in Haus 5, Sonne in Haus 10 (MC), Herrscher von Haus 5 in Haus 10 (MC), Herrscher von Haus 10 (MC) in Haus 5, Saturn Konjunktion / Spiegelpunkt / Quadrat zur Hausspitze 5, Sonne Konjunktion / Spiegelpunkt / Quadrat zur Hausspitze 10 (MC), Sonne im Aspekt zu Saturn (Konjunktion / Spiegelpunkt / Quadrat / Opposition; Trigone und Sextile sind wesentlich schwächer zu bewerten).

1. PFLICHTBEWUSSTSEIN UND DISZIPLIN DES VATERS – ODER SEELISCHE KARGHEIT?

Während Mond/Saturn sich vor allem im Empfinden und in der Weltsicht äussert, wird Sonne/Saturn für die Umwelt in der Handlungsweise und in den Reaktionen der Betreffenden deutlich sichtbar.

Als Vorbild für dieses Verhalten dient im besonderen der Vater, der, je nachdem ob er in seiner Erziehung eher streng und disziplinierend ist oder ob er vor allem sein Pflichtgefühl dem Kind gegenüber zum Ausdruck bringt, eine Prägung in die eine oder andere Richtung auslöst.

Da Saturn auch Härte und Unnachgiebigkeit symbolisiert, kann der Vater ein Mensch sein, vor dessen Strenge das Kind Angst hat und den es deswegen sehr respektiert, wenn auch etwas unfreiwillig. Diese Väter finden ständig Anlass zu Ermahnungen und Anweisungen, sie neigen dazu, ihren Nachwuchs unablässig zu reglementieren und ihm Benimm-Regeln beizubringen, und sie erwarten, dass das Kind ohne Widerrede gehorcht. Wenn dies auch aus dem Gefühl heraus geschieht, es sei die Pflicht des Vaters, aus seiner Tochter oder seinem Sohn einen «anständigen» Menschen zu machen, so bleibt doch übrig, dass das Kind sich in seiner Persönlichkeit unverstanden fühlt und keine echte Wärme zwischen beiden aufkommen kann.

Oft sind diese Väter sehr erfolgreich, ein Vorbild an harter Arbeit, Menschen, die sich niemals gehen lassen und die gesellschaftliche Umgangsformen sehr wichtig nehmen, ebenso wie gute Noten und ein makelloses Image. Vergleichbar der Mond/Saturn-Mutter signalisieren sie ihrem Kind: «Erfülle deine Pflicht!» – «Reiss dich zusammen!» – «Was sagen denn die Leute!» – «Das kann man doch nicht tun!»

Ihre Einstellung zum Leben strahlt eine gewisse Unpersönlichkeit aus und ist mehr von allgemeingültigen Regeln abhängig als von individuellen Kriterien. Meist übersehen sie dabei, dass viele der sogenannten allgemeingültigen Regeln zeit- und kulturabhängig sind und sich von Land zu Land und von Epoche zu Epoche völlig ändern können. In China gilt es zum Beispiel als höflicher Beweis, dass das Essen des Gastgebers geschmeckt hat, wenn der Tisch nachher aussieht wie nach einer Schlacht, während es in der westlichen Welt eher als peinlich anzusehen ist, wenn wir einen Fleck auf die Tischdecke bringen. Vor nicht allzulanger Zeit war es – auch für Europäer – ungewöhnlich, sich zu waschen, und geht man in der Geschichte zurück, findet man die Zeit, wo sich selbst die französischen Könige eifrig unter ihrer Puderschicht und ihren Perücken mit einem speziellen Stab kratzten, was als vornehm galt. Beliebig viele Beispiele liessen sich allein in der Wandlung des Modegeschmacks von Jahr zu Jahr, in dem, was man tut und was schick ist, in den Cliquenregeln der Jugendlichen usw. finden.

Saturn-Väter können sich dem aktuellen Zeitgeist und seinem Diktat kaum entziehen, es sei denn, das Horoskop des Kindes spiegelt zusätzlich eine Uranus-Thematik wider (siehe im Kapitel Sonne/Uranus). Ist dies der Fall, ergibt sich eine oft seltsame Mischung aus sozialer Anpassung und Eigenwilligkeit, die zu einer Hü-Hott-Erziehung führt, aus der wiederum ein widersprüchliches, uneinheitliches Verhalten des späteren Erwachsenen resultiert, der sich gemäss dem Vorbild des Vaters immer zwischen zwei Extremen hin- und hergerissen fühlt.

Reglementierte Kinder leiden an einem Mangel an Selbstbewusstsein und an Selbständigkeit, da ihnen auf Grund ständiger Vorgaben die Möglichkeit zur eigenen Entscheidung und damit das Erproben und Lernen durch Erfolg und Misserfolg versagt blieb. Geht etwas schief, ist man zumindest selbst nicht schuld, man tat ja nur, wie einem geheissen wurde. Darin liegt der versteckte Gewinn, den Menschen sich holen, wenn ihnen der Spass am Leben durch Massregelung und Direktiven vergällt wird. Meist wird die Autoritätsgläubigkeit hier noch deutlicher sichtbar als bei Mond/Saturn-Verbindungen. Jeder, der eine irgendwie bedeutsam erscheinende Position einnimmt, wird respektiert und darf nicht in Frage gestellt werden. Ist es nötig, sich gegen eine solche Person durchzusetzen, treten oft Ängste und Hemmungen auf, die zwar überwunden werden können, die aber dem Betreffenden grosses Unbehagen bereiten.

Tieferer Grund dafür ist der autoritäre Vater, der bei Missachtung seiner Anweisungen mit Strafe droht. Meist ist er im Bestrafen wie auch in allem anderen sehr konsequent, besonders wenn sich zusätzlich Pluto-Verbindungen finden lassen (siehe Kapitel Sonne/Pluto).

Da Saturn nicht nur Festigkeit und Disziplin symbolisiert, sondern auch die Hemmschwellen, die wir zu überwinden haben, die Ängste, die uns hindern, frei zu sein, und die Allmacht der Meinung der Leute, kann der Vater auch ganz im Gegensatz zu der gerade beschriebenen Entsprechung ein schwacher Mann sein, der seinen Mangel an Eigenständigkeit und Selbstwertgefühl durch die Übernahme allgemeiner Spielregeln kompensiert. Er unterwirft sich und die ganze Familie festen Massstäben, von denen er weiss, dass sie von den «Leuten» gutgeheissen werden, und die ihm Sicherheit und eine Orientierungshilfe für die Lebensbewältigung und Kindererziehung bieten.

Tatsächlich sind gesellschaftliche Vorgaben dazu da, um das Zusammenleben zu regeln und Ordnung zu schaffen. Wenn wir sie jedoch unhinterfragt übernehmen oder uns sogar hinter ihnen verschanzen, bringen wir uns um den Ausdruck unserer individuellen Lebensform und –aufgabe.

Wie auch immer, ob die Motivation des Vaters seiner eigenen Schwäche entspringt, ob er selbst so erzogen wurde und seine Botschaften einfach weitergibt oder ob er aus gesellschaftlichem Ehrgeiz handelt oder auch aus einer Kombination aller Möglichkeiten – das Kind erlebt den Vater als einengend und in gewisser Weise starr, und es neigt dazu, sich sein gesamtes weiteres Leben als eine Art Hürdenlauf zu gestalten, bei dem immer wieder Beschränkungen überwunden werden müssen. Oft spielt die Frage der Wohlanständigkeit und damit der möglichen Kritik der Umgebung eine wichtige Rolle.

Viele Saturn-Väter haben auch grosse Probleme damit, Gefühle zu zeigen. Wenn sie emotionale Menschen sind, dann versuchen sie wenigstens zu verhindern, dass andere ihre Weichheit bemerken. Von Kindesbeinen an haben sie gelernt, sich so sehr zu beherrschen, dass eine Gefühlsverarmung eintritt, was manchmal mit Männlichkeit beziehungsweise dem Bild von Männlichkeit im klassischen Sinne verwechselt wird («ein echter Mann weint nicht»).

Söhne solcher Väter neigen dazu, dem Vorbild des Vaters nachzueifern, während die Töchter sich oft Partner mit den entsprechenden Qualitäten suchen, und sich so die Einschränkung von aussen holen. Bei dieser Aussage geht es um eine statistische Wahrscheinlichkeit, nicht um eine in jedem Fall gültige Tatsache.

2. VATER IST IMMER GERECHT

Ein positives Vaterbild ergibt sich, wenn dieser versucht, jedem Menschen gerecht zu werden, und wenn er keinen bevorzugt, also auch keines der Kinder, falls er mehrere hat. Diese völlige Gerechtigkeit, die immer auf «gleiches Recht für alle» angelegt ist, macht den Vater zum Vorbild, dessen Einsatzbereitschaft und Loyalität bewundernswert sind. Er ist ein Muster an Stabilität, Pflichterfüllung, Treue und oft auch an Logik. Seine Einstellung dem Leben gegenüber ist eher nüchtern, Träume, Sehnsüchte und der Wunsch, einmal «über die Stränge zu schlagen», sind ihm ziemlich fremd. In vielen Fällen ist er ehrgeizig, denn Saturn setzt einen Massstab dafür, was zu erreichen ist, damit man in der Gesellschaft «o. k.» ist.

Auch hier ergibt sich das Risiko, dass das Kind weniger Wärme und kein Gefühl des Geliebtwerdens empfindet, da Menschen sich meist nur dann geliebt fühlen, wenn die Zuwendung, die sie erhalten, den Charakter des Individuellen trägt, also ihre persönlichen Eigenarten berücksichtigt. Gerechte Zuwendung lässt jedoch leicht das Empfinden aufkommen, dass zwar jeder gleichviel bekommt – soweit das überhaupt möglich ist –, dass dies jedoch nicht unbedingt etwas mit seiner Persönlichkeit, Strahlkraft und Anziehung zu tun hat.

Trotzdem werden die geringe Flexibiltät des Vaters, was Ordnung, Korrektheit, Pflicht und Fleiss angeht, sein Festhalten an Tradition und an konservativen Einstellungen meist als weniger schmerzhaft empfunden, als wenn die Mutter diese Eigenschaften lebt, da die Mutter vor allem Wärme, seelische Geborgenheit und Akzeptanz vermitteln sollte. Die Bedeutung, die Form und Korrektheit für den Vater haben, verträgt sich im allgemeinen besser mit dem, was das Kind von seinem Vater unbewusst erwartet:[11] Richtlinien und ein Vorbild für die praktische Lebensorganisation.

Ein Saturn-Vater kann einen festen Rahmen bieten, an dem sich das Kind orientiert und innerhalb dessen es sich sicher fühlt. Wichtig wird die spätere Individualisierung sein, die durch eine Ablösung von den Massstäben des Vaters beziehungsweise einem Aussortieren getragen wird. Erst dann sind der Reifeprozess und das Erwachsenwerden wirklich abgeschlossen: Wenn wir die für unsere spezielle Eigenart, die für unseren Lebensweg und unsere Ziele geeignete Massstäbe gefunden haben, die zwar innerhalb der Kultur und der Umgebung in der wir leben, angemessen sind, die jedoch auf der Grundlage einer individuellen Entscheidung gesetzt und akzeptiert werden.

3. DER DEPRESSIVE VATER

Die Eigenart des Saturn-Prinzips bedingt, dass die Stabilität, Festigkeit und Konzentrationsfähigkeit, die es zur Verfügung stellt, auch als Barrieren, Beengung und Frustration erlebt werden können.

Menschen, die entweder in ihrer Kindheit zu stark reglementiert wurden oder die umgekehrt keinerlei Orientierungshilfen bekamen, neigen zu depressiven Phasen, zu Hoffnungslosigkeit und Niedergeschlagenheit. Wenn auch die Gründe dafür unterschiedlicher Natur sind, ist das emotionale Ergebnis doch ziemlich gleich: Saturn wirkt sich nicht als Hilfe und Lebensstruktur aus, sondern als Widerstand, dessen Überwindung aussichtslos scheint, oder als eine ständige Suche nach Leitlinien, nach Autoritäten, auf deren Urteil man sich verlassen kann, nach einem «starken Mann» oder einer «starken Frau», die helfen, die Stagnation zu überwinden.

In manchen Fällen beschreibt Sonne/Saturn einen Vater, der durch diese Erfahrungen gegangen ist und der seine Frustration und innere Lähmung auf das Kind überträgt. Er ist dann der enttäuschte «puer aeternus»[12], der in seinen Jugendträumen steckengeblieben ist, sein Leben als Erwachsener mit allen daran gekoppelten Verpflichtungen jedoch nicht in eine sinnvolle Ordnung bringen kann.

Wenn diese Väter nicht andere Wege finden, ihren Lebensüberdruss zu kanalisieren (zum Beispiel durch Alkohol bei zusätzlichen Neptun-, manchmal auch Pluto-Konstellationen), werden sich Unzufriedenheit, Nörgelei und Kritiksucht einstellen. Mit einem solchen Vater zurechtzukommen, ist für ein Kind sehr schwierig, und das Gefühl des Ungeliebtseins ist sehr stark. Eine genauere Beschreibung der Charakteristika einer Depression finden Sie im Kapitel «Mond/Saturn» unter «Die depressive Mutter».

4. DAS ABGELEHNTE KIND

Obwohl die Ablehnung eines Kindes nicht so häufig vorkommt beziehungsweise nicht so häufig Ursache psychologischer Störungen ist, wie man eine Zeitlang angenommen hat, kann durch Sonne/Saturn die Weigerung des Vaters angezeigt werden, das Kind zu akzeptieren.

Diese Entsprechung kann sich sowohl «nur» im zwischenmenschlichen Umgang mit dem Kind äussern, indem der Vater Desinteresse, Distanz und keine Wertschätzung erkennen lässt, oder im konkreten Leben. Solche Kinder werden häufig unehelich gezeugt und der Vater hat eigentlich keine Bereitschaft, sich seiner Aufgabe und Verantwortung zu stellen. Meist war auch keine Ehe geplant, und der Versuch, nun möglichst glimpflich davonzukommen, wird auf dem Rücken des Kindes ausgetragen.

Ein Junge, der auf diese Weise zur Welt kam und der zusätzlich Mond/Saturn im Horoskop hatte, wurde von seinem Vater lebenslang ignoriert, beim Erbe auf den Pflichtteil gesetzt (er hatte inzwischen weitere Kinder), also praktisch enterbt, und von der Mutter bis zu dem Zeitpunkt als Ballast empfunden, an dem sich die Situation umkehrte und sie ihn als finanzielle Stütze und Ansprechpartner für ihr wenig geglücktes Leben brauchte. Während seiner Kindheit und Jugend wurde er von fremden Leuten gegen Bezahlung aufgezogen und seine Mutter erklärte ihm immer wieder, dass sie ihren Freund, mit dem sie lebenslang eine Art Partnerschaft pflegte, nur seinetwegen nicht heiraten würde! (Tatsache war, dass der Freund ein Einzelgänger war, der auf eine Ehe keinerlei Lust verspürte). Wenn der eben beschriebene Fall auch eine besondere Tragik aufweist – die Konstellationen im Geburtshoroskop waren mehrfach aufzufinden –, so steht er doch exemplarisch für ähnliche, mehr oder weniger traurige Lebensbedingungen.

Problematische Seite: Hemmungen – geringes Selbstwertgefühl und Angst vor selbständigen Entscheidungen – ein «hartes Regiment» führen.

Die kritischen Seiten einer Sonne/Saturn-Verbindung, wenn sie passiv erlebt wird, lassen sich sehr schön mit der Auslegung von Hexagramm 9, «Beschränkung» von R. L. Wing[13] veranschaulichen: «Es ist, als würden Ihre starken Impulse, Ihre guten Absichten und ihre ernsthaften Pläne von irgendeinem unbekannten äusseren Detail in Schach gehalten. Mit einiger Frustration können sie alle Elemente sehen, die nötig sind, um Ihr Ziel zu erreichen – und doch passt nichts so zusammen, wie es passen sollte.»

Menschen, denen von Kindesbeinen an die Massstäbe der anderen, vor allem des Vaters oder anderer wichtiger männlicher Bezugspersonen (Grossvater, Onkel etc.) aufgezwungen wurden, entwickeln eine resignierende Akzeptanz, die bis ins Selbstzerstörerische gehen kann.[14] Sie lassen sich oft ein Leben lang von aussen einschränken, fühlen sich frustriert und gehemmt, und nicht selten mangelt es ihnen an Vitalität, da die Sonne, das Prinzip des Lebens, durch Saturn gehemmt wird.

Sie schaffen sich selbst unbewusst Situationen, in denen sie den kürzeren ziehen, und haben das sichere Gefühl, nicht selbst am Steuer ihres Lebens zu sitzen. Der Sitz der Kontrolle liegt weitgehend ausserhalb ihrer selbst, weshalb sie Angst vor Freiheit und Selbstverantwortlichkeit haben. Etwas in ihnen wünscht sich, dass jede Entscheidung von einer Autoritätsfigur abgesegnet wird, während sie sich gleichzeitig auf Grund dieses Bedürfnisses geringschätzen.

Wird der Vater als schwach erlebt, fehlt das Vorbild für eine geeignete Handlungsfähigkeit und Selbstdurchsetzung. Obwohl diese Menschen ein starkes Bedürfnis haben, ihr Leben sinnvoll und geordnet zu organisieren, sind sie oft wie ein Blatt im Wind, hin- und hergetrieben von Umständen und Sachzwängen, denen sie nicht entkommen zu können glauben. Sie leben in einer Welt der Hierarchien und traditioneller Machtstrukturen.

Die Identifikation mit dem Vater kann aber auch in eine andere Richtung gehen: War der Vater herrisch und bestimmend, wenig einfühlsam und fordernd, kann das eintreten, was man in der Psychologie die «Identifikation mit dem Aggressor» nennt. Das Kind übernimmt den Verhaltensstil des Vaters, der spätere Erwachsene neigt zum Kommandieren, legt Wert auf feste Disziplin und erwartet, dass seine Richtlinien befolgt werden. Der Sohn wird so zum Patriarch, die Tochter zur «Grossen Mutter»[15], der man zu gehorchen hat.

Diese Striktheit im Verhalten bedeutet nicht zwangsläufig ein gesundes, in sich ruhendes Selbstwertgefühl, sondern weist eher darauf hin, dass man sich mit Hilfe einer starren Persönlichkeitsstruktur einen festen Rahmen schafft, der eigene tiefer liegende Schwächen kompensiert.

Der Alltag wirkt auf viele Sonne/Saturn-Menschen mühsam. Sie finden in der Notwendigkeit einer regelmässigen Routine Halt und fühlen sich gleichzeitig von ihr eingeengt. Werden Pflichten nicht erfüllt, erzeugt das ein schlechtes Gewissen, eine Art mahnenden inneren Zeigefinger, der mehr Linientreue verlangt. Viele Situationen werden als ausgesprochen peinlich erlebt, das Schamgefühl in Bezug auf andere Menschen und deren Ansichten ist ausgeprägt. Die Frage: «Wer bin ich?» wird stark unter dem Gesichtspunkt der Akzeptanz durch die Allgemeinheit beantwortet, abweichendes, individuelles Verhalten als angreifbar, unangemessen oder sogar als beschämend erlebt. Ebenso wie bei Mond/Saturn wird Sicherheit darin gesucht, dass man dem Leben nüchtern gegenübertritt und die Sehnsucht nach dem Wunderbaren verdrängt. Sicherheit wird auch empfunden, wenn man sich den Regeln seiner Bezugsgruppe unterwirft und von ihr die erwünschte Zustimmung bekommt.

Positive Seite: Selbstverantwortung – Disziplin – Gerechtigkeit.

Die aktiv gelebte Seite von Sonne/Saturn bedeutet, dass wir eine innere Stütze, ein «Rückgrat» besitzen, das uns Charakterstärke, Selbstdisziplin und Verantwortungsgefühl verleiht.

Saturn symbolisiert immer die Notwendigkeit zu einer gewissen Selbstbeschränkung, doch kann diese durchaus positiv gesehen werden und uns helfen, uns nicht im Leben einfach gehen zu lassen, ein «Hänger» zu werden, sondern die Dinge in die Hand zu nehmen. Diese Menschen haben gelernt, an sich selbst zu glauben, und ihre Selbstsicherheit und Durchsetzungsfähigkeit sind echt und beruhen auf einem inneren Reifeprozess, der das Verhältnis zur Welt und zu den Mitmenschen ausgeglichener macht. Sie besitzen eine realistische Einschätzung ihrer selbst und sind in der Lage, Autoritätsfiguren angemessen zu hinterfragen.

Ihre Gerechtigkeit und Loyalität macht sie im besten Fall zu liebenswerten Menschen, mindestens jedoch zu verlässlichen Partnern. Ihr Gerechtigkeitssinn und ihre Stabilität machen sie für andere berechenbar, und so strahlen sie Beruhigung für all jene aus, die ihr Leben als chaotisch oder sich selbst als unsicher empfinden.

Anstatt sich von Meinungen und Regeln anderer bestimmen zu lassen, finden sie ihre eigenen, die jedoch Vorbildcharakter haben; so gut wie immer sind sie so angelegt, dass sie Allgemeingültigkeit haben können oder zumindest eine grössere Gruppe von Menschen betreffen. Ihre Vorzüge liegen in ihrer Geduld, Ausdauer, Unbeirrbarkeit und Beständigkeit sowie im Vermeiden von Extremen. Sie lassen sich weder von Illusionen und Träumereien davontragen, noch stehen sie dem Leben negativ gegenüber. Sie erkennen die möglichen Vorteile, die in überlieferten Traditionen und Werten liegen, weil sie Sicherheit und Geborgenheit vermitteln, solange sie nicht zu einem Muss erstarren.

Viele von ihnen sind sehr erfolgreich, man könnte sogar so weit gehen zu sagen, dass für einen gesellschaftlichen beziehungsweise beruflichen Erfolg eine Sonne/Saturn-Konstellation notwendig oder zumindest ausgesprochen hilfreich ist. Die Fähigkeit, sich beständig und diszipliniert auf ein Ziel zuzubewegen, fördert dessen Erreichen.

Wer von dieser Planetenverbindung geprägt ist, sollte lernen, nach den Gesetzen seines Selbst zu handeln, was im Extremfall bedeuten kann, dass gesellschaftliche Spielregeln, die für Saturn im Normalfall so wichtig sind, ganz ausser acht gelassen werden.

Eine wichtige Chance liegt in der Möglichkeit, innere Ruhe durch Genügsamkeit zu erlangen. Die Festigkeit des Handelns bewahrt vor überschwenglichen und überschiessenden Reaktionen, wie sie für Sonne/Jupiter (siehe dort) charakteristisch sein können, und trotz ihres Erfolges neigen viele dieser Menschen eher zu einer asketischen, bescheidenen Haltung dem Leben gegenüber.

[1] Entsprechungen zum Saturnprinzip.
[2] Entsprechungen zum Mondprinzip.
[3] Angeborene, hormonell verursachte Depression.
[4] Zitiert nach Dörner und Plog, 1978.
[5] Zitiert nach M. E. Seligman, *Erlernte Hilflosigkeit*, 1979.
[6] Crew-Cut: Einheitshaarschnitt.
[7] Der «einsame Cowboy», der «einsame Wolf».
[8] R. L. Wing, *Das illustrierte I Ging*, Hexagramm 57, 1982.
[9] Leslie Cameron-Bandler/Lebeau, *Die Intelligenz der Gefühle*.
[10] Modalitäten: Eigenschaften, Charakteristika.
[11] Gemeint ist hier der Vater in seiner archetypischen Rolle als aktiv Handelnder im Gegensatz zur Mutter als passiv-annehmende Person.
[12] Puer aeternus: Der «ewige Jüngling», Archetypus von C. G. Jung, der einen Menschen klassifiziert, der nicht erwachsen werden will.
[13] R. L. Wing, *Das illustrierte I Ging*.
[14] Zusätzlich Mond/Mars- oder Mond/Pluto-Verbindungen.
[15] Grosse Mutter: Archetypus des Psychoanalytikers C. G. Jung, der die verschiedenen Aspekte des Weiblich-Mütterlichen zusammenfasst.

DIE URANUS-KONSTELLATIONEN

Allen Uranus-Konstellationen ist gemeinsam, dass sie in irgendeiner Weise das Besondere, Aussergewöhnliche, das Übliche Sprengende beschreiben. Uranus ist der Planet der Exzentrik, des Andersseinwollens, des Widersprüchlichen, aber auch der Kraft, die in ihrem Bestreben nach Andersartigkeit und Rebellion über das Ziel hinausschiesst und in ihrer Richtung am Ziel vorbeigeht.

Menschen, die von diesem Planeten geprägt sind, sind in besonderer Weise dazu befähigt, bei sich und anderen Gegensätze zu erkennen und Widersprüche aufzuspüren. Gleichzeitig stellt es eine ausserordentliche Herausforderung für sie dar, sich in diesen Widersprüchen zurechtzufinden und zu einer Eindeutigkeit im Fühlen und Handeln zu kommen.

Uranus ist in der griechischen Mythologie der Gott des Himmels, der sich über die Gegensätze erhebt, der nicht den Preis einer Entscheidung bezahlt, bei der immer der Verlust der Seite enthalten ist, für die man sich nicht entschieden hat. Sich entscheiden, festlegen bedeutet, sich einer bestimmten festen Form zu unterwerfen, was in gewissem Umfang den Verzicht auf plötzliche Neueingebungen, Flexibilität und das Gefühl der Besonderheit verlangt.

Charakteristische Worte für Uranus sind: Sprengen der Form, aus einer Form herausgehen und neue ausprobieren, Erneuerung des Alten, Revolution, Erfindergeist; der Gegenkurs, das Individuelle, die Andersartigkeit, die Sonderrolle; der Geistesblitz, die plötzliche Erkenntnis; Fähigkeit zu echter Objektivität, wertfrei denken, fühlen und handeln; Exzentrik (aus dem Gleichgewicht sein), Spaltung, Zerrissenheit, Zersplitterung; Unberechenbarkeit, Zwiespältigkeit, Widersprüchlichkeit, paradoxe Gefühle und paradoxes Handeln, doppelbödige Informationen; Freiheitsdrang, Sicherheit durch Flexibilität und schnellen Positionswechsel; Hybris, elitäre Ansprüche; Hysterie; der «Elfenbeinturm».

MOND / URANUS

TIEF IM MENSCHEN IST EINE GROSSE UNRUHE.
Dalai Lama

Diese Konstellation gilt für: Mond in Haus 11, Uranus in Haus 4, Herrscher von Haus 4 in Haus 11, Herrscher von Haus 11 in Haus 4, Uranus Konjunktion / Spiegelpunkt / Quadrat zur Hausspitze 4, Mond Konjunktion / Spiegelpunkt / Quadrat zur Hausspitze 11, Mond im Aspekt zu Uranus (Konjunktion, Spiegelpunkt, Quadrat; Trigone und Sextile sind wesentlich sanfter zu werten), Mond in Wassermann.

1. Fürsorge und Ehrgeiz der Mutter

Das unter Mond/Uranus entstehende Mutterbild zeigt vielfältige, zum Teil sehr unterschiedliche Züge, denen jedoch allen gemeinsam ist, dass sie für das Kind die Charakteristik des Widersprüchlichen, Doppelbödigen, Unsicheren tragen und dass sich Probleme im angemessenen Umgang mit Aggression und dem Ausdruck sogenannter negativer Gefühle entwickeln.

Die häufigste Entsprechung findet sich in der überfürsorglichen Mutter, die sich voller Idealismus – oder auch voller Hybris – jedes Detail im Leben ihres Kindes zu eigen macht. Was immer in seinem Leben eine Rolle spielt, welche Ziele es anstreben soll und wird, die Mutter ist immer da und bestimmt, was zum Besten ihres Kindes zu geschehen oder zu unterbleiben hat. Das Kind wird zum Augapfel der Mutter, es ist der Lieblingssohn oder die Lieblingstochter, Träger all jener Hoffnungen, die das Leben der Mutter nicht erfüllt hat. Diese Hinwendung und Konzentration der Mutter auf ihr Kind wird jedoch meist durch eine innere Leere, ein Unbefriedigtsein, eine Enttäuschung und Desillusionierung über ihr eigenes Leben motiviert. Sie erreicht die bedeutsame Präsenz im Leben des Kindes, die ihr anderswo versagt geblieben ist.

Darin liegt die Doppelbödigkeit der von ihr ausgesandten Signale: einerseits ist das Kind «das Wertvollste, was sie besitzt», dessen Bestes sie will, für das sie opfer- und einsatzbereit ist, und andererseits spürt das Kind sehr wohl, dass hinter der Selbstlosigkeit der Mutter eine deutliche Erwartungshaltung steht, die besagt: «Enttäusche mich nicht!»

In der Folge lernt das Kind, dass es durchaus Aufmerksamkeit, Zuwendung, Lob und Unterstützung erhält, dass seine Mutter stolz auf es ist und dass es sich als etwas Besonderes betrachten darf, dem mehr zusteht als «gewöhnlichen Menschen». Doch all diese wünschenswerten Annehmlichkeiten kosten ihren Preis: Sie bedeuten in mehr oder weniger grossem Umfang den Verzicht auf die Freiheit des eigenen Willens, auf wirklich eigenständige Entscheidungen und auf die Erlaubnis, ein klares «Nein» zu äussern. Das Kind, das sich trotz allem dazu durchringt, sich der Freundlichkeit seiner Mutter zu widersetzen, zieht Scham und Schuld auf sich, da es die Mutter enttäuscht und verletzt, die doch in so völliger Hingabe und so voll besten Willens für ihr Kind gelebt hat ...

Menschen, die auf diese Weise aufgewachsen sind, lernen früh, dass Nähe und Zuwendung gegen das Mass aufgerechnet werden, in dem sie freundlich und willens sind, die in sie gesetzten Erwartungen zu erfüllen. Mit anderen Worten: Nähe kostet ihren Preis. Da das Kind so völlig auf die elterliche Zuwendung angewiesen ist, wird dieser Preis meist bezahlt, man fügt sich, von Phasen der Rebellion abgesehen, dem Wohlwollen der Mutter. Gleichzeitig entsteht der feste Wille, niemals mehr einem anderen Menschen soviel Macht über sich einzuräumen und damit eine fundamentale Angst vor Nähe. Der oder die Betreffende lernt alle möglichen Strategien, um Nähe, und damit ein Sich-Einlassen auf einen Partner, zu vermeiden, Strategien, die sich meist in Geschäftigkeit, In-Bewegung-Sein, Immer-etwas-Vorhaben oder auch in einer Tendenz zur Absonderung und Isolation ausdrücken.

Häufig hat die Angst vor Nähe auch körperliche Entsprechungen: Man möchte nicht berührt oder umarmt werden, Körperkontakt kann selbst beim Partner nur zeitweise zugelassen werden. Wenn man ihn jedoch zulässt, dann drücken sich hier eine erhebliche Selbstüberwindung und ein grosses Bedürfnis aus, aus seinem «Glashaus» herauszuschlüpfen.

Echte Mond/Uranus-Mütter stehen immer Gewehr bei Fuss, wenn es um Lebensentscheidungen ihres Sprösslings geht, sie sind lebenslang ein Stützpunkt, finanzieren, wenn sie können, auch noch das 5. Studium ihres Sohnes oder begleiten ihre Tochter zu jedem grossen Tennismatch, das ihrer Karriere dienen könnte, auch wenn persönliche oder finanzielle Opfer daran geknüpft sind. Sie fiebern mit bei Prüfungen, machen sich auf die eine oder andere Weise unentbehrlich, von der Überzeugung motiviert, dieses ihr Kind sei etwas ganz Besonderes, dem ein aussergewöhnliches Schicksal beschieden ist – welches dann wiederum ihrer eigenen Existenz Sinn und Rechtfertigung und damit das Gefühl der Zufriedenheit schenken wird.

Hochgespannte Hoffnungen und Erwartungen sind leicht zu enttäuschen. Das Kind – gleich welchen Alters – spürt den Drahtseiltanz, die Gratwanderung, die es durch die überhöhten Gefühle der Mutter führt: Ein Schritt in die falsche Richtung und der Absturz ist gewiss. Es drohen die nicht zu ertragende Betroffenheit der Mutter, ihre Enttäuschung, vielleicht ein hysterischer Zusammenbruch und damit die Furcht, an dieser Mutter schuldig geworden zu sein.

Subtile Fäden der Manipulation kennzeichnen solche Mutter-Kind-Verbindungen, deren Entwirrung umso schwieriger wird, als das Kind auf geschickte Weise bestochen wird, durch Zuwendung, durch den Glauben an die Integrität als unverzichtbarem Bestandteil der Familie, durch materielle Vorteile. Sensibel spürt die Mond/Uranus-Mutter, worauf ihr Kind ansprechen wird. Dies gilt in besonderem Masse, wenn sich im Horoskop zusätzlich Mond/Pluto-Konstellationen finden lassen.

2. Verwöhnung und Nachgiebigkeit

Eine etwas andere Spielart des eben Beschriebenen ist in der übertriebenen Nachgiebigkeit der Mutter zu finden. Wiederum ist sie zutiefst von der Überzeugung beseelt, dieses Kind sei zu Höherem geboren, was sie jedoch weniger veranlasst, geschickt sein Leben zu steuern, als sich ihm dienstbar zu machen. Auch hier räumt sie jedes Hindernis aus dem Weg, hilft aus jeder Patsche, solange sie ihren Traum aufrechterhalten kann und das Kind gegen alles mögliche rebelliert, nur nicht gegen sie. Die innere Haltung von Menschen, denen eine solche Erziehung zuteil wird, ist auf schmerzhafte Weise widersprüchlich. Sie sind einerseits völlig von ihrer Einzigartigkeit überzeugt und leiten daraus eine entsprechende Anspruchshaltung ab, und gleichzeitig ängstlich, einen konkreten Beweis für ihre Besonderheit anzutreten. Sie können nur schwer auf etwas verzichten, da ihre bisherige Erfahrung ihnen immer vermittelt hat, dass für sie und nur für sie alles und das Beste zur Verfügung steht. Verwöhnt zu werden ist für diese Menschen eine Selbstverständlichkeit, doch gleichzeitig fühlen sie, dass nicht die ganze Welt gleichermassen bereit ist, ihre Ansprüche bereitwillig zu erfüllen.

Überfürsorgliche Mütter nehmen ihren Kindern die Möglichkeit, eigene Erfahrungen zu machen und damit ihre Kräfte zu erproben und Sicherheit über sich selbst und im Lösen von Problemen zu gewinnen. Echtes Selbstvertrauen entsteht, wenn wir sowohl unsere Fähigkeiten als auch unsere Grenzen einschätzen können, weil wir sie über Versuch und Irrtum erfahren haben. Verwöhnte Kinder leben in dem Widerspruch der Angst vor Eigenständigkeit und Unabhängigkeit, während sie doch beides für sich beanspruchen. Aber was geschieht, wenn sie mit einer Umwelt zu tun haben, die nicht bereit ist, ihnen alles nachzutragen und aus dem Weg zu räumen, sondern die verlangt, dass man «seinen Mann» oder «seine Frau» steht?

Wenn es dem Kind gelungen ist, die Hoffnungen der Familie zu verwirklichen (das Arbeiterkind, das studiert und promoviert, die erfolgreiche Sängerin, der soziale Aufstieg durch Heirat oder Beruf), entwickelt sich im Negativfall eine Mischung aus Hybris (man hat es ja geschafft) und einer durchaus fortbestehenden Unsicherheit, was die Bewältigung des praktischen Lebens angeht, für die man sich dann entsprechende Partner sucht. Der oder die Betreffende klammert sich an die Sonderrolle, die sie gleichzeitig davon freihält, im Alltäglichen und Banalen unterzugehen, wie sie ermöglicht, sich Vorteile zu verschaffen. Sie sind auch als Erwachsene noch die anspruchsvollen Kinder, die Geschenke erhalten möchten, ohne darum bitten zu müssen, die Erfolg erwarten, möglichst ohne sich dafür anstrengen zu müssen, und die sich vor nichts so sehr fürchten wie davor, vom Schicksal oder vom Partner die Rechnung präsentiert zu bekommen.

Uranus ist ein Planet, der die Chance zu beruflicher und gesellschaftlicher Selbstverwirklichung anbietet, dazu, aus der Menge kraft einer eigenen Leistung hervorzutreten. Eine Vielzahl von Faktoren wird darüber entscheiden, ob aus dem Betreffenden ein Mensch wird, der hochgesteckte und nicht selten ungewöhnliche und kreative Ziele verwirklicht, oder ob er lebenslang in Unmündigkeit und Abhängigkeit verbleibt, die sich später über die Mutter hinaus auch auf andere Personen erstrecken kann.

Obwohl sich mond/uranus-betonte Menschen gelegentlich völlig von ihren Müttern abnabeln, manchmal sogar mit ihnen brechen, sind sie ihnen trotzdem meist lebenslang in einer Weise verbunden, die das komplexe Dilemma des Erwachsenen widerspiegelt, der sich zwar selbstständig und frei fühlen will, den aber doch unsichtbare Fäden der moralischen Verpflichtung oder der Angst, es allein nicht zu schaffen, binden.

Es entwickeln sich charakteristische Wesenszüge, die sich unter anderem in gestörter Hingabefähigkeit und mangelnder Offenheit, Angst vor Fremdbestim-

mung, einer Tendenz zum Ausweichen und dazu, sich möglichst nicht «festna-
geln» zu lassen, zeigen und die an eine hohe Anspruchshaltung gekoppelt sind.

3. DIE LABILE FAMILIENSITUATION

Familien, in denen Mond/Uranus-Kinder aufwachsen, sind so gut wie immer
durch eine hohe Zerbrechlichkeit gekennzeichnet, durch ein labiles Gleichgewicht, welches aber von Aussenstehenden durchaus nicht immer wahrgenommen
werden muss. Es finden sich hier ebenso die scheinbar solide, gutbürgerliche Familie, in der alles «nach Plan» verläuft und die den bewundernden Neid der Umwelt hervorruft, wie tatsächlich zersplitterte Verhältnisse.

Für das Kind ist die subtile Bedrohung einer indirekt prekären Familiensituation oft um ein Vielfaches beunruhigender als klare, wenn auch wenig ausge-
glichene Verhältnisse. Wie auch immer, die völlige Orientierung der Mutter hin
zu ihrem Kind oder zu diesem einen Kind hat, wie bereits beschrieben, häufig ihre
eigene Unausgefülltheit, ihre Frustrationen und enttäuschten Erwartungen oder
den Umstand zur Ursache, dass sie sich von ihrem Partner nicht wirklich geliebt
und geschätzt fühlt.

Das Kind wird zum Hoffnungsträger der Mutter, und nicht selten erhält es
den mehr oder weniger unausgesprochenen Auftrag, zwischen den familiären
Fronten zu vermitteln und so den Bestand der Ehe zu gewährleisten. Das verlangt
einen Verzicht auf Solidarisierung mit dem einen oder anderen Elternteil und bedeutet für das Kind eine mangelnde Verwurzelung, ein mangelndes Sicherheitsgefühl, da Sicherheit nur dann zu bestehen scheint, wenn es sich nicht festlegt, um so
seiner Vermittlerrolle und dem geforderten Krisenmanagement gerecht zu werden. Gelegentlich zeigt sich der meist unausgesprochene Auftrag zu vermitteln, zu
stabilisieren und die Rolle eines Katalysators einzunehmen auch in der Geschwisterfolge, innerhalb derer der Betreffende dafür zu sorgen hat, dass die von ihrem
Temperament her kaum zu vereinbarenden Brüder und Schwestern in möglichst
grosse Übereinstimmung gebracht werden. Als Folge erlebt sich das Kind als
einen Menschen, der immer zwischen allen Stühlen sitzt und der um jeden Preis in
der Lage sein muss, auf jede tatsächliche oder vermeintliche Bedrohung flexibel
zu reagieren. Gleichzeitig entsteht eine Faszination für paradoxe Situationen, die
oft lebenslang immer wieder aufgesucht werden in dem – meist vergeblichen –
Versuch, sie logisch und klar zu lösen, sowie eine Tendenz, sich Partner zu suchen,
die mit dem eigenen Temperament und den eigenen Zielsetzungen unvereinbar
sind.

Die Botschaften der Mutter sind hier in besonderem Masse widersprüchlich,
da sie gleichzeitig die Forderungen: «Halte zu mir!» und «Sorge für Stabilität, halte alle bei der Stange!» ausdrücken. Um diesen Anforderungen gerecht zu werden, beginnt das Kind auch zu lernen, den Ausdruck eigener als negativ empfun-
dener Gefühle wie Wut und Zorn zu unterdrücken. Es entsteht eine Aggressions-

problematik und damit die Unfähigkeit zu adäquater Selbstdurchsetzung, die ja bedeuten würde, dass man sich entscheidet, also festlegt. Ärger wird solange hinuntergeschluckt, bis der vielzitierte Tropfen das Glas zum Überlaufen bringt und ein meist unkontrollierter Wutausbruch die Folge ist. Anlass dafür ist nach dem Empfinden der Umwelt eine Kleinigkeit, was verständnisloses Kopfschütteln auslöst. Nach der subjektiven Logik des Betreffenden jedoch ist sein Verhalten stimmig, und die Reaktion der anderen ruft entweder einen frustierten Rückzug auf sich selbst hervor, bei dem man sich unverstanden, aber im Recht fühlt, oder unangenehme Schuldgefühle, aufgrund derer man sich umso mehr zusammennimmt.

Während das Kind in einem aussichtslosen Rundlauf versucht, allen sich widersprechenden Wünschen gerecht zu werden, entwickelt es eine Neigung zu irrationalen Lösungen. In seiner Wirklichkeit scheint der Ausweg oder auch nur der richtige Weg immer der zu sein, der geradewegs in die Richtung führt, die jeder Logik und Folgerichtigkeit widerspricht. Das Sprichwort «sehenden Auges in sein Unglück rennen» könnte in solch einer Situation entstanden sein, wobei in der unlogischen Form einer Problemlösung auch die Chance zu origineller Kreativität steckt. Als Alternative zur paradoxen Reaktion scheint sich im Normalfall nur anzubieten, sich chronisch nicht zu entscheiden, also die wichtigen Themen des Lebens in einem ständigen Schwebezustand zu halten, der ein Ausweichen und Kontern zu jeder Zeit garantiert.

4. Mutter rettet die Welt

Eine etwas seltenere Entsprechung findet sich in der Mutter, die höhere geistige, soziale, berufliche oder gesellschaftliche Ziele verfolgt. Hier drückt sich die Uranus-Qualität auf zwei Arten aus: Entweder durch den Versuch, über eine berufliche beziehungsweise eine gesellschaftliche Profilierung den persönlichen Status zu erhalten und auszuweiten oder auch durch ein echtes soziales Engagement der Mutter, bei dem die Familie zurückstehen muss.

Da ein Kind die Motive seiner Mutter noch nicht logisch erfassen kann, wird es in einer Mangelsituation aufwachsen. Es kann kaum nachvollziehen, warum seine Mutter zu Zeiten, wenn die anderen Aufgaben es erlauben, sich intensiv mit ihm beschäftigt und einen Augenblick später wieder in unerreichbare Ferne entschwunden ist. Auch Mütter, die aus anderen Gründen – seelische Bedrückung, Übernervosität, Überlastung usw. – in ihrer Zuwendung und Aufmerksamkeit dem Kind gegenüber stark schwanken, vermitteln ein Unsicherheitsgefühl, das das Wesen des Kindes stark prägt.

Die Welt, die im Erleben des Kleinkindes eng verknüpft ist mit der Muttererfahrung, wird unberechenbar und damit unsicher. Wenn nicht gleichzeitig Saturn-, Mars- oder Plutothemen dazu kommen (siehe die entsprechenden Kapitel), ist diese Welt nicht etwa böse oder bedrohlich, die Unsicherheit allein genügt jedoch für ein labiles Selbstwertgefühl, einen Mangel an Vertrauen in das Leben, sowie den festen Entschluss, sich möglichst nie wieder auf irgend jemanden fest zu verlassen. Dahinter steht die Angst, das, was einem wertvoll ist, wieder zu verlieren, und zwar ohne die Chance, selbst etwas daran steuern und beeinflussen zu können. Die Welt scheint dann nach einem nicht einsehbaren Mechanismus zu funktionieren, und diese Erfahrung verselbständigt sich zu einem Lebensgrundgefühl des Auf-der-Hut-Seins, des Sich-nicht-Festlegens und einem Zwang zu immerwährendem Taktieren, was der Erwachsene bei sich meist als Geschicklichkeit und Flexibilität interpretiert.

5. ZUSAMMENFASSUNG DER WESENTLICHEN EIGENSCHAFTEN

Problematische Seite: Seelische Zerissenheit.

Mond/uranus-betonte Menschen sind in ihrem Gefühlsleben sehr widersprüchlich. Von fast allen Themenkreisen ihres Lebens – besonders dann, wenn es um Gefühlsfragen geht – fühlen sie sich gleichermassen angezogen wie abgestossen. Als Folge entstehen plötzliche Meinungs- und Stimmungswechsel, Unentschlossenheit und Angst. Hoch- und Tiefphasen wechseln in schnellem Rhythmus ab, meist ohne erkennbaren Zusammenhang mit äusseren Einflüssen. Der Versuch einer scheinbaren Stabilität durch emotionale Distanz und Unabhängigkeit scheitert, sobald irgendetwas wirklich Unvorhergesehenes geschieht.

Charakteristisch sind die geringe seelische Belastbarkeit und eine fast ständig vorhandene innere Anspannung, die oft mit einer scheinbaren äusseren Ruhe gepaart ist. Die Aufmerksamkeit ist leicht ablenkbar, schnell von etwas in Anspruch genommen, jedoch häufig ohne Ausdauer. Mond/Uranus-Menschen leben in einer Welt voller Ungereimtheiten, in der sich weder die Menschen noch wichtige Themen so recht unter einen Hut bringen lassen.

Geprägt von der Erfahrung, dass Zuwendung, Liebe und Anerkennung, aber auch Geschenke und sogenannte «Wohltaten» ihren Preis kosten und ausgesprochen oder unausgesprochen eine Gegenleistung eingefordert wird, sind sie hin- und hergerissen zwischen ihrer Sehnsucht nach Wärme und Unterstützung und ihrer Sorge, dafür mehr hergeben zu müssen, als ihnen lieb ist.

Ständig spüren sie die Erwartungen ihrer Umgebung, was sie jedoch eher veranlasst, sich zurückzuziehen, als darauf einzugehen. Sie möchten am liebsten niemals einem anderen etwas schulden, da sie sich dann dem Dilemma ausgesetzt sehen, geben zu müssen und so ihre mühsam eroberte Freiheit wieder zu verlieren. In der Folge fällt es ihnen schwer, Freundlichkeit und die daran gebundene menschliche Nähe zuzulassen, was zu einem chronischen emotionalen Mangel führt. Aus diesem Mangel ziehen sie jedoch ein seltsames Gefühl von Sicherheit und Unabhängigkeit, sowie die Bestätigung dafür, dass sie zwar einsam und unverstanden, dafür jedoch anders als die anderen sind.

Sie wünschen nichts weniger, als mit allem und jedem gemeinsame Sache zu machen, und neigen dazu, sich ihre Einzigartigkeit durch Absonderung, elitäres

Empfinden und den süssen Schmerz des Nichtdazugehörens zu beweisen. Gute Teamarbeiter sind sie nur dann, wenn ihnen innerhalb der Gruppe eine Sonderrolle zusteht, die ihnen mehr Rechte und grössere Freiräume ermöglicht.

Durch ihre Tendenz, sich immer «freibleibend», also unverbindlich zu verhalten, provozieren sie Frustration in ihrer Umgebung, besonders in Partnerschaften, was bedeutet, dass sie selbst von motivierten Menschen immer weniger bekommen. Trotzdem zeigen sie im Normalfall auch dann nicht mehr Engagement, sondern ziehen sich eher in einer Art Trotzreaktion noch weiter zurück. Es kann hier ein Teufelskreis entstehen, an desssen Ende Entfremdung und Isolation stehen.

Die problematische Seite dieser Konstellation ist jedoch nicht nur im Konflikt zwischen angemessenem Geben und Nehmen und angemessener Nähe und Distanz zu sehen, sondern auch in der grundlegenden Angst davor, Gefühle zuzulassen und sie mitzuteilen. Mond/Uranus-Menschen erleben sich als manipulierbar über ihre Gefühle, anderen schutzlos ausgeliefert, sei es durch das «liebevolle» Ausnutzen von Schwachstellen oder weil sie glauben, wenn sie sich emotional auf jemanden einlassen und festlegen, dann würden sie diesen Menschen verlieren.

Besonders gilt das für den Ausdruck negativer Gefühle wie Wut, Zorn, Ablehnung. Da sie gleichzeitig seelisch instabil, wenig belastbar, leicht verletzlich und irritierbar sind, sehen sie sich ständig widersprüchlichen und schnell wechselnden Gefühlen ausgesetzt. Was sie gerade noch unbedingt wollten, erscheint ihnen kurz darauf zu teuer erkauft, oder ein neues Interesse verdrängt das alte. Ihre leichte Ablenkbarkeit, die ein Ausdruck dafür ist, dass man nicht zu lange bei etwas verweilen möchte, bewirkt, dass sie sich ständig von neuen Objekten und Menschen faszinieren lassen, was ihnen ein Gefühl der Ungebundenheit verleiht.

Mond/Uranus-Geborene versuchen ihrer seelischen Zerbrechlichkeit dadurch zu begegnen, dass sie sich von ihren Gefühlen distanzieren. Gelingt ihnen dies nicht, werden sie reizbar, nervös, manchmal sogar hysterisch, und ihre Gedanken drehen sich im Kreis wie ein Karussell. Nach aussen legen sie trotzdem meistens eine Scheinruhe an den Tag, die sie selbst und die anderen täuschen soll.

Die uranische Fähigkeit, von allem beide Seiten zu sehen, kann sich auch ungünstig auswirken: Es fällt schwer, sich für eines zu entscheiden (und dafür etwas anderes aufzugeben), sich festzulegen (und dafür nicht mehr flexibel auf reale oder eingebildete Gefahrensituationen reagieren zu können).

Das Beispiel des Mannes, der in seinem Wohnzimmer am liebsten mit der Hand an der Türklinke dasitzt, während er mit einem Fuss wippt, illustriert, was bei den meisten Uraniern seelisch abläuft. Ein anderer betont eisern, er habe keinerlei feste Beziehung zu einer bestimmten Frau, obwohl er mit ihr seit einem Jahr praktisch jede Nacht und fast den ganzen Tag verbrachte.

Aus allem ergibt sich eine Neigung zur Abspaltung von Gefühlen beziehungsweise einer Gespaltenheit im Gefühlsleben, die sich jeder Folgerichtigkeit entzieht. Mit Sicherheit lässt sich nur sagen, dass jede emotionale Polarisierung sofort den Gegenpol mit auf den Plan ruft. Die Folge sind Zweifel, Unentschiedenheit oder auch ein entschiedenes «Vielleicht». Die Gedanken sind häufig zerfahren und unkonzentriert, man hat ein «Karussell im Kopf». Eine gewisse Ausnahme bildet hier nur der Beruf, zumindest solange, wie es sich nicht so sehr um persönliche Fragen wie um übergeordnete Aufgaben handelt.

Positive Seite: Objektivität und Neutralität als Chancen.

Das Bedürfnis, sich entweder in einen Gegensatz zu allem zu stellen, was sich an möglichen Aufforderungen zu einer Zustimmung im Leben ergibt, oder sich immer in eine unangreifbare Position zu begeben, beinhaltet jedoch auch die Möglichkeit, ein Gleichgewicht zu schaffen. Beide Seiten oder sogar mehrere Seiten einer Sache sehen zu können bietet die umfassende Chance, die Gleichberechtigung all dessen, was existiert, zu erkennen, und zwar im Sinne einer Wertfreiheit, eines Nichtbewertens oder -beurteilens: Man kann beide Aspekte sehen und sie stehen lassen. Das ist es, was die wahre Besonderheit einer entwickelten Mond/Uranus-Konstellation ausmacht.

Uranus entspricht dem Prinzip der Dualität, der Tatsache, dass Menschsein bedeutet, Gegenpole wie Tag und Nacht, Freude und Schmerz, Liebe und Hass, schön und hässlich wahrzunehmen und zu empfinden. Uranos ist jedoch der griechische Gott des Himmels, der sich über diese Gegensätze erhebt und sie gleichermassen unter seinem Dach vereint. Der Wassermann und Uranus sind im Tierkreis die Vorstufe zu den Fischen und zu Neptun, die die höchste Erkenntnis der All-Einheit allen Seins symbolisieren. Dies bedeutet eine einzigartige Herausforderung für all jene, die von diesen Prinzipien geprägt sind: Die Würdigung der Tatsache nämlich, dass wir alle einzigartig und doch letztlich gleich sind.

Hervorstechende Merkmale einer entwickelten Persönlichkeit sind hier analytische Kritik, Objektivität, die Fähigkeit, den Einfluss des Subjektiven auf ein Minimum zu reduzieren – dann, wenn es angebracht ist. Statt einer Weigerung, sich in was es auch immer sei verwickeln zu lassen, kann eine von Vorurteilen freie, distanzierte Sichtweise eingenommen werden. Daraus kann sich im besten Fall eine innere Freiheit und Losgelöstheit ergeben, die die Barrieren der Selbsttäuschung durchbricht.

Zwischen der Fähigkeit, objektiv und neutral fühlen zu können (und dabei noch gleichzeitig die subjektive Gefühlsebene von persönlichen Bedürfnissen, Wünschen und Träumen anzuerkennen) und der Neigung, emotional zwischen zwei Stühlen zu sitzen, weil man sich nicht entscheiden kann, liegen jedoch Welten. Das menschliche Dasein ist an die Materie gekoppelt, was bedeutet, dass wir auf der physischen Ebene nur «eines» – oder eins nach dem anderen – leben können.

Uranus entspricht auch jener Kraft im Menschen, die das Konventionelle, Rituelle und die althergebrachte Tradition ablehnt, es sei denn, sie bietet die Chance, die eigene Besonderheit hervorzuheben und sich gegen andere abzugrenzen. Eine Chance zur Entwicklung liegt jedoch auch darin, Konvention als Teil der notwendigen praktischen Ordnung zu erkennen, die lediglich von Zeit zu Zeit überholt, «renoviert» werden muss, damit sie nicht erstarrt. Ebenso kann aus einem Menschen, der krampfhaft zwischen den Fronten hin- und herspringt, ein echter Vermittler werden, der jedem der Beteiligten die Betrachtungsweise des anderen erläutern kann.

Objektivität, die einer wirklichen Erkenntnis entspringt, schenkt persönlichen Freiraum, denn: Freiheit ist immer nur das, was wir uns innerlich zuzugestehen bereit sind. Deshalb bietet eine entwickelte Mond/Uranus-Konstellation die Freiheit der Wahl, eine Wahl, die auf übergeordneten und angemessenen Kriterien beruht.

Im *Buch der fünf Ringe[1]*, in dem es um die richtige Lebensführung und den Weg des Samurai geht, heisst es: «Betrachte alle Dinge von einer höheren Warte aus und mit offenem ungetrübten Geist.» Das ist die Aufgabe, die Uranus uns im Leben stellt. Sie bedeutet jedoch nicht, dass wir die «höhere Warte» als etwas verstehen, was uns dazu auffordert, uns nicht auf das Leben einzulassen.

Sonne / Uranus

Ich bin der Geist, der stets verneint.
J. W. v. Goethe, *Faust*

Diese Konstellation gilt für: Sonne in 11, Uranus in 5, Herrscher von Haus 5 in Haus 11, Herrscher von Haus 11 in Haus 5, Uranus Konjunktion / Spiegelpunkt / Quadrat / Opposition zur Hausspitze 5, Sonne Konjunktion / Spiegelpunkt / Quadrat / Opposition zur Hausspitze 11, Sonne im Aspekt zu Uranus (Konjunktion, Spiegelpunkt, Quadrat, Opposition, Trigone und Sextile sind wesentlich schwächer zu werten).

1. Der nicht erreichbare Vater

Die wohl häufigste Erfahrung, die Menschen mit einer Sonne/Uranus-Thematik machen, ist die eines Vaters, den sie nicht wirklich seelisch erreichen, einschätzen oder gar festhalten können. Wann immer das Kind glaubt, ihn zu einer beständigen Anwesenheit und wirklichen Aufmerksamkeit gebracht zu haben, stellt sich die Erfahrung ein, dass er sich durch ein Schlupfloch wieder geschickt den Bedürfnissen des Kindes entzogen hat. Das unausgesprochene Motto dieser Väter scheint zu sein: «Ich halte mich raus.»

Obwohl die konkreten Formen, die dieses Prinzip im Alltag annehmen kann, durchaus unterschiedlicher Natur sind, ist ihnen doch allen gemeinsam, dass der Vater nicht in ausreichendem Masse als Vorbild und Orientierungshilfe zur Verfügung steht und dass das Kind mit Verunsicherung und innerer Zerissenheit reagiert. Vergleichbar den widersprüchlichen Botschaften, die ein Kind mit Mond/Uranus von seiner Mutter erhält, steht auch beim Sonne/Uranus-Vater die Verheissung echten Interesses und Engagements im Raum, ohne dass diese Hoffnung in einer kontinuierlichen und daher vertrauensbildenden Form eingelöst wird. Die Gründe dafür können darin liegen, dass der Vater beruflich stark in Anspruch genommen ist, dass Überstunden und Reisen – also generell eine häufige Abwesenheit – dem Kind keinen wirklichen Kontakt zum Vater erlauben, oder auch darin, dass seine Position ihn zu einem unangreifbaren, in weite Ferne gerückten «Würdenträger» macht, wodurch eine echte Auseinandersetzung oder gar Kritik nicht mehr möglich ist. Eine weitere Spielart, die eine beruflich anspruchvolle Position zwar mit einschliesst, jedoch nicht voraussetzt, ist, dass der Vater seine Durchsetzungsschwäche und Angst vor Konfrontation und Kritik durch umfangreiche Aktivitäten kaschiert, durch die er sich dem Kind und meist der gesamten Familie entziehen kann.

Welche Entsprechung sich auch immer im praktischen Leben manifestiert, Tatsache ist, dass der Vater, was Gefühle im zwischenmenschlichen Bereich angeht, unsicher, schnell überfordert und konfliktscheu ist. Parallel dazu findet sich eine schnelle Reizbarkeit bis hin zu Wutausbrüchen, die jedoch mehr nach dem Prinzip des Dampfdrucktopfes funktionieren: Der Deckel liegt fest auf und hält alles zurück, bis der Druck so stark ansteigt, dass er «abfliegt».

Dies gilt auch, wenn der Vater sich in seinem Beruf schnell entschlossen, belastbar und erfolgsorientiert zeigt, denn Uranus ist ein Planet, dessen Energien sich am leichtesten im nicht-persönlichen Bereich kanalisieren lassen: Immer dort, wo es um übergeordnete Zusammenhänge, um unpersönliche Strukturen, um die Notwendigkeit zu Objektivität, Unparteilichkeit und Distanz zu sich selbst geht, ist er in seinem Element und somit auch die von ihm charakterisierten Menschen. Die Sonne jedoch als archetypisches Vaterbild verlangt auch subjektives Handeln, und ein Verhalten, in dem Emotionen, rein persönliche Erwägungen und Bedürfnisse sowie Spontaneität zum Ausdruck kommen.

Fliesst in das Vaterbild eine Kombination beider Prinzipien ein, kommt eines von beiden zugunsten des anderen zu kurz, und das ist meist dasjenige, dem es um spontane Gefühle, subjektive Vorlieben und Abneigungen, Reibung und Lebendigkeit geht. Sonne/Uranus-Väter sitzen oft – unberührbar wie der König der Kelche im Tarot – in ihrem Elfenbeinturm, in dem sie sich mittels Arbeit oder einer Form der Kommunikation, die jeden Konfliktstoff meidet, vor emotionalen Erwartungen ihrer Umwelt verschanzen. Wie der Kelch-König, der am Ufer eines Flusses sitzt, strecken sie gerade die Zehen ins Wasser der Gefühle, mit steifer, fast abwehrender Haltung und bereit, bei der kleinsten Unstimmigkeit den Fuss wieder herauszuziehen.

Ein solcher Vater signalisiert seinem Kind, dass es immer dann schuldig wird, wenn es seine Gefühle und persönliche Antriebe wirklich äussert, wenn es zu ihnen steht und es damit die Umwelt und besonders den Vater durch sein «egoistisches» Verhalten zu einer Stellungnahme zwingt.

Kinder brauchen jedoch die gefühlsmässige Auseinandersetzung mit ihren Eltern. Wenn sie erfahren, wie Mutter und Vater empfinden, was sie motiviert und was sie ängstigt, bekommen sie einen Massstab, an dem sie sich selbst und die Welt einschätzen können. Die Anschauungen, Hoffnungen, Erwartungen und Massstäbe, die das Leben der Eltern bestimmen, bilden eine wichtige Grundlage für die Fähigkeit des Kindes, die Welt in einer geordneten, logisch aufgebauten Form zu erfahren, der sie dann im Lauf ihrer Entwicklung einen eigenen Stempel aufdrücken. Sind diese Voraussetzungen nicht in ausreichendem Masse gegeben oder finden sich wesentliche Widersprüchlichkeiten und Ungereimtheiten, so wird das Kind diese übernehmen und versuchen, die «Quadratur des Kreises» zu bewerkstelligen. Während es gleichzeitig gemäss dem Vorbild des Vaters versucht, keinerlei Angriffsfläche für Kritik zu bieten und sich so wenig wie möglich festzulegen, kann es doch nicht anders, als sich in seinem Handeln immer wieder irrational, für andere nicht nachvollziehbar und entgegen den Erwartungen der Umwelt oder selbst angekündigten Verhaltensweisen zu benehmen. Es ist, als hätte ein solches Kind ein für alle Mal vom Vater gelernt, dass Sicherheit und Freiheit von Schuld nur darin bestehen können, dass jede auch mit noch soviel Nachdruck eingenommene Position augenblicklich geändert und in ihr Gegenteil verkehrt werden kann.

Ebenso wie ihre Väter reagieren diese Kinder auf die Aufforderung ihrer Umwelt: «Bleib stehen, und stell dich mir» – sei es in Gefühlsfragen, im Gespräch oder in Form von Zusagen – mit Ausweichen, das häufig von einem Gefühl der Empörung begleitet ist, darüber, dass andere sich einen unangemessenen Übergriff in ihre Privatsphäre erlauben, ein Übergriff, der im Empfinden der Beteiligten bis hin zur psychischen Vergewaltigung gehen kann.

Nicht greifbare Väter haben auch Kinder, die ihren Vater nie kennenlernen konnten oder ihn nur sehr sporadisch sehen durften, etwa bei einer unehelichen Geburt. Auch die Kränklichkeit des Vaters kann dazu führen, dass er eine unantastbare Sonderrolle einnimmt, die ihn aus dem Gesichtsfeld des Kindes rückt.

Übereinstimmend ergibt sich für alle diese Vaterbilder, dass das Kind kaum Gelegenheit hat, sich mit den charakteristischen männlichen Persönlichkeitsanteilen auseinanderzusetzen. Selbstbestimmtheit, Durchsetzungskraft, der Ausdruck von Wut, Ärger, allgemein der Umgang mit Aggression und damit die adäquate Durchsetzung persönlicher Interessen sind Themen, die zwar durch die Mutter erfahren werden können, die aber dann nicht aus der Quelle fliessen, der sie ursprünglich im Sinne des in jedem Menschen wohnenden archetypischen Urbilds des Väterlichen und Mütterlichen zugeordnet sind. Das hat zur Folge, dass sowohl konstruktive wie auch negative Aggression als Teile der menschlichen Überlebensstrategie zu etwas werden, das weniger im Handeln eines Menschen Ausdruck findet als in seinem innersten Empfinden. Daraus ergeben sich Probleme verschiedenster Art, auf die im Abschnitt «Zusammenfassung der wesentlichen Eigenschaften» näher eingegangen wird.

2. Fürsorge und Ehrgeiz des Vaters

Obwohl gegenwärtig die Entsprechung des sich entziehenden Vaters sicherlich die häufigere ist, während auf der Seite der Mutter das Thema der Überfürsorge und einer gewissen seelischen Zudringlichkeit an erster Stelle steht, findet sich auch bei den Vätern die Tendenz, sich mit voller Konzentration, mit Engagement und bewusster Lenkung auf das Kind zu stürzen. Welche Gründe hier auch dahinter stehen mögen, ob es die Unausgefülltheit des Vaters oder ehrgeizige Pläne mit einem Lieblingskind sind, Folge ist das Gefühl einer Einengung und mangelnden Selbstbestimmtheit bei dem Kind.

Da der Vater wie auch die Mutter ihren Einfluss nicht so sehr über direkte Drohungen oder gar Erpressungen ausüben (das ist eher ein Pluto-Thema), sondern über das Signal, lediglich «das Beste für das Kind» zu wollen, ist eine Ablehnung oder Rebellion seitens des Kindes nur sehr schwer und meist nur in Verbindung mit grossen Schuldgefühlen möglich. Obwohl das Kind Phasen der Auflehnung kennt, gelingt es dem Erwachsenen so gut wie immer, es durch seine dauerhafte Einwirkung «zur Räson zu bringen». Nur wenige Betroffene gehen den Weg der Loslösung vom entsprechenden Elternteil, wobei sie auch hier dessen typische Verhaltensweisen auf die eine oder andere Art reproduzieren, also Schwierigkeiten im adäquaten Umgang mit ihren Aggressionen haben. Ihre Wutausbrüche sind für Aussenstehende oft nicht nachvollziehbar, da sie dem Prinzip des «einen Tropfens, der das Wasserglas zum Überlaufen bringt» entsprechen und nicht selten von Situationen und Objekten ausgelöst werden, die mit dem eigentlichen Grund für den Ärger nichts zu tun haben. Ein weiteres Phänomen ist die immer wieder auftretende Angst vor Nähe. Nähe scheint für die Betroffenen gleichbedeutend mit Unfreiheit zu sein und kostet ihren Preis.

Rilke formulierte den Gedanken des überfürsorglichen und ehrgeizigen Vaters in seinem Spätgedicht «Dauer der Kindheit»:

… Liebe umkreist die besitzende,
das immer heimlich verratene Kind
und verspricht es der Zukunft; nicht seiner.

Heinrich Imhof kommentiert diese Zeilen in seinem Buch *Rilkes «Gott»* folgendermassen: «Mit der besitzenden Liebe meint Rilke einen mit scheinbarer Selbstlosigkeit bemäntelten Egoismus, der dem Sohn eine ‹Zukunft› bereiten möchte, die letztlich die Erfüllung der verheimlichten Wünsche wäre, die der Vater in seinem eigenen Leben nicht hatte verwirklichen können. Die ‹besitzende› Liebe tritt mit dem Anspruch auf, der Sohn solle gewissermassen die Existenz des Vaters in die Zukunft hinein verlängern und vollenden.»[2]

Der Wunsch des Vaters, sein eigenes Leben über das seines Kindes zu rechtfertigen und zu vollenden, bezieht sich jedoch nicht nur auf Söhne, wenngleich aufgrund der Vorstellung, der Sohn möge in die Fussstapfen des Vaters treten, eventuell einen vorhandenen Betrieb übernehmen oder ähnliches, sich bei Vätern ein derartiges Bedürfnis eher gegenüber dem Sohn als der Tochter auswirkt. Trotzdem gilt es gleichermassen für das Vater-Tochter-Verhältnis, wobei auch hier der Wunsch nach der Fortführung einer beruflichen, gesellschaftlichen oder familiären Tradition eine Rolle spielt. Das Mädchen ist darüber hinaus oft ebenso der Augapfel des Vaters, wie der Sohn der der Mutter – oder auch umgekehrt. Wird die Tochter als eine Art Prinzessin betrachtet, ist nichts gut genug, das nicht vom Vater begutachtet und für gut genug befunden wurde.

Während Kinder, die einen Vater erfahren haben, der sich ihnen entzog, eher die Tendenz haben, sich später Menschen zu suchen, die dieses Verhalten fortsetzen und die so immer nach etwas Flüchtigem mehr oder weniger erfolglos greifen, entsteht bei der zweiten Entsprechung ein Beengungs- und Unfreiheitsgefühl, das den festen Entschluss zur Folge hat, man werde nie mehr einem anderen Menschen soviel Macht über sich einräumen, wie sie der Vater, oder im entsprechenden Fall die Mutter, hatte. Obwohl sich die Betreffenden durchaus nach Geborgenheit und Nähe sehnen, können sie diese nur sporadisch zulassen und wenn sichergestellt ist, dass sie diese jederzeit wieder unterbrechen und das Gefühl ihrer unantastbaren Individualität stabilisieren können. Es ergibt sich ein Verhalten, was man als «dynamische Distanz» bezeichnen könnte: Nähe und Distanz wechseln sich oftmals in schneller Folge ab, was bei der Umwelt Verunsicherung, ja sogar Ärger erzeugen mag.

3. Verwöhnung und Nachgiebigkeit des Vaters

Während im Abschnitt «Fürsorglichkeit und Ehrgeiz des Vaters» ein Vaterbild beschrieben wurde, das durchaus mit einem gewissen psychischen Druck verbunden ist, zeichnet Sonne/Uranus auch das Bild des Vaters, dessen Fürsorge vor allem durch Nachgiebigkeit und Unfähigkeit zum Neinsagen gekennzeichnet ist. Das Kind nimmt für diesen Vater eine Sonderrolle ein, es wird bewundert, man sieht Grosses in ihm. Aus diesem Grund ist der Vater bereit, Launen, übertriebene Forderungen und plötzliche Gefühlsschwankungen und -ausbrüche des Kindes hinzunehmen und sie wohlwollend zu tolerieren oder gar zu unterstützen. Ebenso wie die Mond/Uranus-Mutter ist er bereit, noch ein weiteres Hobby zu unterstützen und zu finanzieren, obwohl schon mehrere andere angefangen und nach kurzer Zeit wieder fallen gelassen wurden, oder die berufliche Ausbildung seines Sprösslings bis in sein Rentenalter hinein zu fördern, wodurch so etwas wie ein «ewiger Student» entstehen kann, oder zumindest die Gewissheit, dass, wann immer man in der Klemme steckt, Papa es schon richten wird.

Das mangelnde Gleichgewicht zwischen einer liebevollen Strenge, die die Möglichkeit schafft, mit Grenzen umgehen zu lernen, und einer die persönlichen Eigenarten und Bedürfnisse des Kindes respektierenden Toleranz führt bei dem Kind zu einer Unfähigkeit, sich, wo nötig, einer kontinuierlichen Disziplin zu unterwerfen. Das Kind lernt, sich selbst gegenüber immer und in allen Punkten nachgiebig zu sein, sein Verhalten wird unbeständig und es neigt dazu, wie Rod Mac Kuen es in einem seiner Lieder ausdrückt, immer nach «dem Hügel zu schauen, hinter dem das Gras noch grüner ist» («On the far side of the hill, there is a greener valley still»). Überzogene Erwartungen, gepaart mit einer geringen Bereitschaft für deren Erfüllung, wirklich Einsatz zu bringen, sind die Folge. Statt Ausdauer und Beharrlichkeit zu üben, wie sie das Erreichen der meisten Ziele verlangt, sind sie leicht ablenkbar und schnell von neuen Eindrücken fasziniert.

Im Umgang mit der Umwelt neigen die Betroffenen zu einem stark impulsiven Verhalten – oder anders ausgedrückt – sie können sich kaum einen Wunsch verweigern. Da sie die Erfahrung gemacht haben, dass man ihren Bedürfnissen uneingeschränkt nachkommt, erwarten sie unbewusst auch im späteren Leben das gleiche Entgegenkommen von ihren Mitmenschen. Nicht selten verletzen sie dadurch die Gefühle der anderen, die sich, anstatt freiwillig und gern etwas geben zu können, selbstverständlichen Forderungen ausgesetzt sehen.

Je nachdem wie man es betrachten mag, liegt das Glückliche oder auch das Fatale an der Ausstrahlung dieser Menschen darin, dass sie häufig auf andere sehr anziehend wirken. Ihre Impulsivität, durch die eine reizvolle Portion «freies Kind» schimmert, wonach die Menschen unserer Gesellschaft sich so sehr sehnen, macht sie zu Persönlichkeiten, zu denen man sich hingezogen fühlt und die als anregend und nicht alltäglich empfunden werden. Diese Ausstrahlung hat jedoch meist eher eine Art «Schmetterlingscharakter». Sie ist eine Verheissung, ein Versprechen auf mehr, als die Betreffenden je einzuhalten vermögen oder auch gedenken. Wer sich von dieser Faszination einfangen lässt, gerät besonders in Partnerschaften schnell in das Spiel: «Hasch mich, ich bin der Frühling», oder auch: «Einer rennt, und der andere läuft hinterher.»

4. Der widersprüchliche Vater

Uranus repräsentiert wie kein anderer Planet das Prinzip der Gegensätze und damit der Widersprüchlichkeit. Überall, wo dieser Planet unser persönliches Leben berührt, sind wir gefangen in dem Zwiespalt gegensätzlicher Eindrücke und Anschauungen, die sich nur zu oft völlig auszuschliessen scheinen.

Tatsächlich geht es hier jedoch nur darum, uns die Dualität des menschlichen Lebens vor Augen zu führen, die bedingt, dass wir auf Grund unserer spezifischen Art der Sinneswahrnehmungen nicht in der Lage sind, Gegensatzpaare wie Tag und Nacht, Gut und Böse, Liebe und Hass, Freiheit und Geborgenheit als etwas zu erkennen, was sich gegenseitig nicht ausschliesst, sondern bedingt und dass wir in der Regel nur eines nach dem anderen, also in einer zeitlichen Abfolge, erleben können. Fallen Gegensätze zusammen, etwa im Falle einer Hassliebe, sind wir im Grunde überfordert und bleiben nur zu leicht in einer Situation stecken, die uns als verfahren und ausweglos erscheint.

Wer das Thema des Uranus nicht nur verstanden hat, sondern auch in der Lage ist, seine Aufgabe im realen Leben umzusetzen, wird feststellen, dass die Gegensätze sich in ihrer ursprünglichen Erfahrungsform auflösen und nur noch verschiedene, jedoch gleichwertige Aspekte ein und derselben Sache sind.

Ungereimtes, Widersprüchliches, Aussagen, die nicht miteinander vereinbar sind, erleben Kinder dort, wo Uranus sie in ihrem Geburtshoroskop ankündigt. Uranus-Väter oder -Mütter senden widersprüchliche Botschaften aus, die Marlin S. Potash folgendermassen charakterisiert: «Unter diese Kategorie fallen: Schmollen, das Verunsichern des anderen durch vorwurfsvolles Schweigen; das Stellen von Fragen, die wir bereits selbst für uns beantwortet haben oder auf die der andere nicht antworten kann, ohne uns das zu sagen, was wir hören wollen; das Aussenden von nonverbalen Signalen, die im Widerspruch zu unseren Worten stehen; oder das Ziehen von Vergleichen in der Absicht, eine Person dazu zu bringen, dass sie mehr wie eine andere ist.» Etwas später führt sie dazu aus: «Und weil diese Manöver andere oft in Rage bringen, bekommen wir zusätzlich einen Vorwand geliefert, unserer eigenen Wut, Entrüstung oder unserem Ärger Luft zu machen. Wenn der andere zuerst wütend wird, meinen wir eine Rechtfertigung zu haben, ebenfalls wütend zu reagieren, und für viele von uns ist das die einzige Situation, in der wir guten Gewissens Wut rauslassen können.»[3]

Wer selbst auf die eine oder andere Art widersprüchliche Aussagen macht, hat noch einen zusätzlichen Gewinn: Wann immer man ihm eine Vorwurf machen möchte oder könnte, kann er sich auf die Position zurückziehen, die ihm eine reine Weste verschafft, an der Uranus-betonten Menschen nun einmal soviel liegt. Schuldig werden im Dualen ist das heisse Eisen, um das man versucht, sich herumzudrücken, indem man sich nicht für den einen Pol entscheidet (was ja eine Fehlentscheidung bedeuten kann und was die Angelegenheit nicht unbedingt besser macht), und weil man dann gezwungen wäre, auf den anderen zu verzichten. Die eine Seite der Münze zu wählen und die andere auszuschliessen, ist etwas, das Pluto kann, Uranus wird immer an seiner Sehnsucht nach Ganzheit leiden, zu der gehört, dass man zwar differenziert denkt und sich der Unterschiede in den Dingen bewusst ist, also auch aller Vor- und Nachteile, die in den jeweiligen Gegenpolen liegen, man jedoch auch der tiefen inneren Überzeugung anhängt, das eine könne nicht ohne das andere existieren, ohne das Leben um einen wesentlichen Bestandteil ärmer und damit sinnloser zu machen.

Diese Thematik kann sich auf allen Ebenen manifestieren: in der Notwendigkeit, zwischen zwei in ihrem Wesen sehr unterschiedlichen Partnern zu wählen, die jedoch zusammen ein Ganzes ergeben würden, die Wahl zwischen einem selbständigen Beruf oder einem, bei dem man fest angestellt ist, Freunde, die nicht zusammenpassen, eine ambivalente Einstellung zum Geld und vieles mehr. Eine weitere, nicht ganz so häufige Analogie zum Thema Sonne/Uranus ist der kauzige, extrem individuelle Vater, der in keinerlei herkömmliche Vorstellungsmuster passt. Dazu gehört der Bastler und Erfinder, der Einzelgänger, der sich in seinem Büro verschanzt, um über Dingen zu brüten, die keinerlei Beziehungs-

oder Kontaktfähigkeit von ihm fordern, oder Persönlichkeitsbilder wie die, die wir von Kafka, Bukowski oder Jack London her kennen.

5. DAS KIND ALS VERMITTLER

Da Uranus, wie im vorigen Abschnitt erläutert, Gegensätze symbolisiert, steht er auch dort, wo das Kind sich als zwischen diesen Gegensätzen stehend erlebt. Das können Eltern sein, die in ihrem Naturell, ihren Wertmassstäben, ihrer gesellschaftlichen Herkunft usw. unvereinbar sind, dies jedoch nach aussen und meist auf Kosten des Kindes kaschieren. Das Kind erhält dann bereits mit der Geburt den unausgesprochenen Auftrag, die Ehe der Eltern zu kitten und durch eine Vermittlung zwischen den Fronten eine labile Situation zu stabilisieren.

Da ein Kind diese Rolle nur innerhalb seiner Möglichkeiten erfüllen kann – es kann sich zum Beispiel nicht mit seinen Eltern zu einem analysierenden, beratenden und klärenden Gespräch zusammensetzen – wird es zu den Strategien greifen, die seinem Alter und Naturell entsprechen. Dazu zählt das Vermeiden jedes zusätzlichen Konfliktstoffes in der Familie (das artige Kind) oder, gerade im Gegenteil, der Versuch, die Eltern durch ständige Rebellion, schlechte Leistungen in der Schule oder auch durch permanente Kränklichkeit so in Atem zu halten, dass sie kaum Gelegenheit haben, sich ihren eigenen Themen zuzuwenden.

Edward Albee hat einem seiner Theaterstücke den Titel *Empfindliches Gleichgewicht* gegeben, und genau das trifft auf die Lage eines Kindes zu, das trotz aller Versuche, für das elterliche Glück und Familienfundament Sorge zu tragen, nie das Gefühl einer essentiellen Sicherheit entwickeln kann. Immer steht die Zerbrechlichkeit der Familiensituation im Raum, die durch keinerlei Anstrengung aus der Welt geschafft werden kann, zum einen, da diese Aufgabe ein Kind zwangsläufig überfordern muss, zum anderen, weil eine ernsthafte Bereitschaft der Eltern nötig wäre, um derartige Verschiedenartigkeiten sinnvoll zu überbrücken.

Prägende Erfahrung für ein solches Kind ist, dass es immer «zwischen allen Stühlen sitzt», da es sich niemals wirklich auf die Seite der Mutter oder des Vaters schlagen darf. In diesem Falle würde es ja seiner ausgleichenden Vermittlerrolle nicht mehr gerecht und hätte das Zerbrechen der Familie verschuldet. Sein Leben wird zu einem «Tanz auf dem dünnen Eis»[4], wo man immer auf der Hut sein muss, schnell ausweichen sollte und nie länger verweilen darf.

Diese Pufferrolle gilt nicht nur innerhalb der Ehe der Eltern, sie kann sich ebenso in der Geschwisterfolge äussern, in der das betreffende Kind Streitigkeiten und Zwist zu neutralisieren versucht. Auch hier ist es unmöglich, wirklich Partei zu ergreifen, und so kann das Kind sozusagen mit jedermann und mit keinem wirklich in Kontakt sein.

Wie jeder von uns suchen sich auch Menschen mit dieser Grunderfahrung im späteren Leben wieder vergleichbare Situationen. Sie begeben sich beruflich oder privat in Lebenslagen, in denen zwischen den Beteiligten Spannungszustände herrschen oder aufgrund von Ansichten, Herkunft und Bedürfnissen ein so grosser Unterschied besteht, dass sie ihre alte, eingeübte und daher Sicherheit bietende Rolle des Katalysators einnehmen können. Obwohl sie so gut wie immer von ihrem Verstand her Harmonie, Ausgleich und eine friedliche Koexistenz wünschen, fühlen sie sich doch von dem angezogen, was ihrer frühen Erfahrung und Verletzung entspricht.

6. ZUSAMMENFASSUNG DER WESENTLICHEN EIGENSCHAFTEN

Problematische Seite: Widersprüchlichkeit und Mangel an Verlässlichkeit – Hybris.

Sucht man den roten Faden in den verschiedenen Uranus-Entsprechungen in der Erfahrung des Vaters, so zeigt sich, dass er kein kontinuierliches, nachvollziehbares und damit richtungsweisendes Vorbild bietet. Was immer das Kind von ihm an Signalen und Botschaften erhält und sei es auch nur das, was man ihm erzählt, da es den Vater nie kennengelernt hat, sein Wissen über ihn besteht aus eigentümlichen, verwirrenden Bruchstücken, die zumindest zu einer gewissen Fremdheit dem Vater gegenüber führen.

Geprägt durch die Vielzahl irrationaler und kaum durchschaubarer Eindrücke, entwickelt das Kind eine Tendenz zu schizoidem Verhalten. Während es gleichzeitig versucht, eine Sonderrolle einzunehmen, durch die es unangreifbar aus sicherer Höhe auf die Wirnisse der Welt herunterblicken kann, sehnt es sich doch nach Kontakt und Offenheit anderen Menschen gegenüber. Das Bedürfnis, eine sichere Distanz zwischen sich und die Welt zu legen, um so jedem Ereignis durch einen beliebigen Kurswechsel oder ein Ausweichmanöver begegnen zu können, steht in direkter Verbindung zu dem Bedürfnis nach Sicherheit, die den Betreffenden am ehesten dadurch erreichbar scheint, dass Entscheidungen vermieden oder immer wieder vertagt werden. Solange noch nichts entschieden ist, ist alles offen, alles möglich, ist keine Tür zu und damit immer noch irgendein sicherer Hafen erreichbar.

Charakteristisch für das Verhalten ist, das eine zu sagen und das andere zu tun, wobei in der spezifischen Logik der Betreffenden darin kein Widerspruch liegt. Das, was andere Menschen in einer bestimmten Situation als folgerichtige Reaktion erwarten würden, ist nur äusserst selten das, was jemand mit Sonne/ Uranus tun würde. Die Gründe dafür liegen zum einen in der völlig anderen höchst individuellen Art, Dinge zu erleben und auf sie zu reagieren und zum anderen in der Tatsache, dass die Betreffenden ein starkes Verlangen danach verspüren, sich diese ihre einzigartige Individualität auch immer wieder zu beweisen. Einer ihrer Urantriebe ist das Bestreben, sich von anderen zu unterscheiden und so dem zu entfliehen, was für sie der Schrecken der «grossen grauen Masse», in der der einzelne untergeht, darstellt.

Wollte man die Lernaufgabe von Sonne/Uranus zusammenfassen, so könnte sich dafür ein Zitat von Dainin Katagiri Roshi eignen: «Die Form eures Handelns muss eindeutig sein. Ist sie es nicht, werden Verwirrung und Unklarheit die Folge sein.»[5]

Neben der festen Absicht, niemandem mehr eine auch nur vergleichbare Macht über sich einzuräumen, wie sie einmal ein Elternteil hatte, steht die Bestrebung, so unabhängig und autonom wie möglich zu sein, was jedoch vor allem im Falle des verwöhnten Kindes nur scheinbar funktioniert. Immer wieder sucht der Sonne/Uranus-Mensch Abstand zu seinem Partner, zu Freunden, zu seiner Umwelt. Der ständige Wechsel zwischen gelegentlich extremem Näheverlangen und einem plötzlichen Rückzug ist für die Umgebung eine Art Heiss-Kalt-Dusche, die in ihrer für den Aussenstehenden unverständlichen Art Frustration, Klagen, Anschuldigungen und Forderungen provoziert, alles Dinge, die den Betreffenden eher in die Flucht schlagen als ihn dazu zu bewegen, den Wünschen des anderen nachzukommen.

Alles, was als ein wie auch immer gearteter Druck empfunden werden kann, löst eine Abwehrhaltung aus, die oft so weit gehen kann, dass sie denjenigen eher schadet als nützt. Doch ebenso wie Mond/Uranus-Personen emotional sehenden Auges «ins Unglück rennen», einfach weil sie sich nicht einer Regel und deren Konsequenzen beugen wollen, so haben auch Sonne/Uranus-Geborene die Neigung, sich lieber «totschlagen» zu lassen, als nachzugeben. Dies gilt besonders, wenn sich im Geburtshoroskop zusätzlich wichtige Pluto-Entsprechungen finden lassen.

Ein weitere Problematik liegt darin, dass die Betreffenden Verbindlichkeiten jeder Art am liebsten aus dem Weg gehen. Verbindlichkeit bedeutet Verantwortung, und Verantwortung bedeutet Festlegung. Die permanente Unentschlossenheit, über die vor allem die jeweiligen Partner klagen, drückt sich häufig in einem «Sich-Durchmogeln» aus, einer indirekten Durchsetzung der persönlichen Bedürfnisse (die direkte wurde dem Kind ja schon von frühester Jugend an aberkannt oder zumindest sehr erschwert). Die sich daraus ergebenden Schwierigkeiten erzeugen einen ständig steigenden Druck, der zu plötzlichen, cholerischen Ausbrüchen führt, die sich, wenn es einmal so weit ist, vollständig der Kontrolle des Betreffenden entziehen und die Umgebung schockartig überraschen. Insgesamt weist das Verhalten einen Mangel an Klarheit auf, der einer inneren Gespaltenheit und Zerissenheit entspricht, die es wiederum fast unmöglich machen, dauerhaft ein konsequentes, zielgerichtetes Handeln an den Tag zu legen.

Da Uranus das Prinzip des Aussergewöhnlichen, Grenzensprengenden, Besonderen verkörpert und sich dies auf die eine oder andere Weise in den Botschaften der Eltern an das Kind oder über ihre gesellschaftliche und berufliche Rolle widerspiegelt, finden sich auch in den Kindern entsprechende Wesenszüge: Über das Bedürfnis hinaus, um keinen Preis sein zu wollen wie alle anderen, zeigen sie ein elitäres Verhalten, das sich sowohl im Materiellen wie auch im Geistigen äussern kann. Auf der materiellen Ebene geht es dann um das richtige Auto, die Zugehörigkeit zu einem exklusiven Club und Statussymbole, die zwar die gesellschaftliche Zugehörigkeit signalisieren, aber auch darauf hinweisen, dass man sich weit von der Masse abhebt. Im Geistigen geht es mehr um Anschauungen, Ideen und Erfahrungen, bei denen man dem Betreffenden nichts Schlimmeres antun kann, als ihm, selbst wenn es sich um etwas handelt, worüber er traurig ist, zu sagen, dass es doch vielen Menschen so gehe wie ihm.

Ein beliebtes Muster von Sonne/Uranus-Geborenen ist es, sich Menschen zu suchen, die sich immer wieder um sie bemühen, ihnen «hinterherzulaufen», wodurch sie Gelegenheit erhalten, ihre Unabhängigkeit zu beweisen. Interessanterweise kehrt sich dieser Vorgang blitzartig um, wenn der sich bemühende Mensch beschliesst, aufzugeben und sich ein dankbareres Objekt zu suchen. In dieser Mechanik liegt auch die einzige wirkliche Möglichkeit, uranisches Verhalten vorherzusagen: Zum einem, indem man das Gegenteil dessen annimmt, was jeder in einem bestimmten Fall tun würde, und zum anderen, indem man selbstverständliche Stützpfeiler entfernt, wodurch diesen Menschen deutlich wird, dass ihre Autonomie nicht ganz so gross ist, wie sie gerne glauben möchten, und sie gezwungen werden, sich mit ihren Abhängigkeiten zu konfrontieren.

Positive Seite: Unparteilichkeit und Erkenntnis der Gegensätze.

Die Widersprüchlichkeit des Uranus geht eigentlich nur auf die menschliche Veranlagung zurück, alles, was wir wahrnehmen, über Gegensätze zu erfassen. Wir wissen nur, was für uns schön ist, weil wir auch wissen, was wir als hässlich empfinden. Die Aufgabe, die uns dieser Planet stellt, und damit auch die Chance, die er uns bietet, liegt darin, eine einzige zutreffende Vision zu entwickeln, in der wir die Dynamik voneinander abweichender Kräfte verstehen lernen und sie als etwas Zusammenwirkendes begreifen.

An keiner anderen Stelle unseres Lebens werden wir so sehr mit der Gespaltenheit unserer eigenen Natur konfrontiert, nirgendwo anders haben wir so deutlich die Gelegenheit, beide Seiten einer Sache wahrzunehmen. In der Auseinandersetzung mit diesen gegensätzlichen Energien liegt jedoch ein grosses schöpferisches Potential, das uns auffordert, aus den beiden (oder mehreren) unterschiedlichen Elementen ein neues Drittes zu schaffen. Vorurteile, überholte Denkschemata, emotionale Verhaftungen können in einer neuen Sichtweise erlebt und umgeformt werden.

Grundvoraussetzung ist, dass wir versuchen, alle Dinge von einer höheren Warte aus und mit offenem ungetrübten Geist zu betrachten, der bereit ist, alte Wertvorstellungen neu zu überdenken. Tatsächlich schenkt uns Uranus, wenn wir bereit sind, diese Freiheit anzunehmen und zuzulassen, eine innere Ungebundenheit, auf der wir uns jedoch nicht ausruhen dürfen, sondern die der Motor für eine stetige Weiterentwicklung sein sollte.

Wie bei allen anderen Dingen des Lebens auch, ist die entscheidende Frage, was aus einer Sonne/Uranus-Konstellation wird, die, ob wir sie im Schein oder im Sein leben. Wir können mit ihrer Hilfe wirklich über den Dingen stehen und, wo

immer nötig, eine gesunde, sinnvolle Distanz zu uns und zu Problemfeldern einnehmen, und wir können uns auch in eine Scheinsouveränität flüchten, die zu
einer Lebenslüge werden kann.

Wer die Mitte zwischen Sonne und Uranus findet, ist in der Lage, spontan
und wirkungsvoll zu handeln, ohne von ständigem Zweifel, von Furcht, Zögern
oder sonstigen in die Zukunft projizierten Bedenken gefangen zu sein.

Uranus ist der Planet der Freiheit, doch wir sind immer nur so frei, wie wir
uns dies innerlich zugestehen. Die grössten Schranken finden sich in uns selbst,
und sie sind die, die für uns am wenigsten sichtbar sind. Matthias Claudius formuliert diesen Gedanken folgendermassen: «Niemand ist frei, der nicht Herr über
sich selbst ist.»[6]

[1] Musashi, *Das Buch der fünf Ringe.*
[2] Heinrich Imhof, *Rilkes «Gott».*
[3] Marlin S. Potash, *So habe ich's doch nicht gemeint.*
[4] Michael Roscher, *Venus und Mars,* Kapitel «Mars / Uranus».
[5] Dainin Katagiri Roshi, *Rückkehr zur Stille.*
[6] Matthias Claudius, *Sprüche des Demophilus.*

DIE NEPTUN-KONSTELLATIONEN

Neptuns Symbolik umfasst die ganze Bandbreite, die zwischen Illusion und Wahrheit liegt. Während seine reine Form auch die reine Wahrheit darstellt, die von keinerlei Fixierungen, Anhaftungen und Bewertungen, wie sie für uns Menschen charakteristisch sind, getrübt ist, beschreibt sein unerlöster Gegenpol das Gegenteil von Wahrheit: Täuschung, Selbstbetrug, Lüge, Unklarheit, Schwäche.

Wem es gelingt, der eigenen inneren Wahrheit zu folgen und damit seinem höheren Lebenssinn Genüge zu tun, dem wird Neptuns Freiheit von Bedingungen, sein Geschenk der Grenzenlosigkeit, vielleicht sogar das Gefühl der All-Einheit erleben dürfen. Statt Hilflosigkeit und Verwirrtheit dem Leben gegenüber entsteht Stärke, die in der Überschreitung des eigenen kleinen Egos, seiner Vorurteile und Beschränktheiten wurzelt. Ängste verschwinden, denn Neptun bietet an, sich im Strom des Lebens geborgen zu fühlen, wenn wir nur bereit sind zu akzeptieren, was nun einmal ist. Da wir, wie der Buddhismus es ausdrückt, in der Welt der «zehntausend Dinge» leben, ist Form eine relative und eigentlich bedeutungslose Angelegenheit. Welche Form wir auch immer wählen – die Form, unser Leben einzurichten, die Form, die unser Körper und unser Sein annehmen –, sie sind austauschbar und dienen einer vorübergehenden Aufgabe, auf die nach ihrer Beendigung die Auflösung und Umwandlung in eine neue Form erfolgt. Wer Neptun verstehen möchte, muss als erstes die Relativität und Begrenztheit alles Materiellen und Irdischen erkennen, denn er weist auf eine Welt hin, in der Materie und Physis keine Bedeutung mehr haben.

Charakteristische Worte für Neptun sind: Toleranz, Einfühlungsvermögen, Intuition, Selbstlosigkeit, Meditation, Grenzenlosigkeit, Formlosigkeit, Austauschbarkeit von beliebigen Formen, künstlerische Fähigkeiten, All-Einheit, Nicht-Bewerten, hinter die Fassaden sehen, Religiosität; Prägungslosigkeit, Auflösung, Desorientierung, Verwirrtheit, Schwäche, Ängste, Wirklichkeitsferne, Selbstmitleid, Selbstüberschätzung, Betäubung, Vermeidung, Nicht-Hinsehen.

MOND / NEPTUN

WENN DIE FENSTER DER WAHRNEHMUNG REIN WÄREN,
ERSCHIENE DEN MENSCHEN ALLES, WIE ES IST: UNENDLICH.
William Blake

Diese Konstellation gilt für: Neptun in Haus 4, Mond in Haus 12, Herrscher von Haus 4 in Haus 12, Herrscher von Haus 12 in Haus 4, Neptun Konjunktion / Spiegelpunkt / Quadrat zur Hausspitze 4, Mond Konjunktion / Spiegelpunkt / Quadrat zur Hausspitze 12, Mond im Aspekt zu Neptun (Konjunktion, Spiegelpunkt, Quadrat, Opposition; Trigone und Sextile sind wesentlich schwächer zu bewerten); Mond in Fische.

1. Mangel an Prägung und Vorbildern – unklare Eindrücke und Verwirrung – die fremde, ferne Mutter – emotionale Vernachlässigung

Immer dort, wo Neptun steht, fehlen klare Vorbilder und Richtlinien, die einer Orientierung im Leben dienen könnten. Während Saturn Struktur bis zur Starrheit anbietet, symbolisiert Neptun das Grenzen- und Formlose bis zur Auflösung.

Zwischen Mond/Neptun-Müttern und ihren Kinder steht eine Nebelwand, die nur undeutlich erkennen lässt, wer der/die andere eigentlich ist, welche Bedürfnisse, Vorlieben und Abneigungen er/sie hat. Die Empfindungen der Mutter sind für das Kind diffus, verwirrend und sie hat etwas Fremdes, Fernes, was im besten Fall romantisch-verklärte Gefühle aufkommen lässt, jedoch niemals ein klares Bild von ihrer Persönlichkeit. Sie wird als introvertiert, in sich gekehrt, mit sich selbst beschäftigt erlebt, als träumerisch und zerbrechlich, als unerreichbar auf Grund äusserer Umstände, die eigentlich nur den Versuch einer Begründung für die seelische Verfassung der Mutter darstellen (zum Beispiel bestimmte Verpflichtungen, denen sie unabdingbar nachkommen muss), oder auch als eine kindliche Person, eine «puella aeterna». Manchmal ist der Mangel an Vorbild und Geborgenheit auch auf den tatsächlichen Verlust der Mutter zurückzuführen, auf ihren Tod, auf einen sehr langen Krankenhausaufenthalt oder auf den Fall, dass die Mutter die Familie verlässt, ohne das Kind mitzunehmen.

Während Pluto- und Saturn-Mütter sehr klar umrissene Grenzen bis hin zu festen Mauern errichten, die sie zwischen sich und ihr Kind schieben, ist die Entfernung zur Neptun-Mutter ohne deutlich definierte Grenzen. Die Beziehung zu ihr ist von fliessenden Übergängen gekennzeichnet, jedoch ohne den Erfolg, einmal wirklich zu ihr durchdringen zu können. Mond/Neptun-Kinder stehen niemals völlig eindeutig «draussen», die Mutter verlangt nicht die Erfüllung fester Vorstellungen oder die Einhaltung bestimmter Spielregeln, damit sie bereit ist, das Kind zu akzeptieren und ihm Zuwendung zu geben. Sie gelangen aber auch niemals wirklich «in» ihre Mutter hinein. Selbst wenn diese Mutter besondere Fürsorge für das Kind zu beweisen versucht, zum Beispiel weil sie zu einem bestimmten Anteil ihrer Persönlichkeit an Pflichterfüllung[1] gebunden ist oder weil sie auf ihre Weise das Kind wirklich liebt,[2] ist sie doch niemals imstande, ihre Gefühle soweit zu klären und zu stabilisieren, dass über den formalen Versuch hinaus, für ihr Kind da zu sein, echtes, direktes, erlebtes Gefühl herüberkommt.

Untersucht man die Lebenssituation der Mutter, können die Gründe für diesen Mangel an realer Beziehung und echtem zwischenmenschlichem Austausch sehr unterschiedlicher Natur sein: Die Mutter ist selten zu Hause; sie repräsentiert eine idealisierte, bewunderte Figur, die aber im Leben des Kindes keine Spuren einer wirklichen Verbindung hinterlässt; sie ist krank und leidend und darf daher nicht gestört werden; sie ist sensibel, romantisch, oft künstlerisch oder musisch veranlagt, lebt aber in ihrer eigenen ästhetisierten Welt.

Welche Gründe auch immer zu diesem Gefühl emotionalen Getrenntseins führen, dahinter steht eine gefühlsmässige Vernachlässigung des Kindes, die es

ihm unmöglich macht, eine dauerhafte, stabile Bindung zur seiner Mutter zu erreichen. Es fehlt ihm der wichtigste Mensch, zu dem er gehen könnte, um über seine
Probleme zu reden, Hilfe und Unterstützung zu finden.

Vernachlässigung kann zwar auch auf der materiellen Ebene geschehen, das
heisst, dass die Mutter das Kind nur mangelhaft versorgt, ist dann aber normalerweise weniger gravierend für die spätere Entwicklung zu bewerten, als wenn es
sich um ein seelisches Alleingelassenwerden handelt, bei dem man ansonsten alles
bekommt. Dies ist häufig in Wohlstandsfamilien der Fall, in denen die Kinder «alles» bekommen, die Mutter jedoch durch gesellschaftliche, ehrenamtliche oder
berufliche Pflichten zur Abwesenheit «gezwungen» ist.

Innerliche Abwesenheit und die Unfähigkeit, echten zwischenmenschlichen
Kontakt herzustellen, ist oft ein Generationenproblem. Auch die Mütter wurden
bereits allein gelassen, hatten niemanden für eine Aussprache und lernten, sich
auf sich selbst zurückzuziehen beziehungsweise ihr innere Leere durch bestimmte
Aktivitäten zu füllen. Mond/Neptun lebt mit dem latent nagenden Gefühl, «etwas
fehle im Leben», meist ohne dies genauer umreissen zu können, weil in der Mehrzahl der Fälle der Mutter kein offensichtlicher Vorwurf zu machen ist.

Neptun-Mütter haben sich eine Welt geschaffen, die es ihnen ermöglicht, aus
dem als leidvoll erlebten oder auch einfach nur banal erscheinenden Alltag auszu-
steigen. Sie ziehen sich in eine innere Enklave zurück, in der die Dinge schön und
vollkommen sind und die einem Traum gleichen, oder sie decken ihre Unausgefülltheit durch intensive Betätigungen zu. Dort, wo etwas schmerzen könnte, existiert ein Schutz, der einer Narkose gleicht, und gelegentlich wird diese Betäubung über Alkohol, Tabletten oder Drogen erreicht.

Das Kind einer Neptun-Mutter hat kaum Gelegenheit, Zugang zu den wahren Gefühlen seiner Mutter zu finden, aber ebensowenig zu den eigenen. Die
grosse Sensibilität und Durchlässigkeit des Kindes bewirkt jedoch, dass ständig
Informationen ungefiltert hereindringen, die allerdings nicht klar umrissen oder
greifbar wären. Es ist ein undeutlicher Strom an Eindrücken, ein intuitives Erahnen von unausgesprochenen Dingen, von Wahrheiten hinter dem, was zu sein
scheint, sodass Verwirrung und Unsicherheit die Folge sind. Das Kind misstraut
seinen Wahrnehmungen, weil sie so wenig beweisbar sind, sie sich immer verflüchtigen, wenn es sie konkretisieren möchte, und weil die Mutter und häufig die
gesamte Umwelt in jeder Minute anders wirken. Wie sich bei einem Chamäleon
die Farbe ändert, so wandelt sich auch ständig der Blickwinkel auf die Welt da
draussen, ohne jemals scharf fokussiert zu sein.

Mond/Neptun ist in der Lage, jeden beliebigen Standpunkt einzunehmen,
und keiner ist wirklich wahr. Während Uranus-Konstellationen die Verschiedenartigkeit und Unvereinbarkeit von Standpunkten, Lösungen, Wegen oder Tatsachen vor Augen führen, ist für Neptun alles gleich wahr und gleich falsch. Dies
kann als Standpunktlosigkeit interpretiert werden, aber auch ganz einfach als ein
– nach Möglichkeit kreativer – Mangel an eindeutiger und damit einseitiger Vorprägung.

Was für die seelisch-geistige oder spirituelle Entwicklung eines Menschen (so er sie sucht) ein Vorteil sein kann, da er eine Offenheit in dieses Leben mitbringt, die andere erst erarbeiten müssen, hat die Kehrseite, dass der Betreffende grosse Probleme damit hat, herauszufinden, was er denn nun wirklich möchte. Gibt es im Geburtsbild zusätzliche Hinweise auf weitere Mutterthemen, dann besteht die Gefahr, dass die Mutter ihre eigene innere Unklarheit und ihre Verdrängungsmechanismen hinsichtlich dessen, was sie sich wirklich vom Leben wünschen würde, auf das Kind überträgt und es mit Ersatzzielen «füttert». Pluto erwartet dann Perfektion und Prinzipientreue, egal ob das dem Menschen guttut oder nicht, Uranus hat grosse Pläne mit dem Kind, Saturn erwartet Disziplin, Fleiss und Erfolg, Mars verbietet jede Form von Aggression, während die Mutter doch selbst mehr oder weniger versteckt ihre Forderungen durchsetzt.

Die Essenz von Mond/Neptun besteht in einer Richtungslosigkeit und dem Fehlen eines Ich-Bewusstseins und Identitätsgefühls. Auf die Frage: «Wer bin ich?» wird dieser Mensch nur ein vielfältiges Echo hören: Ich bin alles, und ich bin nichts. Da die Mutter fremd wirkt und als fern empfunden wird, fühlt sich das Kind einsam und unverstanden. Es gerät auf seine Weise in die gleiche seelische Isolation wie seine Mutter. Beide sind sich dessen jedoch selten bewusst, und es erfordert eine lange Zeit der Selbsterforschung oder schicksalhafte Ereignisse, um Klarheit in dieses besondere Verhältnis zur Welt zu bringen und damit auch Ziele zu entdecken, die man in diesem Leben anstreben möchte. Immer wird es sich hier um eine Wahl, nicht um einen Auftrag handeln, zumindest dann, wenn der betreffende Mensch erkannt hat, dass sein Leben sowohl im Annehmen bestimmter vorgegebener Lebensumstände (Geschlecht, Nation, Körperkonstitution usw.) als auch in der Freiheit besteht, trotzdem unter einer Vielfalt von Lebensmöglichkeiten und Lebensformen zu wählen.

Besteht die Entfernung zur Mutter vor allem im seelischen Bereich und weniger in ihrer physischen Abwesenheit, kann es sein, dass sie in der äusseren Welt trotzdem als Vorbild dafür wirkt, wie man sich über die eigenen Bedürfnisse hinwegtäuschen kann, da sie als nicht erwünscht gelten, und der Mensch holt sich statt dessen Ziele von aussen. Dieses Vorbild geht in manchen Fällen über das Lernen am Modell der Mutter hinaus bis an den Punkt, dass sie dem Kind den unausgesprochenen Auftrag erteilt, nicht wirklich zu fühlen. Ebenso wie die Mutter sucht das Kind dann seinen Lebenssinn in Vorstellungen unterschiedlicher Art, in gesellschaftlichem und beruflichem Erfolg oder im Klammern am Materiellen.

Das Hauptproblem liegt darin, dass das Erreichen dieser Ziele meist nicht wirklich befriedigt, da sie nicht der inneren Wahrheit entsprechen, die zu finden Mond/Neptun fordert. «It is better to travel hopefully than to arrive»,[3] beginnt Paul Watzlawick sein Kapitel «Vor Ankommen wird gewarnt»[4]. Auch wenn er hier auf den typisch menschlichen Zwiespalt anspielt, dass die Dingeverblassen, wenn wir sie einmal besitzen, gilt dies in besonderem Masse für Neptun. Vor allem in Partnerschaften ist Mond/Neptun immer ein wenig enttäuscht, weil der konkrete Mensch aus Fleisch und Blut niemals dem Ideal entspricht, das er sich von ihm gemacht hat. Das Gleiche gilt für andere Bereiche auch: Ein langersehntes Auto, das Einfamilienhaus, die angestrebte Position. Auch weniger religiös oder spirituell orientierten Menschen verleidet Neptun den vollen Genuss an der irdisch-materiellen Welt, und das, was man hat, ist immer nicht so ganz das, was man eigentlich wollte. Aber was wollte man denn nun eigentlich wirklich?

Auf diese Weise kann sich Neptun wunderbar im Kreis drehen: Immer wieder glaubt man, etwas zu wollen, einen bestimmten Menschen zu lieben, den richtigen Lebensfaden gefunden zu haben und ist nach einiger Zeit wieder auf der Suche, denn Neptun lehrt: Alles ist möglich, und nichts ist vollkommen.

2. DAS NICHT BEACHTETE KIND

Obwohl die Auswirkungen dieser Entsprechung denen der vorher beschriebenen gleichen – das Kind erhält kaum Richtlinien, seine Eindrücke von der Mutter sind undeutlich, und es ist deshalb durch die Persönlichkeit der Mutter kaum vorgeprägt –, sind die Voraussetzungen in der Mutter-Kind-Beziehung doch andere.

Im ersten Fall ist die Mutter stark mit sich beschäftigt. Sie ist zart, weltfremd oder leidet auf irgendeine Art am Leben, weshalb all ihre Energie von ihren eigenen Themen absorbiert wird, oder sie gibt die eigene Erfahrung des Vernachlässigtwerdens an das Kind ungefiltert weiter, ohne sich dessen gewahr zu werden.

Manchmal drückt Mond/Neptun jedoch auch ein wirkliches Desinteresse der Mutter aus, das aber völlig anders ist als das von Mond/Saturn: Während wir dort eine distanzierte Interesselosigkeit finden, die dem Kind gleichgültig oder sogar ablehnend gegenübersteht, ist Neptuns Merkmal das Übersehen, das Nichtwahrnehmen. Das Kind dringt nicht wirklich in das Bewusstsein der Mutter, es «läuft so nebenher mit.» Ihre indirekten Botschaften heissen: «Du bist nicht wichtig!» – «Du bist uninteressant!» – «Du fällst niemandem auf!»

Diese Kinder sind sich meist selbst überlassen, was ein gewisses Mass an Freiheit schenkt, da niemand reglementierend und ordnend in ihr Leben eingreift, wie das bei Pluto- und Saturn-Müttern der Fall ist. Das Fehlen von Vorgaben und Spielregeln bietet die Möglichkeit, sich diese selbst unvorbelastet zu schaffen, es bedeutet andererseits wenig innere Klarheit, was die eigenen Bedürfnisse und Zielsetzungen angeht.

Kinder brauchen Grenzen, an denen sie sich erproben können, und Vorbilder, die ihnen helfen, herauszufinden, wer sie selbst sind und was sie wollen und was nicht. Ein Kind, das nicht beachtet wird, lernt sich selbst und seine wichtigsten Regungen zu übersehen bis an den Punkt, wo sie wirklich nicht mehr spürbar sind. Es fehlt die Reibungsfläche, anhand derer man sich hätte erfahren und definieren können, und auch die Botschaft, dass man wichtig ist, wichtig genug, um die Mutter aus ihrer Abkapselung herauszuholen oder sie überhaupt auf sich aufmerksam zu machen. Von den Eltern bemerkt zu werden hat einen wesentlichen Einfluss auf die Frage, wie wichtig das Kind sich und seine Bedürfnisse nehmen kann.

Im Leben dieser Mütter scheint das Kind von völliger Bedeutungslosigkeit zu sein, und entsprechend entwickelt sich auch seine seelische Grundstimmung: Es ist die, die Gurdjieff als «non-existence» bezeichnet, ein Gefühl, nicht wirklich zu existieren, irgendwie alles und nichts richtig zu sein.

Auch hier sind Mutter und Kind sich fremd, sie haben keinen Zugang zu der Gefühlswelt des anderen. Möglicherweise erfährt das Kind jedoch Scheingefühle von der Mutter, ein Vorspiegeln von Tatsachen, von denen es auf einer unbewussten Ebene spürt, dass sie nicht wahr oder verlässlich sind. Sie täuscht eine harmonische Ehe, ein glückliches Leben, gelegentlich auch Interesse an dem Kind vor, um sich und andere vor unliebsamen Wahrheiten zu schützen.

Die Folgen für den späteren Erwachsenen sind ein Mangel an Zutrauen zu den eigenen Empfindungen und Wahrnehmungen. Immer wieder drangen mehr oder weniger undeutliche Botschaften in das Bewusstsein des Kindes, die aber von der scheinbaren Lebenswirklichkeit nicht bestätigt wurden. Damit geht die Instinktsicherheit verloren, und obwohl Menschen mit einer Mond/Neptun-Verbindung eine beeindruckende Intuition potentiell zur Verfügung haben, leben sie ihre Fähigkeit, hinter die Fassaden zu sehen und Dinge zu erahnen, die unausgesprochen im Raum stehen, eher in der Negativvariante aus, die an die drei Affen im Tempel von Kyoto erinnert: Nichts hören, nichts sehen, nichts sagen.

3. Die neurotische Mutter

Ein neurotisches Verhalten der Mutter ist auch in den unter Abschnitt 1 und 2 beschriebenen Entsprechungen möglich. Unter dem Begriff der Neurose werden verschiedene seelische Störungen zusammengefasst, die sich auf Grund einer Fehlverarbeitung von Erlebnissen ergeben. Die Mutter wird mit ihrem Leben und seinen Ereignissen nicht fertig und entwickelt seelische Störungen, die sich auch im Verhalten zeigen: Ängste, Stimmungsschwankungen, emotionale Instabilität, Zwanghaftigkeit (zusätzlich Pluto-Themen), wobei hier meist intellektuell durchaus begriffen wird, wie unbegründet diese Zwänge sind, Probleme im Umgang mit Menschen, Angst vor Kontakten, eingeschränkte Leistungsfähigkeit und häufig auch vegetative Störungen.

Die Entstehung einer Neurose geht meist auf unbewältigte Konfliktsituationen und Traumata oft schon in der frühen Kindheit zurück, auf chronische Überforderung und auch auf eine bereits in dieser Richtung vorhandene Veranlagung.

Zu den neurotischen Störungen gehören Phobien (irrationale Angstreaktionen), wie sie zum Beispiel beim Anblick einer Spinne auftreten können. Sie führen zu Schweissausbrüchen, Schwächegefühlen, Sich-wie-gelähmt-Fühlen, manchmal auch zu Übelkeit.

Besonders wenn Pluto-Konstellationen dazukommen, entstehen zwanghafte Gefühle, bei denen die Mutter bestimmte Gedanken und Reaktionen nicht mehr abschalten kann, sie verfolgen sie unentwegt. Die Mutter dreht sich grübelnd und selbstschädigend im Kreise. Bei zusätzlichen Uranus-Verbindungen geht die neurotische Programmierung in Richtung Hysterie, wobei emotionale Unbeständigkeit mit Gefühlsübersteigerung (auch zusätzlich Jupiter) einhergeht.

Neurotische Tendenzen haben auch die Eigenschaft, sich im Körperlichen zu äussern, bei Frauen in der Regel häufiger als bei Männern. Herz-/Kreislaufbeschwerden, vegetative Dystonie, Schwächezustände, aber auch andere psychosomatische Krankheiten können die Folge sein.

Wie auch immer, es ist leicht vorstellbar, dass ein derartiges seelisches Krankheitsbild der Mutter belastend, kaum nachvollziehbar und verwirrend bis beängstigend für ein Kind sein muss. Während bei Pluto- oder Mars-Müttern (siehe dort) die Bedrohung immer real im Raum steht (man weiss, dass man Angst haben muss und dass die Welt schlecht und bedrohlich ist), entsteht die Angst der Neptun-Kinder, weil sie von ihrer Mutter weder echte seelische Geborgenheit noch das Gefühl eines festen Bodens unter den Füssen erwarten können. Das Leben wird als eine wandernde Sanddüne erlebt, auf der man versucht, sich einzurichten, ohne zu wissen, wohin man sich unversehens bewegt hat.

4. DAS IDEALISIERTE MUTTERBILD

Neptun symbolisiert zwei Pole, zwischen denen sich der Normalmensch bewegt: Entweder leben wir in vollkommener Wahrheit und haben jede Egozentrik und Anhaftungen aller Art aufgegeben (= höchste Einlösungsform), oder wir sehen die Welt, und bei Mond/Neptun vor allem auch unsere Mutter, verklärt, durch einen Weichzeichner, etwa so, wie in alten Filmen schöne Frauen fotografiert wurden. Während man die Männer ganz normal mit der Kamera aufnahm, verwandelte sich das Bild, sobald die Heldin ins Spiel kam: Durch einen zusätzlichen Filter wurden alle Konturen sanfter, weniger deutlich, und sie sah zarter, romantischer, verklärter aus.

Ebenso erleben viele Kinder ihre Neptun-Mutter. Die verschwommene Wahrnehmung ihrer Persönlichkeit und ihrer wahren Gefühle zieht eine Idealisierung nach sich, die sich oft auf vorgetäuschte Eigenschaften und Empfindungen der Mutter stützt. Da jedes Kind im Grunde den Wunsch hat, «wunderbare» Eltern zu haben, Eltern, die besonders liebevoll, klug, verständnisvoll, lebenssicher und bewundernswert sind, erliegt es nur zu bereitwillig einer solchen Täuschung, die ihm neben dem Gefühl, aufgehoben zu sein, auch noch eine Bestätigung seiner selbst schenkt: Wer von grossartigen Eltern abstammt, kann selbst doch eigentlich kein Versager sein …

Dieses ideale Mutterbild wird oft lebenslang aufrechterhalten, ihre unerfreulichen Charakterzüge werden übersehen. Die Sehnsucht danach, irgend etwas Vollkommenes im Leben zu besitzen oder zu erreichen, verführt dazu, sich an geliebte Illusionen zu klammern, zumindest solange, bis das Schicksal uns zwingt, der Realität ins Auge zu sehen. Selbst dann weigern sich Mond/Neptun-Kinder beziehungsweise die späteren Erwachsenen oft noch hartnäckig. Der Blick hinter die Fassade der Mutter ist erschreckend, die Enttäuschung gross. Entweder stellt sich dann ihr gegenüber Mitgefühl und eine Form von Mütterlichkeit ein, oder man beginnt, eigentlich unübersehbare Tatsachen umzuinterpretieren und eine neue Version zu erfinden, wofür Neptun sich besonders eignet.

Während Pluto die Tendenz hat, sich an einem einmal gemachten Bild festzuklammern, umschreibt Neptun den Persönlichkeitsanteil in uns, der – im Guten wie im Schlechten- lehrt, dass man alle Dinge von verschiedenen Perspektiven aus betrachten kann und dass jedesmal ein anderes Ergebnis herauskommt. Im besten Fall lernen wir dadurch, dass Wahrheit relativ ist, im ungünstigsten Fall betrügen wir uns selbst.

5. ZUSAMMENFASSUNG DER WESENTLICHEN EIGENSCHAFTEN

Problematische Seite: Seelische Betäubung als Schutzmechanismus – Illusion und Scheinwelt.

Die problematische Seite von Mond/Neptun kann unter folgendem Wort Buddhas zusammengefasst werden: «Richtet eueren Blick auf die Seite des Lebens, die zu sehen ihr euch weigert.»

Obwohl dieser Ausspruch letztlich für jede Form von Verdrängungsmechanismus gilt, besitzt Neptun eine ganz eigentümliche Art, Wahrheiten zu entschärfen oder ins Vergessen sinken zu lassen. Während Pluto sich einfach weigert hinzuschauen und eine andere, neue Wahrheit findet, an die er sich klammert und bei der er zu allem bereit ist, um sie glauben zu können, Uranus einfach auf einen anderen Persönlichkeitsanteil ausweicht, der andere Bedürfnisse und Verhaltensweisen hat, also in eine schizoide Reaktion flüchtet, Saturn sich hinter Massstäben, Selbstdisziplin und hinter «man» verschanzt, Mars Belastungen und Angst in Aggression umsetzt, Merkur Probleme über den Intellekt wegrationalisiert, Venus sich mit Scheinharmonie umgibt und Jupiter mit dem Motto: «Es gibt keine Probleme, es gibt nur Lösungen» lebt, liegt Neptuns Stärke in der Vernebelung.

Das bedeutet, dass, unabhängig davon, welche Erlebnisse hinter dieser Konstellation stehen mögen, sich der Betreffende zur Bewältigung von belastenden Eindrücken ein Nicht-fühlen-Müssen aussucht. Er übt sich von Anfang an darin, nicht zu spüren, was seine eigentlichen Bedürfnisse sind, was er braucht und was ihm fehlt.

Fragt man diese Menschen, was sie denn gerade möchten, ob sie es zum Beispiel vorziehen würden, ins Kino zu gehen oder sich einen gemütlichen Abend zu Hause zu machen, sind sie meistens unentschieden. Sie haben kein genaues Gefühl dazu, was ihnen besser gefallen würde, und wissen es erst, wenn sie das eine oder andere ausprobiert haben, und selbst dann dauert es eine Weile, bis ihnen dämmert, wie es ihnen in einer bestimmten Situation gegangen ist. Es melden sich wohl leise Gefühle des Unbehagens oder auch positive Ansätze, die sich aber verflüchtigen, wenn man sie «dingfest» machen will. Sheila Ballantyne formulierte dieses Empfinden folgendermassen: «Ich weiss nur, was ich nicht will. Und selbst das nur ziemlich ungenau.»

Charakteristisch ist das Verschwimmen von Erinnerungen, die manchmal völlig aus dem Gedächtnis verschwinden, gelegentlich wieder auftauchen, sich dann aber jedesmal anders darstellen. Das gegenwärtige Verhältnis zum Leben ist ebenfalls mehr oder weniger gleichgültig (im Sinne von «alles gilt gleich viel oder gleich wenig»), die Gefühlsreaktionen auf Ereignisse gleichen einer seelischen Betäubung. Anders gesagt, lösen Eindrücke zumindest auf einer bewussten Ebene nur ein Minimum an emotionaler Bewegung aus. Diese Gefühlsnarkose hat den Vorteil, dass Schmerz, Beleidigungen, Trauer, Angst weniger stark, erst nach längerer Zeit und allmählich oder überhaupt nicht empfunden werden müssen.

Der eindeutige Nachteil ist, dass das Leben in gewisser Weise an Mond/Neptun vorbeiläuft. Es vergeht wie im Flug und ohne dass man auf Lebenserinnerungen zurückblicken könnte, die eine Kontinuität haben. Das Gefühl, wirklich da zu sein, hier und jetzt, in dieser Existenz, ist zumindest phasenweise nicht gegeben, und so stellen sich typische Neptun-Ängste ein wie: «Ich bin allein.» – «Niemand fängt mich auf.» – «Ich kann mich nicht erinnern.» – «Ich weiss nicht.» – «Das ist mir nicht klar.» Wurde das Kind nicht beachtet, kommen Überzeugungen hinzu wie: «Niemand interessiert sich für mich.» – «Keiner hört mir zu.» – «Ich bin nicht wichtig.»

Da Mond/Neptun-Menschen so wenig über sich wissen, neigen sie dazu, ihre Lebensenergie und Motivation von anderen zu beziehen. Etwas in ihnen hofft, im späteren Leben noch die Mutter zu finden, die sie nie hatten, was in manchen Fällen auch zu einer Masslosigkeit der Ansprüche an Partner und Freunde führen kann, die ständig dazu aufgefordert sind, das «Loch» zu stopfen, die innere Leere zu füllen. «Feed me, I'm yours»,[5] heisst ein amerikanisches Kochbuch für Kinder, das die Sehnsucht dieser Menschen nach Erlösung und «Sattwerden» umschreibt. Gleichzeitig neigen sie dazu, die vertraute Leere aufrechtzuerhalten und anderen kaum wirklich die Gelegenheit zu geben, die innere Distanz zu überbrücken. Immer wenn ein Aussenstehender glaubt, er habe den Mond/Neptun-Menschen erreicht, sei zu ihm durchgedrungen, habe eine dauerhafte Bindung erzielt, wird ihm dieser wie ein Fisch durch die Hände gleiten, obwohl sich sein tiefstes Bedürfnis zu erfüllen scheint, und das so lange, wie er sein Problem nicht erkannt und bearbeitet hat.

Die Betreffenden sind ausserordentlich sensibel, schnell überfordert und haben Probleme damit, sich in geeigneter Weise gegen Erwartungen anderer Menschen und gegen Einflüsse von aussen abzugrenzen. Da sie selbst ihre Grenzen nicht kennen, sich also in gewisser Weise als kontur- und formlos empfinden, lassen sie sich von aussen «modellieren». Ihre Gefühlswelt nimmt die Schwingungen ihrer Umgebung auf und pendelt sich darauf ein, wodurch sich eine Scheinidentität ergibt, gleichzeitig aber auch sehr schnell eine Überlastung, weil zuviel und oft zu Gegensätzliches auf sie einströmt. Aus diesem Grund brauchen sie ausgedehnte Phasen des Rückzugs und der Abschirmung, da sonst nervliche Überreizung und Angstzustände die Folge sind.

Manchen Mond/Neptun-Menschen sind die oben beschriebenen Themen kaum anzumerken. Das gilt in besonderem Masse, wenn die Sonne als Verhaltensprinzip etwas anderes anzeigt als der Mond, der unsere Gefühle und unser innerliches Welterleben spiegelt. So mag jemand ganz anders in seinem Auftreten und Handeln wirken, als seine seelische Atmosphäre wirklich ist. Auch wenn der Mond zusätzlich andere Planetenthemen hat, kann sich eine Mischung ergeben, die das Beschriebene abwandelt. Die Grundtendenz aber bleibt erhalten, und die erste Aufgabe für die Betreffenden wird immer sein, sich Klarheit über sich selbst zu verschaffen und darüber, ob die Ziele, die sie verfolgen, ihre eigenen oder von aussen übernommene sind.

Während Neptun anbietet, völlig offen für die Wahrheit zu sein, spielt er im normalen, alltäglichen Leben eher die Rolle dessen, der Illusionen, Selbstbetrug und ein Gefühl der Leere erzeugt.

Da die Ausgangssituation dieser Konstellation immer die eines Verlustes ist, ergibt sich als Gegenpol die Sehnsucht. Sehnsucht nach dem, was wir verloren haben, Sehnsucht nach dem, was wir nie hatten, aber so sehr wünschen, Sehnsucht nach Erlösung und Rettung, welche oft auch auf den Partner projiziert wird, Sehnsucht nach dem siebten Himmel, eine unstillbare Romantik und die Neigung, sich in Träumereien zu verlieren, die viel schöner als die rauhe Wirklichkeit sind. Besitzen macht Neptun wenig Freude, falls nicht zusätzliche Themen im Geburtsbild andere Neigungen aufzeigen. Sehnen ist wichtiger als Haben. Das Ersehnte zu besitzen oder zu erreichen löst meist Enttäuschung aus, die Illusion der Vollkommenheit zerplatzt wie eine Seifenblase. Deshalb können diese Menschen sehr schwierige Liebespartner sein, denn ihr Gefühl sagt: «Dort wo du nicht bist, dort ist das Glück.»[6]

Tief in diesen Menschen versteckt sich der Wunsch, nie erwachsen werden zu müssen und immer unschuldig (wie im Paradies) bleiben zu können. Erwachsenwerden bedeutet, eine klar umrissene Persönlichkeit anzunehmen, Konturen zu entwickeln, Grenzen zu setzen, an denen sich andere Menschen reiben und stören könnten, die Konflikte hervorrufen und die einen in das praktische Leben mit allen Konsequenzen hineinzwingen, während Mond/Neptun sich am liebsten heraushalten möchte. In gewisser Weise möchten sie ungeboren bleiben, in dieser Welt, aber nicht von dieser Welt sein.

Gern flüchten sich neptunische Menschen in die Retterrolle. Da sie sich selbst nicht fühlen, fühlen sie das Leid der anderen mit und gewinnen daraus eine Identität, die allerdings, vor allem wenn Pluto noch mit im Spiel ist, zu einer Zwangsbeglückung werden kann, oder die dahin führt, dass die Betreffenden sich ausgelaugt und überfordert fühlen, da immer nur Energie abfliesst, ohne dass sie wirklich auftanken. Eine andere Alternative, die sich anbietet, ist die Rolle des Opfers, und je nach sonstiger Charakterstruktur nehmen die Betreffenden die eine oder andere Rolle ein oder wechseln zwischen beiden.

Positive Seite: Seelische Offenheit – Freiheit von Bewertungen – Mitgefühl und höhere Einsicht.

In Francoise Sagans Theaterstück *Les violons parfois* gibt es einen jungen Mann, Léopold, der eine Form neptunischer Weisheit verkörpert. Er ist der reine Tor, der Narr des Tarot, der sich völlig unvoreingenommen ins Leben begibt. Die Menschen um ihn herum bezeichnen ihn als den «Idioten», den «Einfältigen», den «ohne Kultur».

Während die anderen Figuren des Stücks hemmungslos um ihr Wohlleben, ihre persönlichen Vorteile, ihren Einflussbereich kämpfen, zeigt er sich an Besitz gleich welcher Art nicht interessiert, weder an dem ihm überraschend zugefallenen Erbe, noch an einer Einflussnahme auf das Leben seiner Geliebten Charlotte, die er zutiefst verehrt. Er findet Geld zwar durchaus «comfortable»[7], aber die Vorstellung, dafür Verbindlichkeiten eingehen, Verantwortung tragen zu müssen, erschreckt ihn mehr, als dass sie ihn motiviert.

Er liebt das Leben und die Menschen, er liebt die Nichtverantwortlichkeit, er hat keinerlei Ansprüche für sich und nimmt die Dinge, wie sie geschehen. Charlotte, der er die Ehe anbietet, erwartet von ihm Eifersucht auf ihren anderen Geliebten, Antoine; sie möchte, dass er von ihr und seinem Erbe Besitz ergreift – doch er ist einfach nur gütig, besorgt nur, wenn er glaubt, jemanden verletzt zu haben, zufrieden, wenn die anderen zufrieden sind.

Trotz aller Versuche gelingt es keinem der anderen Personen, in ihm einen Anflug von Egoismus, Hass, Gier oder Kampfgeist zu erzeugen, obwohl sie ihn betrügen, lächerlich machen, provozieren. Léopold besitzt die seltene Gabe, jedes Verhalten anderer aus deren Perspektive und damit begreiflich zu sehen. Da er nichts für sich selbst wünscht ausser der Möglichkeit, frei – reibungslos – durchs Leben zu gehen, lässt er sich zu keinem Zeitpunkt in die Machenschaften um ihn herum verwickeln, jedoch nicht etwa aus einem bewussten Entschluss heraus. Es liegt ihm einfach fern, über andere zu verfügen, Ansprüche zu stellen, sich wichtig zu nehmen.

Er besitzt kein wirkliches Ego. Was geschieht, fliesst durch ihn hindurch wie ein gleichmässiger Strom, ohne Abdrücke zu hinterlassen. Auf diese Weise ist er in der glücklichen Lage, sich mit jeder Situation zu arrangieren, ohne dass dies den unangenehmen Geschmack eines falschen Kompromisses hätte. Seine Absichtslosigkeit stürzt die Menschen um ihn herum in eine ungeheuere Krise, alle Werte kehren sich um, denn dieser junge Mann ist durch nichts zu korrumpieren oder zu manipulieren. Er wird ungewollt zu einem Symbol der Güte in einer Welt der Berechnung und Intrige.

Er ist weitgehend im Zustand des Nichtanhaftens, was ihm erlaubt, alle Vorgänge zu nehmen, wie sie gerade kommen, ohne Besitzansprüche, persönlichen Stolz oder klar definierte Absichten.

Mond/Neptun ist besonders geeignet, die Form von Mitgefühl zu entwickeln, die die Engländer «compassion» nennen, also eine Anteilnahme, die Mitleid ausdrückt, ohne sich in das Leid des anderen verwickeln zu lassen, und die Respekt vor dem Schicksal des anderen empfindet, also sich nicht in eine unpassende Retterrolle begibt. Es handelt sich hier um eine emotional-geistige Grundlage, die in die Ursachen des menschlichen Leidens eindringt, um sie auf angemessene Weise zu verändern.

Die grosse Chance von Mond/Neptun liegt darin, die Freiheit vom Verhaftetsein an das zu erlangen, was der Buddhismus die fünf Skandhas nennt und was das Leiden in der Welt verursacht: Haftung an der Form (wie etwas sein soll), Haftung am Gefühl (Vorlieben und Abneigungen), Haftung an der Wahrnehmung (Interpretation von Ereignissen und Dingen), Haftung an den Triebkräften (unsere Wunschnatur: Gier, Sexualität, Hunger, Hass usw.), Haftung am Bewusstsein (da das Bewusstsein uns vorgaukelt, wir wären eine von der Welt getrennte Identität).

Solange wir anhaften, ist es uns unmöglich, die Relativität aller Dinge und Standpunkte zu erkennen, und auch die unvermeidliche Vergänglichkeit des Materiellen bereitet uns nur Schmerzen. Erlangen wir eine vollkommene, wertfreie Einsicht in die Welt und ihre Erscheinungsformen, erfahren wir eine Verbundenheit mit allem, was ist, und können unser Leben und seine Endlichkeit annehmen.

Obwohl ein Mensch mit dieser Konstellation sich für dieses konkrete Leben die Frage stellen muss: «Wer bin ich, und was sind meine Gefühle?», so wird er gleichzeitig erkennen müssen, dass die Antwort nur eine durch seine jetzige Existenz zeitlich begrenzte Verwirklichungsform darstellt, die mehr den Charakter einer Wahl hat und die der Erfüllung einer bestimmten, begrenzten Lebensaufgabe dient. Gleichzeitig wissen Mond/Neptun-Menschen auf einer mehr oder weniger bewussten Ebene, dass ihre Lebensform ebenso wie alle anderen nur eine mögliche aus einer Vielfalt ist.

Der Zen-Meister Takuan sagte: «Der Geist sollte sich nirgendwo im besonderen aufhalten.» Damit ist klar ausgedrückt, was das Normalbewusstsein von dem eines Erleuchteten oder eines Weisen unterscheidet: Wir sind immerzu geistig mit irgend etwas beschäftigt, mit einer Art innerem Monolog, der über Probleme im Büro nachdenkt, während wir essen, über die Vergangenheit, während wir spazierengehen, über den nächsten Sommerurlaub, während wir uns die Zähne putzen. So gut wie nie aber sind wir in der Gegenwart, in diesem «Tue, was du tust», bewusst konzentriert auf die Tätigkeit, die wir gerade ausführen, und sei es, den Hof zu kehren. Bestenfalls befinden wir uns in einem träumerischen Zustand, der uns aber auch wieder vom gegenwärtigen Augenblick entfernt.

Mond/Neptun stellt die Möglichkeit zur Verfügung, sich jeden Augenblicks wertfrei bewusst zu sein und so grenzenlos wahrzunehmen, wie es die Beschaffenheit des Menschen überhaupt zulässt.

SONNE / NEPTUN

DER GEIST EINES VOLLKOMMENEN MENSCHEN
IST WIE EIN SPIEGEL. ER HÄLT NICHTS FEST.
ER REFLEKTIERT, ABER HÄLT NICHT FEST.
DESHALB KANN DER VOLLKOMMENE MENSCH
HANDELN OHNE ANSTRENGUNG.
Chuang Tse

Diese Konstellation gilt für: Neptun in Haus 5, Sonne in Haus 12, Herrscher von Haus 5 in Haus 12, Herrscher von Haus 12 in Haus 5, Neptun Konjunktion / Spiegelpunkt / Quadrat zur Hausspitze 5, Sonne Konjunktion / Spiegelpunkt / Quadrat zur Hausspitze 12, Sonne im Aspekt zu Neptun (Konjunktion, Spiegelpunkt, Quadrat, Opposition; Trigone und Sextile sind wesentlich schwächer zu bewerten).

1. MANGEL AN PRÄGUNG UND VORBILDERN FÜR DIE PRAKTISCHE LEBENSFÜHRUNG – PROBLEME MIT DER IDENTITÄT – DER FREMDE, FERNE VATER – EMOTIONALE VERNACHLÄSSIGUNG

Astrologisch entspricht die Sonne dem archetypischen Bild des Vaters und repräsentiert damit alles, was im Kapitel «Der Vater – Vorbild für Durchsetzung, Handeln und Selbstbestimmung» beschrieben ist.

Neptun ist das Symbol des Form- und Strukturlosen, des Uranfangs, bevor die Dinge sich manifestieren. Er stellt die völlig gleichmässige Verteilung von Materie im Raum dar, also zeitlich gesehen, den Zustand, bevor etwas Gestalt und damit Kontur annimmt. Betrachtet man den Zyklus, dem jegliche Existenz unterworfen ist, ist Neptun sowohl der Anfang (oder besser gesagt, der Augenblick vor dem Beginn der Existenz) und gleichzeitig das Ende, da er auch den am Ende stehenden Prozess der Auflösung darstellt, in der sich die Form wieder verliert und alles eines, alles ein Gleichmässiges wird.[8]

Kommen diese beiden Prinzipien im Geburtsbild eines Menschen zusammen, müssen sich zwei Themen miteinander vereinigen, die in sich äusserst divergent sind, mehr noch als dies bei Mond und Neptun der Fall ist.

Die Sonne und damit der Vater als Vorbild schenkt dem Menschen ein Identitätsgefühl dadurch, dass er aktiv wird, handelt, sein Leben organisiert und seinen Willen durchsetzt. Das bedeutet, dass er zum einen ein Modell braucht, an dem er die männliche Seite des Lebens, bei der es um Selbstbehauptung und Handeln geht, erfahren kann und mit dessen Hilfe er für sich abklärt, wie er selbst einmal handeln und leben möchte. Obwohl in manchen Fällen die Mutter diese Rolle übernimmt oder auch umgekehrt der Vater die Rolle der Mutter übernehmen kann, entspricht dies doch nicht dem natürlichen Verlauf der Natur. Es sind Ersatzrollen, die eventuell gut funktionieren können.

Bei Sonne/Neptun entfällt der Vater als Vorbild. Gründe dafür gibt es viele verschiedene: Er ist so gut wie nie zu Hause, er verbringt fast die gesamte Freizeit in seinem Studierzimmer, er ist weltfremd, träumerisch, oft musisch oder künstlerisch veranlagt, lebt aber völlig in seiner eigenen Welt, zu der niemand so recht Zutritt findet. Er ist der *puer aeternus,* der ewige Jüngling, wie C. G. Jung diesen Typus nannte, der mit der praktischen Welt nicht zurechtkommt, auch kaum Interesse an ihr hat und der sich weigert, erwachsen zu werden mit all den Verpflichtungen und Konsequenzen des Erwachsenseins. Der Vater verbleibt im Stadium der Kindlichkeit, was wiederum zur Folge hat, dass er weder eine Leitbildfunktion einnehmen kann, die dem Kind eine Stütze ist und an der es sich orientieren kann, noch dass er sich auf die Probleme des Kindes oder auf seine Bedürfnisse einlässt, weil er sich von ihnen überfordert fühlt oder sie ihn auch nicht genügend berühren. In manchen Fällen ist er früh verstorben.

Die äusseren Ursachen der Fremdheit zwischen Vater und Kind können also sehr unterschiedlicher Natur sein: Sie reichen vom erfolgreichen Vater, der durch seine zahlreichen Aktivitäten und seine Abwesenheit nur ein undeutliches Bild hinterlässt – im Gegensatz zu den Vätern, die zwar selten da sind, aber in diesen kurzen Zeiträumen heftigst Einfluss nehmen –, bis zu dem schwachen, in sich gekehrten Menschen, der sich dem Leben nicht gewachsen fühlt. Oft übersieht er sein Kind, ohne es zu merken, einfach, weil er selbst so in Anspruch genommen ist und weil er tut, was man als Kind mit ihm getan hat. Er kommt gar nicht auf die Idee, dass sein Sohn oder seine Tochter mehr von ihm brauchen könnten.

Immer aber führt das Verhalten des Vaters zu einer Vernachlässigung des Kindes, einem Mangel an Stütze, Ansprache und Austausch, einem Mangel, der dem Kind die Möglichkeit raubt, sich als ein besonderes, wertvolles und interessantes Individuum zu erleben, auf das andere Menschen mit Recht aufmerksam werden. Darüber hinaus fühlt es sich schutzlos, es gibt niemanden, der als Autorität hinter ihm steht, der ihm hilft, seine Interessen zu vertreten. Selbst wenn die Mutter versucht, diese Aufgaben für den Vater zu übernehmen und zwar auch dort, wo sie eindeutig in seinen Bereich fallen würden, wird ein Sonne/Neptun-Kind das Fehlen eines einsatzbereiten Vaters schmerzlich spüren, denn eigentlich ist er es, von dem es sich diese Unterstützung ersehnt.

Zwischen Vater und Kind herrscht dichter Nebel, durch den man den anderen nur undeutlich sehen kann. Keiner weiss so recht vom anderen, wer er denn nun eigentlich ist und was man von ihm erwarten kann. Am ehesten empfindet das Kind, dass es eigentlich nichts zu erwarten hat. Greift es nach dem Vater, greift es ins Leere.

Kommen andere Themen hinzu, kann es sein, dass das Kind sich ein künstliches Bild von seinem Vater schafft, etwa über den Beruf, den er ausübt, oder über Dinge, die andere Menschen ihm über ihn erzählen. Dieses Bild ist jedoch ein Konstrukt, das bestenfalls einen Teil der Persönlichkeit des Vaters beinhaltet und das nicht dazu hilft, eine wirkliche emotionale Verbindung herzustellen. Die daraus entstehende Problematik ist eine Handlungsschwäche. Dort, wo wir stark, autonom, selbstsicher sein sollten, ist eine Art «Loch». Da ist nichts, worauf wir uns auf Grund von Erfahrungen mit unserem Vater berufen könnten, nichts, woran wir uns reiben und erproben könnten. Ging es um eine Situation, in der der Vater sich für uns einsetzen und uns demonstrieren sollte, wie man seine Rechte wahrnimmt, war er nicht da oder versagte. In jedem Fall fehlte es ihm an Standfestigkeit und der Bereitschaft, die Angelegenheiten seines Kindes wichtig genug zu nehmen, um sie zu seinen eigenen zu machen oder seine eigene innere Ängstlichkeit und Schwäche dem Kind zuliebe zu überwinden.

Ebenso wie der Vater fühlt sich ein Kind mit einer Sonne/Neptun-Problematik oft wie gelähmt, wenn es darum geht, etwas in die Hand zu nehmen, durchzuführen, am Ball zu bleiben und auch Konflikte auszuhalten. Das Verhalten wird konturlos, chamäleonhaft, oft von aussen gesteuert. Weiss der Partner genau, was er will und wie er es bekommt, hat Sonne/Neptun wenig Aussicht auf Erfolg. Da die Betreffenden über lange Zeiträume nicht so recht wissen, welches das für sie selbst und den Umgang mit der Welt geeignete Verhalten ist, lassen sie sich leicht von aussen beeinflussen und Entscheidungen abnehmen, bei denen es ihnen dann nur langsam dämmert, dass sie möglicherweise etwas getan haben, was sie im Grunde ihres Herzens eigentlich nicht wollten.

Auch wenn Neptun in diesem Sinn eine Schwächung des Willens und der Persönlichkeit darstellt, weil man das «Nichts» selbständig füllen, sozusagen aus der Leere eine individuelle Form gebären muss, schenkt er uns doch den Vorteil, dass wir freier wählen können als andere, die vorgeprägten Handlungsmustern folgen. Positiv gesehen, hat niemand so sehr die Freiheit der Wahl, wie er sein Leben gestalten möchte und welche Identität er annehmen will, wie ein Mensch mit dieser Konstellation. Der Weg bis an den Punkt, an dem diese Tatsache erkannt und verinnerlicht wird, ist jedoch so gut wie immer weit und von einer Art Dornröschenschlaf umgeben, so dass der Wandernde zwar noch weiss, dass er sich bewegt, aber nicht so sehr, von wo aus er diese Wanderung begonnen hat, noch wo er im Begriff ist hinzugehen.

Anders ausgedrückt, hat dieser Mensch als Leitfaden nur sich selbst, oder er kann sich einen x-beliebigen Menschen aussuchen, ein Idol, eine Autorität, einen Weisen. Während bei anderen dieser Leitfaden durch ein definiertes Vaterbild vorgegeben ist, das dann im Laufe der Entwicklung zu einer Aussortierung dessen führt, was man von der väterlichen Identität behalten und was man überwinden oder verändern möchte, fühlt Sonne/Neptun sich ziemlich allein gelassen und verwirrt in einer immensen Vielfalt an Eindrücken und Ereignissen, für die kein Einordnungsrahmen besteht.

Kommen andere Planetenverbindungen hinzu (zum Beispiel Sonne/Saturn, Sonne/Pluto, Sonne/Mars, siehe in den entsprechenden Kapiteln), neigen die Betreffenden dazu, sich diese Eigenschaften sehr stark zur Handlungsgrundlage zu machen, obwohl dies mehr einer Bewältigungsstrategie entspricht als dem tatsächlichen Persönlichkeitskern. Saturn wird dann Halt in Selbstbeherrschung, Korrektheit oder auch Unterwürfigkeit suchen, Pluto sich an Ideen von Perfektion und Leistung klammern, Mars tritt entweder die Flucht nach vorne an und drückt Selbstvertrauen und Entschiedenheit im Übermass aus oder fühlt sich völlig schwach und gelähmt, steuerbar von aussen, durchsetzungskräftig nur, wenn es subtil verdeckt geschieht wie bei der Stechmücke, die erst ihr Opfer anästhesiert, bevor sie zusticht.

In jedem Fall aber entsprechen diese Persönlichkeitsanteile zusätzlichen Fähigkeiten, über die diese Menschen zu sich selbst finden können. Werden sie aber als Ersatz dafür gebraucht, dass man eigentlich nicht so recht weiss, was man will, wer man ist, wohin man gehen möchte, sind sie eher Fallen, da sie eine Scheinidentität vorgaukeln.

2. DAS NICHT BEACHTETE KIND

Welche praktischen Lebensumstände Sonne/Neptun auch im Leben eines Menschen beschreibt, das hinter allem stehende, grundlegende Prinzip ist das Fehlen eines Vatervorbildes.

Trotzdem besteht auf der konkreten Ebene für das Kind ein Unterschied darin, ob der Vater aufgrund einer Krankheit, seelischer Schwäche oder der Unfähigkeit, Verantwortung zu übernehmen, entfällt oder weil er nicht bei dem Kind lebt. Neptun-Väter können ihrem Kind gegenüber auch eine völlig gleichgültige Haltung einnehmen, ein Nichtregistrieren bis hin zur Weigerung, das Kind vollwertig als das seine anzunehmen. Manchmal handelt es sich hier um uneheliche Geburten, Ehen, die nur wegen einer Schwangerschaft geschlossen wurden, Väter, die gehen, bevor das Kind überhaupt geboren wird.

Während eine Mond/Neptun-Mutter dem Kind beibringen mag, dass seine Gefühle nicht wichtig sind und deshalb nicht gefühlt werden sollen, zeigt dieser Sonne/Neptun-Vater, dass sein Sohn oder seine Tochter als Person keinerlei Bedeutsamkeit besitzt, dass ihr Wille und ihre Lebensbedürfnisse nicht zählen. Das bedeutet, dass das Empfinden dafür, dass man selbst auch wertvoll ist und dass das eigene Leben einen Sinn besitzt, erst langfristig und meist mühsam erarbeitet werden muss.

Diese Kinder haben meist ein besonderes Problem im Umgang mit Aggression oder anders ausgedrückt damit, Emotionen wie Ärger, Wut, Enttäuschung oder gar Hass zuzulassen. Da sie sich ständig einer unsicheren Umgebung ausgeliefert sehen, von der sie nicht wissen, wie lange sie stabil bleibt, und die ihnen kaum Hilfe und Orientierung anbietet, ziehen sie sich in ein Schneckenhaus zurück, in dem sie nicht Gefahr laufen, das wenige, was sie an Zuwendung eventuell von ihrem Vater bekommen, auch noch zu verlieren. Oft aber nährt Neptun die Hoffnung darauf, dass der Vater doch noch seine Liebe entdeckt und sein Kind schätzt.

Im späteren Leben neigen die Betreffenden dazu, ihre Sehnsucht nach dem liebenden, allmächtigen, Geborgenheit spendenden Vater auf Partner zu projizie-

ren, wodurch die Mangelsituation zementiert wird. Auch der zärtlichste, liebevoll-
ste, einsatzbereiteste Partner muss immer hinter der grenzenlosen Erwartungshaltung zurückbleiben, die die Sehnsucht eines abgelehnten und vernachlässigten
Kindes ausmacht. Der Erwachsene mag dann den Fussstapfen des Vaters folgen,
introvertiert und weltfremd werden, sich in Arbeit stürzen oder sich ganz einfach
über Alkohol, Tabletten oder Drogen in einen Zustand des Vergessens retten.

3. DER IDEALISIERTE VATER

Da die Sicherheit eines Kindes, überleben zu können, in den frühen Jahren in besonderem Masse an die Aufmerksamkeit und Einsatzbereitschaft der Eltern gekoppelt ist, neigen Kinder, die hier einen starken Mangel verspüren dazu, den jeweiligen Elternteil zu idealisieren. Das Märchen hat hierfür eine einfache Lösung
gefunden, die sich allerdings meist auf die Mutter bezieht: Da gibt es eine gute
Mutter, die alle Qualitäten besitzt, die man sich erträumen kann, aber sie ist schon
gestorben, und da gibt es eine Stiefmutter, die all jene hassenswerten Eigenschaften aufweist, die die gute Mutter, die das Kind sich zutiefst wünscht, niemals haben darf.

    Diese Spaltung einer Person in zwei Persönlichkeiten kann auch für Uranus-
Themen charakteristisch sein, da die Betreffenden sich einfach von Aspekten der
Wirklichkeit trennen und in andere flüchten, die dann Realitätswert erlangen.
Sonne/Neptun-Kinder jedoch träumen sich, wann immer sie können, in eine Welt
hinein, deren Grenzen zum alltäglichen Leben verschwimmen. Sie lesen mit Begeisterung, identifizieren sich mit den Rollen der Helden, schneiden Puppenfigu-
ren aus Katalogen aus und erschaffen ganz eigene Welten, in denen das Leben
heil, faszinierend und erträglich ist.

    In dieser Welt gibt es einen Vater, der das Kind trotz allem liebt, der es ir-
gendwann aus seinem Dornröschenschlaf erwecken wird, der aus dem Frosch einen Prinzen macht. Da der Vater selbst nur sehr selten diese Hoffnung einlöst,
wird sie weitergetragen in das spätere Erwachsenenleben, und sie wird zu einer
Vision der Suche nach einem Menschen, der der Erlöser oder die Erlöserin sein
wird, nach dem allesverstehenden, alles verzeihenden Partner, zu einer Suche
nach dem heiligen Gral, die manchmal auch religiöse Züge annehmen kann. In gewisser Weise geraten diese Menschen dann in eine mehr oder weniger freiwillige
Märtyrerrolle, da sie trotz aller Opfer eigentlich nie ans Ziel ihrer Wünsche gelangen. Neptun hat die Eigenart, das, was wir am meisten ersehnen, wonach wir am
heftigsten greifen, in unerreichbare Ferne zu rücken, denn Neptun symbolisiert
die Sehnsucht in ihrer reinen Form. Sehnsucht aber bedeutet, dass wir nicht ankommen dürfen, dass wir lernen, dass der Weg das Ziel ist.

    Während Sonne/Neptun-Menschen auf den Retter warten, wählen sie häufig
Aktivitäten, Berufe oder Freunde aus, in denen sie Hilfestellung leisten müssen,
so dass sie gleichzeitig versuchen, das zu geben, was sie sich selbst erträumen.

Die Handlungs- und Durchsetzungsschwäche im konkreten Leben wird hier zu einer Stärke: Indem man sich noch Schwächere sucht – Kranke, Alkoholabhängige, Depressive, Menschen mit Problemen –, wird man selbst zum Starken, zu dem, der weiss, was zu tun ist. Neptun verleiht die besondere Gabe, anderen das zu geben, was sie brauchen, zum einen, weil die eigene Sensibilität und Durchlässigkeit wie von selbst Zugang zu den Bedürfnissen der anderen verschafft, und auch, weil man das geben möchte, was der ideale Vater oder die ideale Mutter hätten geben sollen.

Oft idealisiert ein Kind einen Elternteil nach dessen Tod, so dass es eine Stiefmutter oder ein Stiefvater schwer haben, Zugang zu dem Kind zu finden. Immer war die verstorbene Mutter warmherziger und verständnisvoller, der tote Vater bewundernswerter und aufrichtiger. Die Weigerung des Kindes, eine Stiefmutter und einen Stiefvater zu akzeptieren, kann zu grossen familiären Problemen führen und die Entwicklung des Kindes zu einem wirklichkeitsbezogenen Erwachsenen erschweren.

4. DER NEUROTISCHE VATER

Zwischen all den Möglichkeiten, die den Vater von seinem Kind trennen können, nimmt die seelische Krankheit einen besonderen Platz ein. Väter, die mit ihrem Leben nicht zu Rande kommen, die ein einziges Chaos an Desorganisation, Vergesslichkeit und Haltlosigkeit produzieren, vermitteln ihren Kindern häufig das Gefühl, auf einer wandernden Sanddüne zu stehen oder auch auf einem Watt, von dem man jederzeit weggespült werden kann.

Neben dem Typ Vater, der labil, unordentlich und oft auch hypochondrisch ist, steht als mögliche Auswirkung eines neurotischen Verhaltens auch die von aussen viel schwerer erkennbare Flucht in die Arbeit und den Erfolg. Väter, die mit der eigenen inneren Leere nicht zurechtkommen, die selbst nichts über sich und ihre eigentlichen Bedürfnisse und wahren Wünsche wissen, können, wenn sie eher emotional schwach, aber handlungsstark sind, diesen Weg als Bewältigungsstrategie wählen. Arbeit und Pflichterfüllung entsprechen hier jedoch nicht so sehr einem echten inneren Antrieb als einem Verdrängungsmechanismus, der dann, wenn Ruhe und Freizeit gepflegt werden sollten, durch ein exzessives Schlafbedürfnis oder ein Vergessen durch Alkohol fortgeführt wird.

In vielen Fällen flüchten sich diese Väter in einen Rauschzustand, der sie von einer quälenden Wirklichkeit erlöst und Stress verschwinden lässt. Dies gilt ebenso für den arbeitsüberlasteten Manager, der am Abend soviel Alkohol trinkt, bis er seine Probleme, seine Frustration und seine Erschöpfung nicht mehr spürt, wie für den labilen, zurückgezogen lebenden Intellektuellen und Künstler. Jeder Vater, der seine unbewältigten Probleme mit Hilfe von Alkohol, Zigaretten, Tabletten oder anderen Drogen betäubt, zeigt diese Form neurotischen Verhaltens, das der Wirklichkeit zumindest an bestimmten Ecken auszuweichen sucht.

Sein Kind hat dann einen Vater, der irgendwie kein Vater war, ohne dass es diesen Umstand näher beschreiben könnte. Wiederum stellt sich das drängende Gefühl ein, es fehle etwas, aber was? Sonne/Neptun-Geborene fühlen sich oft nicht im Gleichgewicht, ohne festen Boden unter den Füssen, schwankend in ihrem Lebensweg, wie es ihr Vater war, voller Sehnsucht nach dem «Wunderbaren», selten zufrieden mit dem, was das reale Leben zu bieten hat.

5. ZUSAMMENFASSUNG DER WESENTLICHEN EIGENSCHAFTEN

Problematische Seite: Handlungsschwäche – Kontaktprobleme – Desorientierung – Mangel an Identität – Masslosigkeit – Täuschung.

Mehr als jede andere Planetenverbindung zeigt Sonne/Neptun eine Schwächung des Willens und der Handlungsfähigkeit an. Während bei Sonne/Saturn der Mangel an Selbstbehauptung auf ein Übermass an Regeln, Forderungen und Einschränkungen von aussen zurückzuführen ist, besteht bei Sonne/Neptun ein «übermässiger Mangel» derselben.

Wenn wir etwas nie hatten, wird es uns schwer fallen herauszufinden, was da eigentlich fehlt, und wir können bestenfalls später am Beispiel der Eltern von Freunden Unterschiede erkennen. Über einen langen Zeitraum hinweg handelt es sich jedoch für das Kind bei seinem Verhältnis zu seinem Vater um die Abwesenheit von etwas Ungreifbarem, was zu Ängsten und Einsamkeitsgefühlen führt und es ihm schwer macht, sich an andere Menschen anzuschliessen. Da es nicht gelernt hat, auf jemanden zuzugehen und «Kontakt zu machen», bleibt es häufig isoliert, hat keinen Anschluss an eine Gruppe, die Klassengemeinschaft oder hat nicht einmal einen wirklich guten Freund.

Die Tendenz, zu anderen auf Distanz zu bleiben, sich fremd zu fühlen und auch nach aussen den Eindruck zu vermitteln, man sei schwer zu verstehen, irgendwie mysteriös und wenig ausdauernd in Beziehungen, festigt sich bis ins Erwachsenenleben hinein und wird zu einem grundlegenden Verhaltensmuster. Manche Sonne/Neptun-Menschen verschanzen sich hinter dem Eindruck des Geheimnisvollen, mit dem sie sich umgeben und mit dem sie sich selbst und die anderen täuschen, um irgendein Gefühl von Bedeutung zu erlangen. Die Bewunderung von aussen verleiht ihnen dann die Sicherheit, es müsse doch etwas an ihnen sein, auch wenn sie sich selbst nicht so sehr im klaren darüber sind, was das sein könnte.

Obwohl die Betreffenden unter bestimmten Voraussetzungen sehr erfolgreich sein können, leiden sie doch unter einer versteckten Unsicherheit und Angst vor Konflikten, da sie sich eigentlich immer unterlegen und weniger stark als die Umwelt fühlen. Diejenigen, die erfolgreich werden, treten die Flucht nach vorne an und kompensieren ihr Gefühl von Leere durch Geschäftigkeit und im besten Fall durch den Einsatz für eine überpersönliche Sache, die nicht nur ihren eigenen Interessen dient, die sie ohnehin kaum kennen oder über deren Charakter sie sich täuschen. Gibt es nichts im Geburtsbild, was auf eine Kompensation durch Tätigkeit hinweist, kann die umgekehrte Variante eintreten: die Betreffenden tun nichts, solange es nur möglich ist.

Unklarheit, (Selbst-)Täuschung und Desorientiertheit sind die Schlüsselworte für die problematische Seite dieser Konstellation. Es fällt schwer, den eigenen Weg zu finden, zu wissen, was man wirklich will und womit man sich identifizieren möchte, welche Rolle man in diesem Leben spielen will. Da keine Vorprägung vorhanden ist, scheinen alle Rollen und alle Lebenswege irgendwie möglich und gleich richtig oder auch gleich falsch zu sein.

Max Frisch erzählt in seinem Roman Mein *Name sei Gantenbein* die Geschichte eines Mannes, der versucht, eine unerträgliche Erfahrung – seine geliebte Frau hat ihn verlassen – durch das Erfinden verschiedener Ersatzidentitäten zu bewältigen. Dieser Mann tut so, als habe ein anderer seine Erfahrung gemacht. Da gibt es Gantenbein, der sich blind stellt, Svoboda, der den Part des Eifersüchtigen übernimmt, Enderlin, dem der Prozess des Alterns zu schaffen macht und andere mehr. Alle diese Männer erleben das Gleiche, das Verlassenwerden, aus verschiedenen Perspektiven. Sie können jedoch auf Grund der Entfernung zum eigenen realen Ich des Erzählers mit dieser Erfahrung besser umgehen. Gleichzeitig entwirft er ein Bild des faszinierenden Weiblichen, Lila, in dem sich diese Männer spiegeln und langsam selbst entdecken.

Viele Menschen mit Neptun-Konstellationen schlüpfen in ihrer Vorstellung in Rollen hinein, in denen sie so sind, wie sie es sich erträumen: stark, handlungsfähig, überlegen, weise, attraktiv, unwiderstehlich, wie auch immer, und sie versuchen, in ihrem Leben diesen Rollen nahezukommen. Die Grenzlinie zwischen Selbstbetrug und einer wirklichen Freude am Spiel mit Möglichkeiten verläuft dort, wo sich der Betreffende seine Fiktion noch eingestehen kann. Der Erzähler des Romans ist sich dessen bewusst, dass er eine Erfahrung verarbeiten will, er formuliert die Lebensvariationen unter dem Motto «Ich stelle mir vor». Problematisch beginnt es zu werden, wenn die Identifikation verschwimmende Grenzen zwischen Traum und Wirklichkeit bewirkt. Sonne/Neptun kann in alle möglichen Rollen schlüpfen, ohne sich der Unterscheidung bewusst zu sein.

Die immer drängende Frage: «Wer bin ich denn nun wirklich?» kann, so verdrängt und versteckt sie auch sein mag, zu masslosem Verhalten, zu Übertreibungen und Haltlosigkeit führen. In diesem Fall versuchen die Betreffenden, durch exzessiven Konsum, Missbrauch von betäubenden Mitteln, ausufernder Sexualität und ähnlichem zu Klarheit zu gelangen. Irgendwie glauben sie, dass eine hohe Dosis von etwas ihnen deutlich machen müsste, was sie wollen, und dass sich die innere Leere und Einsamkeit füllt, was jedoch nur selten geschieht und sich auf flüchtige Augenblicke beschränkt. So verbleiben sie im Stadium des Sehnens und des Wartens auf ein Wunder.

Statt zu handeln, warten sie in Situationen, die eine Entscheidung verlangen, bis «zum Anschlag» – jemand oder das Schicksal entscheidet für sie, und nur selten kommt dann das dabei heraus, was sie sich erhofft hatten, denn Sonne/Neptun enthält die Aufforderung zum richtigen, wo nötig selbstlosen, aber auch der inneren Wahrheit entsprechenden Verhalten.

Manchmal entwickeln sich diese Menschen zu Kriminellen, zu Betrügern, Schwindlern und Hochstaplern. Da ihnen niemand so recht beigebracht hat, was Recht und was Unrecht ist, was man tun soll und was nicht, fehlt ihnen eine moralische Instanz, ein Gewissen, das Handlungen in der angemessenen Form einschätzen kann.

Die Tendenz zur Täuschung kann sich auch auf weniger krasse Weise äussern: Man stiehlt nicht, aber man erzählt der Umwelt «Wahrheiten», die sich ständig ändern oder ganz eindeutig Lügen sind. Sonne/Neptun ist ein Meister im Verschleiern, was eine andere Form des Betruges ist. Es wird nur das gesagt, was andere wissen sollen oder auf eine Weise, dass sie es nicht verstehen können. Eigene Fehler werden verborgen, klärende Auseinandersetzungen vermieden. Man schützt sich durch «Tarnung».

Selbstüberschätzung und die Projektion eigener Schwächen und Fehler sind weitere Abwehrmechanismen von Sonne/Neptun. Wo es darum geht, sich selbst realistisch einzuschätzen, tritt Selbstmitleid und Wehleidigkeit an die Stelle der Bereitschaft zur Selbstkritik und Veränderung.

In gewisser Weise ist es leichter, einen Menschen mit Sonne/Uranus-Verhalten zu beurteilen und zu beeinflussen, als einen mit Sonne/Neptun. Uranus neigt dazu, immer das Gegenteil von dem zu tun, was man erwartet oder fordert, Neptun aber entzieht sich sanft und unmerklich, und während man noch glaubt, den anderen da zu haben, ist er längst irgendwohin entschwunden, wo er nicht mehr erreichbar ist.

Positive Seite: Freiheit von gesellschaftlichen Massstäben – Unvoreingenommenheit – Selbstlosigkeit – Kreativität.

Sonne/Neptun stellt soviel Freiheit im Verhalten und im Selbstausdruck zur Verfügung, wie es unser Menschsein überhaupt zulässt. Wer sich entschliessen kann, das Fehlen von prägenden Einflüssen, die das Handeln regulieren, als einen Entwicklungsweg zu sehen, wird feststellen, dass ihm Möglichkeiten zur Verfügung stehen, die er sich vorher nicht vorstellen konnte.

Während die meisten Menschen mehr oder weniger stark von gesellschaftlichen Spielregeln und Forderungen bestimmt sind, von kulturellen Bedingungen und Richtungen, die der Zeitgeist vorgibt, kann ein Mensch mit Sonne/Neptun sich die Freiheit nehmen, über diesen Dingen zu stehen und sie allenfalls dort mitzumachen, wo er sich bewusst dafür entschieden hat, weil es für ihn in einem bestimmten Rahmen Sinn macht, sie einzuhalten.

Neptun bietet die völlige Offenheit allen Dingen gegenüber an, eine Unvoreingenommenheit, die nichts bewertet und alles nimmt, wie es ist. Diese Gleichwertigkeit in der Betrachtung all dessen, was ist und geschieht, ist nicht ständig damit beschäftigt, zu verändern, Menschen und Situationen in eine neue Form zu bringen und in das Leben anderer einzugreifen. «Handeln durch Nicht-Handeln», nennt das *Tao-Te-King* die Kunst des Lebens, was bedeutet, dass wir leben, also handeln sollen, ohne Spuren, ohne unsere Abdrücke verändernd, kritisierend, verbessernd zu hinterlassen.

Damit ist auch eine Handlungsweise gemeint, die letztlich spontan geschieht, womit nicht Impulsivität gemeint ist, die wir so oft mit Spontaneität verwechseln, sondern ein Verhalten, das aus sich selbst heraus echt und wahr ist, das ohne Zögern, Furcht und Zweifel geschieht, das nicht unentwegt auf Erlebtes aus der Vergangenheit schielt oder Konsequenzen in der Zukunft vorauszusehen und mitzuberücksichtigen versucht.

In all dem liegt das, was der Buddhismus als die Ursache des menschlichen Leidens definiert: dass wir etwas immer anders haben wollen, als es ist, dass wir etwas wollen, was wir nicht haben, und nicht das, was wir besitzen, und dass wir nicht die Augen öffnen für den gegenwärtigen Augenblick, obwohl tatsächlich nichts anderes zur Verfügung steht als dieser. Ist er vorbei, so ist er unwiederbringlich, und vielleicht gibt es keinen nächsten mehr.

Entwickelte Menschen mit dieser Konstellation wissen, dass es nichts bringt, passiv zu sein und Probleme, mit denen man sich nicht gerne befassen will, einfach wegzuschieben. Statt die Dinge einfach sich selbst zu überlassen (ein falsch verstandenes «Handeln durch Nicht-Handeln»), beschäftigen sie sich jeden Augenblick mit dem Thema, das gerade ansteht; sie übersehen nichts, sie beschönigen nichts, sie verurteilen nichts. Sie sehen das zu lösende Problem und gehen es an, aber auf eine selbstlose Weise, die die Interessen der anderen spürt und miteinbezieht. Sie verfügen über ein hohes Mass an Einfühlungsvermögen, versuchen, bereit zu sein, bedingungslos zu geben und zu lieben und haben eine Neigung zur meditativen Betrachtung des Lebens, die durch richtige Meditation gelebt werden kann.

Wenn auch normalerweise von keinem Menschen verlangt wird, völlig selbstlos zu handeln, beinhaltet Sonne/Neptun doch das Potential, ein Erlöser, ein Retter, ein Gebender zu sein, ein Märtyrer zum Wohle der anderen. Wirklich echt kann das nur sein, wenn die Entfaltung des Selbst dahinter steht, die solchem Verhalten Substanz verleiht. In allen anderen Fällen handelt es sich um Rollen der Selbstwichtigkeit, oder das Verhalten ist Ausdruck einer selbstquälerischen Opferhaltung.

Eine besondere Gabe von Neptun ist die der Kreativität. Mit seiner Hilfe können wir Quellen erschliessen, die im musischen, künstlerischen oder erzählenden Bereich zu Aussergewöhnlichem fähig sind. Eine reiche Phantasie und Bilderwelt, Zugang zu Wahrheiten, die nicht offensichtlich sind, ein Empfinden für Transzendenz und oft auch die Sehnsucht nach der Verschmelzung mit dem Göttlichen, wie es in dem Wort Religion, «religio», Rückverbindung, ausgedrückt ist, ermöglichen die Manifestation von Inhalten, die andere Menschen in bewunderndes Erstaunen versetzen. Voraussetzung dafür ist, dass die Gesamtpersönlichkeit sich in eine Richtung entwickelt hat, bei der diese Quelle sprudeln kann und nicht als dünnes Rinnsal dahinvegetiert.

So wenig Sonne/Neptun eigene Vorbilder für sein Verhalten und seinen Lebensausdruck zur Verfügung hatte, so sehr kann der betreffende Mensch zu einem Vorbild an Güte, Einsicht, Weisheit und ein Symbol wahrer Freiheit für andere werden.

Kristiane Allert-Wybranietz schreibt in ihrem Gedicht «Kleines Statement»:

Hineinfliessen
in die Formen,
die sich stellen.
Sich aber nicht
formen lassen
und auf keinen Fall
erhärten.
Das wäre
Leben
für mich.[9]

---

[1] Zusätzliche Mond/Saturn-Verbindungen.
[2] Zusätzliche Mond/Jupiter-Verbindungen, manchmal Mond/Uranus.
[3] «Es ist besser, hoffnungsfroh zu reisen, als anzukommen», Zitat v. Stevenson.
[4] Paul Watzlawick: Anleitung zum Unglücklichsein.
[5] «Füttere mich, ich gehöre dir.»
[6] Franz Schubert.
[7] Comfortable: angenehm.
[8] Wer sich für die wissenschaftlichen Theorien interessiert, die durch das Neptun-Prinzip symbolisiert werden, sollte sich mit dem Thema «Entropie» und dem 1. und 2. Thermodynamischen Hauptsatz beschäftigen.
[9] Kristiane Allert-Wybranietz, *Trotz alledem.*

DIE PLUTO-KONSTELLATIONEN

Wie alle Verbindungen der persönlichen Planeten mit den sogenannten Transsaturniern (persönliche Planeten sind Sonne, Mond, Merkur, Venus und Mars sowie Jupiter und Saturn, die eine Zwischenstellung einnehmen; Transsaturnier, gemeint sind Planeten jenseits der Umlaufbahn des Saturn, sind Uranus, Neptun und Pluto) umfassen auch die Konstellationen Mond/Pluto und Sonne/Pluto ein umfangreiches Spektrum von Entsprechungen, das von dunklen, problematischen, oft traumatischen Erfahrungen bis hin zu ungewöhnlichen Fähigkeiten und Gaben reicht. «Wo viel Licht ist, ist starker Schatten», sagt Goethes Götz von Berlichingen, und er beschreibt damit eben jene Bandbreite an Möglichkeiten, die die Themen und Häuser der Transsaturnier zur Verfügung stellen.

Pluto entspricht der Suche nach Perfektion. Er ist dem Skorpion und dem 8. Haus und damit dem dritten, geistigen Quadranten des Horoskops zugeordnet. Die Vollkommenheit, die Pluto sucht, unterscheidet sich elementar von der, die Neptun ersehnt. Dort, wo Pluto unser Leben berührt, geht es um das Ausleben eines klar definierten, an höchsten Massstäben und Ansprüchen orientierten Prinzips, das in seiner Absolutheit keine Abweichungen zulassen möchte.

Ursprünglich drückt Pluto das Prinzip der Arterhaltung aus, bei dem es nur um das Überleben der Rasse, nicht um die Belange der einzelnen Kreatur geht. Auf andere Bereiche des menschlichen Daseins übertragen, bedeutet dies, dass wir mit Hilfe dieses Planeten in besonderem Masse fähig sind, über uns selbst hinauszuwachsen und Höchstleistungen zu vollbringen, aber auch, dass wir in der fruchtlosen Jagd nach einer «150prozentigen» Lösung und Gewissheit, nach dem vollkommenen, makellosen Ideal oder ganz einfach in der starren Fixierung auf unsere einmal gefassten Vorstellungen steckenbleiben.

Charakteristische Worte für Pluto sind: Idealismus, das Idol, geistige Fixierung, Absolutheitsanspruch, Schwarz-Weiss-Denken, Mangel an Differenzierung, Radikalität und Tendenz zu Extremen, Leidenschaftlichkeit bis hin zur Selbstaufgabe, sich opfern für ein Prinzip, Mut zur Verantwortung, geistige Verpflichtung auf das Ziel hin, einer Gemeinschaft dienen, die eigenen Belange zurückstellen können; Zwanghaftigkeit, Angst vor Kontrollverlust, Verfolgungswahn, das Feindbild; Realitätsflucht, die Wahrheit nach den eigenen Vorstellungen beugen wollen; der Machthaber.

MOND / PLUTO

DAS MENSCHLICHE HERZ BLEIBT NICHT ALLZU LANGE JENEN ORTEN
FERN, WO ES AM TIEFSTEN VERLETZT WURDE. NUR WENIGE SIND VON
DER RÜCKREISE ENTBUNDEN, DIE ZU DEN SCHMERZEN UND QUALEN
DER VERGANGENHEIT FÜHRT.

Lillian Smith

Diese Konstellation gilt für: Pluto in Haus 4, Mond in Haus 8, Herrscher von Haus 4 in Haus 8, Herrscher von Haus 8 in Haus 4, Pluto Konjunktion / Spiegelpunkt / Quadrat / zur Hausspitze 4, Mond Konjunktion / Spiegelpunkt / Quadrat zur Hausspitze 8, Mond im Aspekt zu Pluto (Konjunktion, Spiegelpunkt, Quadrat, Opposition; Trigone und Sextile sind wesentlich schwächer zu bewerten); Mond in Skorpion.

1. LIEBE DURCH LEISTUNG

Die grundlegendste und für ein ganzes Leben prägende Erfahrung, die ein Kind hier von seiner Mutter vermittelt bekommt, ist die, dass es nicht um seiner selbst willen oder einfach dafür geliebt wird, dass es ein eigenständiger Mensch mit individuellen Anlagen, Bedürfnissen und Schwächen ist, sondern dass Zuwendung immer an Bedingungen geknüpft ist – an die Bedingungen, Vorstellungen und Erwartungshaltungen nämlich, die dem Wunschdenken der Mutter und ihren eigenen Defiziten entsprechen.

Hierbei ist es für das Kind relativ gleichgültig, aus welchen Gründen seine Mutter Liebe nur als Belohnung für adäquates Verhalten zu geben bereit ist, sei es, dass sie selbst mit dieser Erfahrung aufgewachsen ist und sie ihrem Kind vorlebt, indem sie selbst so mit sich umgeht, oder dass krankhafter Ehrgeiz oder Lebensvorstellungen dahinterstehen, die die lebendige Wirklichkeit ignorieren.

Für das Kleinkind, das die Ablehnung der Mutter oft schon im Mutterleib in Form von real durchgeführten Abtreibungsversuchen oder auch nur von Abtreibungsphantasien erlebt, ist nicht unterscheidbar, weshalb die Mutter nicht fähig ist, es als Menschen anstatt als funktionierenden Automaten zu begreifen. In der Psyche des Babys setzt sich das verletzende und beängstigende Gefühl des Unerwünschtseins und damit einer feindlichen Aussenwelt fest, in der nur überlebt, wer besser, härter und stärker ist.

Je intensiver sich die Pluto-Thematik im Geburtshoroskop ausdrückt, umso sicherer kann man davon ausgehen, dass Druckmittel wie Liebesentzug, Drohungen mit dem schwarzen Mann oder dem Nikolaus, der das böse Kind in den Sack stecken wird, das Einsperren im dunklen Keller oder einfach Erzählungen davon, was anderen unartigen Kindern geschehen ist, wesentlicher Bestandteil der Erziehung sind, wobei die Mutter diese Erziehungsmassnahmen für durchaus legitim und angebracht hält. In gewisser Weise erinnert der Erziehungsstil von Pluto-Eltern an das mittlerweile veraltete Buch *Struwwelpeter,* in dem mittels schauerlichster Geschichten den Kindern vor Augen geführt wird, was Ungehorsam unweigerlich nach sich zieht.

Von einer eher seltenen positiven Ausnahme abgesehen, auf die in einem späteren Abschnitt eingegangen wird, weisen Mond/Pluto-Konstellationen als Minimum darauf hin, dass die Bewertungen der Mutter hinsichtlich dessen, was gut und böse, was richtig und falsch ist, was dem Kind zu geben oder zu verweigern ist, an den Bedürfnissen des Kindes vorbeigehen, wobei das Ausmass, in dem dies geschieht sowohl von der Brisanz von Mond/Pluto im Horoskop abhängt, als auch vom Entwicklungsniveau der Mutter.

Charakteristisch sind extreme Erwartungshaltungen an das Kind, die sich in mehr oder weniger ausgesprochenen Botschaften wie «Sei perfekt», «Tue, was ich verlange» und «Du wirst nie wirklich gut genug sein», ausdrücken. Werden diese Erwartungen nicht vollkommen erfüllt, ist die Reaktion nicht etwa eine hysterische Enttäuschung wie bei Mond/Uranus, wo das Lieblingskind die langgehegte Traumwelt der Mutter ins Wanken bringt, sondern ein erschreckendes «Dann habe ich dich nicht mehr lieb», was gerade für ein kleineres Kind geradezu lebensbedrohlich ist.

Für das Kleinkind ist die Fähigkeit zu überleben unabdingbar an die Fürsorge der Eltern, besonders der Mutter oder zumindest einer Mutterfigur gekoppelt. Droht diese mit Verlassen, entstehen Todesängste, die auch im späteren Erwachsenen in Situationen, die diese Erinnerung stimulieren, Panikzustände und den Verlust der rationalen Kontrolle hervorrufen können.

Pluto-Mütter kennen instinktiv die Macht- und Druckmittel, die sie einsetzen müssen, um ihr Kind in die gewünschte, «richtige» Richtung zu manipulieren und sie setzen sie im Bewusstsein ihrer vollen Berechtigung ein. Die lebendige Wirklichkeit des Kindes und die Vorstellungswelt der Mutter klaffen jedoch häufig dramatisch auseinander. In der Wirklichkeit der Mutter spielt ein krasser Negativismus ein tragende Rolle, der dazu führt, dass sie beständig mit ihren zahlreichen Feindbildern und Vorurteilen beschäftigt ist. Mit deren Hilfe beweist sie sich und anderen, dass die Welt auch tatsächlich so schrecklich ist, wie sie es schon immer vorhergesehen hat oder wie sie auf Grund ihrer langjährigen Erfahrung immer wieder bestätigen kann.

Donna Cunningham verfasst in ihrem ausgezeichneten Buch über den Mond *Being a Lunar Type in a Solar World*[1] fiktive Briefe von Müttern an ihre Töchter. Der Brief der Pluto-Mutter lautet folgendermassen (in meiner eigenen Übersetzung):

Mein liebes kleines Mädchen,

ich schreibe diese Zeilen, weil Du alt genug bist, um die bittere Wahrheit über die Männer und das Leben zu erfahren. Es ist besser, Du erfährst sie von mir als von Fremden, denn andere Leute wollen nicht ebensosehr Dein Bestes wie ich. Ich spreche nicht oft so offen über meine Gedanken, aber Du bist in einem Alter, wo ich beginne, mir Sorgen über Dich und Dein Verhältnis zum Sex zu machen. Schon als Du klein warst, warst du gierig nach Männern, und ich hatte immer die Befürchtung, Du könntest promiskuitiv sein, deshalb habe ich Dich abgeschirmt, um Dich vor Deiner fleischlichen Natur zu bewahren.

Der einzige Platz, den Sex im Leben einnimmt, ist der der Zeugung, und falls Dir das liegt, meine Sache war es nicht. Ich war ein wenig zügellos, als ich in Deinem Alter war, und so bekam ich eben meine Kinder. Nicht dass ich die Opfer bedaure, die ich für Euch Kinder bringen musste – schliesslich gibt nur die Mutterschaft dem Leben einer Frau wirklich Sinn. Trotzdem kann ich nicht behaupten, dass ich nicht etwas ganz anderes für mich gewollt hätte.

All das war es wert, wenn ich daran denke, dass ich durch Dich und Deine Schwestern weiterleben werde, wenn ich einmal gegangen bin – was nicht mehr lange dauert, so wie ich mich fühle. Ich weiss nicht, wie Du zurechtkommen wirst, wenn ich nicht mehr da bin, um die Dinge für Dich zu regeln. Mache Deinem Dickschädel klar, dass ich die einzige bin, der Du trauen kannst.

Deine Mutter

P. S. Verbrenne diesen Brief – er ist nur etwas zwischen Dir und mir.

Ich habe diesen langen Brief so ausführlich zitiert, weil er in unglaublich prägnanter Weise die Vorstellungswelt von Pluto-Müttern zusammenfasst und sich dies problemlos auf eine «Message from Mom» an den Sohn umschreiben lässt.

Hier möchte ich gerne einige anschauliche Beispiele beschreiben, die mir über Pluto-Eltern bekannt geworden sind. Ein Ereignis, das wohl eher Kopfschütteln als Entsetzen auslöst, war, dass die Eltern einer vierjährigen Tochter ein komplettes Esszimmer mit grossem Tisch und zahlreichen Stühlen ins Kinderzimmer stellten, «für später einmal», so dass kaum mehr Platz zum Bewegen war. In einem anderen Fall erklärte die Mutter ihrer Tochter jedesmal, wenn sie mit ihr unzufrieden war, sie hätte sie «weggemacht», als sie noch so klein war (zeigt mit dem Finger, wie klein), wenn es nur gegangen wäre. Ein Vater erläuterte seiner Tochter, man müsse eigentlich mindestens zehn Kinder produzieren, damit wenigstens eines herauskomme, das akzeptabel sei. Eine Mutter verlangte von ihrer Tochter, die sich gerade unter schlimmsten Umständen von ihrem Ehemann getrennt hatte, dass nicht nur sie und ihre Kinder zum Weihnachtsfest zu ihr kämen, sondern auch der Ehemann, und das mit der Begründung, was denn wohl die Leute sagen würden, wenn *nur* die Tochter und die Enkelkinder zu Besuch kämen.

Während des Irak-Krieges wurden mehrere amerikanische Flugzeuge abgeschossen und die überlebenden Insassen durch tagelange Folter dazu gezwungen, im Fernsehen aufzutreten und bestimmte Aussagen zu machen. Ein Offizier, den man tagelang geschlagen und dem man den Kiefer gebrochen hatte, den man hatte hungern und nicht schlafen lassen, war schliesslich bereit, vor dem Bildschirm seinen Namen und Dienstgrad zu nennen (weitere Informationen über die Art seines Auftrags und eine Verurteilung des amerikanischen Regimes, wie sie von anderen verlangt worden waren, waren von ihm nicht zu hören). Als seine Eltern vom amerikanischen Fernsehen dazu interviewt wurden (der Sohn befand sich noch in irakischer Gefangenschaft), war ihr Kommentar, wie enttäuscht sie darüber seien, dass sich ihr Sohn als so feige und wenig standhaft erwiesen habe.

Diese Beispiele liessen sich beliebig fortsetzen, und selbst wenn man den Eltern zugute hält, dass sie sich aus einer Stimmung, Unkontrolliertheit oder aus Unverständnis heraus zu solchen Äusserungen hatten hinreissen lassen, bleibt dennoch die verheerende Wirkung, die eine solche Haltung auf ein Kind hat.

Aus dem Gefühl des Ungenügens heraus versuchen Mond/Pluto-Kinder verzweifelt, sich und der Welt zu beweisen, dass sie doch gut genug sind, und wollen so ihre latent immer mitschwingenden Schuldgefühle beruhigen. Einziges Mittel dazu scheint zu sein, die hohen Ansprüche der Mutter zu übernehmen. Gut ist man nur, wenn man Übermenschliches leistet. Die Betreffenden verinnerlichen eine überhöhte Messlatte, an der sie vorrangig und selbstquälerisch sich selbst, aber durchaus auch ihre Umwelt messen. Ein Mann formulierte diese Tatsache mit folgenden Worten: «Ich rechne mir das, was ich geschaffen habe, nicht als Verdienst an, weil ich soviele Projekte habe, die auf sich warten lassen und noch nicht ausgeführt sind.»[3]

Vera Birkenbihl beschreibt den Fall eines Mannes, der seine Fähigkeiten als Koch auf einer Skala bewertet, die von keinerlei Kenntnissen auf dem Gebiet des Kochens über eine durchschnittliche Kochkunst bis hin zur hundertprozentigen Meisterschaft reicht. Wenn seine Kochkünste, gemessen am Durchschnitt, bei 85 % liegen, so wird ein Mond/Pluto-Koch feststellen: «Mir fehlen noch 15 % zur Meisterschaft», wobei er die Relativität dessen, was 100 % in diesem Fall überhaupt bedeuten, nicht zur Kenntnis nimmt. Eine Einstellung, die ein gesundes Selbstwertgefühl ausdrückt und nicht ein «Loch im Sein» (Birkenbihl), würde als erstes feststellen: «Ich liege mehr als 30 % über dem Durchschnitt, und wenn ich möchte, kann ich ja noch besser werden.»[3]

Das latent vorhandene Empfinden der eigenen Unvollkommenheit erzeugt tiefsitzende Schuldgefühle, die dazu führen, dass der Betreffende ständig nagenden Selbstzweifeln ausgesetzt ist, die an den Grundfesten seiner Persönlichkeit rütteln. Es entsteht eine innere Atmosphäre der Anspannung und Kontrolle, bei der jeder Schritt im Hinblick auf ein angestrebtes Ergebnis hin untersucht und bewertet wird. Massstab für die Bewertung ist die im Erwachsenen verinnerlichte hohe Messlatte der Mutter beziehungsweise der Eltern, die man mit dem Buchtitel des Topmanagers Iacocca *Auf der Suche nach Spitzenleistungen* umschreiben könnte.

Zwischen der Suche nach Spitzenleistungen im Sinne einer gesunden «sportlichen» Herausforderung, also eines sinnvollen Einsatzes für ein Ziel, und der zwanghaften Notwendigkeit, niemals auch nur im geringsten versagen zu dürfen, liegen jedoch Welten. Pluto stellt beides zur Verfügung, doch wer nicht gelernt hat, dass Liebe unabhängig von Leistung etwas ist, das wir für unser Sein, nicht für unser *Tun* bekommen (sollten), kann diese Unterscheidung nicht treffen.

Nicht umsonst findet sich häufig hinter der erfolgreichen Karriere eines Sohnes (oder auch einer Tochter) eine ehrgeizige Mutter, während der Sohn zu irgendeinem Zeitpunkt in seinem Leben feststellt, dass er für die Erfüllung dieser Aufgabe sein persönliches Glück, wichtige andere Ziele und nicht selten seine Potenz geopfert hat. Wenn wir nicht erlebt haben, dass wir um unserer selbst willen geliebt und geachtet werden, wird es uns schwer fallen, im späteren Leben ein solches Vertrauen zu entwickeln. Die Chance, dass wir uns wieder Menschen in unser Leben holen, die ebenso denken wie unsere Mutter, ist ziemlich gross, und andererseits besitzen wir keinen «Empfänger», der wahrnehmen könnte, wenn es jemand einmal ehrlich und ernst mit uns meint.

Was Mond/Pluto-Geborenen fehlt, ist die Fähigkeit, locker zu lassen, zweckfrei zu handeln, einfach um der Freude an der Sache oder um des Handelns an sich willen. Ein rigides Über-Ich kontrolliert jede Absicht, jedes Ziel auf seine Zweckdienlichkeit hin, was immer man tut, es muss «etwas dabei herauskommen». Der innere Antrieb zur Leistung ist meist so stark, dass er auf Kosten des Körpers und des seelischen Gleichgewichts geht.

Während die Betreffenden, wie unter einem inneren Zwang stehend, nach Perfektion und einer letzten absoluten Gewissheit suchen, sind sie doch ständig mit der eigenen Unvollkommenheit und jener der Welt um sie herum konfrontiert, was ihre Ängste, Selbstzweifel aber auch ihre Anstrengung, die Wirklichkeit so umzuinterpretieren, dass sie vielleicht doch mehr dem erhofften Ideal entspricht, steigert. Viele erschöpfen sich in dem fruchtlosen Versuch, irgendwann, irgendwie die «grosse Marke» zu erreichen, die den Eintritt in das Paradies des bedingungslosen Geliebtwerdens, des Sich-wertvoll-Ffühlens, des Nicht-mehr-ohnmächtig-Seins freigibt. Da sie ihre Mutter als eine mächtige, alles kontrollierende Kraft erlebt haben, die Leben (oder im übertragenen Sinn die Gesundheit der Psyche des Kindes) nach Belieben schenken oder auch zerstören kann, haben sie nur selten das Gefühl, dass der Sitz der Kontrolle ihres Lebens in ihnen selbst liegt. Vielmehr fühlen sie sich tiefinnerlich einer unkontrollierbaren Schicksalsmacht ausgeliefert, deren Qualität eher destruktiv als förderlich ist. Dies gilt auch für Menschen, die dank ihrer Intelligenz in gewissem Umfang eine rationale Kontrolle über diese emotionale Grundhaltung erlangt haben.

Anders als die meisten Menschen mit Mond/Uranus sind sie nicht ständig damit beschäftigt, sich vor der zudringlichen Liebe ihrer Mutter zu retten, sondern sie jagen vergeblich danach, endlich einmal so gut zu sein, dass die Mutter oder Personen, auf die später das Mutterbild projiziert wird, sie wirklich akzeptiert und ihnen eine Art Absolution erteilt. Was beide Konstellationen verbindet ist die Erfahrung der Macht, die ein anderer Mensch besitzt und der man sich, wenn auch auf unterschiedliche Weise, ausgeliefert sieht, unterschiedlich, da sich die Methoden der Machtausübung voneinander unterscheiden.

Eine gesteigerte Brisanz dieser Situation entsteht, wenn im Horoskop beide Themen zusammenfallen, wenn also für die Mutter sowohl Uranus- als auch Pluto-Themen gelten, da sich hier Widersprüchlichkeit, Schmeichelei, Verwöhnung und erbarmungslose seelische Erpressung verbinden. Es entstehen schizoide Botschaften wie zum Beispiel: «Du bist das Tollste auf der Welt (aber alles nur von meinen Gnaden, ich kann es dir jederzeit wieder wegnehmen)» oder «Mein Sohn soll in Freiheit aufwachsen und es gut haben (aber wehe, er wählt die falsche Frau)» und ähnliches mehr.

Mond/Pluto stellt hohe Anforderungen an sich und andere, die nicht selten die rein menschlichen Aspekte einer Sache ignorieren: Immer geht es um Durchhalten, koste es, was es wolle, und je mehr es schmerzt, desto mehr ist es in Ordnung – ein Beweis dafür, dass man auf dem richtigen Weg ist. Selbstmitleid wird als verabscheuungswürdig empfunden, da es Schwäche und Ohnmacht auszudrücken scheint. Kommen Sonne/Pluto-Verbindungen hinzu, ist man hart zu sich und hart zu anderen (besonders aber zu sich), und wenn es etwas gibt, was Mond/Pluto in seiner krasseren Ausprägung nicht mehr lernen muss, dann ist es, wie man sich das Leben selbst zur Hölle macht.

Wie keine andere Konstellation im Horoskop wirken Mond/Pluto-Erfahrungen durch ein ganzes Leben nach. Trotz der Zähigkeit und Regenerationskraft, die diese Verbindung zum Ausgleich schenkt, sitzen Verwundungen tief wie im Gedächtnis eines Elefanten. Immer und immer wieder müssen Verletzungen und schockartige Erlebnisse wiedererlebt, durchanalysiert, gleichsam «wiedergekäut» werden, um so langsam über die Jahre hinweg aufgelöst zu werden oder zumindest zu einer seelischen Erleichterung zu führen.

Es sei an dieser Stelle nochmals betont, dass das Ausmass, in dem sich eine Konstellation von ihrer problematischen Seite her zeigt, davon abhängig ist, wie stark sie im Horoskop angezeigt ist (also mehrere der genannten Konstellationen auf einmal) und wie hoch das Entwicklungsniveau der Mutter beziehungsweise des Vaters ist.

2. DIE PSYCHISCHE BELASTUNG DER MUTTER

Die in diesem Abschnitt beschriebenen prägenden Faktoren schliessen in gewissem Umfang die Auswirkungen und Ursachen mit ein, die im vorherigen Abschnitt genannt wurden. Hier liegen die wesentlichen Ursachen für traumatische Erfahrungen im Mutterleib und im Kindesalter vor allem in der psychischen

Schwäche bis hin zur Krankheit der Mutter sowie in den extremen Belastungen, denen sie selbst während der Schwangerschaft und meist auch noch später ausgesetzt war.

Äussere Umstände wie schwierigste Ehe- und Familienverhältnisse, ein desinteressierter oder brutaler Ehemann, eine ungewollte Schwangerschaft, Kriegszeiten und andere Voraussetzungen, die zu seelischer Bedrückung, aber auch zu einer Mangelernährung führen, wirken sich auf das Mutter-Kind-Verhältnis aus und lassen das Entstehen eines Urvertrauens nicht zu. Statt einer echten emotionalen Verbundenheit zwischen Mutter und Kind entstehen «Kopfentscheidungen», die besagen, dass man sein Kind zu lieben habe, während in Wahrheit eine oft lebenslänglich nicht wirklich zu überbrückende Fremdheit zwischen beiden besteht. Da die Mutter für das Kind die Urerfahrung dessen symbolisiert, was die Welt da draussen schlechthin ist, erlebt es sich oft lebenslang «wie unter einer Glasglocke, in der es die Umwelt zwar sehen, aber nicht empfinden kann»[4]. Die äussere Wirklichkeit erscheint dem Betreffenden fremd, und er beginnt, umso mehr in seiner eigenen Welt und Wirklichkeit zu leben. Da diese meist auseinanderklaffen, ergibt sich eine ständige Aufforderung umzudenken, sich an der Realität neu zu orientieren, wogegen sich Mond/Pluto-Geborene oft heftig sträuben, da ihnen die Erkenntnis dessen, was wirklich ist, viel zu schmerzhaft und unerträglich erscheint.

Als erste und grundlegende Erkenntnis wäre hier die Konfrontation mit den wahren Gefühlen der Mutter und den Problemen in der Beziehung zu ihr nötig. Doch Kinder, genauso wie die späteren Erwachsenen, klammern sich im Normalfall, solange es geht, auch an das kleinste Quäntchen einer Chance, sich von der Mutter beziehungsweise den Eltern doch geliebt und geachtet zu fühlen, und sie halten, so gut es geht, an einem positiven Mutterbild fest, da über lange Zeit ihr eigenes Gefühl, in Ordnung zu sein, davon abhängt, ob sie ihre Eltern für respektierenswert halten.

Findet jedoch einmal der Durchbruch zu den wahren Zusammenhängen und Empfindungen statt, entlädt sich oft ein kaum zu bändigender Strom an Enttäuschung, Frustration, Bitterkeit und Wut, die zunächst zugelassen und durchlebt werden müssen, bevor die Betreffenden versuchen können, die Gründe zu verstehen, die hinter dem Verhalten der Mutter standen.

Die psychische Belastung der Mutter zeigt sich in einem depressiven, ins Zwanghafte gehenden Verhalten, das Gefühle und Pflichten verdrängt sowie am lebendigen Leben vorbeigehende Vorstellungen in den Vordergrund rückt. Das Weltbild der Mutter ist, wie schon im vorherigen Abschnitt beschrieben, negativ gefärbt, und ihre seelische Verfassung kann bis hin zur Psychose[5] gehen, bei der sie in allem und jedem eine Bedrohung oder Übles vermutet. Ihre Einstellung könnte in der Terminologie der TA[6] so umschrieben werden: «Ich bin nicht o. k., und du bist nicht o. k.», was bedeutet, dass sie weder sich selbst noch die Umwelt für akzeptabel hält. Meist äussert sich diese Lebenshaltung in einer chronischen Unzufriedenheit und Nörgelei, bei der Ersatzhandlungen eine wichtige Rolle spielen: Die Mutter tut das eine, obwohl sie lieber etwas anderes täte, und dies wie unter einem Zwang stehend. Sie lebt damit ihrem Kind und der Umwelt vor, wie schlecht es ihr geht und zeigt gleichzeitig, was man alles tun kann, um es sich schlecht gehen zu lassen. Lösungsvorschläge für Probleme werden mit einem «ja, aber» abgewiegelt, und die neu eingestellte Putzfrau, die die Mutter von ihrer Überforderung im Haushalt entlasten soll, wird garantiert innerhalb kürzester Zeit einen nicht tragbaren Mangel aufweisen.

Bei diesen Beschreibungen soll nicht übersehen werden, dass Mond/Pluto eine wirkliche Überlastung der Mutter bedeuten kann, der sie auch mit dem stärksten Willen nicht gewachsen ist und unter der sie seelisch und nicht selten auch körperlich zerbricht. Das bedeutet, dass im Einzelfall einer Horoskopinterpretation sehr sorgfältig vorgegangen werden muss, um nicht in den Teufelskreis sinnloser Schuldzuweisungen zu geraten. Zweifellos stellt jedoch die Konstellation Mond/Pluto neben Mond/Saturn die schwerwiegendste dar, was die emotionale Stabilität eines Menschen angeht und wird nur übertroffen durch Konstellationen, bei denen mehrere Planeten zusammen auf den Mond einwirken.

3. Die Mutter als echtes Vorbild an Ethik, Autorität und bewusstem Umgang mit Macht

Pluto ist ein Planet, der sich nie lauwarm, oder anders ausgedrückt, gemässigt zeigt. Obwohl sich die Auswirkungen eines jeden Planeten auf einer Bandbreite von «Minus» bis «Plus» und all den Zwischenschattierungen abspielen, kann man bei Pluto davon ausgehen, dass die Zwischentöne zumindest nicht besonders umfangreich sind, wenn sie nicht sogar ganz wegfallen.

Das bedeutet, dass eine Pluto-Mutter, die das ungünstige Ende der Möglichkeiten lebt, dies auch in der Regel in einer sehr krassen Form tun wird, und eine Mutter, die in ihrem Persönlichkeitsniveau das verwirklicht hat, was Pluto an Chancen und Aufgaben zu bieten hat, auch dies in einer sehr reinen, anspruchvollen Form versuchen wird zu leben.

Dort, wo Pluto in unserem Horoskop steht, geht es um Wertmassstäbe, persönliche Ethik (nicht so sehr um Moral), den verantwortungsvollen Umgang mit Macht und darum, sich zu einer wahren Autorität zu entwickeln, die nicht nur die Ordnung der eigenen kleinen Welt zum Ziel hat, sondern die sich grösseren Aufgaben widmen möchte, die dem Wohl möglichst vieler Menschen dienen sollen.

Beschreibt Mond/Pluto eine solche Mutter, so ist sie im besten Sinne eine charismatische Figur, die ein Vorbild für das Kind wie auch für andere Menschen darstellt. Sie besitzt ebenso wie die in den vorherigen Abschnitten beschriebene Mutter ein grosses Mass an Macht, mit dem sie jedoch sehr bewusst und kontrolliert umgeht, sei es innerhalb der Familie, für die sie sich verantwortungsbewusst und an hohen Idealen orientiert einsetzt, im Beruf oder bei anderen Tätigkeiten, zum Beispiel in einer gemeinnützigen Organisation, in der sie ehrenamtlich wirkt.

Die Grösse und Bedeutung einer solchen Mutterfigur trägt jedoch trotzdem das Risiko einer Distanz oder Fremdheit zu ihr in sich: Gerade weil sie sich in ihrer ethischen Haltung so vollkommen zeigt, verliert sie an menschlicher Wärme, die nicht selten durch die Erkenntnis der Fehlbarkeit eines Menschen entsteht. In jedem Fall erhält das Kind einen positiven Ansporn, der Mutter nachzueifern, wenn es sie trotz ihrer Autorität auch als gütig erlebt, oder gegen sie zu rebellieren und sie von ihrem «Sockel» herunterzuholen, wenn ihr Mass an Perfektion so gross ist, dass es zum Widerspruch reizt.

4. Zusammenfassung der wesentlichen Eigenschaften

Problematische Seite: Starre Gefühle und Ignorieren unerwünschter Wirklichkeitsanteile.

Die schwierige Seite von Mond/Pluto lässt sich mit Abraham Maslows Wort zusammenfassen: «Wenn du als einziges Werkzeug einen Hammer hast, sieht jedes Problem wie ein Nagel aus.»

Die traumatische Erfahrung der Ablehnung, das Gefühl, nur für etwas geliebt zu werden, was man getan hat oder was man darstellt, der eigene unaufhörliche innere Antrieb, die Dinge gut und noch besser zu machen, führen zu einer Einengung der Emotionalität, zu einer Starre und Fixierung im Gefühlsleben, die alles auszugrenzen versucht, was an alte Wunden rührt, was nicht den eigenen hochgesteckten Idealen entspricht, deren Verwirklichung die einzige Aussicht auf inneren Frieden zu bieten scheint.

Bei keiner anderen Konstellation drängt sich so sehr die Möglichkeit auf, «dicht» zu machen und alle Eindrücke in eine Art Tunnel zu pressen, durch den nur das hereinkommen kann, was man auch bereit ist hereinzulassen, während die links und rechts ebenfalls vorhandenen Tatsachen ignoriert werden. Es ist dann nur das wahr, «was auch wahr sein darf». Etwas unfreundlich ausgedrückt, könnte man von «Scheuklappen» sprechen, die jedoch zweifellos eine sinnvolle Funktion erfüllen oder zumindest in der Kindheit erfüllt haben: Damals waren sie für das Kind die einzig denkbare Bewältigungsstrategie, mit deren Hilfe es mit der schwierigen Umwelt zurechtkommen konnte. Derartige Strategien haben eine Tendenz zur Verselbständigung und werden auch noch dann im späteren Leben angewendet, wenn sie eigentlich ihren Sinn verloren haben, weil wir auf Grund unserer grösseren Möglichkeiten – wenn sie uns nur wirklich bewusst wären – neue, geeignetere Methoden entwickeln könnten.

Die eigentliche Problematik an Pluto-Konstellationen, und hier besonders an Mond-Pluto, liegt in ihrer starken Anhaftung am Vergangenen, an den alten Wunden, an dem Groll von früher, der regelmässig im gegenwärtigen Alltag neue Nahrung findet und der so, wenn auch oft auf einer sehr unterschwelligen, jedoch trotzdem sehr mächtigen Ebene bestehen bleibt. Die Betreffenden besitzen meist nur eine geringe Fähigkeit, Verletzungen aufzuarbeiten und sie loszulassen. Statt dessen halten sie auf eine selbstquälerische Weise an ihnen fest, neigen zum Grübeln und verstärken sie noch. Einer der Gründe dafür liegt in der tiefsitzenden Bussbereitschaft, die auf der Überzeugung der eigenen Unvollkommenheit beruht und nicht selten darin, dass man glaubt, sich das Leben auf möglichst harte Weise verdienen zu müssen.

Keine andere Konstellation braucht so viele heilende Erfolgserlebnisse und stetige, geduldige Bestätigung von aussen. Und kaum jemand wehrt sich so sehr dagegen zu glauben, dass er «o.k.» ist, obwohl er grosse Sehnsucht danach hat. Das Selbstbild des Ungenügens sitzt tief.

Charakteristisch ist die Neigung zu Extremen, zum Schwarz/Weiss-Denken und -Bewerten. Grautöne und Zwischenschattierungen sind unzulässig oder werden gar nicht wahrgenommen. Die eigene Intensität und Radikalität des Gefühlslebens erzwingt ein klares Aussortieren von Gut und Böse, von Gewollt und Abgelehnt. Alles Gemässigte wird als lauwarm empfunden und damit als unbefriedigend angesehen. Die plutonische Kraft im Menschen ist die Kraft der Natur, die nach unerbittlichen Selektionskriterien auswählt.

Das Bedürfnis nach extremen Erfahrungen kann auch mit einer Suche nach «Kicks» verbunden sein, die sich nicht selten in einem Hang zum Destruktiven äussert. Eine ruhig dahinfliessende Beziehung wird dem eigenen Anspruchsdenken und der eigenen Leidenschaftlichkeit nicht gerecht; auch kann Mond/Pluto kaum darauf vertrauen, dass eine harmonische, konfliktfreie Beziehung echtes Interesse und Verbindlichkeit des Partners ausdrückt. Deshalb wird das Gefühl der Lebendigkeit und des Gewolltseins häufig über Streit, Auseinandersetzung und das Einfordern von «Liebesbeweisen» erzeugt, die eigentlich einer Selbstbestätigung dienen sollen, aber meist nur negative Gefühlsmuster freisetzen.

Für Mond/Pluto-Geborene stellen ungehemmte Lebensfreude, freier Ausdruck persönlicher Bedürfnisse, und Müssiggang meist geradezu etwas Unmoralisches dar. In krassem Gegensatz dazu steht die Tatsache, dass Pluto eine intensive Leidenschaftlichkeit bis hin zum Fanatismus zur Verfügung stellt, bei der alles, was den Menschen betrifft und berührt, tiefste Abdrücke und heftigste Gefühle hervorruft, die allerdings im Normalfall unter der glatten Oberfläche von Selbstkontrolle und eines Sich-bedeckt-Haltens verborgen sind.

Kinder mit dieser Konstellation haben die Erfahrung gemacht, dass es sich zu ihrem Nachteil auswirkt, wenn sie anderen, insbesondere der Mutter, zuviele Informationen über sich und ihre Privatsphäre zukommen lassen, da dieses Wissen immer wieder gegen sie verwendet wurde und dafür, sie in eine bestimmte Richtung zu manipulieren. Deshalb bietet sich hier das Bild des Kratersees an, dessen spiegelglatte Oberfläche weder die Tiefe des Wassers erkennen lässt, noch zeigt, welche heftigen Urenergien in der Tiefe brodeln.

Sie lernen früh, den Fluss an Informationen, die sie nach aussen dringen lassen, zu steuern, zum Beispiel über das Verheimlichen wichtiger Erlebnisse und Gedanken oder umgekehrt, indem sie bewusst Informationen geben, von denen sie glauben, sie könnten ihnen zumindest nicht schaden oder vielleicht sogar nutzen. Diese scheinbare Gewitztheit hat jedoch nur selten mit einer echten, nüchternen Berechnung zu tun, sondern entspricht vielmehr einer Schutzhaltung, aus der heraus man gelernt hat zu agieren.

Mond/Pluto neigt dazu, Annahmen über die Annahmen anderer Menschen zu produzieren. Paul Watzlawick erzählt die Geschichte des Mannes mit dem Hammer, der ein Bild aufhängen will. Er beschliesst, sich den Hammer von einem Nachbarn zu borgen, und während er darüber nachdenkt, fallen ihm alle möglichen Seltsamkeiten auf, die dieser Nachbar in letzter Zeit so an sich hatte: Er grüsst nur noch flüchtig, vielleicht hat er etwas gegen mich. Immer mehr spinnt er sich in seine Gedanken ein, bis er schliesslich bei dem Nachbarn klingelt, um ihm, bevor dieser ein Wort sagen kann, entgegenzuschreien: «Behalten Sie Ihren Hammer, Sie Rüpel!»[7]

Eines der elementarsten und im Alltag immer wieder erfahrbaren Grundgesetze des menschlichen Lebens ist, dass verdrängte Gefühle und Themen irgendwann hervorbrechen und dass diese Gefühle sich dann, genährt durch die Energie der Unterdrückung und des Aufgestautseins, beängstigend, stürmisch und ausgesprochen destruktiv äussern können. C. G. Jung formulierte diesen Gedanken mit den Worten: «Was immer man in sich hat, aber nicht lebt, wächst und richtet sich gegen einen … Jeder, der seine Instinkte übersieht, wird von ihnen hinterrücks überfallen werden.»

Obgleich dieses Zitat ein wenig einseitig erscheinen mag, denn es ist unwahrscheinlich, dass ein Mensch in der Spanne eines Lebens dahin kommt, alle seine Instinkte und Antriebe in einer ihm vollkommen gemässen Form auszuleben, so wird doch deutlich, dass die Natur und damit das, wofür wir geboren wurden und was die Essenz unseres Wesens ausmacht, sich zu irgendeinem Zeitpunkt oder zu mehreren zu Wort melden wird und das auch dann, wenn wir alles daran setzen, dies zu vermeiden.

Die Fähigkeit von Mond/Pluto zum Glücklichsein hängt also in besonderem Masse davon ab, ob die Betreffenden sich trotz aller inneren Widerstände und Ängste Zutritt zu ihrer persönlichen Wahrheit gestatten, die nur selten mit der Wahrheit übereinstimmt, die sie sich in ihrem Kopf zurechtgelegt haben. Einem sich ständig verändernden Leben und sich möglicherweise auch verändernden Wahrheiten ins Gesicht zu sehen ist keine einfache Aufgabe, bei der sich auch Menschen ohne Mond/Pluto-Verbindungen häufig bis zum Äussersten gefordert oder überfordert sehen.

Die grösste Angst von Mond/Pluto ist die Angst vor Veränderung. Während Uranus-bestimmte Menschen Sicherheit aus der permanenten Möglichkeit zur Veränderung ziehen, sucht Pluto das Berechenbare und die Aufrechterhaltung des Status Quo. Jede Neuerung erscheint bedrohlich, da das, was jetzt ist, schon mit so viel Energie und Schmerz bewältigt und einigermassen stabil gehalten wird.

Diese Menschen können sich aufgrund ihrer Urprägungen nicht vorstellen, dass Veränderung auch Verbesserung bedeuten kann. Das negative Weltbild der Mutter als Vorbild lässt ausschliesslich den Gedanken zu, die Dinge könnten bestenfalls schlechter, keinesfalls besser werden. Selbst wenn der rationale Verstand völlig anderen Kriterien gehorcht, bleibt die «Macht des Bauches», die ein instinktives Misstrauen der Welt und ihrer Freundlichkeit gegenüber nährt.

Ebenso möchten die Betreffenden unter allen Umständen und so lange man sie nicht zwingt, ihre Meinung zu ändern, an dem einmal von sich selbst und von anderen Menschen gefassten Bild festhalten. Diese eindeutige Rollenzuweisung, in der jeder und alles seinen Platz einnimmt, dient wiederum dem Sicherheitsbedürfnis und der Vorhersehbarkeit von Ereignissen.

Aus diesem Grund üben Mond/Pluto-Geborene oft ebensoviel Macht über andere Menschen aus, wie sie dies am eigenen Leib erfahren haben, wobei diese Macht sich eher unbewusst äussert. Da die Geborenen sich in ihrer subjektiven Urerfahrung eher als ohnmächtig und ausgeliefert erleben, ist ihnen das Ausmass ihrer Einflussnahme nur selten bewusst.

Ein wichtiges, sich aus dem vorher Gesagten ergebendes Thema ist das Aufrechterhalten der Selbstkontrolle in allen Lebenslagen, die erst dann aufgegeben wird, wenn sich Ereignisse einstellen, die so schwerwiegend sind, dass die Kontrolle in sich zusammenbricht, wobei das erste Quäntchen neuer Energie dafür verwendet wird, wieder ein Mindestmass an Beherrschung zu erlangen.

Die oft schmerzhafte Diskrepanz, die sich aus dem Hunger nach Selbstbestimmtheit und Unabhängigkeit ergibt, während die Betreffenden sich doch so oft einer Situation oder dem Verhalten eines Menschen ohnmächtig ausgeliefert sehen, führt in zahlreichen Fällen zu einer Art Eigendynamik, bei der die entsprechenden Erfahrungen und die damit verbundenen Frustrationen immer und immer wieder wiederholt werden. Will man der Frage auf den Grund gehen, warum Mond/Pluto-Geborene zu diesem Muster neigen, so findet sich als wichtiger Schlüssel die Tatsache, dass sie nicht genügend Selbstvertrauen und Selbstsicherheit entwickelt haben, um wirklich daran glauben zu können, dass der Sitz der Kontrolle über das, was in ihrem Leben geschieht, *in ihnen selbst und nicht irgendwo da draussen liegt.* Die frühe Erfahrung einer alles überschattenden Umwelt beziehungsweise Mutter hat sich, wie es scheint, unauslöschlich eingeprägt.

Doch diese innere Haltung hat aber auch versteckte Vorteile. Wenn wir uns als von aussen bestimmt erleben, bedeutet das, dass wir nicht schuld sein können. Da Pluto-Erfahrungen das latente Lebensgefühl erzeugen, man sei irgendwie irgendwo immer schuld oder zumindest verantwortlich, wenn etwas nicht klappt, kann man sich wenigstens auf diese Weise ein gewisses Gefühl der Beruhigung gönnen.

Paul Watzlawick hat in seinem ausgezeichneten, bereits weiter oben erwähnten Buch *Anleitung zum Unglücklichsein* die Geschichte zweier Menschen beschrieben, die beide keine Lust haben, eine bestimmte Verabredung einzuhalten: «Von der Anthropologin Margaret Mead stammt die Scherzfrage, was der Unterschied zwischen einem Russen und einem Amerikaner sei. Der Amerikaner, sagte sie, neige dazu, Kopfweh *vorzuschützen,* um sich glaubwürdig einer unerwünschten gesellschaftlichen Verpflichtung zu entziehen; der Russe dagegen muss das

Kopfweh *tatsächlich* haben.» – «Ex oriente lux»,[8] kann man da nur wieder einmal sagen, denn Sie werden zugeben, dass die russische Lösung ungleich besser und eleganter ist. Der Amerikaner erreicht zwar seinen Zweck, weiss aber, dass er schwindelt. Der Russe hingegen bleibt in Harmonie mit seinem Gewissen. Er hat die Fähigkeit, ganz nach Bedarf einen Entschuldigungsgrund herbeizuführen, der ihm nützlich ist, ohne aber zu wissen (und ohne dafür verantwortlich zu sein), wie er es schafft. Seine rechte Hand weiss sozusagen nicht, was seine linke tut.

Wenn Mond/Pluto-Menschen sich in ihrem Leben unglücklich und zu wenig anerkannt fühlen, sind gängige Methoden Machtspiele, wie sie sich auch im soge-nannten Drama-Dreieck des Transaktionsanalytikers Taibi Kahler wiederfinden: Sie nehmen je nach Bedarf und Naturell die Rolle des Opfers, Retters oder Ver-folgers ein. Das Opfer manipuliert andere über Schuldgefühle und durch Demon-stration seines Leidens, der Retter opfert sich auf, um das Opfer aus einer Situa-tion herauszuholen, aus der es nicht selten gar nicht gerettet werden will, und der Verfolger übernimmt die Funktion dessen, der sich immer darum kümmert, dass die «Dinge in Ordnung gehen», weil ja nun einmal einer dafür zuständig sein muss. (Mit anderen Worten: Was die anderen nicht gut genug machen oder was zu tun sie keine Lust haben, das tut der selbstgerechte Verfolger, der überall dort nachhakt, wo es noch Mängel zu entdecken gibt.) Jede dieser Positionen kann mit einem lachenden und einem weinenden Auge betrachtet werden: Dort, wo es sich nur um den indirekten Spielgewinn handelt, den der einzelne daraus zieht, erhält diese Dynamik etwas Tragikomisches, das in wirkliche Tragik umschlägt, wenn die «Spieler» völlig mit ihren Rollen identifiziert sind und keinen Ausweg finden.

Toni Morrison sagte: «Wenn du dich emporschwingen willst, musst du den ganzen Mist, der dich nach unten zieht, zurücklassen.» Für Mond/Pluto-Geborene ist es wichtig zu erkennen, dass «Vergebung der Schlüssel zum Glück ist» und dass wir, wenn wir in dem stecken bleiben, was andere uns angetan haben, letztlich nur uns selbst schaden. Solange sie im Tunnel ihrer Vorstellungen darüber, wie die Welt ist, stecken, bleibt das Gefühl der Einsamkeit, des Unverstandenseins, des Nichtgeliebtwerdens. Deshalb liegt die Herausforderung für Menschen mit dieser Konstellation darin, die Relativität der Dinge und aller Sichtweisen zu erkennen, also zu akzeptieren, dass man ein und dieselbe Sache auf völlig unterschiedliche Weise erleben, interpretieren und beantworten kann.

Pluto als Prinzip des Archaischen entspricht im Gehirn dem limbischen Sy-stem, in dem alle Bewertungen stattfinden. Je stärker sich Pluto im Horoskop äus-sert, und dies besonders bei Mond/Pluto, desto grösser ist die Tendenz, alles so-fort und instinktiv als gut oder schlecht zu bewerten. Ursprünglich diente dieses Programm einer schnellen Überlebensreaktion. Heute hat es oft die Funktion einer Sperre in der Offenheit und Wertfreiheit den Dingen gegenüber, die Uranus sich so sehr zum Ziel macht. Kommen Uranus und Pluto im Horoskop zusammen, entsteht ein seltsamer Kreislauf aus Fixierungen, plötzlichen Meinungsum-schwüngen, neuen Fixierungen und von Ansichten, die vor Widersprüchlichkeit manchmal nur so strotzen.

Immer wieder werden Menschen mit wichtigen Pluto-Konstellationen in ihrem Leben mit der Aufforderung zum Wandel, zur Neuorientierung und Neubewertung konfrontiert. Da sie dazu neigen, in ihren Gefühlen bestimmten Zwängen zu unterliegen, die vor allem im Zusammenhang mit Verletzungen stehen, fällt es ihnen schwer, ihre Sicherheitsnetze zu lockern und zu hinterfragen. Sind sie bereit, die ihnen in ausserordentlichem Masse zur Verfügung stehende Energie in geistige, seelische oder auch materielle Neuanpassungsprozesse zu stecken, steht eine bewundernswerte Quelle der Kraft zur Verfügung.

Positive Seite: Konzentration auf das Wesentliche – Verantwortungsgefühl und Treue.

Pluto symbolisiert das Prinzip der Festlegung, der eindeutigen Entscheidung für oder gegen eine Sache, der langfristigen Verbindlichkeit und damit auch der Treue. Von ihm charakterisierte Menschen sind zu einer bewundernswerten Einsatzbereitschaft und Ausdauer fähig, die nicht aufgibt, wenn Hindernisse auftreten. Oft wird die darin enthaltene Energie erst in Krisensituationen voll freigesetzt und die Betreffenden mobilisieren dann Kraft- und Handlungsreserven, die man ihnen vorher gar nicht zugetraut hätte. Gleichzeitig erreichen sie bei dem, was sie tun, einen Grad an Perfektion, der für andere oft schwer nachvollziehbar ist. Wir leben in einer perfektionistischen Kultur, und deshalb ist es für den plutonischen Menschen eine wichtige Aufgabe zu lernen, Ideal und machbare Realität zu unterscheiden.

Krisenmanagement ist in gewisser Weise ein natürlicher Bestandteil des Lebensweges, den plutonische Menschen mehr oder weniger bewusst wählen, sei es, um sich ihre Stärke und ihren Wert zu beweisen, sei es, weil sie sich grösseren Aufgaben und der Verwirklichung einer Idee verpflichtet fühlen.

Die Fähigkeit, Informationen auszuschalten, die sich störend oder belastend auswirken könnten, trägt neben möglichen problematischen Seiten gleichzeitig den Vorteil in sich, dass alle Energien in einer vollkommenen Konzentration auf das Thema gelenkt werden können, um das es zentral geht. Die Aufmerksamkeit und der Wille sind dann gebündelt wie ein Laserstrahl, entsprechend stark ist die Durchschlagskraft. Dort, wo Pluto steht, verfügen wir über eine archaische Energie, die, wenn sie kanalisiert und sinnvoll eingesetzt wird, Grösstes zu vollbringen imstande ist, und das bis hin zur Selbstaufopferung, da die persönlichen Interessen und Bedürfnisse hinter der Sache, um die es geht, in jedem Fall zurückstehen.

Entlädt sie sich unkontrolliert, hat sie den Charakter einer Naturgewalt, der wir uns hilflos ausgesetzt sehen. So können wir unsere Mutter erleben, die wie ein Sturm über uns hinwegfegt und uns zerstört, wie wir uns auch uns selbst erleben, wenn diese konzentrierte Kraft in destruktive Bereiche abgleitet.

Während andere Planetenverbindungen eine eher lockere, flexiblere, aber weniger tiefgründige Haltung dem Leben gegenüber zur Verfügung stellen, legen Mond/Pluto-Geborene Wert darauf, dass das, was sie tun, sinnvoll, wertvoll, wesentlich ist. Ihr meist starkes Empfinden für die Zeit und ihre Vergänglichkeit treibt sie dazu, Wesentliches vom Unwesentlichen zu trennen und sich dann mit vollem Einsatz auf das zu stürzen, was für sie von Bedeutung ist.

Aus diesem Grund kann eine positiv genutzte plutonische Energie eine ausgesprochene Erfolgskonstellation sein. In Partnerschaften kann sich die Frage erheben, ob sich der Partner so grosser Intensität gewachsen fühlt. In jedem Fall werden die Betreffenden eine einmal getroffene Entscheidung, eine einmal eingegangene Verbindlichkeit so leicht nicht wieder in Frage stellen (es sei denn, es kommen andere, widersprüchliche Konstellationen hinzu, etwa Uranus-Verbindungen).

Da Pluto-Themen auf die eine oder andere Weise immer eine Konfrontation mit Fragen über Leben und Tod bedeuten, ist es hier wichtig, sich einem Ideal zu verpflichten, das den Tod transzendiert. Dazu gehören ethische Wertvorstellungen, die die Vergänglichkeit der Materie überdauern, Übernahme von Verantwortung und das Bewusstsein, dass jeder Mensch auf seine Weise der gesamten Menschheit verpflichtet ist, da die Welt nicht besser sein kann, als die kleinste in ihr lebende Einheit, in diesem Fall der Mensch.

Plutonische Menschen sind die geborenen Spezialisten. Gibt man ihnen die Möglichkeit, bei einem Thema, einer Beziehung, einem Problem beharrlich bis zum tiefsten Grund vorzustossen, werden sie nicht müde zu versuchen, auch noch auf die letzten offenen Fragen eine Antwort zu finden.

Während Mond/Uranus unter seiner Ablenkbarkeit leidet, bei der die Aufmerksamkeit sich am liebsten auf vieles, Unterschiedliches gleichzeitig oder in schneller Folge konzentriert, geht die Konzentration von Mond/Pluto bis an den Punkt, dass Geräusche, Gerüche und alle Arten äusserer Vorgänge nicht mehr wahrgenommen werden, wenn man sich mit voller Intensität und Leidenschaft in etwas vertieft hat. Der Mensch ist dann auf eine Weise absorbiert, die, wenn sie nicht aus einem zwanghaften Antrieb heraus geschieht, eben das zur Verfügung stellt, was Mihalyi Csikszentmihalyi als «Flow», das Dasein im Hier und Jetzt, bezeichnet hat.

Wenn wir in dem, was wir gerade tun, so sehr aufgehen, dass es kein Vorher, kein Nachher, kein Nebenher gibt, dann sind wir im höchstem Masse im «Fluss» des Daseins und erleben vielleicht nicht nur Minuten oder Stunden des Glücks, sondern auch das, was der Prozess der Erleuchtung anstrebt: nur einfach da zu sein, ohne zu bewerten, ohne vorauszudenken oder Vergangenes einzubeziehen, ein schlichtes Sein in jedem Augenblick.

SONNE / PLUTO

TUE, WAS DU TUST.
Zen-Spruch

Diese Konstellation gilt für: Pluto in Haus 5, Sonne in Haus 8, Herrscher von Haus 5 in Haus 8, Herrscher von Haus 8 in Haus 5, Pluto Konjunktion / Spiegelpunkt / Quadrat zur Hausspitze 5, Sonne Konjunktion / Spiegelpunkt / Quadrat zur Hausspitze 8, Sonne im Aspekt zu Pluto (Konjunktion, Spiegelpunkt, Quadrat, Opposition; Trigone und Sextile sind wesentlich schwächer zu bewerten).

1. DAS MUSTERKIND – STREBEN NACH PERFEKTION UND LEISTUNG

Sonne/Pluto-Kinder sind oft Musterkinder. Von klein auf haben sie Botschaften verinnerlicht wie: «Sei brav! Streng dich an! Mach es besser! Sei nicht so kindisch!» Was immer den Vater dazu bewegt, sein Kind in dieser Weise zu formen – ob es die eigenen hochgesteckten Ziele, das Weitertragen einer Erziehung, die ihm selbst zuteil wurde, oder einfach nur der Glaube ist, dass das einzige, was im Leben zählt, darin besteht, so gut wie nur irgend möglich zu sein – er sieht an dem Kind mehr die Form als den Inhalt.

Selten ist der Vater mit der Form zufrieden, in der das Kind sich und seine Leistungen präsentiert, und er neigt dazu, überdurchschnittliche Leistungen als etwas Selbstverständliches hinzunehmen. Da er ebenso wie die Mond/Pluto-Mutter Anerkennung, Wertschätzung und Zuwendung sozusagen als erzieherisches Mittel an die Erfüllung bestimmter Leistungsvorgaben koppelt, lernt das Kind, sich Liebe zu «erarbeiten».

Gelegentlich sind Mond/Pluto- oder Sonne/Pluto-Kinder die Lieblinge des jeweiligen Elternteils, so paradox dies auch klingen mag. Der Status des Lieblingskindes ist jedoch weniger etwas, was mit dem Nesthäkchensyndrom oder anderen Präferenzen der Eltern zu tun hat, als das Ergebnis des Versuchs, den Erwartungen der Eltern so gerecht wie nur irgend möglich zu werden.

Daraus ergibt sich eine starke innere Anspannung, die den Menschen antreibt, nicht so sehr danach zu fragen, was er denn tun möchte, um mit dem Herzen dabei zu sein, sondern was er tun muss, um den gestellten Anforderungen gerecht zu werden. Die Folge ist eine Neigung sich trotz der grossen Energiereserven, die Sonne/Pluto-Geborene besitzen, ständig zu überfordern und zu erschöpfen. Anstatt ihre Fähigkeit, sich auf ein bestimmtes Ziel hin zu konzentrieren, zu nutzen, um die eingesetzten Kräfte zu steigern, unterwerfen sie sich häufig einer überzogenen Disziplin und einem Drill, der ihre Kreativität lähmt, statt sie zu fördern.

In vielen Fällen überträgt der Vater unbewusst sein eigenes mangelndes Selbstwertgefühl auf das Kind. Er wird zum Vorbild, wie man sich selbst übermässig beansprucht bis hin zum Missbrauch an sich selbst. Getrieben von dem Gefühl, immer etwas tun zu müssen, um dieses Leben abzudienen, ist er stets auf Trab, arbeitet unermüdlich Gebirge von Akten durch, schneidet in seiner Freizeit die Hecke oder mäht den Rasen, und das mit einer solchen Perfektion, dass jeder Grashalm sorgfältig in Form gebracht und die Hecke makellos ist. Er findet keine Ruhe, bis alle Aufgaben erledigt sind, und die Listen, die er anfertigt, um zu wissen, was zu tun ist, sind nie vollständig abgehakt, da sich immer neue Punkte zum Eintragen finden. Überrascht er sein Kind beim Müssiggang, kommt ihm das geradezu wie eine Sünde vor («Müssiggang ist aller Laster Anfang!»), und er wird ihm schnell eine Aufgabe erteilen.

Arbeiten, etwas zu tun, woran uns liegt, kann zu einer Leidenschaft werden, die uns er- und ausfüllt, jedoch auch zu einer Sucht, bei der die Tätigkeit an sich zum Selbstzweck wird. Problemlos finden wir immer Gründe, warum dieses oder jenes unbedingt getan werden muss, und selten sind diese Gründe die wirklichen Ursachen dafür, dass wir die entsprechenden Tätigkeiten ausführen.

Viel häufiger steht das Bedürfnis dahinter, sich nicht mit Gefühlen und Einsichten auseinandersetzen zu müssen, die uns schmerzen und denen wir so aus dem Weg gehen können. Die vielleicht tiefste Wunde, die man einem Menschen zufügen kann, ist die, dass er nicht um seiner selbst willen geliebt wird. Wie aber können wir die Fähigkeit entwickeln, uns selbst zu hegen und zu pflegen, uns freundlich, wohlwollend und verständnisvoll gegenüberzustehen, wenn die wichtigsten Menschen in unserem Leben – unsere Eltern oder Elternfiguren – nicht in der Lage waren, uns dies zu vermitteln?

Immer dann, wenn der Sonne/Pluto-Mensch aufgefordert ist, Geduld mit sich selbst zu haben, einen Fehler zwar zu berichtigen, aber nicht überzubewerten, Fürsorge für sein seelisches und leibliches Wohl zu übernehmen. stösst er an die Grenze seiner Wertmassstäbe, die, als verinnerlichte Stimme des Vaters, ihm verbieten, sich eine derartige Schwäche zu leisten. Das Verlangen nach Stärke und Durchhalten, das Aufrechterhalten des Glaubens, man habe sein Leben fest im Griff, und die Ablehnung all dessen, was als oberflächlich oder mittelmässig eingestuft wird, erlauben nicht, das Leben als etwas zu betrachten, das wir leben, um glücklich zu sein. «Ich bin ein ernsthafter Mann, ich gebe mich nicht mit Kindereien ab», wiederholt der Geschäftsmann unaufhörlich im «Kleinen Prinzen»[9], während er seine Rechnungen addiert und die Sterne zählt. Als der Kleine Prinz ihn fragt, was er denn mit den Sternen täte und wozu er sie zähle, meint der Geschäftsmann: «Nichts, ich besitze sie.»

Das Schlüsselwort für Mond/Pluto wie für Sonne/Pluto ist Leistung, wobei es sich im ersteren Fall mehr um das tiefe Empfinden handelt, nur für Geleistetes geliebt zu werden, nur dann, «wenn man funktioniert», und zwar exakt so, wie die anderen es wünschen, wobei dieses Empfinden nicht immer tatsächlich auch im Verhalten Ausdruck finden muss. Hat jemand zum Beispiel Mond/Pluto in Verbindung mit Sonne/Uranus, dann ergibt sich zwar der emotionale Zwang, Erwartungen zu erfüllen, im konkreten Verhalten jedoch, das die Sonne beschreibt, wird der oder die Betreffende im Zweifel eher nicht «funktionieren», weil Uranus sich jedem Zwang widersetzt. Daraus kann für diesen Menschen jedoch ein starker Zwiespalt und eine besondere Problematik im Umgang mit der Umwelt entstehen.

Im Fall von Sonne/Pluto wird das Streben nach Vollkommenheit bei allen Tätigkeiten – ein Streben, das bis zur zwanghaften Ausführung kleinster Details gehen kann – nicht nur gefühlsmässig erlebt, sondern in jeder Handlung ausagiert. Je nach Anforderungen und Vorbild des Vaters geht dieses Verhalten eher in die Richtung einer besonderen Gewissenhaftigkeit oder auch in die Richtung von Zwängen, denen man sich ausgeliefert sieht.

2. Der Vater als Vorbild für Gewissenhaftigkeit, Prinzipientreue und Methodik

Wie schon aus dem vorherigen Abschnitt hervorgeht, hängt die Frage, ob ein Sonne/Pluto-Geborener ein tiefgründiger, gewissenhafter und effizienter Mensch wird oder ob er eine Persönlichkeitsproblematik entwickelt, in der Arbeit zur Sucht und Perfektion zum Zwang wird, in wesentlichem Mass von Prägungen ab, die das Vorbild und die Erziehungsvorstellungen des Vaters mit sich bringen.

Zweifellos spielen die Veranlagung des Kindes und seine natürliche Bereitschaft, auf Einflüsse zu reagieren und sie zu bewerten, eine Rolle. Was immer wir in unseren Lebensplan aufnehmen, was immer zu einem festen Verhaltensmuster wird, besteht aus einer Wechselwirkung zwischen dem, was wir erleben, und dem, was wir, meist unbewusst, daraus machen.

Sonne/Pluto-Väter sind immer Vorbilder, die starke Abdrücke in der Seele des Kindes hinterlassen. Ihre charakteristischen Eigenschaften sind Bereitschaft zu harter Arbeit, zum Perfektionismus und im positiven Fall eine ausgeprägte Gewissenhaftigkeit. Sie nehmen jede Einzelheit einer Aufgabe ernst und widmen sich ihr mit voller Aufmerksamkeit und einer genauen Vorstellung darüber, welche Arbeit auf welche Weise zu tun ist. Sie sind in der Regel nicht bereit, von dieser Vorstellung abzuweichen, da sie sich auf eine einmal gefundene Methode oder Strategie fixieren und sich kaum vorstellen können, eine andere anzuwenden oder sie gar für besser zu erachten.

Der tiefere Grund für diese Festlegung liegt in einer Idealvorstellung darüber, was man tun muss, um «das Richtige zu tun». Die Frage, ob ein solcher Vater vor sich selbst gemäss seinen Prinzipien und seiner Moral bestehen kann, ist eng an sein Selbstwertgefühl gekoppelt, und dies gilt auch für seine Empfindungen dem Kind gegenüber, das diese dann als eigenen Massstab verinnerlicht. In gewisser Hinsicht zeigt dieser Vater immer einen «erhobenen Zeigefinger», der drohend, aber auch freundlich ermahnend sein kann und der durchaus vom Gedanken, das Bestmögliche zu wollen, geleitet ist. Die hohe Erwartungshaltung und die Leistungsbereitschaft bringen nicht selten ungewöhnliche Karrieren hervor, deren Problem darin liegen kann, dass der Vorgesetzte von seinen Mitarbeitern das gleiche Pflichtbewusstsein, ebensoviel Engagement und Überstunden erwartet, wie er selbst zu leisten bereit ist, ohne zu bedenken, dass nicht jedermann die gleichen Zielsetzungen verfolgt oder die gleichen starken Antriebe hat, was sich durchaus ja auch in einem Lohngefälle ausdrückt.

Sonne/Pluto stellt die Möglichkeit zu Kompetenz, Strukturiertheit und die Fähigkeit zur Verfügung, Modelle und Konzepte zu entwerfen. Selten zeigen sich diese Väter gefühlsbetont oder besonders herzlich. Sie stehen dem Leben eher nüchtern und pragmatisch gegenüber, und ihr einmal gegebenes Wort wird eingehalten, unabhängig davon, ob sich veränderte Umstände ergeben haben oder nicht.

Ganz im Gegensatz zu Sonne/Uranus handelt Sonne/Pluto nach dem Zitat: «Euere Rede sei ja, ja; oder nein, nein.» Vom Kind wie von sich selbst erwartet der Vater klare, eindeutige Entscheidungen, zu denen man fest zu stehen hat. Jede Form von Unklarheit, Zerrissenheit und Unentschiedenheit löst bei ihm Zorn und auch Angstgefühle aus, da die Essenz seines Handelns in einem «entweder /oder» liegt und sein Denken nach fest umrissenen Kategorien arbeitet. Sein starkes Bedürfnis, sich vorher auf Situationen einstellen zu können beziehungsweise diese in seinem Sinne zu beeinflussen, lässt dem Kind oft nur begrenzten Entscheidungspielraum.

Völlig fassungslos stehen Eltern, die unentwegt für den Frieden demonstrieren, ihrem Kind gegenüber, wenn es sich unter die Brandstifter an einem Ausländerhaus mischt. Oder der angesehene, erfolgreiche Vater ist bestürzt, wenn sein Sohn oder seine Tochter zu Terroristen werden, statt in seine Fussstapfen zu treten. Diese Fälle sind Extreme, die jedoch nur beschreiben sollen, dass ein Zuviel in einer Richtung, und sei es auch noch so gut gemeint, das Gegenteil erzeugen kann oder, wie Paul Watzlawick es formulierte: «Mehr vom Selben ist nicht immer besser.»[10]

Trotz dieser Einschränkungen, was die Flexibilität und Toleranz des Vaters angeht, kann er durch all die genannten Eigenschaften zu einem echten Vorbild an Autorität, Gerechtigkeit und Wahrheitsliebe werden, ein Mensch, dessen Leben durch hohe Ideale bestimmt wird und dessen Leiden am ehesten in der Erkenntnis der Unvollkommenheit der materiellen Welt zu suchen ist.

3. ZWANGHAFTIGKEIT, FANATISMUS UND BRUTALITÄT DES VATERS

Nehmen die weiter oben beschrieben Eigenschaften eine Extremform an,[11] so kann der Vater ausgesprochen hart durchgreifen, wenn seine Vorstellungen nicht erfüllt sind. Während die Mond/Pluto-Mutter ihre Ablehnung meist eher durch indirekten oder verbal geäusserten Liebesentzug mitteilt, erweist sich der Vater als dogmatischer Prinzipienreiter, der seine Ideen auch mit Schlägen und anderen Drohungen durchsetzt.

Ehrgeizige Erwartungen an die Noten des Kindes, an das, was aus ihm werden soll, ein völliges Unverständnis gegenüber seiner Eigenart führen zu einem demütigenden Verhalten, das das Kind je nach eigener Veranlagung in einen Zustand der Depression und Wertlosigkeit versetzen kann, aber auch massive unterdrückte Wut in ihm auslöst.

Da Pluto der Planet der Extreme ist, bietet er höchste wie auch schrecklichste Entfaltungsmöglichkeiten. Ebenso wie der Vater ein Idealist sein kann, kann er diesen Idealismus bis hin zum Fanatismus treiben, bei dem der Zweck alle Mittel heiligt. In der Geschichte finden sich Beispiele in der Französischen Revolution oder in den Religionskriegen.

Während Neptun nach Erlösung und damit auch nach Selbstvergessenheit strebt, ist es doch Pluto, der uns in die Sucht treibt. Wenn Ziele zu Zwang werden, ergibt sich ein Suchtverhalten, wie es zum Beispiel die Arbeitssucht ist. Sucht schliesst jedoch auch den Drang ein, etwas zu besitzen, etwas zu vollziehen, etwas zu erreichen, und so kann Sonne/Pluto, vor allem in Verbindung mit Neptunkonstellationen, Alkoholsucht, Medikamentenabhängigkeit, suchthaftes Sexualverhalten und ähnliches mehr anzeigen.

4. ZUSAMMENFASSUNG DER WESENTLICHEN CHARAKTEREIGENSCHAFTEN

Problematische Seite: Uneinsichtigkeit und Festgefahrensein – Zwanghaftigkeit – Machtgelüste.

Für alle Pluto-Konstellationen, also auch für diese, gilt die Angst vor Veränderung. Sonne/Pluto-Geborene neigen dazu, sich ihr Leben frühestmöglich einzurichten und alle Eventualitäten nach Möglichkeit vorauszuplanen. Sie versuchen, einen Status zu erzielen, von dem aus sie das, was sie erreicht haben, nur noch verwalten: ihre Familie, ihre Konten, eine Position.

Die Bereitschaft, sich neuen Herausforderungen zu stellen, ist entweder gering oder nur dann gegeben, wenn diese einem bestimmten Leistungsmuster des Betreffenden entsprechen. Diese Tendenz zur Festlegung mündet leicht in eine gewisse Starrheit, die die Entwicklungsmöglichkeiten des Menschen beeinträchtigt, weil er sich weigert, die Zukunft als etwas Offenes, in jedem Augenblick zu Gestaltendes zu sehen.

Mehr als andere neigen Menschen mit einer Mond- oder Sonne/Pluto-Verbindung dazu, sich selbst als eine kontinuierliche, sich kaum verändernde Persönlichkeit zu erleben. Es kommt ihnen nur selten in den Sinn, dass man auch einmal eine völlig neue Sicht der Dinge in Betracht ziehen könnte, um so zu neuen Lösungswegen und Erkenntnissen zu gelangen.

Sie sind zu starker Abneigung, aber auch zu starken Vorlieben fähig. Wird etwas oder jemand abgelehnt, so hat er allerdings kaum eine Chance, diese Meinung zu ändern, da die plutonische Bewertung sehr absolut erfolgt und als feste Meinung abgespeichert wird, die bei Bedarf wie ein Film abgerufen werden kann.

Da wird nichts retuschiert, Ereignisse haben ihren festen Erfahrungswert, das Verhalten von Menschen, besonders wenn es verletzend war, führt immer wieder zu den gleichen ablehnenden Gefühlen (Mond/Pluto) oder zu von Rachsucht geprägten Handlungsweisen (Sonne/Pluto).

Kontrolle und Macht sind wichtige Themen im Leben der Betreffenden. Sie haben früh gelernt, eine möglichst vollkommene Fassade zu errichten, die ihnen Schutz und Autorität nach aussen verleiht und setzen viel daran, um sie aufrechtzuerhalten. Andere hinter diese Maske blicken zu lassen, bedeutet für sie einen bedrohlichen Verlust von Kontrolle. Etwas in ihnen glaubt, der andere würde eine Schwachstelle ausnützen, sobald er sie erkannt hat. Vertrauen ist nicht ihre starke Seite, doch sie hatten häufig nicht soviel Gelegenheit, Vertrauen zu entwickeln. Der Teufelskreis, in dem wir uns so leicht alle verfangen, wenn es sich um schlechte Erfahrungen handelt, ist, dass wir uns auf die eine oder andere Weise immer wieder ähnliche und damit verstärkende Erfahrungen abholen, sei es durch die unbewusste Wahl von Menschen, die entsprechende Charakterzüge aufweisen, oder weil wir so sehr in einem bestimmten Blickwinkel gefangen sind, dass wir Ereignisse nur noch sehr einseitig wahrnehmen.

In seiner extremen Form verführt Sonne/Pluto zu dem Versuch, sich die Welt so zurechtzubiegen, wie man sie gerne hätte. In der griechischen Mythologie findet sich die Gestalt des Damastes, der auch den Beinamen Prokrustes trägt (griech. *prokroustes:* Strecker, Spanner). Er lebte an der Strasse, die von Eleusis nach Athen führte und bot Reisenden seine Gastfreundschaft an. Waren sie jedoch in seinem Haus, so fesselte er sie an ein Bett, ein kurzes für lange und ein langes für kurze Menschen, und je nachdem, zerrte er ihre Gliedmassen in die Länge oder hackte sie ab.

Auch wenn diese Sage sehr drastisch erscheinen mag, so illustriert sie doch überdeutlich, wie sich Pluto in seiner unangenehmen Form auswirken kann. Bei Mond/Pluto ereignet sich das Zurechtbiegen mehr auf der Ebene der Wahrnehmung und des Fühlens: Man fühlt nur, was man bereit ist zu fühlen, alles andere wird ausgegrenzt, und man sieht nur, was man bereit ist zu sehen. Es ist also mehr ein innerer als ein äusserer Vorgang, während die Sonne als Symbol des Verhaltens versucht, die äussere Welt zurechtzustutzen wie einen Bonsai-Baum. Form und Grösse eines Bonsai-Baumes oder auch eines stilisierten Gartens haben nichts mehr mit der natürlichen Form eines Baumes, einer Wiese, einer Hecke zu tun. Sie werden nach einer Idealvorstellung bearbeitet, die alles wegschneidet, was nicht diesem Leitbild entspricht. Die Folge können Engstirnigkeit, Uneinsichtigkeit und Sturheit sein, die, von aussen betrachtet, wie eine Festung mit hohen, dicken Mauern wirken, die sich unter keinen Umständen erstürmen lassen will.

Dieses Verhalten kann auf alle Ebenen übertragen werden: Auf die Erziehung der Kinder, auf den Umgang mit dem Partner, der entweder auf einer Art Thron hochstilisiert wird oder dem Entthronung droht, wenn er sich der Ehre nicht würdig erweist, auf den Umgang mit Mitarbeitern, mit den Verrichtungen des Alltages wie das Putzen des Hauses oder das Zurechtrücken von Gegenständen. Wie unter einem Zwang stehend, muss alles peinlich genau ausgeführt werden, und jegliche Abweichung von der vorgefassten Idee löst Unruhe aus. Die Zwanghaftigkeit im Verhalten wird auch oft mit den Worten «Ich lege sehr viel Wert auf ...» kaschiert, was in diesem Fall nichts anderes heisst als: «Ich kann nicht anders, als etwas auf eine bestimmte Art tun», oder: «Alles muss so sein, wie ich es mir vorstelle.»

Zwanghaftes Verhalten aller Art ist eine der Kehrseiten dieser Konstellation, das nicht selten durch ein schockartiges Erlebnis ausgelöst wird. Ein Mann berichtete zum Beispiel, dass er jahrelang unter dem Zwang stand, sechsmal die Türklinke zu drücken, wenn er einen Raum betreten oder verlassen wollte. Auslöser dafür war, dass sein Vater, als er sieben Jahre alt war, in sein Zimmer gestürmt kam und ihn zum erstenmal in seinem Leben schrecklich für eine Missetat verprügelte, an der er nicht einmal schuld war. Wichtig ist hier zu bedenken, dass die Anlage zur zwanghaften Reaktion des Jungen bereits Bestandteil seines Charakters war. Ein anderes Kind hätte mit einer ebenfalls heftigen, jedoch völlig anderen Form reagieren können.

Wir alle kennen in gewissem Umfang solche Unfreiheiten in unserem Leben: wenn wir noch mehrmals nachsehen, ob wir die Tür auch wirklich abgeschlossen oder die Kaffeemaschine ausgeschaltet haben. Immer dort, wo wir versuchen, eine besonders gute Leistung zu vollbringen, ist Pluto in uns am Werk, nur mit dem Unterschied, dass dieses Leistungsbewusstsein uns Freude machen oder uns unter enormen Druck setzen kann.

Positive Seite: Verbindlichkeit – Konzentration auf das Ziel – Eindeutigkeit.

Können Menschen mit Sonne/Pluto die Gratwanderung meistern, die zwischen einem Sich-in-Vorstellungen-Verrennen und der Verfolgung idealer Ziele sowie dem Wunsch liegt, Dinge einfach gut zu machen, sind sie zu ausserordentlichen Leistungen fähig.

Ihre Gabe zur völligen Konzentration, zu einem Aufgehen in einer Aufgabe macht sie zu echten Führungspersönlichkeiten, die in der Lage sind, Verantwortung für mehr als nur ihr persönliches Leben zu übernehmen. Meist besitzen sie ein tiefes Verantwortungsgefühl der Menschheit oder der Welt im allgemeinen gegenüber und fühlen die Verpflichtung, sich als nützlich zu erweisen.

Sie sind mächtige Menschen mit einer charismatischen Ausstrahlung, die jedoch ebenso zum Dogmatischen und Bösen wie zu einer inneren Bereitschaft, einer Sache zu dienen, eingesetzt werden kann. Haben sie sich einmal für einen Menschen oder eine Aufgabe entschieden, sind sie verlässliche Partner mit hohen ethischen Prinzipien, denen sie unter allen Umständen gerecht werden wollen.

Ihre Interessen liegen dort, wo Ideologien, Leitbilder und Konzepte zu finden sind: in der Politik, in der Unternehmensplanung, in der Arbeit am Reissbrett. Sie besitzen ein besonderes Talent dafür, Schemata zu entwerfen, nach denen etwas konstruiert werden kann, oder Abläufe im voraus prinzipiell zu durchdenken. Die eigentliche Güte ihrer Arbeit erweist sich allerdings erst dann, wenn diese Ideen realisiert werden, was so gut wie immer nochmals ein Umdenken und Neuanpassen erfordert, da die Wirklichkeit im Kopf eine andere ist und andere Möglichkeiten zur Verfügung stellt, als auf der materiellen Ebene verwirklicht werden kann.

Ein weiterer Vorzug von Sonne/Pluto ist die Fähigkeit zu eindeutigen Entscheidungen, dazu «Klartext» zu reden und eine oft bewundernswerte Geradlinigkeit. Diese Eigenschaften machen sie zu Menschen, an denen niemand gleichgültig vorbeigehen kann. Da sie weder diplomatisch freundlich «herumlavieren»[12], noch Plutos Macht zu Manipulation und einseitiger Bewertung anwenden, kommt ihnen die positive, kraftvolle Vitalität zugute, die dieser Planet demjenigen verleiht, der seine Energie zu handhaben weiss.

«Tue, was du tust», ist ein bekanntes Zen-Wort, und es drückt kurz und prägnant aus, worin die Aufgabe und auch die Fähigkeit eines Sonne/Pluto-Geborenen liegt. Zen[13] möchte mit diesem Satz sagen, dass wir, was immer wir tun, es mit unserer ganzen Aufmerksamkeit und vollen Konzentration tun sollten.

Ein buddhistischer Mönch in Thailand beschrieb diesen Gedanken mit folgendem Satz: «When you go to the toilet, *do* go to the toilet.»[14] Konzentration auf den gegenwärtigen Augenblick und die Tätigkeit, die wir gerade jetzt ausführen, und sei sie noch so trivial, ist die Essenz einer geistigen Disziplin, die sich im Handeln eines Menschen niederschlägt und die imstande ist, ihn vor sinnlosen Grübeleien über das Vergangene und unnötigen Sorgen über die Zukunft zu bewahren, die ansonsten ein so häufiges Kennzeichen für Pluto-Verbindungen sind.

Ein weiterer wichtiger Unterschied, der die Verwendung und damit das Ergebnis der Pluto-Energie in uns charakterisiert, liegt darin, wie wir mit unseren persönlichen, und, wenn man so will, egoistischen Triebbedürfnissen umgehen. Die Energien Sonne und Mars beziehen sich eher auf den Ausdruck persönlicher Lebensfreude und Selbstdurchsetzung, während Pluto als höhere Oktave des Mars in seiner erlösten Form den wahren Willen in uns ausdrückt. Damit ist eine Vervollkommnung des Selbst gemeint, die zur eigenen inneren Wahrheit und Lebensbestimmung, aber auch zu ihrer Verantwortung als Mitglied der menschlichen Gesellschaft gefunden hat.

Solange wir vor allem unsere Triebbedürfnisse befriedigen (was wir haben wollen, was wir vermeiden wollen, was uns Angst macht), haben wir noch nicht zu unserem eigentlichen Willen und damit und zur vollen Bereitschaft, die Konsequenzen unseres Tuns zu tragen, gefunden.

Obwohl Aleister Crowley eine sehr umstrittene Persönlichkeit ist, sei hier sein «Gesetz von Thelema» zitiert: «Tue, was du willst, dies sei das ganze Gesetz.»

---

[1] Donna Cunningham, *Being a Lunar Type in a Solar World,* Seite 105 ff (Messages from Mom: Moon in Scorpio).

[2] Aus: Anne Wilson Schaef, *Nimm Dir Zeit für Dich selbst.*

[3] Vera Birkenbihl, *Erfolgstraining.*

[4] Michael Roscher, *Der Mond,* Seite 111 (Der Mond im Skorpion).

[5] Psychose: Verfolgungswahn

[6] TA: Transaktionsanalyse; eine von Eric Berne entwickelte Therapieform.

[7] Paul Watzlawick, *Anleitung zum Unglücklichsein.*

[8] Ex oriente lux: «Aus dem Osten kommt das Licht.»

[9] Antoine de Saint-Exupéry, *Der Kleine Prinz.*

[10] Paul Watzlawick, *Hekates Lösungen.*

[11] Konstellationen, die besonders darauf hinweisen können sind: Pluto in Haus 5 Quadrat AC oder Pluto am AC Quadrat Hausspitze 5, Pluto exakt Hausspitze 5.

[12] Es sei denn, zusätzliche Konstellationen gehen in diese Richtung.

[13] Zen: Japanische Schule des Buddhismus.

[14] «Wenn Sie auf die Toilette gehen, gehen Sie auf die Toilette», und tun Sie nicht gleichzeitig in Gedanken noch alles mögliche andere.

20

Missbrauchsthemen im Horoskop

Um sich dem Thema des Missbrauchs anzunähern, muss erst einmal definiert werden, welche Art von Missbrauch man ansprechen möchte. Sämtliche erwähnten Konstellationen lassen in stärkerem oder schwächeren Umfang diese Möglichkeit zu, denn unter diesem Wort ist nicht nur Vergewaltigung und Nötigung zu verstehen, sondern auch seelische Vorgänge und Übergriffe, die Eltern an ihrem Kind vollziehen. Alle Verbindungen der Planeten Mars, Saturn, Uranus, Neptun und Pluto stellen Derartiges zur Verfügung, das dann, je nach Planetenprinzip, über Aggression und Forderungen (Mars), Disziplinierung, Ablehnung und Distanz (Saturn), Übergriffe und Manipulationen unter dem Deckmantel der besten Absicht oder über schizoide Verhaltensmuster (Uranus), mangelnde Aufmerksamkeit und Einsatz oder Ausleben der eigenen Neurosen (Neptun) und Drohungen, Zwänge, Liebesentzug und Feindbilder (Pluto) ausgelebt wird.

Wenn es sich um einen real körperlichen Missbrauch handelt, und darunter fallen Schläge ebenso wie die tatsächliche oder drohend im Raum stehende Vergewaltigung, muss eine schwierige Verbindung zwischen den Elternhäusern und dem Körperquadranten, und hier besonders dem 1. Haus (Aszendent), eventuell dem 2. Haus, vorhanden sein.

In letzter Konsequenz kann auch ein Astrologe nicht unterscheiden, ob der Missbrauch konkret körperlich stattgefunden hat, wenn der oder die Betreffende sich nicht erinnern können oder immer nur die Erinnerung an eine über ihnen schwebende Drohung haben. Viele Menschen, denen körperlich etwas angetan wurde – auch schlimme Schläge und Verletzungen – verdrängen diese Erinnerung bis an den Punkt, dass sie entweder verwundert schauen, wenn ein anderes Familienmitglied darüber berichtet, oder sie zumindest nur vage Bilder zulassen können. Die letzte Eindeutigkeit darüber, was geschehen ist, kann deshalb nicht aus dem Horoskop entnommen werden, weil es nur abbildet, wie ein Mensch eine bestimmte Situation oder einen anderen Menschen erlebt, und nicht so sehr, was tatsächlich vorgefallen ist. Diese Erkenntnis muss vor allem für die Prognose von Ereignissen berücksichtigt werden, aber auch für die Metagnose, bei der wir versuchen, frühere Geschehnisse zu erforschen.

In der Praxis hat sich ein Hinweis auf reale Missbrauchssituationen durch die Eltern vor allem dann ergeben, wenn Plutoverbindungen zwischen den Häusern 4 und 1 beziehungsweise 5 und 1 bestehen:

- Pluto am AC Quadrat zur Hausspitze 5, was als besonders gravierend zu sehen ist, wenn Pluto Herrscher von Haus 5 ist;

- Pluto am AC Quadrat zu einem Planeten in Haus 5;
- Pluto auf der Hausspitze 5 Quadrat AC;
- Pluto auf der Hausspitze 5 Quadrat zu einem Planeten in Haus 1;
- Pluto in Haus 5 Quadrat AC;
- Pluto in Haus 5 Quadrat zu Planeten in Haus 1.

Diese Reihenfolge und Gewichtung gilt auch für Mars, der jedoch meist eher körperliche Aggression in Form von Schlägen anzeigt, und alle anderen Planeten.
Obwohl Pluto aufgrund seiner spezifischen Eigenart die Möglichkeit zu Vergewaltigung und das Kind belastenden «Spielen» besonders zulässt, fanden sich in
den Horoskopen der Betreffenden noch andere Verbindungen, zum Beispiel:

- in einem männlichen Horoskop: Saturn auf der Hausspitze 4 (Mutter) in
  Konjunktion mit Uranus Quadrat AC;
- in einem weiblichen Horoskop: Herrscher von Haus 5 in Haus 11 und stark
  verletzt durch ein sogenanntes «T-Quadrat» (zwei Quadrate über einer
  Opposition); Herrscher von Haus 5 ist die Venus, steht in Haus 11 und hat
  ein Quadrat zu einer Mond/Pluto-Konjunktion sowie zu Jupiter, die wiederum eine Opposition zueinander bilden;
- in einem weiblichen Horoskop: Mars als Herrscher von Haus 5 steht auf
  der Spitze 2, ist damit maximal bedeutsam und hat ein Quadrat zur Sonne
  in 11 und zum Neptun Spitze 5. Wiederum ist hier besonders gravierend,
  dass der Herrscher von Haus 5, Mars, ein Quadrat zu seinem eigenen Haus
  und hier vor allem zur Hausspitze 5, auf der Neptun steht, aufweist.

Diese Beispiele sind nur einige wenige, die zum Nachdenken und zu eigenen Forschungen anregen sollen. Da es bisher nach meiner Kenntnis keine erschöpfenden
Reihenuntersuchungen über astrologische Konstellationen und Missbrauch gibt,
bleiben sie zwangsläufig unvollständig.

Zum Schluss sei noch der Fall einer Frau erwähnt, die sich ausführlich darüber unterhielt, dass ihr Grossvater sie im Alter von 16 bis 19 Jahren missbraucht
habe. Erst als er gestorben sei und der Missbrauch damit endete, sei ihr klarge-
worden, dass es sich um einen solchen handelte. Ihr Horoskop wies keinerlei entsprechende Konstellationen auf, auch nicht, wenn man das Haus des Grossvaters
(Vater der Mutter, Haus 8) untersuchte. Die Erklärung war relativ einfach: Weil
das Geburtsbild nun einmal zeigt, wie wir etwas empfinden, sagte es ganz deutlich
aus, dass von einem Missbrauch im allgemeinen Sinn nicht die Rede sein konnte,
bestenfalls von Verführung.

Wer sich zum Thema Missbrauch allgemein weiter informieren möchte, dem
seien unter anderem die Bücher von Alice Miller, zum Beispiel *Das Drama des
begabten Kindes,* empfohlen.

21

Literaturhinweise

Allert-Wybranietz, Kristiane: *Trotz alledem. Verschenktexte.* Fellbach 1980.

Berne, Eric: *Was sagen Sie, nachdem Sie «Guten Tag» gesagt haben?*
Frankfurt 1992.

Cameron-Bandler, Leslie /Lebeau: *Die Intelligenz der Gefühle.* Paderborn 1991.

Castaneda, Carlos: *Reise nach Ixtlan.* Frankfurt 1994.

Csiskszentmihalyi, Mihalyi: *Flow – Das Geheimnis des Glücks.* Stuttgart 1992.

Cunningham, D.: *Being a Lunar Type in a Solar World.* York Beach, Maine 1982.

Dörner, Dietrich: *Die Logik des Misslingens.* München 1992.

Eibl-Eibersfeldt, Irenäus: *Liebe und Hass.* München 1970.

Friday, Nancy: *Wie meine Mutter.* Frankfurt 1982.

Friedmann, Dietmar: *Der andere.* München 1990.

Frisch, Max: *Mein Name sei Gantenbein.* Frankfurt 1976.

Fromm, Erich: *Haben oder Sein?* München 1993.

Goethe, Johann Wolfgang von: *Faust.* München 1971.

Groult, Benoíte: *Salz auf unserer Haut.* München 1992.

Gurdjieff, Georg Iwanowitsch: *Beelzebubs Erzählungen für seinen Enkel.*
Basel 1991.

–: *Das Leben ist nur wirklich, wenn ich bin.* Basel 1987.

Hamann, Brigitte: *Die zwölf Archetypen – Tierkreis und Persönlichkeitsstruktur.*
München 1991.

Hyams, Joy: *Der Weg der leeren Hand.* München 1991.

Jones, Muriel / Jingeward, Dorothy: *Spontan leben.* München 1986.

Jung, C. G.: *Freud und die Psychoanalyse.* Gesammelte Werke, Band 4.
Olten und Freiburg i. Br. 1981.

Kundera, Milan: *Die unerträgliche Leichtigkeit des Seins.* Frankfurt 1994.

Liedloff, Jean: *Auf der Suche nach dem verlorenen Glück.* München 1980.

McClure Goulding, Mary / Goulding, Robert L.: *Neuentscheidung.* Stuttgart 1981.

Missildine, W. Hugh: *In dir lebt das Kind, das du warst.* Stuttgart 1986.

Musashi, Miyamotg: *Das Buch der fünf Ringe.* Düsseldorf 1993.

Nietzsche, Friedrich: *Also sprach Zarathustra.* München 1994.

Ouspensky, P. D.: *Auf der Suche nach dem Wunderbaren.* Bern, München,
Wien 1986.

Peters, Thomas J.: *Auf der Suche nach Spitzenleistungen.* München 1993.

Piaget, Jean: *Probleme der Entwicklungspsychologie.* Hamburg 1993.

Potash, Marlin S.: *So habe ich's doch nicht gemeint.* Düsseldorf, Wien, New York,
Moskau 1992.

Riemann, Fritz: *Grundformen der Angst.* München 1975.

Roscher, Michael: *Astrologie und Psychosomatik.* München 1992.

–: *Das Astrologiebuch.* München 1989.

–: *Das Buch der Horoskope.* München 1990.

–: *Der Mond.* München 1986.

–: *Praxis der Horoskopinterpretation.* München 1992.

–: *Venus und Mars.* München 1988.

Roshi, Dainin Katagiri: *Rückkehr zur Stille.* Küssnacht 1988.

Saint-Exupéry, Antoine de: *Der kleine Prinz.* Düsseldorf 1956.

Satir, Virginia: *Mein Weg zu dir.* München 1994.

Schaef, Anne Wilson: *Nimm dir Zeit für dich selbst.* München 1992.

Seligmann, M. E.: *Erlernte Hilflosigkeit.* Weinheim 1992.

Trefil, James: *Fünf Gründe, warum es die Welt nicht geben kann.* München 1992.

Watzlawick, Paul: *Anleitung zum Unglücklichsein.* München 1983.

–: *Münchhausens Zopf.* München 1992.

–: *Vom Schlechten des Guten – Hekates Lösungen.* München 1986.

–: *Wie wirklich ist die Wirklichkeit?* München 1976.

Wilde, Oscar: *Das Bildnis des Dorian Grey.* Zürich 1990.

Wilhelm, Richard: *I Ging – Das Buch der Wandlungen.* Düsseldorf, Köln 1986.

Wing, L. R.: *Das illustrierte I Ging.* München 1987.

Zweig, Stefan: *Verwirrung der Gefühle.* Frankfurt 1984.

Bei Interesse an der Arbeit der Autorin
wenden Sie sich bitte an:

SCHULE FÜR TRANSPERSONALE ASTROLOGIE
Brigitte Hamann
Postfach 31 02 01
D - 90202 Nürnberg
0911 / 504 81 88

Kurse • Seminare • Beratungen

Weitere Bücher der Edition Astrodata

Erhältlich in jeder Buchhandlung

Thomas Schäfer
Astrologie und Traumdeutung
DIE INNERE WELT DES HOROSKOPS IN TRÄUMEN UND MÄRCHEN
Format 17 x 24 cm, geb., 192 S., 19 Abb., 4 Horoskope, ISBN 3-907029-42-9

Sinn dieses Buches ist es, die Astrologie als Sprache des Unbewussten zu zeigen. Eine allgemeine Einführung in die Beziehung zwischen Astrologie und Tiefenpsychologie offenbart die astrologischen Entsprechungen für die Archetypen im Horoskop. Im Vordergrund des Praxisteils steht die astrologische Traumdeutung, ein Thema, welches seit langem der Aufarbeitung harrt – gerade die gleichzeitige Arbeit mit Horoskop und Traum kann viele unbewusste Prozesse verständlicher machen. Der Autor geht in seinen Fallbeispielen auch auf die Übereinstimmung von Transiten und Träumen ein. Ähnliche Aufschlüsse wie über Träume kann die Astrologie auch zu Phantasiereisen, sogenannten Imaginationen geben. Das Buch zeigt auch, wie bei bestimmten Problemen die Phantasiereise als Lebenshilfe genutzt werden kann. Ein weiterer wichtiger Teil nimmt sich dem Thema astrologische Interpretation von Märchen unter psychologischem Gesichtspunkt an.

Marc Edmund Jones
Die sabischen Symbole in der Astrologie
Format 17 x 24 cm, geb., ca. 440 S., 7 Ill., 1000 Horoskopstellungen, ISBN 3-907029-40-2

Die sabischen Symbole geben jedem einzelnen Tierkreisgrad eine symbolische Bedeutung. In diesem bahnbrechenden Werk, das als Klassiker in der Astrologie gilt, finden die Leserinnen und Leser Deutungstexte zu allen 360 Graden des Tierkreises – jeweils als ein psychologisch aussagekräftiges Symbolbild –, einen Schlüsselbegriff, der für die rasche erste Analyse verwendet werden kann, sowie Hinweise auf positive und negative Einflüsse und auf Beziehungen zwischen den Symbolen. Zusätzlich erlauben die Querverweise auf die im Buch enthaltenen Horoskopstellungen von 1000 Persönlichkeiten Vergleiche einzelner Grade mit dem eigenen Horoskop. Erhellende Ausführungen zum Ursprung der sabischen Symbole und ein umfangreicher Index erleichtern die praktische astrologische Arbeit.

«Marc Edmund Jones' *Sabische Symbole* ist bei weitem das beste Buch dieser Art. Es ist eine gewaltige astrologische Offenbarung, und der praktische Wert für den Astrologen steht ausser Zweifel» (Dane Rudhyar).

J. Claude Weiss
Karmische Horoskopanalyse
UNBEWUSSTE LEBENSPLÄNE ERKENNEN UND VERÄNDERN

Format 17 x 24 cm, geb., ca. 248 Seiten, ISBN 3-907029-39-9

Das Horoskop entspricht einer Landkarte für die karmische Reise, die uns in diesem Leben bevorsteht. An Brennpunkten unserer Existenz fällen wir unbewusst Entscheidungen, die uns den Bedürfnissen unserer Seele näherbringen, unabhängig davon, ob wir diese vom Bewusstsein her bejahen und vielleicht meinen, es handle sich dabei um freie Willensentscheidungen. Der diesen Entscheidungen zugrundliegende unbewusste Lebensplan, der uns wie ein Magnet unserer Bestimmung zustreben lässt, ist aus dem Horoskop erkennbar. Dadurch, dass wir ihn bewusst machen, können wir ihn mitgestalten, indem wir an wichtigen Schaltstellen unseres Lebens zwischen verschiedenen Alternativen zu wählen lernen.

In diesem methodisch aufgebauten Lehrbuch wird gezeigt, wie man aus dem Horoskop Lebenspläne erkennt, welches Potential diese in sich bergen und wie im Falle von negativen Entsprechungen positive Verwirklichungsformen gefunden werden können.

Jürgen Wiering
Astrologie und Beruf
BERUFS- UND UNTERNEHMENSBERATUNG MIT HILFE DER ASTROLOGIE

Format 17 x 24 cm, geb., 192 Seiten, 1 Horoskop, 31 Tab., 1 Abb., ISBN 3-907029-37-2

Ziel dieses Buches ist es primär, durch Erkenntnis und Nutzung der astrologischen Prinzipien den persönlichen und unternehmerischen Erfolg zu steigern. Es bietet die Möglichkeit, im Bereich von Unternehmensberatung und Beruf neue Gestaltungsspielräume und Handlungsdimensionen zu entdecken. Mit Hilfe der Astrologie können mannigfaltige Probleme bei der Berufswahl, bei einem anstehenden Berufswechsel, bei der Einstellung neuer Mitarbeiter sowie verschiedenen anderen unternehmerischen Entscheidungen effizienter und befriedigender gelöst werden. Viele Unternehmen nützen heute die Erkenntnisse der modernen psychologischen Astrologie, um ihren Erfolg und die Zufriedenheit der Mitarbeiter zu steigern. Bereits ist die astrologische Persönlichkeitsanalyse bei Personalentscheidungen in vielen Betrieben eine Selbstverständlichkeit, und Berufsberater mit astrologischem Wissen erhalten immer mehr Zulauf.

Weitere Bücher der Edition Astrodata

Erhältlich in jeder Buchhandlung

Noel Tyl (Hg.)

Uranus, Neptun und Pluto im persönlichen Erleben

Format 17 x 24 cm, geb., 256 Seiten, 12 Horoskope, 7 Abb., ISBN 3-907029-38-0

Über die astrologischen Entsprechungen von Uranus, Neptun und Pluto gibt es bereits einige Literatur. Was dieses Buch einmalig macht, ist die Beschreibung der Wirkung dieser geistigen Planeten in den verschiedenen Lebensbereichen, etwas, das sinnvollerweise durch verschiedene Autoren unter der ordnenden Instanz von Noel Tyl geschieht. So wird die Wirkung von Uranus, Neptun und Pluto im persönlichen Erleben und im Beziehungsbereich beschrieben. Im weiteren, wie man mit Hilfe dieser Planeten Entscheidungen fällt oder zeitliche Auslösungen erfährt. Bei allen Kapiteln geht es um konkrete Fragen der Umsetzung der archetypischen Energien von Uranus, Neptun und Pluto. Die geistigen Planeten sind Symbole einer neuen Ära, die einerseits eine grosse Chance in der kollektiven Entwicklung der Menschheit bedeuten, andererseits dem einzelnen Individuum zu einem höheren Verständnis in seinen Beziehungen mit anderen Menschen verhelfen.

Melanie Reinhart

Chiron – Heiler und Botschafter des Kosmos

Format 17 x 24 cm, geb., 346 Seiten, 22 Horoskope, mit Ephemeriden, ISBN 3-907029-26-7

Chiron, nach dem Kentauren der griechischen Mythologie benannt, wurde am 1. November 1977 von Charles T. Kowal entdeckt. Dieses für die moderne Astrologie wichtige Ereignis löste alsbald zahlreiche astrologische Forschungen aus. Die vorliegende tiefschürfende und umfassende Untersuchung von Melanie Reinhart gilt als die wichtigste auf diesem Gebiet und legt die Bedeutung und Symbolik des neu entdeckten Planeten in psychologischen und astrologischen Dimensionen dar. Chiron repräsentiert den Geist philosophischer Unabhängigkeit, ebenso aber auch das Mitgefühl und das Vertrauen in unser inneres Selbst. Der mythologische Chiron, der verwundete Heiler, war halb Mann, halb Pferd. Dieses Buch ist voller Anekdoten aus vielen Mythologien und schliesst auch einen Überblick über die historische und religiöse Ebene ein. Das detaillierte Material über Chiron in astrologischen Häusern, Zeichen und Aspekten ist zugleich fundiert und faszinierend. Es wird jedem, der die Bedeutung dieses Planeten im Horoskop verstehen will, wertvolle Anregungen bieten. Mit seinen gründlichen Fallstudien sowie den Tabellen und Ephemeriden für das 20. Jahrhundert besitzt das Werk Pionierstatus.

Judy Hall
Die karmische Reise
GEBURTSHOROSKOP, KARMA UND REINKARNATION
Format 17 x 24 cm, geb., 320 Seiten, 35 Abb., ISBN 3-907029-22-4

Warum sind wir hier und was können wir aus unseren Erfahrungen lernen? – Die karmische Astrologie geht davon aus, dass wir ewige, spirituelle Wesen sind, geprägt von den Mustern früherer Leben, die zusammen mit den Aufgaben für dieses Leben im Geburtshoroskop identifiziert werden können. Judy Halls Forschungsreise in diesen Grenzbereich geht von der Prämisse aus, dass die Seele für ihre Geburt einen Zeitpunkt wählt, dessen astrologische Färbung zu den Erfahrungen passt, welche die Seele im augenblicklichen Wachstumsstadium braucht. So schenkt die karmische Astrologie dem Verständnis der inneren Prozesse des Lebens eine neue Dimension, indem sie uns Bewusstheit über die in der Vergangenheit angelegten Beziehungen von Ursache und Wirkung verschafft, unsere spirituelle Wahrnehmung vertieft und uns mit einer grösseren Realität in Verbindung bringt. Die Autorin zeigt anhand einer Reihe von Fallbeispielen, wie das Horoskop eines Menschen das Karma reflektieren kann, das er aus früheren Inkarnationen mitbringt, und schlägt verschiedene therapeutische Ansätze für die jetzige Inkarnation vor.

Pauline Stone
Partnerschaft, Astrologie und Karma
WIE MAN BEZIEHUNGEN VERSTEHEN, TRANSFORMIEREN UND HEILEN KANN
Format 17 x 24 cm, geb., 192 Seiten, 3 Abb., ISBN 3-907029-23-2

Nach vieljähriger Erfahrung als astrologische Beraterin hat die Autorin ein einzigartiges Verständnis für die karmischen Muster entwickelt, die den meisten wichtigen Partnerschaftsproblemen zugrundeliegen. In diesem Buch vermittelt sie anhand realer Fallstudien ihre Einsichten in die Dynamik karmischer Beziehungen und zeigt auf, wie wir schmerzliche zwischenmenschliche Konflikte mit Hilfe der heilenden Energien der äusseren Planeten lösen können. Im weiteren wird die Korrelation zwischen den astrologischen Transiten und Beziehungskrisen aufgezeigt, sodann die karmische Bedeutung aller Partneraspekte der äusseren Planeten geschildert. Auf diese Weise vermittelt sie eine detaillierte Analyse der Herausforderungen, die in Liebesbeziehungen, aber auch im Verhältnis Eltern-Kind immer wieder auftauchen. Im letzten Kapitel widmet sich Pauline Stone einer der aufsehenerregendsten Beziehungen der letzten fünfzig Jahre: John Lennon und Yoko Ono.